SOWJETUNION
Ulan Bator
V.R.
GOBI
NERE MONGOLEI (NEI MONGOL)
Xilin Hot
Harbin
Jilin
Changchun
JILIN
Wladiwostok
Fushun
Shenyang
Anshan
LIAONING
NORD-
KOREA
Chengde
Hohhot
Baotou
Datong
Peking
(Beijing)
Beidahe
Dalian
Pjönyang
Tianjin
Japanisches Meer
Yinchuan
Taiyuan
HEBEI
Shijia-
zhuang
Wedong
Yantai
Shidao
Seoul
SÜD-
KOREA
Hiroshima
NINGXIA
Yennan
(Yan'an)
Linfen
SHANXI
Jinan
Gelber Fluß (Huang He)
Weifang
Qingdao
Gelbes
Meer
SHANDONG
Zhengzhou
Luoyang
Gongxian
Kaifeng
Qufu
YANGZHOU
JAPAN
A
Xian
SHAANXI
HENAN
ANHUI
Hefei
Nanjing
Suzhou
SHANGHAI
HUBEI
Wuhan
Hangzhou
Ningbo
Huangshan
Shaoxing
Hukou
ZHEJIANG
gtsekiang (Chang Jiang)
Changsha
Nanchang
Ostchinesisches Meer
AMAMI
OKINAWA
HUNAN
JIANGXI
GUIZHOU
Fuzhou
Guiyang
FUJIAN
Guilin
Taipei
Xiamen
NANNING
(GUANGXI)
GUANGDONG
TAIWAN
Kanton
(Guangzhou)
Nanning
Zhongshan
Hong Kong
Macao
AM
anoi
Südchinesisches Meer
Golf v. Tonking
Hainan
PHILIPPINEN

1781

Angela Terzani

Chinesische Jahre

1980–1983

Hoffmann und Campe

Meiner Mutter,
meinen chinesischen Freunden
– den genannten wie denen, die ungenannt bleiben mußten –,
danke!

CIP-Kurztitelaufnahme der Deutschen Bibliothek

Terzani, Angela:
Chinesische Jahre : 1980–1983 / Angela Terzani
– 1. Aufl. – Hamburg :
Hoffmann und Campe, 1986
ISBN 3-455-08649-7

Photos: Tiziano Terzani
Schutzumschlaggestaltung Jens Schlockermann
unter Verwendung der Aufnahme eines chinesischen Straßenphotographen vor der Pagode der Großen Gans in Xian (mit Dolmetscher Liu).
Vorsatzkarte und Stadtplan von Peking: Alfred Skowronski
Gesetzt aus der Aldus-Antiqua
Satzherstellung: Fotosatz Otto Gutfreund, Darmstadt
Druck und Bindung: Ebner Ulm
Printed in Germany

Inhalt

Alles ist vorbei, alles kann neu beginnen

Abschied von Hong Kong

20. August 1980

Jedes Jahr gibt es in Hong Kong Tage, an denen der Sommer mich an Postkarten meiner Kindheit erinnert. Weiße Wölkchen jagen ihre hellen Schatten über das blaue Meer, Boote durchkreuzen es und ziehen ihre Furchen bis zum entfernten Horizont. Unten, tief in der Stadt, sammelt sich das Sonnenlicht manchmal auf einer kleinen Fläche, die dann wie Quecksilber glitzert; es blitzt ein Auto auf in den fernen Straßen von Wanchai, ein Fenster im Wald der Wolkenkratzer.

Von dem Peak, auf dem wir wohnen, sieht die Insel wie ein Drache aus, der sich windet und seine Tatzen in die Fluten krallt. Wenn ich hinuntergehe, auf der heißen, schattenlosen Straße, an der Wiese entlang, auf der Folco und Saskia so oft gespielt haben, schlägt mir plötzlich das tiefe, magische Blau des Wassers zwischen Aberdeen und der Insel Lamma entgegen. Die Luft duftet nach geschnittenem Gras, die Zikaden lärmen in Millionenchören. Ihr Zirpen steigt und fällt in Wogen, stetig wie der heiße Atem der Vegetation.

Ravencourt, unser Haus, hockt wie ein Rabennest auf dem höchsten Gipfel dieser Insel. Von allen vier Himmelsrichtungen durchstreichen es die Winde, und wir beugen uns über die Kisten und packen neun Jahre unseres Lebens in Asien ein. Die Statuen der Götter, die bronzenen und hölzernen Buddhas, sind heruntergeholt von ihren gewohnten Plätzen, wo man sie kaum noch ansah, und zeigen sich uns jetzt aus einem anderen Winkel: ein Rücken, der farbige Saum eines Gewandes – und schon sind sie wieder verführerisch. Wenn ich sie alle zusammen unter den Pflanzen meiner Terrasse stehen sehe, denke ich mir, daß sie so vor sich hingeträumt haben müssen, im tiefen Schatten des Dschungels, bevor Tiziano sie uns Stück für Stück aus Indochina brachte.

Alle scheinen sich auf den Umzug zu freuen, auch Baoli, unser Hund, der mit gesträubtem Fell zwischen den Kisten hin und her läuft.

22. August 1980

Letztes tropisches Abendessen auf der Veranda des Repulse-Bay-Hotels, das so alt ist wie die koloniale Vergangenheit. Ein warmer Wind steigt vom Meer auf und streicht über unseren Tisch den Bergen zu. Die Luft ist schwer. Der Wein, die Speisen, das Kerzenlicht benebeln uns. Beklommen stehen die Kellner hinter uns, so sehr lachen wir. Endlich fällt ein heftiger Regen, und seine feuchten Dämpfe lösen immer noch mehr Unsinn in uns aus.

Die Freunde, von denen wir Abschied nehmen – die Wise, die Lawrence, die Vogel, die Leung –, sind wie wir alte Bewohner dieses heißen Kontinents, und unserer gemeinsamen Vergangenheit entsteigen immer neue Geschichten und Erinnerungen an Leben und Kriege in Asien. Drinnen, im Salon Fin de siècle, tanzen ältliche Paare zu den Klängen eines philippinischen Orchesters Tango und Walzer.

Des Abends letztes Bild ist Donald Wise, ehemaliger britischer Offizier und Plantagenbesitzer in Malaysia, Gefangener am River Kwai, jetzt Journalist, der unter einer Palme sitzt und uns ein »Stengah« reicht – halb Whiskey, halb Wasser.

Morgen früh werden wir Ah Sieus Auto zum letzten Mal bestellen und abfahren.

Vierzig Stunden bis Peking

23. August 1980

China beginnt im Zug nach Kanton.

Während das Mädchen mit den Zöpfen uns heißen Tee aus der bunten Thermosflasche eingießt und im Abteil ein chinesisches Radio plärrt, verschwindet Hong Kong mit seiner fadenscheinigen Existenz.

In Lowu überqueren wir die Grenze. Auf diesem letzten Flecken britannischer Erde liegt ein chinesischer Friedhof voller steiler grauer Steine, die nach China starren. Etwas Ängstliches geht von diesen Gräbern aus, die von der Grenze der Kolonie auf das Land blicken, aus dem jene, an die sie erinnern, geflohen sind, in das sie aber zurückzukehren träumten, und sei es im Tod.

In Kanton erwartet uns ein Betreuer, der genau vor der Wagentür steht, aus der wir aussteigen. »Die Familie Terzani?« Eine Riesenstation, dem Wind und der Frische des Regens geöffnet.

Am Abend feiern wir Folcos elften Geburtstag in der einstmals prunkvollen Villa eines Mandarins, mit Höfen, Brückchen und Teichen, die jetzt ein »Restaurant für die Massen« geworden ist.

Beim Anblick der unerwarteten Schäbigkeit der Tische ohne Tischtücher, der schwitzenden Kellnerinnen, die im Laufschritt die Speisen auf den Tisch knallen, wird Folco immer blasser, bis er in ein verzweifeltes Weinen ausbricht. Da halten die Mädchen an, kommen an unseren Tisch, umarmen die Kinder und bringen Folco einen Teller mit chinesischen Nudeln, denn diese, erklären sie, sind lang, so lang wie das Leben, das sie ihm wünschen. Und auch er gibt sich China hin.

Der lange Zug nach Peking fährt mitten in der Nacht von Kanton ab. Der Bahnhof ist dunkel. Die Schaffnerin unseres Waggons erwartet uns auf dem Bahnsteig. In den Abteilen der »harten Liegewagen« und der »harten Sitze« – Klassen gibt es nicht, wohl aber Unterschiede – drängen sich schon die Passagiere. Wir Ausländer steigen mit Überseechinesen und hohen chinesischen Funktionären in die »weichen Liegewagen«. Auch nachts bleibt die Hitze erstickend. Durch das ins Fenster gespannte Moskitonetz weht Staub, und auf meiner Pritsche, oben unter dem Ventilator, kann ich nicht schlafen.

Züge fahren an uns vorbei, Bahnhöfe schicken die schwarzen Schatten laufender, bepackter Gespenster in die Waggons der Armen. Am Ende unseres Ganges unterhalten sich die beiden Schaffnerinnen unaufhörlich auf ihrer Pritsche. Ab und zu stehen sie auf und wischen über das Klosett, das während der ganzen Reise tadellos bleibt.

24. August 1980
Um sechs Uhr geht die Sonne auf. Saftiggrüne Reisflächen spiegeln sich im Wasser, aus dem sie wachsen. Berge liegen wie schläfrige Drachen da. Dörfer werden hier und da von hohen Türmen bewacht, von denen man früher zur Erntezeit nach Räubern und Banditen Ausschau hielt. Aus den schornsteinlosen, geschwungenen Dächern quillt Rauch durch die Ziegel und hüllt die Häuser in kriechende Nebel ein. Die Architektur der Dörfer und Reisterrassen ist im Süden Chinas unverändert geblieben. Das Land ist schön, selbstbewußt, von modernen Experimenten unberührt; es hat etwas Dramatisches, Mittelalterliches.

Die Hitze bleibt den ganzen Tag erstickend. Schläfrig liegen wir auf den zerwühlten Pritschen. Am Ende des Ganges läßt Saskia, die gerade neun Jahre alt ist, sich von den Schaffnerinnen Zöpfe flechten und lernt von ihnen ihre ersten chinesischen Wörter. Folco bleibt meist am Zugfenster stehen; skeptisch, aber mit intensiver Neugier besieht er sich das Land, in dem er leben soll.

Dieselben Köche bereiten im Speisewagen während der ganzen Reise die gleichen Speisen zu. Erhitzt, schwitzend und immer verschmierter bedienen sie uns mit amüsierter Besorgtheit um unser Wohlergehen. Wir essen allein, denn irgendwie gelingt es ihnen immer, uns von unseren chinesischen Reisegefährten fernzuhalten.

An manchen Haltestellen steigen wir kurz aus. Die Bahnhöfe sind fast alle neu. Wenn die ankommenden Fahrgäste abgefertigt sind, werden die Sperren geöffnet, und die Abreisenden stürzen sich auf den Zug und drängen in die überfüllten »harten« Abteile hinein. Verkäufer, die Eis und Gebäck anbieten, erwarten die Ankunft dieses Zuges, der täglich auf seiner eisernen Arterie der Hauptstadt zustrebt – vorbeibrausendes Leben.

In Changsha, Maos Geburtsort, photographieren wir uns gegenseitig unter dem Namensschild des Bahnhofs. Photos von Mao sind nirgends zu sehen.

Die Gegend wird flacher, armseliger, hier und da wilder. Hier scheint die Landwirtschaft fast nur dem Zufall überlassen zu sein. Die spärlichen Bäume sind zu eng gepflanzt, um sich entwickeln zu können. Die Felder laufen ohne Grenzgräben aus, manche liegen brach und sind mit großen Kratern durchsetzt, deren Erde woanders gebraucht wurde. Die von Bambuswäldchen umgebenen Häuser sind ärmlich und primitiv. Es ist, als ob die wie alle anderen Chinesen in Blau gekleideten Bauern nichts vom Ackerbau verstünden. Sie stoßen Steine beiseite, pflücken Baumwolle, aber ich entdecke keinen Rhythmus in ihren Bewegungen, keine Logik in ihrem Vorgehen. Manchmal sieht man Kinder mit übermenschlicher Anstrengung Bäume abschleppen, während erwachsene Männer im Schatten der Akazien liegen.

Dies ist die Ebene, die wieder und wieder von Katastrophen und Hungersnot heimgesucht wird. Zwischen den niedrigen Dämmen des mächtigen Yangtsekiang und dem Gelben Fluß ertrinkt sie bald in den übertretenden Fluten, bald wird sie in der erbarmungslosen Sonne versengt. Die Kommunisten haben versucht, die Flüsse mit Deichen und Staubecken zu regulieren; aber hier, in Zentralchina, sieht mir die Natur kaum von Menschenhand geordnet aus. Vielleicht wird man aus dieser schwierigen, undankbaren Erde nie einen Garten machen können.

25. August 1980

Die zweite Nacht im Zug. Ein leichter Regen sprüht durch das Moskitonetz, und wir sinken in einen erfrischenden Schlaf. Der neue Tag steigt über einer immer graueren, trockeneren, staubigeren Erde auf. Entlang der Eisenbahn ziehen Pferdchen uralte Karren mit Material.

Bei Zhengzhou, der ältesten heute neuaufgebauten Hauptstadt, überqueren wir den lehmigen Gelben Fluß und sind in Nordchina. Nichts in der Landschaft deutet auf das Nahen der Hauptstadt hin. Zu unserer Linken, in der Ferne, die Wüste Gobi; zur Rechten, in der Ferne, das Gelbe Meer. Und wir rasen weiter.

Dann, am frühen Nachmittag, verdichten sich die grauen Häuser mit den Schieferdächern und werden zur Vorstadt. Vor uns erhebt sich plötzlich ein mächtiges Stadttor und ein Stummel jener kolossalen Mauern, die die Hauptstadt umschlossen. Der Zug stößt seinen letzten schrillen Pfeifton aus und hält. Mit vorbildlicher Pünktlichkeit sind wir in Peking angekommen.

Dieses also ist das Herz Chinas

29. August 1980
Liu, der Dolmetscher, und Chen, der Chauffeur, sind uns nun stets zur Seite. Zusammen mit ihnen bilden wir die Arbeitseinheit des deutschen Nachrichtenmagazins »Der Spiegel«, der von chinesischer Seite einer Einheit entspricht, die für uns verantwortlich ist. Als solche treten wir auf, als solche sind wir eingetragen, und als solche bewegen wir uns in unserem neuen Wohnort. Die Tatsache, daß wir Italiener sind, wirkt befremdend, ist aber in den Augen der chinesischen Bürokratie weniger wichtig als die Nationalität des Arbeitgebers. Um ein Taxi zu bestellen oder die Kinder in der chinesischen Schule anzumelden, um einen Arzt im Krankenhaus zu sprechen oder ein Hemd bei der Reinigung abzugeben, ist auf die Frage: »Welche Einheit? Welche Nationalität?«, die Antwort unweigerlich: »Der Spiegel, Westdeutschland.«

Unser Hotel, das Hotel Qianmen, ist ein riesiger stalinistischer Bau mit klassizistischem Giebel und Säulen, der hochmütig auf die graue Einfachheit der Gassen im Stadtteil der Himmelsbrücke herunterschaut. Wie jedes chinesische Hotel hat auch dieses weder einen Portier noch eine Rezeption, noch einen Boy, der einem die Koffer trägt. Wohl gibt es in der Halle, neben der Eingangstür, gewisse Jünglinge in weißen Kellnerjacken, die sich niemals von dort wegbewegen. Es scheint, als ob sie einen nicht einmal sähen, doch sind sie die Polizisten des Büros für Öffentliche Sicherheit, das alles über alle weiß und uns unbemerkt folgt und im Auge behält.

In der Halle, dem Stand mit den Äpfeln, der Zahnpasta und den wenigen Postkarten von Peking gegenüber, steht außerdem noch ein langes Pult, hinter dem Beamte mit Ärmelschützern sich unter winzigen rosa Lampenschirmen über Papiere und Konten beugen: Einer von ihnen, sagt man mir, sei der Direktor des Hotels. Gott weiß, welcher.

Amerikanische Touristen irren in der mit rotem Plüsch ausgelegten Halle umher. Tag für Tag kommen neue Familien von Diplomaten und Journalisten an, denen noch keine Wohnung zugeteilt worden ist, und beziehen die letzten Suiten. Unsere liegt im siebten Stock. Eine üppige Draperie aus rubinfarbenem Samt fällt von der Decke herab und trennt das Ehebett von Schreibtisch und Lehnstühlen. Nebenan, in einem Kämmerchen, schlafen Folco und Saskia.

Jeder von uns Ausländern rückt seine Möbel zurecht und richtet sich ein: Dieser sucht einen Babysitter, jener einen Dolmetscher, eine Schule, einen Chauffeur, die Wäsche, die von der Wäscherei nicht zurückgekommen ist, ein längeres Bett ... Und was der eine bekommt, will auch der andere haben.

»Warum wollt ihr Ausländer denn alle gleich behandelt werden?« fragt mich befremdet der Etagendiener.

Kinder schlüpfen aus den Türen und tun ihre ersten Schritte in China auf dem abgetretenen, unglaublich staubigen roten Samt der langen dunklen Gänge. Alte Freunde aus den Hong Konger Jahren wohnen unter oder über uns – Michael Parks von der »Los Angeles Times«, Melinda Liu von »Newsweek«, Richard Bernstein von »Time«, Hiro und Takashi Oka vom »Christian Science Monitor«. Zuweilen treffen wir uns im Speisesaal, bestellen unser Menü gemeinsam und essen zusammen. Manchmal zieht auch ein Glücklicher aus, wenn ihm eine Wohnung im Pekinger Diplomatenviertel zugeteilt wurde, das man allgemein das »Ausländerghetto« nennt.

1. September 1980

Schon am zweiten Tag haben wir uns auf unseren Rädern in den leicht klingelnden Strom der Pekinger Radfahrer gewagt.

Gegen Abend durchqueren wir die Stadt, holen Tiziano vom Büro im Diplomatenviertel im Osten der Stadt ab und radeln dann unter Tausenden von anderen Heimkehrern durch die große Changan, die Straße des Ewigen Friedens, zurück, der Sonne entgegen, die hinter den Westlichen Hügeln untergeht. Am Peking-Hotel vorbei, vorbei am alten Legationsviertel und der rosigen Mauer der Verbotenen Stadt kommen wir zum Tiananmen, dem Platz des Himmlischen Friedens. Hoch in der Luft, wie Falken auf geheimnisvollen Strömungen, treiben Drachen am Himmel; unten auf der Erde hocken alte Männer und halten sie an einer Schnur. Auf dem riesenhaften Platz bleiben die Leute stehen, heben den Blick und schicken ihre Träume nach oben.

Auf der Großen Halle des Volkes flattert eine rote Fahne – und Tiziano steigt mit anderen Journalisten die Stufen hinauf zur Eröffnung der dritten Sitzung des V. Volkskongresses.

Über den durchsichtigen Herbsthimmel wehen rote Wolkenfetzen, und die Sonne, da hinten, zögert über den schieferfarbigen Dächern der alten Häuser. Weite. Größe. Hier spürt man das Neue China.

Mit dem Gesicht nach Süden schließt die Verbotene Stadt den proportionslosen Platz ab. Durch das Tor des Himmlischen Friedens treten wir hinein, mit Bauern und Soldaten – wir wie sie ahnungslos. Über die ursprüngliche Funktion der Tore, Pavillons und Treppen, über die Bedeutung der steinernen Löwen und Schildkröten wissen wir nichts, aber wir sind ergriffen vom Zauber eines antiken Geistes, der uns weiter und weiter hineinzieht in das Große Innere, das »Da Nei«.

Wir durchschreiten die endlose Folge der Höfe, steigen weiße abgetretene Freitreppen hinauf, die zu den Pavillons der kaiserlichen Audienzen führen, und hinunter in andere Höfe, bis endlich auf einer marmornen Plattform, hinter den geschnitzten Türen eines kleinen Pavillons, ein paar breite, mit gelber Seide überzogene Stufen uns zum Thron führen: breit und gelb auch er, mit zwei Pfauen zu beiden Seiten und vor sich vier Weihrauchbecken aus blauer Emaille ... So stand er auf dem Gipfel Chinas.

Dies ist nicht der Prunk von Versailles, dies ist die Schlichtheit der Antike! Hier, in der Nähe des Kaisers, verspürt man eine Scheu, die allen Widerstand auflöst, die beben macht wie vor einem Gott. Dieses also ist das Herz Chinas.

Die große Leere der sandfarbenen Höfe, von rosa Mauern umschlossen, das Spiel der gelben Majolikadächer, die sich mit äußerster Leichtigkeit und äußerster Beherrschung in den blassen Himmel schwingen, all dies ist China. Kein Kolosseum und keine Kathedrale kann ein Chinese hiernach lieben. Und nun weiß ich, warum.

Die Soldaten und Bauern mit ihren geröteten, stumpfen Gesichtern gehen um den Thron herum, schauen, betasten ... Und plötzlich sehe ich, wie die Eunuchen in ihren grellen Gewändern und die Träger der Embleme und Standarten vor ihnen fliehen und sich entsetzt in die Ewigkeit zurückziehen.

4. September 1980

Auf dem sandigen Hof der chinesischen Volksschule des »Duftenden Grases« haben Folco – nun Deng Fu geworden – und Saskia – nun Deng

Shuiyin – der Eröffnungsfeier des neuen Schuljahrs beigewohnt. Die rote Fahne wurde gehißt, die chinesischen Schüler haben sie gegrüßt, und durch den Lautsprecher erschallte das Lied »Der Osten ist rot«. Dann sind die chinesischen Kinder im Marschschritt zum Gebäude links vom Hof, die ausländischen zu dem rechts vom Hof marschiert, wo chinesische Lehrer sie auf chinesisch, getrennt, aber in denselben Fächern unterrichten werden.

Der Schultag beginnt um 7.30 Uhr mit einer halben Stunde Turnübungen im Hof. Die Ausländerklassen setzen sich zusammen aus Afrikanern, Lateinamerikanern, Philippinern, Nordkoreanern, Bangladeshern und ein paar Kindern von westlichen Eltern, die sich eine der winzigen internationalen Schulen im Ausländerghetto entweder nicht leisten können oder sie vermeiden wollen. Jedes Kind hat sein kleines Pult, was lächerlich wirkt, sagt Folco, wenn ein langbeiniger Afrikaner sich da hineinklemmen muß. Jedes muß die Hände hinterm Rücken halten und zum Antworten aufstehen.

»Jeden Morgen«, erzählt Saskia, »melden sich die Nordkoreaner freiwillig, um den Fußboden zu fegen. Jeden Nachmittag sammeln wir anderen heruntergefallene Gegenstände auf, putzen Fenster und Fensterbretter. Am Ende der zweiten Schulstunde überträgt der Lautsprecher Augenübungen. Eine Stimme zählt wieder und wieder bis acht, während wir Schläfen, Genick und Backen massieren.«

»Die Augengymnastik tut gut«, fügt Folco hinzu, »um die Augen zu entspannen, wenn man chinesische Schriftzeichen gelesen oder lange aus dem Fenster ins blendende Sonnenlicht gestarrt hat.«

Die Schulbücher handeln von guten Vorbildern, Musterschülern und den Taten von Revolutionären oder Helden. »Der Vorsitzende Mao lebt hier in meinem Herzen«, ist der erste Satz, den sie zu lesen gelernt haben. In der Musikstunde singen sie »die schönen, fröhlichen sozialistischen Lieder«. In der Malstunde zeichnen sie ab, was der Lehrer auf die Wandtafel gemalt hat.

Petzen ist Pflicht. Auf die Frage des Lehrers: »Wer ist's gewesen?«, zeigt die Klasse mit dem Finger und schreit im Chor: »Sie! Er!«

Ungehorsame Schüler werden von den Lehrern nicht getadelt. Samstags, bei der »Kritik-Sitzung«, weist die Vorsteherin sie vor der ganzen Schülerschaft zurecht, ohne die Stimme zu erheben, ohne Namen zu nennen, ihre zornigen Augen strafend auf sie heftend.

»Diese Methode ist so wirksam«, sagt Folco, »daß Joseph, der stärkste Afrikaner der Schule, sein Gesicht mit den Händen verdeckt und leise geweint hat.«

Am Ende des Monats werden rote Papierblumen und rote Miniaturfahnen unter den artigen Schülern verteilt.

Die unverheirateten Lehrer schlafen in der Schule, verdienen viel weniger als ein Arbeiter und benutzen dieselben altmodischen Aborte wie die Schüler, vor deren Augen sie sich hinter einer aufgeschlagenen Zeitung hockend verstecken. Zur Mittagszeit überqueren sie den Hof mit ihrem Blechtopf und holen sich ihre Essensration aus der Küche.

Dieser armselige, spartanische Anstrich der Schule mißfällt Folco und Saskia nicht so sehr wie die dauernden Aufforderungen, zu gehorchen, artig zu sein, zu petzen. Beide sind sie entmutigt, doch Tiziano fordert sie auf, fleht sie an durchzuhalten, nicht wiederum den Verführungen einer »kolonialistischen« Schule zu verfallen: Folco will es ein Jahr lang versuchen, Saskia bis Weihnachten.

7. September 1980

Sonntag. Eine dichte Menge junger Männer steht morgens vor der »Briefmarkengesellschaft Chinas« in einer Querstraße der Wangfujin-Straße – und schließt sich um Folco, als er mit seinem Album erscheint. Für zwanzig ausländische Briefmarken werden ihm drei chinesische aus den fünfziger Jahren angeboten: Er ist gefesselt, und es ist schwer, ihn aus dem dichten Gewirr der Neugierigen wieder herauszuziehen.

Bei diesem schönen Wetter radeln viele, viele Menschen langsam durch die Straßen der Innenstadt. Sie reden wenig, kaufen sich ein Eis und radeln weiter.

Bei den Trödlern geht es lebhaft zu. Sie verkaufen Altes an Ausländer und Plastikmöbel an Chinesen. Im Norden der Stadt, beim Trommelturm, ist eine staatliche Sammelstelle für Antiquitäten. Jade, Möbel aus kostbarem Holz, alter Schmuck sind im Schaufenster gestapelt, werden aber nicht verkauft. Zwei Bauern radeln auf schweren Fahrrädern heran und halten. Aus großen Körben ziehen sie zwei in Stroh verpackte große alte Vasen hervor und schauen uns verstohlen an, denn sie wissen, daß Ausländer gut zahlen. Doch die Ladentür öffnet sich einen Spaltbreit, und ein Beamter in schwarzen Stoffpantoffeln streckt den Kopf heraus: Diese Vasen, die auf dem Hausaltar der Bauern gestanden haben, sind dem neuen Kaiser abzuliefern und niemandem sonst. Mit vertrockneten Pergamentgesichtern, geflicktem Zeug und harten Füßen treten die beiden gehorsam ein und lassen sich ausbeuten.

Wie schön ist das Licht unter den leichten Zweigen der Pekinger Gassen, der »Hutongs«! Zur Straße hin sind die alten Häuser fensterlos, ihre Mauern verbergen die auf einen Innenhof geöffneten Kammern. Über ihnen die geschwungenen Dächer. In dieser gestrengen grauen Architektur bewegten sich einst die grellen chinesischen Gewänder... Heute zertrümmern Bulldozer die schattigen Sträßchen, und trübe Mietskasernen wachsen auf. Ohne Regel, ohne einen Plan, der einen Stadtteil rettet und den anderen preisgibt, wird eine wunderschöne Stadt zerstört.

Am Nachmittag hält Parteisekretär Hua Guofeng, Maos Nachfolger, seine Abschlußrede in der Großen Halle des Volkes. Die ausländische Presse ist wieder dabei. Großer Wendepunkt: Hua Guofeng gibt sein Amt als Ministerpräsident auf, das er nach Zhou Enlais Tod angetreten hatte. Zhao Ziyang, ein Schützling von Deng Xiaoping, übernimmt es. Das Volk wird aufgefordert zu handeln, eigene, womöglich sogar private Initiativen zu ergreifen, damit China bald seine »vier glänzenden Modernisierungen« verwirkliche. Der »Viererbande«, der die gesamte Schuld der Kulturrevolution zur Last gelegt wird, und der »Lin-Biao-Clique«, die sich eines geplanten Attentats gegen Mao schuldig gemacht hat, soll bald der Prozeß gemacht werden.

Die Journalisten eilen in die Hotels zurück und schreiben ihre tausend Wörter über die historische Rede: Sie gilt allgemein als ein Sieg der politischen Linie von Deng Xiaoping.

Abends gehen wir in den Zirkus. Menschen schlendern immer noch zu Hunderten über die breiten, fast unbeleuchteten Bürgersteige der Changan, der Straße des Ewigen Friedens. Ein Eisverkäufer, ein Kino, ein kleines Operntheater und dann das Zirkuszelt – das alles steht auf hundert Metern Straße, vor der früheren »Mauer der Demokratie«.

Als das kleine Orchester zu plärren und quietschen anfängt, kommen Athleten, Clowns und Trapezkünstler hereingelaufen, schwer geschminkt und in erbärmliche rosa Fetzen gekleidet. Die Gaukler und Akrobaten alter chinesischer Tradition sind atemberaubend, die Hunde, Bären, Affen und selbst die auf mongolische Art gerittenen Pferdchen sind rührend und etwas lächerlich. Aber der Muskelmann im schwarzen Samtwams, dieser Hüne mit seinem breitflächig-weibischen Gesicht, den schiefen, bösen Augen und jenem unheimlichen Lächeln, das man von der Peking-Oper her kennt – er ist ein Relikt der grausamen und weichen, blutigen und gezierten Vergangenheit des Landes. Auf seinem dicken Nacken, der aus dem schwarzen Mieder hervorquillt, balanciert er eine schwere Stange, zugleich spannt er mit Händen und Füßen sechs Bogen aus massivem Holz, zwischen denen sein weißgepudertes Gesicht mit den schwarzen Schlitzaugen unter Brauen, die sich bis zum Haaransatz ziehen, hervorguckt.

Folco und Saskia gefällt er nicht. Wir aber sehen in ihm das alte, unergründliche China, das hinter der Fassade des Sozialismus weiterlebt.

9. September 1980

Elf Uhr morgens. Ich komme gerade zurück von einem halb-heimlichen kleinen Gang mit dem Sänger Yang, den Tiziano bei seinem morgendlichen Rennen durch den Taoranting-Park kennengelernt hat. Er hat mir eine Tasche mit Obst für uns und einen Brief nach Amerika gebracht, der in Hong Kong aufgegeben werden soll, weil er ihn der chinesischen Post nicht anvertrauen möchte.

»Wir Chinesen sind nicht frei«, sagt er. »Und wie ist es mit euch in Italien?«

Bei unserem Bummel durch die Straßen rund um unser Hotel zeigte er mir ein Restaurant in einem alten Patrizierhaus. »Diese häßlichen, schmutzigen, überfüllten Räume sind für uns«, sagte er. Dann ließ er den Chef rufen und mir eines der Einzelzimmer mit den üblichen Spitzendeckchen auf den Stuhllehnen zeigen: »Diese hübschen sind für euch.«

Alles, was in China annehmbar und wünschenswert ist, ist für Ausländer. Alles, was schäbig und billig ist, ist für die ›Massen‹. Den Chinesen ist das völlig klar, und sie sehnen sich um so mehr nach dem Ausland, nach jenem anderen Leben, das uns frei und reich gemacht hat.

Jede alte Pekinger Gasse, die fällt, erfüllt sie mit Freude. »Es sind häßliche, alte Häuser«, sagt Yang.

»Sie sind wunderschön«, sage ich und spähe in versteckte Höfe.

Er wundert sich und lacht. Schön ist das Neue, das Moderne, nicht die trübseligen Reste des alten China. Schön sind die Schlager aus Taiwan und Hong Kong, nicht die schrillen Schreie der Peking-Oper. Schön ist Nylon, nicht Baumwolle; schön sind Plastikmöbel, nicht die alten Stühle aus hartem Holz.

Die Chinesen haben eine Zeit schrecklicher Ängste, gnadenloser Fraktionskämpfe und politischer Verfolgungen hinter sich, einen Bürgerkrieg, in dem jeder Mensch etwas verloren hat: Verwandte, Freunde, eine Karriere oder zumindest zehn Jahre seines Lebens. Sie haben die Erinnerung an all das verloren, was sie einmal wußten und konnten. Die Alten haben ihr Wissen mit ins Grab genommen, ohne es den Jungen weitergeben zu dürfen. Nun fangen diese an, mit dem Neuen zu hantieren. Alles machen sie schlecht, denn sie kennen das Neue nicht; trotzdem wollen sie nichts anderes als Fortschritt.

Die Trauer der Alten ist groß. »So viel Zeit ist vergeudet worden!« stöhnte Huang von der »Pekinger Rundschau« im Gedanken an die Kulturrevolution, als wir mit ihm zu Abend aßen. »Niemand kennt sein Handwerk mehr!...« sagte er und bemerkte, daß es heute nur einen einzigen großen chinesischen Pianisten gibt: Fou Ts'ong, und der lebt in London. Unser Freund Fou Ts'ong!

Unter den Jungen haben nur die eine Art von Schulbildung, deren Eltern ihnen während der Kulturrevolution heimlich etwas beibringen konnten. Die Schulen mußten schließen, die Lehrer waren von den Schülern auf den Wandzeitungen so gedemütigt worden, daß sie ihr Gesicht verloren hatten und ihnen niemand mehr gehorchte.

Das Recht, sich gegenseitig auf Wandzeitungen zu kritisieren, dieses Recht auf eine öffentliche Anklage, gegen die man sich nicht verteidigen konnte, ist eine der »vier großen Freiheiten«, die vom letzten Volkskongreß abgeschafft worden sind. Der Protest gegen Ungerechtigkeiten und Willkür war allzu oft in Verleumdung und Diffamierung ausgeartet. Statt dessen möchte man heute den Begriff der Justiz, des Rechtes, als dritte Instanz in die neue Verfassung einführen. Wird es klappen?

Die »Wahrheit«, auf der unsere Vorstellung von Gerechtigkeit und Gesetz beruht, ist für den Chinesen nicht Gegenstand der Forschung und Untersuchung, wie sie das für uns immer gewesen ist. Die »Wahrheit«, die wir mit chirurgischer Akribie aus den Verstrickungen des Lebens herauszuschälen versuchen, ist für den Chinesen einzig und allein eine Frage des Standpunkts: »Mao ist unfehlbar« und »Mao ist nicht unfehlbar«; »Lin Biao ist Maos designierter Nachfolger« und »Lin Biao ist Maos Erzfeind« sind für ihn nicht zwei einander widersprechende Sätze, sondern zwei abwechselnd auftauchende Möglichkeiten. Im Interesse sehr viel komplexerer Notwendigkeiten wird also der »Wahrheit« nicht auf den Grund gegangen. Sie interessiert nicht einmal. Niemand quält sich hier, weil er nicht weiß, »wie die Dinge tatsächlich liegen«. Das Leben ist ein großes Theater, und man führt den Akt auf, der gerade drankommt.

»Die Geschichte wird erweisen, wer recht gehabt hat«, sagen die Chinesen.

Diese Anschauung der Welt als eines unergründlichen Rätsels, von dem sich im Leben einmal diese, einmal jene Seite zeigt, hat auch die chinesische Schrift geprägt. Während unsere Schrift den Klang eines Wortes wiedergibt, reproduziert die chinesische Schrift das Ding selbst. Wir vereinfachen Begriffe bis zur Abstraktion – dem Laut – und können auf diese Weise die Welt auf ein System reduzieren. Die Chinesen lassen die Welt als Rätsel bestehen.

Ausschlaggebend war der erste Schritt, nämlich  mit »Blume« zu umschreiben. Die Chinesen haben ihn nicht getan.  bleibt für sie . Dieser Anspielung folgen unendlich viele andere, die alle dem ersten Geheimnis gleich nahe bleiben, ohne den Versuch einer Vereinfachung.

Für die Chinesen bedeutet denken also nicht definieren, sondern mit möglichst wenigen und präzisen Pinselstrichen einen Gedanken oder eine Vorstellung bildlich andeuten. Es folgt daraus ein ausgeprägter Sinn für das Theater, das Spiel, den Ritus, die Legende, das Märchen – aber wenig Vertrauen in die Wissenschaft. Es ist, als kreisten die Gedanken von Chinesen immer um die große Zauberin Natur herum und als wollten sie sich instinktiv ihrer Gewalttätigkeit unterwerfen.

Unterschiedliche Welten

10. September 1980
Im Schwimmbad des Internationalen Clubs übt ein junger Bademeister chinesische Schriftzeichen mit mir. Er hat sie sich während der Kulturrevolution, als die Schulen geschlossen waren, selbst beigebracht. »Mit den Lippen« hat er revolutionäre Slogans geschrien, um sich dann im Haus mit seinen Büchern zu verstecken.

In jenen Jahren war alles Tun ein Verbrechen. Die Lehrer, die unterrichteten, die Schüler, die lernten, die Arbeiter, die arbeiteten – alle waren sie im Unrecht, alle wurden sie kritisiert. Diese Furcht, daß jegliches Handeln ein Fehler sei, ist den Chinesen geblieben. Deshalb ergreift keiner mehr eine Initiative, denn Initiative bedeutet Verantwortung, also möglicherweise Schuld, Kritik und Strafe.

Wie das Volk aus seinem Winterschlaf erwecken? Mit welchem Zauberspruch oder -trunk? Das ist das Problem, das Deng Xiaoping beschäftigt.

Im Internationalen Club liegen Afrikaner in alten Kolonialsesseln und erfüllen sich vielleicht einen Wunschtraum, der schon nicht mehr schön ist. Europäer sitzen an der Bar im Speisesaal und trinken Bier. Am ausgeleierten Flügel spielt ein Diplomat con furore die erste Ballade von Chopin – eindrucksvoll ist sie immer und auf jeglichem Klavier. Die Haarsträhnen des Künstlers liegen auf dem kahlen Schädel wie angeklebt, und seine Augen blicken in die Ferne, auch als ein chinesischer Kellner anfängt, mit einer Fliegenklappe um sich zu schlagen. Saskia balanciert ihre Pingpongbälle auf dem Schläger. Fox Butterfield kommt vom Tennisplatz und klagt, daß vor seinem Buch mindestens drei andere mit dem Titel »The Chinese« erscheinen werden.

Wir suchen ein Taxi. Aber keiner der Fahrer, deren Wagen im Garten parken, hat Lust, sich aufzuraffen. Schließlich willigt einer ein, uns wenigstens bis zum Peking-Hotel zu fahren. Während wir einsteigen, startet ein Auto voller spanischer Diplomaten. »Vamos al Hotel de Pechino!« rufen sie einem Mann zu, der angelaufen kommt und sich schnell zu ihnen setzt. Und so brausen wir allesamt über die Changan herunter, Pekings Calle Mayor.

Hier sind wir also, wir Ausländer, von netten chinesischen Kellnern bedient, und leben unser mondänes Leben – ein Leben aus einer anderen Welt, einer anderen Kultur, einem anderen gesellschaftlichen System, ein Leben von reichen, verwöhnten, privilegierten Leuten, die sich in eine Luftblase verschließen in einem Land von Menschen, die arm sind und an andere Werte glauben. In dieser Luftblase bewegen wir uns von Salon zu Salon, von Straße zu Straße, von Hotel zu Hotel, und das Hotel, in dem wir uns am breitesten machen, ist das Peking-Hotel.

Dort raunt man, flüstert man, gibt man Gerüchte weiter; dort erzählt jeder von seinen letzten, prüfenden Erfahrungen mit den Chinesen. Und während man in den alten Sälen ißt oder im Foyer trinkt, unter Ausländern, die ihren Wohlstand unterstreichen, und anderen, die ihre Sittenfreiheit unter Beweis stellen, indem sie sich vor aller Augen auf den Mund küssen, und wieder anderen, die sich ihrer Andersartigkeit schämen und sich wie Chinesen kleiden, warten in der Eingangshalle die kommunistischen Funktionäre in ihren blauen Wintermänteln mit viel Geduld – denn das Land gehört ihnen.

Im Peking-Hotel wohnen Fox Butterfield von der »New York Times« und die beiden Matthews von zwei anderen großen amerikanischen Tageszeitungen, Piero Ostellino vom »Corriere della Sera« und verschiedene Diplomaten, und sie alle, die Ansässigen wie die durchreisenden Touristen, begegnen einander in diesem Foyer: Es ist ihr Treffpunkt, ihr Restaurant, ihre Bar, ihre »Heimat« – ihr Casablanca. Ein Gerücht folgt dem anderen, und die Menschen verfolgen die Gerüchte. Jeder hat seine »Kontakte« unter den Chinesen; jeder lebt »draußen« und versucht zu erspähen, was »drinnen« passiert.

Der Goldrausch hat begonnen – es hat das Rennen nach dem größten Markt begonnen, den es auf der Erde noch gibt. Kleine Delegationen von Geschäftsleuten kommen morgens von ihren Zimmern herunter und treffen sich in der Halle mit ihren chinesischen Dolmetschern und Partnern. Jeder bereitet sich auf eigene Weise auf den Sturm auf die Postkutsche vor, obgleich alle ihr respektables Aussehen bewahren.

Große Erwartungen knüpfen sich an diesen Markt, Träume, die meistens unbegründet sind. Georges Duquin, Wirtschaftsattaché der französischen Botschaft, erzählte uns von einem Franzosen, der ihn aus Paris angerufen hat, um sich ein Pekinesen-Hündchen zu bestellen, wo doch in China Katzen und Hunde ausgerottet sind; und von einem anderen, der die Chinesische Mauer auf einem Roller befahren möchte und um ein Auto bittet, das ihm mit Verpflegung folgen soll, wo doch die Große Mauer aus 5000 Kilometer Steinen besteht, die im Laufe der letzten 2000 Jahre zerbröckelt sind; und von dem, der Käseständer nach China exportieren will, in ein Land, in dem niemand Käse ißt.

Abends sind die beiden Restaurants voll von müden Männern, die entmutigt sind vom langen Warten auf Antwort auf ihre Vorschläge zu Geschäften, die vielleicht nie zustande kommen werden. Was in Hong Kong eine Stunde erfordert, erfordert hier einen Monat oder ein Jahr. Aber im Peking-Hotel steht die Vergangenheit wieder auf der Bühne und feiert ein triumphierendes Comeback.

12. September 1980

Die Zeit, die man hier vergeudet, die Dinge, die man verschwendet! Die Chinesen haben ihre Geschicklichkeit im Reparieren und Konservieren verloren.

Herr Liu, der Dolmetscher, schenkt Tiziano zwei Blumentöpfe fürs Büro, begießt sie aber nicht, und die Pflanzen verwelken. Ihm ist das gleichgültig. Und doch hat er als Student zwei Jahre in der Inneren Mongolei auf dem Land gearbeitet. Was also hat er dort über Landarbeit gelernt? Nichts. Er ist und bleibt ein Intellektueller, der sich seine Hände nicht beschmutzen will. Die Bauern verachteten diese jungen Menschen aus der Stadt und haben ihnen auch bestimmt nichts beigebracht.

Zeit wird auch in absurden »Arbeitsteilungen« vergeudet, die im Grunde nichts als »Einteilungen in Klassen« sind. Ich habe mit Herrn Liu einige Meter Stoff für Gardinen gekauft. Die Verkäuferin mußte sie sich auf die Schulter packen und bis zum Auto tragen, während Liu mit seiner Büromappe und ich mit meiner Handtasche ihr wie in einer Prozession folgten.

Der Chauffeur trägt prinzipiell keine Koffer und nimmt bestimmt keinen Besen in die Hand, um das Büro zu fegen. So fängt es bereits an zu vergammeln, während er im extra für ihn angeschafften Lehnstuhl sitzt, Taiwan-Musik hört und in ausländischen Zeitschriften blättert. Keiner hat das Recht, ihm gegenüber eine Bemerkung zu machen. Es ist an ihm, »seine Einstellung zu verbessern«.

Tatsächlich beginnt er nun, die ihm erwiesenen Aufmerksamkeiten zu erwidern und einige »Initiativen zu ergreifen«.

Wenn die Schar der Etagendiener mit schmierigen Lappen und einem einzigen, winzigen Besen in unsere Hotelsuite tritt, um sie »zu machen«, folgt ihnen aus dem Korridor, wie eine lange Zunge, die metallische Stimme der Radiosprecherin, die dem Volk die neue politische Linie erklärt. Ich verstehe kaum, was sie sagt, aber die Langeweile der jungen Männer ist unbeschreiblich. In unsere Sessel geflegelt, gucken sie sich Zeitungen an oder tun, als ob sie Staub wischten, wenn sie mich kommen sehen. Später hocken sie alle zusammen in einem Zimmer und lernen Englisch, das heißt, sie leiern im Chor Sätze herunter, die ihnen ein Lehrer vorspricht. Danach legen sie sich rauchend und schwatzend und bei angedrehtem Fernsehen in ein Zimmer am Ende des Korridors, das für ihr »xiuxi« bestimmt ist, die heilige zweistündige Nachmittagsruhe, auf die jeder Chinese ein Recht hat.

Yang, der Sänger, und Yang Mei, seine Frau, auch sie Opernsängerin, sind meistens unterwegs. Sie verdienen wenig, zu singen gibt es nichts, und sie verbringen ihre Zeit auf der Suche nach Alternativen.

Jeden Morgen ruft sie mich an und fragt, ob ich mit ihr ins Kino gehen wolle. Die Kinos zeigen rumänische oder indische Filme und sind trotzdem zu jeder Tageszeit voll von Arbeitern und Arbeiterinnen in ihren besten Jahren, die auf ein paar Stunden von der Arbeit verschwinden. Jeder Arbeitsplatz ist mindestens doppelt oder dreifach besetzt; sie werden daher bestimmt nicht vermißt.

Gestern abend erwartete Yang Mei uns wieder vor dem Hotel. Unter den mißtrauischen Augen der Sicherheitsbeamten haben Folco, Saskia und ich uns auf unsere Räder gesetzt und sind hinter ihr her in die Nacht geradelt.

Warme, weiche Luft. Unter den schwarzen Schatten der Akazien wenige Fahrräder. Autos hupten und antworteten einander wie Hunde, die nachts auf dem Lande anfangen zu bellen; der eine hört auf, der andere fängt an. Wir hatten Lust, schnell zu fahren, aber es ist gefährlich. Fahrräder haben hier weder Lampe noch Schlußlicht, Fußgänger geistern über die unbeleuchteten Straßen.

»Daole! – Angekommen!« rief Yang Mei. Wir parkten vor dem

Opernhaus und gingen ins Ballett. Yang Meis Freunde sind überall, unter den Kartenverkäufern und Aufsehern, und keiner kontrolliert die Karten, die er ihr selber zugesteckt hat. Hier und da ein heimlicher Händedruck.

Das wichtigste ist immer, einen Freund am rechten Ort zu haben. Kein Chinese, der sein Glück versucht, verläßt sich mehr auf die eigene Arbeit.

13. September 1980

Bei verschleierter Sonne bin ich heute morgen ausgeradelt. Das Peking, das ich vom Dach des Hotels Qianmen aus sehe, seine aschgrauen Stadtteile, locken mich allzusehr.

Von oben scheint es, als ob in dunstiger Ferne die Stadt in Staub zerfiele, sich der Wüste wieder hingäbe, aus welcher sie vor undenklichen Zeiten geduldig ausgestochen wurde. Die Straßen fressen ihre Furchen in den Sand, nur eine Asphaltzunge verhärtet die breiteren, und die Häuser folgen jener Furche, reihen sich an ihrer Geraden auf, grau, verschlossen, staubig.

Schön ist der Gegensatz zwischen den fahlen Steinen und dem durchsichtigen Blau des Himmels; nicht weniger edel, aber vernichtend wirkt die Stadt, wenn sie im Grau erstickt. Der Himmel hat hier eine Art, sich zu verdunkeln, sich hinter Schleiern von Staub und dichter, schmutziger Luft zurückzuziehen, die ich von nirgendwo sonst kenne. Am Mittag war die Stadt eine einzige endlose, farblose Fläche. Nur die Sonne bohrte ihr rotes Loch in die staubige Atmosphäre.

In diesen verbrauchten Gassen mit den kleinen steinernen Löwen rechts und links vor jedem Tor, die durch die Zeit oder die Rotgardisten verstümmelt wurden, wiederholt sich das harte, gnadenlose Leben eintönig seit Jahrhunderten und platzt nur manchmal heraus in jenes laute Lachen, das man heute noch verhallen hört.

Peking war eine Stadt, die man in den Staub gezeichnet und mit einem Quadrat von Mauern und Toren befestigt hatte. Über den auf der Erde kauernden Häusern kräuselten sich die goldenen Dächer der Verbotenen Stadt, die grünen und blauen Majolikaziegel von Tempeln und Klöstern. Die Menschen gingen durch die engen Gassen, pflanzten Bäume, die ihre Innenhöfe beschatteten, umgaben sich mit mehr

Mauern und schickten jedes Jahr den Kaiser zum Altar des Himmelstempels, damit er Sonne, Regen und Mond dem Land günstig stimme.

Es liegt in diesen Straßen eine tiefe Liebe zur Erde und zum Leben, ein Sinn für die Horizontale, die beruhigt; ein Sinn, der anders ist, entgegengesetzt zum senkrechten Aufstreben in unserer westlichen Welt.

15. September 1980

Vielleicht ist das, was wir heute sehen – und schon müssen wir danach suchen –, der letzte Rest des alten Peking.

Wenn ich die Bulldozer ihre Zähne in die kleinen alten Häuser schlagen sehe – öfter noch sind es die Hacken und Hämmer der Arbeiter –, muß ich mir vorstellen, daß sie in ein paar Jahren verschwunden sein werden. Statt dessen schießen Reihen von Mietshäusern und Reihen von staubigen Erlen in die Höhe. Und mitten in dieser »Modernisierung« bleibt vielleicht, hinter der Mauer seines Hofes vergessen, ein trauriger Tempel stehen.

Teilweise ist es schon so: Von den verkündeten »vier Modernisierungen« ist die des alten Peking die offensichtlichste.

Liulichang, die berühmte Straße der Antiquare, die sich mit ihren alten Geschäften wie ein Reptil durch die Südstadt windet, wird abgerissen und ist nur noch ein Trümmerhaufen. Wie viele Maler und Literaten haben in ihren Hinterhöfen zusammengesessen! Wie viele Eunuchen haben hier die gestohlene Habe des Kaiserpalastes heimlich verschachert! Aber der Bürgermeister von Peking schämt sich der alten Steinfußböden und Papierfenster der Geschäfte und will sie für die amerikanischen Touristen neu und modern wiederaufbauen.

Pekings Hunderte von Tempeln und Klöstern wurden in der Kulturrevolution geplündert und zerstört. Das »Fa Yuan Si«, das große Kloster der Quelle des Gesetzes, Zentrum der buddhistischen Studien in China, wurde als erstes gerade wieder geöffnet.

Tempel und Pavillons sind wiederaufgebaut, Fenster und Säulen flammend rot lackiert, und zwischen den alten, gekrümmten Pinien haben die silbergrauen Dächer neue Ziegel bekommen. Ein paar Stelen, ein Strauß falscher Blumen und die erschreckende Sauberkeit auf den

Altären – das ist alles, was von 1500 Jahren Geschichte bleibt. Zwei als Wächter verkleidete Mönche sehen uns wie kleine Mäuse aus traurigen, kurzsichtigen Augen an.

Während der Kulturrevolution wurde das Kloster geschlossen. Die Mönche wurden verjagt, die buddhistische Bibliothek niedergebrannt, die Gebäude geplündert. Wir finden die Spuren einer fürchterlichen Zerstörung in den noch nicht restaurierten Seitenhöfen. Durch ein kaputtes Fenster sehen wir in einen Pavillon, der bis zur Decke voll ist mit Buddha-Statuen, die verschimmelt, wurmzerfressen und morsch in ihren verschiedenen Stellungen warten – wer weiß, worauf. Im Hof, unter freiem Himmel, liegen Intarsien, Friese, hölzerne Drachen und die lotusförmigen Sockel, auf denen sonst der meditierende Buddha sitzt. Und all die Glocken, die Gongs, die Trommeln, all die Weihrauchgefäße, seidenen Fahnen, Teppiche und Möbel, wo sind sie nach der Kulturrevolution geblieben?

Heute, im Kloster, fühlte ich mich wie unter Gespenstern. Es waren die Gespenster nicht so sehr jenes fernen Lebens im Gebet und in der Gemeinsamkeit mit den Göttern, sondern die der kürzlichen Kulturrevolution. Wildheit und Wahnsinn jener Jahre erfüllen noch die Luft – selbst wenn niemand gern davon spricht.

»Wonach wir uns sehnen, ist, zu vergessen und in Frieden zu leben«, sagt Liu.

17. September 1980

Spät am Abend. Es ist die Stunde des Klippklopp der hageren Pferdchen, die zu dritt uralte Karren mit modernen Gummireifen ziehen. Sie sind mit Baumaterial oder Gemüse beladen. Tagsüber dürfen sie jetzt nicht mehr in die Stadt.

Warme, klare Nächte. Tiziano ist in Tibet. Fast alle Journalisten sind zum Essen ausgegangen. Eine Cocktailparty jagt die andere, und immer sind wir Ausländer unter uns und sprechen über Politik und über China.

Das Leben der Chinesen ist sehr anders. Ich gehöre bis jetzt weder zum einen noch zum anderen. Ich esse mit Folco und Saskia, die heute zum ersten Mal wieder von Hong Kong sprachen und von den schönen, verlorenen Gewohnheiten.

Im Museum für Bildende Künste habe ich eine Ausstellung junger chinesischer Maler gesehen, lauter Nachahmer des Qi Bashis, und von anderen, mittlerweile uralten Neuerern der dreißiger Jahre, die sich in der Technik von der traditionellen chinesischen Kunst entfernt haben, aber bei den alten Motiven geblieben sind: Pinien, Tempel im Nebel, ein Frosch, zwei Raben, eine Lotusblume. Viele schüchterne Versuche und überhaupt keine eigene Vorstellung.

Ein junger Mann kam auf mich zu, zurückhaltend und farblos, und fragte, ob er mich führen dürfe.

»Ich bin Student«, sagte er, »und würde gerne mein Englisch im Gespräch mit Ihnen üben.« Er heißt Ling.

»Diese Malerei scheint mir völlig traditionell«, sagte ich. »Es gibt gewiß zeitgemäßere Maler, die nur nicht ausgestellt werden, nicht wahr?«

»Nein«, antwortete er, »es gibt keinen, der es wagen würde, die Gesellschaft darzustellen, in der wir leben, weder in der darstellenden Kunst noch in der Literatur, noch im Film.«

Wir gingen weiter und betrachteten die Bilder von zeitgenössischen französischen Malern, die hier in einer von der französischen Botschaft organisierten Ausstellung gezeigt werden: Kubismus à la Picasso, Abstraktionismus à la Klee, Surrealismus à la De Chirico, Neorealismus, Futurismus... Auch hier nichts Neues, Wahres, Originelles.

»Gefallen Ihnen diese Bilder?«

»Schrecklich finde ich sie, unsinnig«, meinte Ling.

An den sehr realistischen Bildern von nackten Frauen mit großen Schamhaarbüscheln und obszönen Stellungen ging Ling vorbei. Die Chinesen haben die Aktmalerei nicht gekannt und kommen außerdem aus einem äußerst puritanischen Jahrzehnt, in dem es schon für obszön und gegenrevolutionär galt, wenn ein junger Mann mit einem Mädchen Hand in Hand ging. Ling interessierte sich statt dessen für Themen aus der Konsumgesellschaft. Auf einem Bild hat sich ein Mann vor dem Schaufenster eines Geschäfts mit Herrenbekleidung mitten auf die Straße gelegt, der Mode und ihrer Variationen überdrüssig. Ling dagegen, in seinem alten Staubmantel aus Popeline, würde eine neue Jacke gut gefallen.

»Dieses sind die Inspirationen, die wir euch anbieten, Ling.«

»Sie sind furchtbar, sie sind gar nichts«, sagte er enttäuscht.

Trotzdem nahmen wir uns vor, uns wieder zu treffen.

Dreißig Jahre nach der Befreiung

19. September 1980

Starker, trockener Wind. Klarer Himmel. Heftiges, nur durch den Staub in der Luft gemildertes Licht. Die Westlichen Hügel sind jetzt klar zu sehen wie die Kette des Apennins von Florenz aus. Wetter für Staatsvisiten.

Changan, die Straße des Ewigen Friedens, ist jetzt fast immer zu Ehren eines ausländischen Staatsoberhaupts bewimpelt. Von Osten eilen die Mercedes, Peugeots, Fiats mit den Botschaftern herbei, von Westen, aus den geheimnisvollen Höfen um die Verbotene Stadt, kommen die schwarzen Limousinen »Rote Fahne« mit den chinesischen Führern. Der Präsident von Kenia, der Präsident von Luxemburg, der Handelsminister von Frankreich und der italienische Staatspräsident Pertini sind fast gleichzeitig in Peking. Vor den Stufen der Großen Halle des Volkes folgt eine Begrüßungszeremonie der anderen.

Das Leben geht nach dem letzten Volkskongreß, der Hoffnung geweckt hat, mit frischer Energie weiter. Man erwartet nun von Tag zu Tag den Prozeß der Viererbande. Ein Gerücht, daß er heute beginnen werde, hat gestern die Köpfe rauchen lassen.

20. September 1980

»Was für ein langweiliges Leben! Chinesische Schulstunden, chinesische Aufgaben, chinesisches Essen – und dann ins Bett!« sagte Folco gestern abend.

Heute morgen strahlte er: »Ich habe etwas geträumt, was ich schon oft geträumt hatte«, erzählte er. »Ich stehe mit Vater in einem Aufzug mit vielen Knöpfen. Wir drücken auf einen davon und reisen aufwärts, weit in den Raum hinein; wir erforschen wunderschöne Gegenden und sehen viele Tiere, die sich in einem grünen Licht bewegen ...«

Diese Reisen mit dem Vater in den Weltraum, zum Licht, zur Unendlichkeit, diese Erforschung des Universums auf dem Vehikel der Träume, zeigen das Maß der unbegrenzten Möglichkeiten, die ein westliches Kind vor sich sieht, seine Erwartungen eines Lebens, das sich in jeder Richtung ausdehnen kann.

Was träumt wohl ein chinesisches Kind?

22. September 1980
Der Herbstmond wird bald voll sein. In Hong Kong wird man ihn feiern. Wie ein abgenutzter silberner Groschen hängt er am Himmel. Und ich sitze am Schreibtisch und sehe manchmal zu ihm auf.

In der Ferne höre ich Züge pfeifen, keuchen, schnauben und stelle mir vor, wie sie nach ihrer langen Reise am einzigen alten Stadttor vorbeifahren, das dunkel und ohne Wächter noch dasteht. Ein Lastwagen spritzt Wasser auf die staubigen Straßen. Die Chinesen schlafen seit zehn Uhr.

Ich habe gerade mit Florenz gesprochen – mein Bruder war am Telephon –, aber sogleich war das Fenster zur Toskana wieder zu. Immer sind wir weit weg von denen, die wir gut kennen; immer von neuem müssen wir uns auf die Suche nach Gleichgesinnten machen. Im Leben, das wir gewählt haben, ist nichts bekannt und heimisch; es ist ein Leben ohne alte Angewohnheiten und Bräuche – wie der Sonntag bei Verwandten oder eine Weihnachtsfeier im größeren Familienkreis. Das ist der Preis, den man zahlt. Tag für Tag richten wir die Augen auf eine unbekannte Welt und machen aus dem Staunen unseren Beruf.

Zwei Steintiger markieren noch das Eingangstor zum alten Sommerpalast, dem »Yuan Min Yuan«, einem der sieben Weltwunder, bevor französische und englische Heere ihn 1860 niederbrannten. Junge Chinesen und abgestellte Fahrräder lehnen heute an seinen Ruinen.

Unsere Kolonne ausländischer Autos hält an einer kleinen Lichtung unter Pappeln. Wir gehen mit Fleisch, Spießen und Bierkisten zu Fuß weiter und lassen uns am Rand eines Reisfelds nieder. Im Hintergrund die Westlichen Hügel. Sonntagsmaler kommen und setzen sich neben uns. Die Kinder spielen auf dem unebenen Gelände Ball – über Trümmern alter Pavillons, auf denen heute Erde und Blätter liegen.

Bursky, der Pole, Bela, der Ungar, und Drago, der Jugoslawe, kommen seit vielen Jahren hierher. Früher waren sie immer unter sich.

»Während der Kulturrevolution«, erinnert sich Bursky, ein Diplomat der polnischen Botschaft, »hatten Rotgardisten auf jene Ruinen ›Wir werden Rache nehmen!‹ geschrieben.«

Gestern versuchten sich einige junge Leute auf einem Stück Marmorboden, das da noch überdauert hatte, im Walzer. Ernsthaft und ohne sich allzu eng zu umfassen, drehten sie sich zu den Klängen eines Plattenspielers in ihren blauen oder grünen Hosen einmal nach rechts, einmal nach links.

So entsteht nach einem China der »Rache« ein China, das sich uns zum Vorbild nimmt.

24. September 1980

Auch in Peking wird der Herbstmond noch gefeiert. Um sechs, als ich mit Liu und Chen durch die alten Straßen fuhr, glänzte er am violetten Himmel, endlich blank und unverschleiert nach dem schwülen, dunstigen Sommer.

Schwärme dunkler Schatten glitten durch das kaiserliche Tor in den Beihai-Park, den Park des Nördlichen Meeres. Sie zogen zur kleinen Insel mit der weißen Dagoba, zum Restaurant, wo es die besten Mondkuchen zu kaufen gibt. Alle waren sie jung, alle waren sie in blaue Popelinjacken gekleidet, alle gingen sie schnell. Einige Boote lagen auf dem Wasser, das sich zusehends verdunkelte. Wenige Paare flüsterten in den Büschen.

Von der Dagoba herunterkommend, deren merkwürdig gedunsene weiße Formen das Grab eines Bonzen bedecken, blieb ich auf einem Felsen stehen, um einer Ziehharmonika zuzuhören, die stockend spielte. Als ich mich umdrehte, um weiterzugehen, stand ein eleganter Mann vor mir, mit blanken schwarzen Haaren, der mich von seiner Höhe kurz fixierte. Bewachte er mich? Mit Liu und Chen ging ich weiter im flüsternden Menschenstrom.

Die Luft war warm, von Brisen durchweht. Wir gingen um den See. Ein japanischer Film hier, ein amerikanischer Film da, Hunderte von Köpfen davor. Tore zu alten Residenzen, wo früher Mitglieder der Kaiserfamilie, heute Parteileute wohnen. Verschlossene Tempel.

Auf einer Freilichtbühne trat eine berühmte rundliche Sängerin in hellblauem Abendkleid auf. Das Mikrophon versagte, man konnte sie nicht hören, und die Menge fing an zu murren. Einige Burschen kletterten auf die Bühne. Die Dame hörte auf zu singen und lief entsetzt davon. Sogleich füllten Beamte und Polizisten die Bühne, gestikulierten und riefen: »Runter! Runter!« Schließlich gehorchten die Burschen, und die Sängerin beendete ihr Lied.

Vom See ertönte das Lied einer Flöte. Der Mond wurde goldbraun und versank hinter den Zweigen der Trauerweiden. Kaiser und Kaiserinnen haben ihn in diesem Park betrachtet. Die letzte war Jiang Qing, Maos dritte Frau, die hier ihre heimliche Residenz hatte. Mao lebte jenseits der großen Brücke in Zhong Nan Hai, im Park des Mittleren Südmeeres, auch Neue Verbotene Stadt genannt. Heute steht sein Haus leer, sagt Liu.

»Wieso?«

»Wer hätte schon Lust, in Maos Haus zu wohnen!«

Der Große Vorsitzende, von dem Folco und Saskia in der Schule immer noch sagen müssen, daß er in ihren Herzen lebt, ist zur Vogelscheuche geworden.

Und Jiang Qing, die Despotin, die »Glatzköpfige«, wie sie in Peking genannt wird – weil sie nach einer Strahlenbehandlung alle Haare verloren hatte und deshalb eine Perücke und über der Perücke eine Mütze und über der Mütze ein Tuch trug –, Jiang Qing gefiel dieser Park. Sie beschlagnahmte ihn für sich selbst, ritt darin und ließ sich in ihrer Residenz pornographische Filme zeigen ... Die Legenden blähen sich in diesen Tagen, in denen sie ihren Prozeß erwartet.

Wir gingen weiter bis zur Mauer der Neun Drachen, der neun Majolikadrachen, die in ein blaues Kachelmeer tauchen. Ein Orchester der Befreiungsarmee spielte Geige und Ziehharmonika. Ein Bariton mit rotgeschminkten Backen und Lippen sang dazu im Falsett. Die Jungen gingen immer schneller, einer ahmte den Bariton-Soldaten nach. Unter der Disziplin, die ihnen zur Gewohnheit geworden ist, war Ungeduld zu spüren, als wären sie drauf und dran zu schreien.

Von den Riten und Opfern zur Herbsternte, vom Märchen von der Mondfrau und dem Kaninchen, das ihr Reich bewohnt, von all den Traditionen, die dieses jahrtausendealte Fest begleitet haben, ist den Jungen nur noch der Mondspaziergang in einer letzten Sommernacht geblieben. Die Schatten, die mir zur Seite gingen oder schnell entgegenkamen, verströmten Unruhe, die nach einem Ventil sucht.

Und wirklich hat es heute nacht drei Tote und zehn Verwundete gegeben, als sie sich alle zusammen durch die Tore des Parks wieder nach draußen drängten.

28. September 1980
Sonntag. Tiziano ist aus Tibet zurückgekommen, mit phantastischen Beschreibungen der Schönheit und der Mystik des Landes, aber auch der Gewißheit, daß es fest in chinesischer Hand ist, daß fast keines seiner Klöster mehr steht.

Heute morgen die Zauberer von Shanghai, in einem Amphitheater hinter den westlichen Höfen der Verbotenen Stadt. Als erster trat der Zauberer auf, der mich schon im letzten Frühjahr in Kanton fasziniert hatte: Rouge auf den alten Lippen, die Augen weit aufgerissen zu einem seltsamen Staunen, schnelle, federnde Schritte, die in unergründliche Richtungen führen – und höchste Konzentration im Augenblick der Illusion.

Dann, mit Leopardenfell über den nackten Schultern, ein Meister des Sadismus und der Brutalität, der mit einer zwei Meter langen, knotigen Peitsche die Zigarette eines im Publikum rauchenden Mannes auslöschte. Beide waren sie weit über sechzig.

»Wo hatte der Mann die Zigarette her?« fragte später ein kleiner Amerikaner, der mit uns gekommen war und noch nicht gemerkt hatte, daß China Hunderte von Zigarettensorten herstellt.

Viele Ausländer denken, die Chinesen haben nichts und können nichts. Dabei verfügen die Alten über viele zeitgemäße Fertigkeiten, die sie alle in den dreißiger und vierziger Jahren erlernt haben, als China vor Initiativen und dem Wunsch, vom Westen zu lernen, brodelte.

Der Zirkus, den wir sahen, und nun die Zauberer, das kleine Orchester in Kanton, das Fox, Tango und Marianka spielte – all das kommt noch aus der Zeit vor der Befreiung. Da es westlichen Ursprungs war, wurde es während der Kulturrevolution verboten, um heute im Triumph wieder ans Licht gezogen zu werden.

Die Paare, die sich beim Photographen in der Wangfujin-Straße ein Jackett und ein Brautkleid mit Schleier mieten und sich dann so – als westliche Braut mit Bräutigam im blauen Anzug – photographieren lassen, erfüllen sich einen alten Traum, der nur aufgeschoben war.

»Es ist, als wäre Chiang Kaishek wieder an der Macht«, hat jemand zu Tiziano gesagt.

Der Sozialismus hat seine eigenen Ziele nicht erreicht, also macht man kehrt, marsch – und wir wohnen gleich zwei Beerdigungen bei:

jener des alten China, das unter den Schlägen der Modernisierung fällt, und jener des Kommunismus, den die Sozialdemokratie ins Feld schlägt.

30. September 1980

Das gestrige Abendessen bei Lise und Alain Jacob, dem Korrespondenten von »Le Monde«, stand ganz unter dem Eindruck der Pressekonferenz des Nachmittags, in der mitgeteilt worden war, daß der Prozeß gegen die »Viererbande« und die »Lin-Biao-Clique« nun eingeleitet werde. Dieser Prozeß soll den Chinesen und der Welt beweisen, daß »das Gesetz« von nun an über den Bürgern waltet und daß Gerechtigkeit herrschen kann und wird.

Aber niemand glaubt daran. Die Journalisten sind sich darüber einig, daß es sich in Wirklichkeit um einen politischen Prozeß handeln wird, den man geschickt in einen strafrechtlichen Prozeß verkleidet, und verwickeln sich in lange Diskussionen.

»Ist Mao Angeklagter oder Kläger?«

»Mao ist Kläger!« sagt Bela, Korrespondent der »Ungarischen Presseagentur«. »Die Viererbande hat ihn manipuliert, die Lin-Biao-Clique wollte ihn ermorden – man will mit Jiang Qing, seiner entfremdeten Witwe, und der ganzen Bande abrechnen!«

»Niemals! Mao ist der fünfte im Bunde!« ruft Tiziano und spreizt die fünf Finger seiner Hand, wie die Chinesen es tun, wenn sie von der Viererbande reden. »Mao ist ihr Mandant, und Hua Guofeng, sein ›legitimer Nachfolger‹, ist mitverantwortlich!«

Drago, der Jugoslawe, Korrespondent von »Politika«, meint, die Tatsache, daß es überhaupt zu einem Prozeß kommt, sei ein Zeichen des politischen Übergewichts Deng Xiaopings. Tiziano ist mit ihm einer Meinung und wettet obendrein, daß Hua Guofeng, den man in diesen Tagen in den Zeitungen durch ein Gleichnis vom Eunuchen, der seines Herrn Macht usurpiert, indirekt kritisiert, bald gestürzt werden wird: »Wie soll ein Eunuch Kaiser werden?«

Gong Hua dagegen, die chinesische Frau von Bela, ist überzeugt, daß Hua Guofeng an der Macht bleiben wird, weil er für den mittleren Kurs, den Kompromiß, ist und keine gefährlichen neuen Wege einschlägt. Er ist nach ihrer Meinung ein traditioneller Politiker, der in seiner Person die Feindseligkeiten der Fraktionen absorbiert, während Deng sie auf die Spitze treibt: »Hua ist der Typ des konservativen Führers, mit dem das chinesische Volk gerne alt wird«, sagt sie. »Auch ist er Maos Erbe und verkörpert die Kontinuität.«

In seinem Roman »Ricksha Boy« (1936) beschreibt der Schriftsteller Lao She, wie ein armseliger Konspirateur in einem Bambuskäfig durch die Straßen zum Schafott getragen wird und das Volk begeistert hinterher rennt; es gafft ihn an und amüsiert sich. Das ist die Sorte von Gerechtigkeit, die die Chinesen gewöhnt sind. Die progressiven Methoden Deng Xiaopings sind ihnen fremd.

»Jiang Qing verdient den Tod der tausend Schnitte!« ruft Gong Hua.

Zu welchem Zweck also der Prozeß? Wen soll er beeindrucken? Das Ausland?

Alain Jacob erkennt das China, in dem er seit vier Jahren lebt, in all diesem nicht mehr wieder und sagt, er sei froh, bald abzureisen.

1. Oktober 1980

Tag der Chinesischen Volksrepublik. Heute vor 31 Jahren, am 1. Oktober 1949, hielt Mao seine berühmte Rede auf dem damals kleinen Platz des Himmlischen Friedens vor dem Eingang zur Verbotenen Stadt: »China hat sich erhoben!« rief er den jubelnden Massen zu. Es war ein historischer Tag, und die graue Stadt war rot bewimpelt.

Heute, 1980, hängen einige müde blutrote Fahnen auf den öffentlichen Gebäuden und Hotels. Keine Parade, kein Feuerwerk! Nur zwei Tage Ferien gibt es, und das Volk benützt sie zum Hamstern, denn die Preise steigen. Lange, manchmal keifende Schlangen stehen vor den Karren voller Äpfel und Birnen. Nur der Kohl bleibt wie riesige hellgrüne Pachydermen auf den Bürgersteigen liegen. Der Verdruß, Kohl zu essen – immer nur Kohl –, nimmt den Menschen den Appetit.

In diesen so unfestlichen Festtagen zieht das Volk das Fazit und läßt die Köpfe hängen.

Am Abend hat uns der Sänger Yang zu sich eingeladen, trotz der Vorschrift, die es Chinesen verbietet, sich mit Ausländern anzufreunden.

Er wohnt mit Frau und Tochter in unserer Nähe, in einem relativ neuen Wohnblock. Im stockdunklen Treppenhaus suchten wir tastend und über geparkte Fahrräder stolpernd unseren Weg. Die Yangs teilen sich eine winzige, schäbige Zweizimmerwohnung mit einem anderen Sängerehepaar und einem kläffenden Hündchen, das in diesem Land, wo Hunde ausgemerzt werden, nur überlebt, weil es selber im Film auftritt.

Im Zimmer der Yangs drängt sich all ihre Habe: drei Betten, Klavier, Schrank, Klapptisch. Unter den Betten liegen Gemüse, Eier, Kartons und Koffer. Platz zum Stehen oder Gehen gibt es nicht. Wenn dieses eine privilegierte Wohnung ist, wie sehen dann die normalen aus?

Ein Freund des Sängers klopft an die Tür: Er ist Arbeiter, offensichtlich gebildeten Ursprungs. Im heutigen China sagt das, was man tut, kaum noch etwas über einen aus. Alle wurden aus ihrem ehemaligen Gleis geworfen, und nur durch sein Auftreten, durch seine Umgangsformen und seine Aussprache unterscheidet sich ein Mensch noch vom anderen.

Yangs Tochter ist ein Wunderkind der Geige und spielt uns mit ihren neun Jahren virtuos vor. Yang Mei, seine Frau, Opernsängerin, ist in ihrem lila Nylonpullover hübsch anzusehen. Sie ist sehr lebhaft, aber voller ungeduldiger, verzweifelter Untertöne. Plötzlich geht sie ans Fenster, schließt es und singt mit schmetternder Stimme Arien von Verdi und Puccini.

»Während der Kulturrevolution war es verboten, westliche Musik zu machen«, sagt sie und wirft sich in die Pose zorniger Männer mit geballten Fäusten. »So haben wir zehn Jahre unseres Lebens verloren. Wie gern möchte ich eines Tages Italien sehen! Der italienische Gesang ist so viel melodiöser als der chinesische! Aber, wie soll ich je dorthin kommen? Ich werde zu Fuß gehen!« beschließt sie.

Saskia verständigt sich mit der Kleinen durch Gesten und Fratzen, Folco dagegen ist der Verzweiflung nah. Er versucht froh auszusehen, kann aber den Fraß nicht hinunterschlucken, begreift nicht, was man von ihm will, und ist die ganze Zeit dem Weinen nah.

»Was möchtest du lieber, einen Apfel oder Trauben?« fragt ihn Yang.

»Einen Apfel!« sagt Folco, weil er denkt, der müßte billiger sein. Yang dagegen ist enttäuscht, denn er hat die Trauben für uns gekauft.

Aus verdreckten Schubladen ziehen sie Bonbons für Saskia und Knallerbsen für Folco heraus. Sie schenken uns chinesische Pflanzenmedizin und bieten uns Sprachstunden, überhaupt alles an, was sie besitzen – vielleicht, um uns zu verpflichten, auch ihnen beizustehen.

»So könnte ich nicht leben!« sagt Folco später, als wir wieder in unserem Hotel sind.

»Was würdest du an ihrer Stelle tun?«

»Ich würde ein Zelt nehmen und das Weite suchen.«

Peking war die Stadt der tausend Theater, der Jahrmärkte, Gaukler, Akrobaten und Opern. Spätestens mit der Kulturrevolution wurde alles verboten, jeder zur Landarbeit geschickt, und China verstummte.

1966, so erzählte Melinda Liu, wurden die Pferde eines Shanghaier Zirkus in eine Volkskommune abkommandiert, um da den Pflug zu ziehen. Die Kommune liegt neben einem Militärcamp, und wenn dort das Lever geblasen wird, halten die Pferde in ihrer Ackerarbeit inne, erinnern sich ihres alten Metiers und tanzen zögernd und andeutungsweise ein paar Schritte vor sich hin.

4. Oktober 1980

Heute mittag – Folco und Saskia waren schon wieder zur Schule gefahren – saß ich noch etwas im Speisesaal, als eine Auslandschinesin an meinen Tisch kam und fragte, wie es mir hier ginge und ob ich Hilfe brauchte. Sie selber ist in Taiwan aufgewachsen, lebt jetzt mit ihrem skandinavischen Mann und zwei Kindern für ein paar Jahre in Peking, wo sie an einer Berufsschule Englisch unterrichtet.

Wir merkten bald, daß wir ein ähnliches Interesse für China und das Leben der Chinesen haben, und beschlossen, uns ein paarmal die Woche zu treffen, um unsere Erlebnisse auszutauschen. Sie hat ein waches, ruhiges Gesicht und heißt Joan.

Heute morgen hat sie bei den Leitern des Hotels und der Arbeitseinheit ihrer Etage wegen der schlampigen Arbeit der Angestellten protestiert: Alles ist staubig und schmutzig, vor allem die Badezimmer werden so gut wie nie geputzt! Kurz darauf haben fünf Etagenangestellte bei ihr angeklopft.

»Sie haben unsere Arbeit kritisiert?«

»Ja. Ich finde, ihr solltet euer Bestes tun, um aus diesem Hotel ein erstklassiges Hotel zu machen.«

»Wofür halten Sie uns?« (Die politische Implikation war: Diener?)

»Ich halte euch für Experten in eurem Fach und finde, ihr solltet versuchen, im Hotelfach Karriere zu machen.«

Der Älteste, vielleicht eine Art Boß, lachte: »Wir sind keine Experten, und wir haben unsere Arbeit nicht selber gewählt. Man hat sie uns zugeteilt, und sie ist fürs Leben.«

Alle Wege sind verbaut. Eigener Einsatz und eigene Mühe werden nicht einmal bemerkt. Der Sozialismus, der die Massen mitreißen wollte, hat Zyniker aus ihnen gemacht.

Nachmittags mit Hiro Oka unterwegs. Wir durchwandern die große Geschäftsstraße von Xidan und entdecken dabei eine kleine Pagode. In ihrem Hof wohnen Arbeiterfamilien in der üblichen Misere. Eine neue Fabrik wird direkt an die Tempelmauer angebaut. Die Pagode selbst ist verriegelt und vergessen; weil wir sie aber betrachten, erheben auch die Chinesen ihre Blicke.

Später, als wir uns eine Handcreme in einem Kaufhaus kaufen, umzingeln uns gleich zehn Frauen und kaufen sich dieselbe. Gewohnt, sich arm, hoffnungslos und unbeneidet zu wissen, fragen sie sich erstaunt, was an dem, was sie haben, uns wohl gefällt.

13. Oktober 1980

Empfang in der westdeutschen Botschaft zur Unterzeichnung eines Kulturabkommens zwischen der Bundesrepublik Deutschland und der Volksrepublik China. Neben Beamten aus Bonn chinesische Wissenschaftler und Professoren, die vor der Befreiung in Deutschland studiert hatten und 1949 aus Patriotismus zurückgekehrt waren, um beim Wiederaufbau ihres Landes zu helfen. Aber bereits 1958, spätestens 1966, zu Beginn der Kulturrevolution, wurden sie kritisiert, beschimpft, eingesperrt oder zur Landarbeit geschickt. Allmählich kommen die Überlebenden nun zurück.

Zu meiner Rechten saß ein alter Geschichtsprofessor, der früher Journalist in Shanghai gewesen war.

»Gibt es in China ein Buch über die Geschichte der letzten fünfzehn Jahre?« fragte ich ihn.

»Noch nicht, und es wird auch schwerlich geschrieben werden«, antwortete er. »Doch die Zeit wird zeigen, wer recht und wer unrecht hatte.« Weiter sagte er nichts.

An unserem Tisch saßen noch ein alter Philosoph, Übersetzer von Hegel ins Chinesische, und ein Mitglied der Akademie der Wissenschaften. Denkerschädel mit mageren Elfenbeingesichtern. Stumm aßen sie vor sich hin, während die Deutschen sich unterhielten.

Mit zwei älteren Frauen in Mao-Anzügen hatte ich vor Tisch gesprochen. Eine ist Leiterin des Instituts für Aerodynamik in Peking; vor der Befreiung hat sie mit ihrem Mann, einem Nuklearphysiker, acht Jahre lang in Deutschland gelebt – eine liebe, warmherzige, lebhafte Frau. Während der Kulturrevolution mußte sie die Straßen fegen »und war damit glücklich dran, denn viele, viele meiner Kollegen sind damals umgekommen: entweder aus Kummer und Armut, oder weil sie sich das Leben nahmen«.

Ich sagte, daß ich den Eindruck hätte, als seien die Alten heute in China die hoffnungsvolleren und energischeren, während die Jungen mir enttäuscht vorkämen und ohne Ideale. Sie stimmte mir zu.

»Während der Kulturrevolution haben die Chinesen sich gegenseitig umgebracht, und das hat der Jugend alle Illusionen genommen. So versuchen wir Alten unser Bestes, denn wir können es nicht glauben, daß eine Kultur, die so alt ist wie die unsere, nun untergehen soll. Wir Chinesen sind zäh!« fügte sie mit einem ermutigenden Lächeln hinzu.

Am Mitteltisch, neben dem Botschafter, saß die Witwe Liu Shaoqis, des ehemaligen Staatspräsidenten, gegen dessen politische Linie Mao die Kulturrevolution angezettelt hatte. Er ist im Kerker umgekommen, während sie jahrelang in einem anderen lag. Nun ist sie wieder da. Schön wie ein blasser Mond, mit einem Hauch der alten Arroganz, ging sie am Arm der Botschafterin aus dem Speisesaal.

Unter all den uralten Akademikern, die die chinesische Intelligenzija vertraten, sah ich nur einen einzigen jüngeren Mann, einen Beamten des Gesundheitsministeriums, der gerade von einer Reise zu den Philippinen und nach Singapur zurückgekehrt war. Singapur, die kleine, von chinesischen Emigranten bevölkerte Republik, auch als »Asiens Schweiz« bekannt, hatte ihn ungeheuer beeindruckt.

»Wie kommt es, daß wir in China, mit unserer riesigen Zahl von Einwohnern, nicht ähnliches geleistet haben?« fragte er mich – oder sich.

Die Chinesen sind enttäuscht und besorgt über die schlimme Situation ihres Landes. Dreißig Jahre nach der Befreiung stehen sie da mit einer halben Milliarde Menschen mehr – von 480 Millionen 1949 ist ihre Zahl auf über eine Milliarde angewachsen –, ohne eine eindeutige politische Linie und weit im Hintertreffen, verglichen mit Ländern, die sie sich heute zum wirtschaftlichen Vorbild nehmen: Singapur, Japan und die USA.

15. Oktober 1980

Vor ein paar Tagen war ich mit Tiziano in der Schule des Duftenden Grases. Man hat uns in einem Zimmer im ersten Stock empfangen, wo sich der Rhythmus Stuhl – Tisch – Stuhl; Stuhl – Tisch – Stuhl alle vier Wände entlang wiederholt.

Wir haben uns an eines dieser Tischchen gesetzt, Tee getrunken und Lehrerin Li und Lehrerin Zhang, der Leiterin der Abteilung für Ausländer, unsere Enttäuschung darüber ausgedrückt, daß Folco und Saskia im Chinesischen kaum Fortschritte machen, weil die Lehrer unfähig sind, ihnen das faszinierende System der Schriftzeichen auf verständliche Weise zu vermitteln, und weil Sätze wie »wir lieben den Vorsitzenden Mao heiß« nicht auch auf Situationen des täglichen Lebens angewandt werden.

»Wir haben euch unsere Kinder anvertraut, damit sie China lieben lernen. Auf diese Weise werden sie anfangen, es zu hassen«, sagte Tiziano.

Die beiden Lehrerinnen haben uns versichert, daß unsere Kritik interessant und nützlich sei. Als ich sie aber dasitzen sah, fröstelnd, mit kurzgeschnittenem Haar, die Leiden der vergangenen zehn Jahre, die Unsicherheit über die Zukunft, das System, das Regime noch im Gesicht, da wußte ich, daß nichts zu machen sei. Eine Trauerweide bewegte sich langsam im Wind, der Himmel war grau, wir alle waren höflich und wohlerzogen – und nichts hat sich seitdem geändert.

Noch am selben Tag ist Saskias Lehrerin weinend in den Klassenraum gekommen, hat ihr auf chinesisch die beiden Fragen gestellt, die wir als Beispiel einer Konversationsstunde gebracht hatten: »Woher kommst du?« – »Was hast du gestern erlebt?« Folcos Lehrer hat dasselbe getan, und den Tag darauf war wieder alles beim alten.

Im Bannkreis der Verbotenen Stadt

Zerbrochene Traditionen

16. Oktober 1980

Ein seltsamer grauer Schleier, der die Umrisse der Häuser und Bäume verwischt und den Himmel trübt, hat sich auf die Stadt gesenkt. Der Wind bläst von allen Seiten, in Kreisen und Wirbeln. Es kratzt einen im Hals, die Beine sind schwer, und man radelt wie bergauf. In den alten Gassen sind die Tore verschlossen. Alles ist stumm, leer, geheimnisvoll.

Vom Büro aus sehe ich, wie die Bäume sich unter dem Sand biegen, der über die Stadt braust, und daß der wolkenlose Himmel lehmig gelb aussieht. Ich schließe die Fenster, aber die Möbel bedecken sich trotzdem mit einem graugelben sandigen Schleier. Sand in der Nase, im Mund, in den Haaren: Die Wüste hat sich in einem Sandsturm erhoben.

Gegen Abend legt sich der Wind, und der sinkende Staub läßt einen makellosen stahlblauen Himmel erkennen: Der Herbst ist gekommen.

Jetzt ziehen die Chinesen sich Schicht über Schicht an, lange Unterhosen unter die Hosen. Bald kommt der Tag, an dem sie auch eine Mütze tragen: Es ist immer noch der, an dem der Kaiser den Winterhut aufsetzte.

17. Oktober 1980

In der zarten, herbstlichen Geborgenheit ihres Hofhauses erinnert sich Frau Ma – eine Deutsche, die seit vierzig Jahren als Frau eines chinesischen Literaten in Peking lebt – der ersten Zeit der Kulturrevolution. Banden junger Leute zogen durch die Stadt. Die einen schoben einen Professor vor sich her, den Schandhut auf dem Kopf und ein Schmähschild um den Hals; die anderen verfolgten einen »Bürgerlichen«, spuckten auf einen Schauspieler, brachen in Wohnungen ein, in denen sie Kultur vermuteten, beschimpften und schlugen deren Bewohner und schoren ihnen die Schädel kahl.

Frau Ma erzählt von einem Intellektuellen, der die Rotgardisten mit einem riesigen Küchenmesser erwartete und viele Köpfe einschlug, bevor er sich selbst das Leben nahm; von Leuten, die aus Verzweiflung Selbstmord begingen, von Verwandten und Freunden, die in jenen schrecklichen Augustwochen 1966 ums Leben kamen, als Mao seine »kleinen Soldaten« zu ihrem reinigenden Werk aufgehetzt hatte, blutrünstige Wochen, die sie mit der Kristallnacht in Deutschland vergleicht. Millionen kamen ums Leben.

Die gesamte Habe dieser Menschen wurde von den Rotgardisten beschlagnahmt, zertrümmert oder verbrannt. Die, welche verschont blieben, zerstörten ihren Besitz selber, verheimlichten ihre Fähigkeiten und Talente, ihre Sprachkenntnisse, ihr Studium und wiederholten immer nur: »Ich bin ein Arbeiter«, denn in diesem Satz lag ihre Rettung. Sie sagen es auch heute noch.

Im Hause Ma dagegen hat die Vergangenheit überlebt: Es gehörte einer Deutschen und blieb verschont. Wir sitzen im Haupthaus und blicken in den Hof mit seinem Nußbaum. Wie schön ist das Spiel der grauen Dächer und Zweige vor dem winterlichen Himmel! In diesem düsteren Meer von Häusern lag wie eine purpurne Märcheninsel die Verbotene Stadt.

18. Oktober 1980

Helga Burger ist vor einer Woche aus Hong Kong gekommen, um zu sehen, was nach dem »großen Chaos«, wie man die Kulturrevolution auch nennt, von der Peking-Oper noch übrig ist. Helga lebt seit Jahrzehnten in der Welt des chinesischen Schauspiels. Sie kennt jede Oper, weiß Bescheid über Tradition und Entwicklung, Gesangarten, Gestik und Symbolik und hat auch als erste Vorführungen von chinesischen Opern- und Marionettenspielen in die Festwochen des Hong Kong Arts Center eingeführt, als sie dort Programmchef wurde. Viele berühmte Sänger und Lehrer, die nach Hong Kong und Taiwan emigriert sind, kennt sie persönlich. Alles, was mit der chinesischen Bühne zu tun hat, ist ihr geläufig, und sie hat deshalb auch in Peking Empfehlungen und Zugang zu Sängern und Leuten vom Fach, die sich uneingeweihten Ausländern niemals zeigen.

»Komm mit«, sagte sie gestern, als sie sich in unserem Hotelzimmer von ihren Besuchen ausruhte, die sie bei Schauspielern und Operntheatern macht. »Es ist ganz normal in China, daß man in Begleitung einer Freundin zu Verabredungen geht.«

19. Oktober 1980

Die Opernschule der Stadt Peking liegt unserem Hotel schräg gegenüber. Ein Pedell ließ uns heute morgen in das kasernenartige Gebäude ein, in dem Hunderte von Menschen biwakieren.

Zehn Jahre hat sich in der Welt der traditionellen chinesischen Schauspiele nichts mehr geregt. Jiang Qing, eine zweitklassige Filmschauspielerin aus Shanghai, bevor es ihr in Yenan gelang, Maos dritte Frau zu werden, hatte während der Kulturrevolution ihren Haß, ihren Neid, ihre Zerstörungswut auf die Welt des Schauspiels gerichtet.

Nach dem Sturz der Viererbande kamen die überlebenden Sänger, Lehrer, Schminker, Kostümisten allmählich aus ihren Gefängnissen und Arbeitslagern zurück. Jedem wurde seine Arbeit – oder besser das Recht auf seine Arbeit – zurückgegeben. Jeder spricht also einmal am Tag in seinem ehemaligen Theater vor, wärmt sich am Ofen, schlürft heißes Wasser – und wartet. Viele dieser Menschen, deren Wohnungen zerstört und von Arbeiterfamilien besetzt worden sind, haben keine eigene Bleibe mehr und müssen nun in ihrer »Arbeitseinheit« kampieren.

In den langen, dunklen Gängen dieser Opernschule stehen Fahrräder in Dreierreihen die Wände entlang. Ein penetranter Uringeruch kommt aus den Toiletten. Kaum eine Glühbirne beleuchtet die übelriechende Dunkelheit.

Wir werden in ein kleines Zimmer voller Leute geführt, die im Mantel zwischen Teegläsern, Papieren, Handtüchern und Plastiktaschen herumstehen und rauchen. Plötzlich ertönt aus dem Nebenzimmer ein zuvorkommendes: »Qing lai! Tretet ein!«, und ein großer, fleischiger Mann erscheint tänzelnd in der Tür und bittet uns zu sich herein. Er ist der Programmdirektor der Schule und hat Helga an ihrer Stimme erkannt.

Sein Zimmer ist klein und mit den üblichen Volksschulmöbeln eingerichtet.

»Darf ich euch gekochtes Wasser anbieten?« fragt er, fügt aber sofort betrübt hinzu: »Leider haben wir nicht mal das!«

Vom Kopf bis zur Sohle ein großer Herr, beugt er sich über den Schreibtisch und flüstert Helga seine Vorschläge ins Ohr. Er ruft Männer herein und schickt sie wieder hinaus und umgarnt uns mit seiner besorgten Höflichkeit, während immer wieder neue, mißtrauische Gesichter – die Augen und Ohren der Partei – im Türrahmen erscheinen.

Helga möchte mit Schauspielern sprechen. Jemand begleitet uns in den dritten Stock, wo geprobt, aber offensichtlich auch gekocht und geschlafen wird. Besen, Lappen, Kochgeräte, Berge von Weißkohl, Fahrräder, kaputte Möbel und Schirme verstopfen die Gänge; darüber schwebt der scharfe Geruch einer chinesischen Pflanzenmedizin, die auf einem Spirituskocher kocht. Man schiebt uns in ein kleines Zimmer, in dem ein Glücklicher übernachten darf – sein Handtuch und eine Waschkumme stehen in der Ecke –; zwei Männer und zwei Frauen kommen herein und setzen sich auf sein Bett.

Beide Frauen, Berühmtheiten der Peking-Oper, machen in ihren lumpigen Hosen, Stoffschuhen und einer staubigen, alten Dauerwelle einen kümmerlichen Eindruck. Die eine, mit einem schönen, knochigen Gesicht, eine ausgebildete »Kämpferin«, hat die Kulturrevolution im Gefängnis verbracht und dort Blut gespuckt. An sie lehnt sich eine jüngere, mit kreidebleichem Gesicht, die sich geziert und kokett gibt, aber merkwürdig ungelenk wirkt: Sie hatte sich, als die Rotgardisten kamen, aus dem Fenster gestürzt, dabei Wirbelsäule und Füße gebrochen und war bis vor kurzem gelähmt.

»Leider bin ich nicht gestorben«, sagt diese berühmte Darstellerin der Kunqi, einer der ältesten Opernformen Chinas, mit ihrem Herzmündchen und den etwas hervorquellenden Augen.

Wir folgen ihr zu einer Probe ins Nebenzimmer. Fünf Fiedler in Mütze und Mantel spielen vor dem zur Straße hin geöffneten Fenster, trinken dann und wann einen Schluck aus ihren mit heißem Wasser gefüllten Marmeladegläsern, deren Deckel sie dann wieder zuschrauben, während unsere Sängerin ihre Schritte und Bewegungen um einen Mann herum tut, dem sie offensichtlich die Meinung singt. Helga ist begeistert, und ich auch. So viel Witz und Präzision! Nicht eine Bewegung ist realistisch, jedes Biegen des Fußes, jede Handbewegung, jedes Rollen der Augen ist stilisiert. Obwohl ich kein Wort von der poetischen Sprache verstehe, ist der Vorgang eindeutig wie in einem Stummfilm, und es entgeht mir nichts.

In einem anderen Zimmer wird ein Stück aus der Song-Dynastie geprobt. Auch hier wieder Bett, Waschkumme und Kleiderständer. Ein alter Lehrer sitzt unter einer Wäscheleine und hört zu, während Opernliebhaber sich den Rhythmus einer nicht existierenden Orchesterbegleitung auf ihre Bäuche oder Schenkel schlagen.

Die beliebtesten Opern sind heute die, in denen der Kaiser (mit anderen Worten: Mao) von seinen Ministern kritisiert wird. Hier sitzt der Herrscher, ein rassiger junger Mann, auf einem Stuhl, während sein Minister mit eckigen, stilisierten Schritten, die Zorn ausdrücken, singend hin und her geht. Er erhitzt sich immer mehr; der Kaiser erschrickt und steht auf; eine Frau stößt einen Schrei aus – zu spät: Der Minister hat seinen Kaiser ins Gesicht geschlagen! Obwohl dieser Schlag nicht verabreicht und nicht mal in unserem Sinne gemimt wurde, ist er trotzdem »geschehen«, und das ganze kleine Zimmer liegt in tiefer Spannung.

Der Minister fährt fort zu singen; er schüttelt sich, zittert von Kopf bis Fuß – seine aufgebrachte Seele wird sich im Wallen seiner langen weißen »Wasserärmel«, im Wirbeln des Fächers zeigen –, und schließlich schlägt er seinen Kopf mehrmals gegen eine imaginäre Wand und fällt tot zu Boden: Wenn ein Minister seinen Kaiser nicht mehr achten kann, nimmt er sich das Leben.

Aus den Fenstern sieht man das graue Peking, das alte Muslimviertel, das sich bis zur Straße der Rinder erstreckt, den grauen Herbst. Die Schauspieler ziehen ihre Mäntel über und laufen hinunter in die Kantine, um sich ihr Mittagessen zu holen. Es ist 11.30 Uhr. Nur der Minister bleibt im Zimmer, singt vor sich hin und verweilt noch etwas in der Welt der Darstellung.

In diesen elenden Zimmern erhebt die alte Oper wieder ihren Kopf. Sie ist die beliebteste Unterhaltungsform der Chinesen – in Peking allein soll es tausend Theater gegeben haben –, doch sind die Sängerinnen, mit denen Helga sprach, enttäuscht.

Die Tradition ist gebrochen, die Ausmaße der Zerstörung treten immer deutlicher zutage. Die berühmtesten Sänger und Lehrer haben die Katastrophe nicht überlebt. Kostüme, Texte, Instrumente, ein großer Teil des Repertoires ist verloren. Die vier Ensembles, die in dieser Opernschule üben, sind von zweihundert Personen vor der Kulturrevolution auf siebenhundert heute angeschwollen, wobei die Guten wie die Schlechten dasselbe Recht auf eine Schale Reis und einen Auftritt auf der Bühne haben.

Zu tun gibt es kaum etwas. Monate verstreichen in Diskussionen mit den mißtrauischen Vertretern der Partei, bevor man sich mit ihnen über die Auswahl einer Oper einigt – Monate, in denen die Schauspieler, die früher fast jeden Tag auf der Bühne standen, tatenlos warten. All dies zehrt an ihnen.

20. Oktober 1980

Helga sucht nach den Nachfolgern, den geistigen Erben der vier letzten »Dan«, jener männlichen Schauspieler in weiblichen Rollen – der berühmteste, auch im Westen bekannte, war Mei Lanfang –, die die Peking-Oper zu ihrer letzten Blüte trieben und dann kurz hintereinander vor und während der Kulturrevolution starben.

Westlich der Verbotenen Stadt biegen wir in eine kleine Straße ein. Im ersten Hof eines alten Hauses liegt das nachmittägliche Licht auf den goldenen Kakis eines Baumes, dessen letzte Blätter zur Erde flattern. Durch ein rundes Mondtor treten wir in einen zweiten Hof, dann in einen dritten und von da aus in das Studierzimmer des Sohnes des berühmten »Dan« Cheng Yanqiu.

Der Mann ist Historiker. Vom Vater sind ihm nach der Kulturrevolution ein paar Bücher, ein paar Teetassen und ein großer, unter einer Wolldecke versteckter Schreibtisch geblieben. An dem sitzt er, weltmännisch und gelassen, und spricht mit Helga, während seine Frau und ich schweigend an der Wand sitzen. Er spricht über die Vorstellungen und Absichten seines Vaters und zeigt ihn mir auf einem Photo: das zarteste der Mädchen! Dann spielt er uns seine Stimme auf Tonband vor: eine archaische Klage im Falsett, ein entferntes Abbild des Weiblich-Rätselhaften, das durch das Aufsteigen der männlichen Stimme zu den hellen Tönen der weiblichen versinnbildlicht wird.

Die Nachmittagsschatten verlängern sich kalt und blau und verschlingen den letzten Sonnenflecken im Hof. Eine Zypresse steht schwarz und unbeweglich vor dem grünen Himmel. Jemand nimmt die Wäsche von der Leine. Eine Person, von der ich nur den Ärmel und eine Hand sehe, liest im Nebenzimmer. Verwandte und Geschwister des berühmten Sängers bewohnen die anderen Höfe.

Helga bemerkt, daß sich heute in der Peking-Oper das typisch Archaische der Gesten und Stimmen in einer Lust zum Realismus verliert, der sich selbst die besten Schauspieler oft nicht entziehen. Sie spricht von einem »Todeswunsch« der Chinesen, der psychologisch auch glaubhaft wäre. »Nieder mit diesem! Nieder mit jenem!« So ging es die ganze Zeit, und nun wird niedergerissen, was noch übrig ist. Viele der älteren Schauspieler und auch dieser Mann geben ihr recht: Man will die Oper renovieren, allgemein zugänglich machen – und dadurch zerstört man sie vollständig.

21. Oktober 1980

Der Schauspieler Ma Changli, einer der Stars am Opernhimmel, hat auf jede Weise versucht, eine klassische Fassung der Peking-Oper zu retten. Um wenigstens in den Archiven die Erinnerung an ein paar vorbildliche Aufführungen aufzubewahren, hat er vorgeschlagen, sie so zu filmen, wie sie einige der letzten Alten noch aufführen können. Doch hat man ihm die Filmkamera verweigert. Und als er sich selber eine beschaffte, hat man ihm die Erlaubnis verweigert, damit zu filmen.

Dieser Ma Changli lebt mit seiner Frau in einer neuen Wohnung in der Straße der Rinder. Helga hat keine Verabredung. Sie klingelt, verblüfft mit ihrem erstaunlichen Chinesisch. Sie weiß, wonach sie fragt und wovon sie spricht, und diese Leute, die sich von ihr verstanden fühlen, öffnen ihr ihr Herz.

In ihrer Wohnung ist alles erschreckend neu. Alles, was sie besaßen, wurde von den Rotgardisten zerstört, sagt die Frau des Sängers. Sie selber ist eine berühmte »Kämpferin« mit elegantem, athletischem Körper, Tochter einer Sängerin, die man »Stahlkehle und Eisenlunge«

nannte, denn sie konnte fünf Stunden ununterbrochen singen, ohne außer Atem zu geraten. Alle Photos, alle Kostüme, die Schminke, Schwerter, der Kopfputz, Schuhe, alle Platten ihrer Mutter wurden zerstört. Nicht ein Schmuckstück, ein Gemälde, ein Teppich – nicht eines der Dinge, die die berühmten Schauspieler besessen hatten, ist ihnen geblieben. Und diese Schauspieler hatten Wohnungen gehabt, die sie mit den Gaben ihrer Anbeter schmückten, und ihr Tisch stand immer voll von Speisen, die ihnen von Bewunderern zugeschickt wurden.

Ma selber hat während der Kulturrevolution in den von Jiang Qing propagierten revolutionären Musicals mitwirken müssen. Um so bitterer ist es für ihn, daß all seine jetzigen Bemühungen um die alte Oper vereitelt werden.

Vom alten Peking ist wenig übriggeblieben, und das wenige wird nicht konserviert. Von seinen Traditionen überlebt kaum noch ein Rest, und auch der wird der »Modernisierung« geopfert, auf daß China neu, sauber und »amerikanisch« werde. Die Bevölkerung ist müde, es ist ihr einerlei. Trotz all des offiziellen Geredes über die Pflege der Traditionen ist Helga überzeugt, daß das Ganze eine Farce ist und daß diese alten Schauspieler zum letztenmal grausam hereingelegt werden.

Während drei Katzen zwischen unseren Beinen herumstreifen und von Schoß zu Schoß springen, sagt Ma abschließend: »Das Problem ist, daß die, die uns führen, unsere Traditionen entweder nicht kennen oder nicht respektieren.«

Seine Frau, die zwischen kühler Gelassenheit und einem plötzlichen Lachen schwankt, mit dem sie Sätze wie »ich war acht Jahre lang Handlanger« begleitet, singt und spielt nicht mehr. »Ich bin krank«, sagt sie plötzlich und fügt geheimnisvoll hinzu: »Viele von uns Schauspielern leiden an derselben Krankheit: Uns ist das Herz erfroren.«

22. Oktober 1980

»Einig, emsig, ernsthaft, lebhaft!« So sollen die Chinesen sein – nach einer Parole Maos, die Deng Xiaoping heute wieder auf die Wände schreiben läßt. Statt dessen sind sie apathisch und weiter nichts.

Nicht einmal der bevorstehende Prozeß gegen die Viererbande kümmert sie. Ein theatralischer Abschluß der Kulturrevolution, deren

Schatten sich so dunkel auf die Gegenwart legen, interessiert keinen. Abgerechnet werden kann nicht – das würde einen neuen Bürgerkrieg bedeuten –, also ist der Prozeß nur eine Farce, die den Regierenden ins Konzept paßt.

Es gibt eine Order für die Chinesen: Nie, unter keinem Vorwand, auch nicht dem, die Sprache zu erlernen, mit Ausländern zusammenzukommen. Liwen, eine junge Chinesin, die Helga seit ihrer Ankunft überallhin begleitet, weil sie der Lust nicht widerstehen kann, auf diese Weise Neues zu erfahren und zu sehen, fühlt in sich täglich die Angst vor dem eigenen Mut wachsen.

»Natürlich dürfen Sie mitgehen. Die Zeiten der Angst sind vorbei ...« hatte ein Beamter des Kulturministeriums zu ihr gesagt, als sie Helga auch dorthin begleitet und gefragt hatte, ob sie recht oder unrecht tue. Er lachte sein offizielles Lachen, Liwen schien es wie der Morgen eines neuen Tages – und wir gingen zusammen in die staatliche Opernschule.

Madame Giscard d'Estaing hatte die Schule am Tag zuvor besucht. Wir waren gespannt, ob dort ein ähnliches Chaos wie in der Opernschule der Stadt Peking herrschen würde. Nein! Gefegt und ohne Fahrräder oder Unrat, wird der leere Hof von jenem riesigen Slogan auf rotem Grund beherrscht: »Einig, emsig, ernsthaft, lebhaft« – Worte, die mir vorkommen wie die dunklen Laute einer hochstaplerischen Sibylle. Hier sind die Gänge gefegt, leblos und leer. In der Mitte verbreitern sie sich. Drei Pingpong-Tische; sechs Studenten liefern sich ein Match. Kein andrer Laut.

Der Direktor empfängt uns in dem, was im wahren Sinne des Wortes sein Zimmer ist: Er arbeitet und schläft dort – zusammen mit seinem Vize. Während Liwen ihm Helga vorstellt und Helga zu fragen beginnt, kommt eine Frau herein, setzt sich in eine Ecke und schreibt unaufhörlich mit.

Die Schule wurde 1940 gegründet. Er leite sie seit 1950, sagt der Direktor. Während der Kulturrevolution habe er »gelitten«. Viele der Lehrer seien »gestorben«. Die Studenten hätten die Schule vollständig zerschlagen. Jene wilde Periode habe die jungen Leute auf lange Zeit geprägt; nur sehr langsam, meint er, würden sie sich wieder an Ordnung und Respekt gewöhnen.

Heute hat die Schule 430 Schüler und 460 Lehrer. Von diesen fast tausend Menschen ist aber keine Spur zu sehen. Zwei Drittel dieser Lehrer sind zwischen sechzig und siebzig.

Helga fragt, ob wir einer Probe beiwohnen dürfen. Der Direktor steht auf: »Es wird nicht geprobt. Sie verstehen, es ist Mittagszeit«, fügt er vielsagend hinzu. Die Frau in der Ecke nimmt Liwen beiseite – und Helga und ich befinden uns wieder auf der Straße.

Liwen, die strahlend ins Gebäude getreten ist, kommt leichenblaß und halb tot vor Angst hinter uns her. Die Frau war die politische Kommissarin der Schule und hatte sich mit ins Zimmer gesetzt, um das Gespräch zu beaufsichtigen und zu registrieren – ihr gutes Recht. Vor uns Ausländern hatte sie so getan, als sei jetzt »alles möglich, alles erlaubt«. Aber dann hatte sie Liwen beiseite genommen: »Was hast du hier zu suchen? Was tust du dich mit Ausländern zusammen? Was steckst du deine Nase in unsere Angelegenheiten? Ich werde deine Arbeitseinheit anrufen, und du wirst es teuer bezahlen ...«

Alles kann Liwen jetzt passieren. Es gibt keine Gesetze, es gibt keine Rechte, es gibt keinen Schutz. Es gibt nur die Hoffnung, daß die Frau, wenn sie in Liwens Einheit anruft, auf jemanden stößt, der des Verfolgens müde ist. Aber selbst Gefängnis ist möglich. Liwen bittet uns, auf jeden Fall den Beamten des Kulturministeriums anzurufen, der gesagt hatte: »Aber das sind doch alte Ängste!«

Für Liwen ist die Sache gelinde ausgegangen. Ihr politischer Kommissar hat sie eine Stunde lang beschimpft, ihr verboten, mit Helga zu verkehren, und ihr befohlen, regelmäßig zur Arbeit zu kommen. Trotzdem geht sie jeden Abend nach der Arbeit mit Helga in die Oper und hat uns sogar für übermorgen zu sich nach Hause eingeladen.

Bei der augenblicklichen Windstille, zwischen einem Palastkampf und dem nächsten, im Halbdunkel, das die Grenzen zwischen Verbot und Erlaubnis verwischt, schlüpft mancher aus seinem Versteck: der Angst, der Vorsicht, der Anonymität müde. Ohne dieses Wagnis wäre das Leben von einer tödlichen Langeweile, und immer mehr Chinesen scheinen bereit, ein Risiko einzugehen, um auf irgendeine Weise sich zu den Lebenden herüberzuretten.

Was bedeutet »Viererbande«, »Sturz der Viererbande«, »Deng Xiaopings Leute an der Macht«? Für uns sind es Epochen, die von dann bis dann reichen, die anfangen und enden. In Wirklichkeit aber sitzen in jedem Büro, in jeder Schule, in jedem Hotel oder Krankenhaus die rehabilitierten Opfer neben den abgesetzten Anhängern der Linken und essen zusammen aus demselben »eisernen Reistopf«. Der eine kontrolliert den anderen, der eine blockiert den anderen, und die persönliche Initiative bleibt – wie in dieser Schule – im Netz der Bündnisse und Freundschaften, des Hasses und der Rache stecken.

»Wir sind immer noch ein faschistisches Land«, hat jemand Helga zugeflüstert. »Jeder von uns kann über Nacht verschwinden.«

24. Oktober 1980

Es regnet. Die Fahrräder streichen über den glänzenden Asphalt. Die Radfahrer ziehen den Kopf ein, einige radeln mit Schirm. Im Hotel ist es dunkel, und wir machen das Licht an. Die Fläche der Dächer und der Zweige mit ihren letzten Blättern verliert sich im Nebel, der vom Himmel fällt, im Dunst, der aus der Erde dampft. Alles ist grau, unendlich grau.

Will man zur Peking-Universität, fährt man die Changan nach Westen hinunter und biegt dann nach Norden ab. Neue Slums sind hier entstanden, Arbeiterwohnungen, die Akademie der Wissenschaften mit den trübseligen Wohnungen ihrer Professoren und das »Freundschaftshotel«, das die Sowjets in den fünfziger Jahren für die eigenen Experten in »chinesischem Stil« erbaut haben. An einer Kreuzung – zwischen alten, zerstörten Häusern und neuen, unfertigen Mietskasernen – der neue Vogelmarkt, der erste freie Markt Pekings. Auf der Straße Pferdekarren, Lastwagen, Fahrräder und wir in unserem roten privaten Automobil.

Dieses ist die Straße, die zum Sommerpalast führt, und manchmal sieht man auch, parallel zu ihr, den Kanal, auf dem der kaiserliche Hof reiste, wenn er auf Sommerfrische ging. Von den berühmten »kaiserlichen Raststätten« – Tempeln, Palästen und Gärten – ist nur noch ein einziger Name geblieben, mit dem sich ein »Massenrestaurant« ziert, das Hundefleisch serviert.

An dieser Straße entlang, die einst heilig war, denn sie führte nicht nur zur kaiserlichen Sommerresidenz und zu den Villen der Eunuchen und Fürsten des Landes, sondern auch zu den Klöstern in den Westlichen Hügeln, zu den Ming-Gräbern und zur Großen Mauer, dehnt Peking sich heute planlos, hoffnungslos aus. Ein großer Spruch von Mao auf rotem Grund steht noch auf einer letzten Wand. In einer Stunde liegt auch sie am Boden; Männer mit Hacken stehen schon bereit.

Mao hat Bewegungen entfacht, Richtlinien gegeben, entgegengesetzte Initiativen ergriffen. Und das Volk hat seine Orientierung verloren. Alles wächst nun zufällig, provisorisch, ohne Zweck und Sorgfalt. Und zufällig wird es wieder liegengelassen. Halb gegebene Befehle werden halb ausgeführt, und was dabei herauskommt, ist ein Viertel einer ganzen Sache.

Wo ein Ehrgeiz besteht, wie auf der Changan und dem Platz des Himmlischen Friedens, hat die neue sozialistische Stadt ein recht großartiges Gesicht. Aber es scheint, als sorgten sich die Führer nur um diese Fassade, und es ist auch nur die, welche sie den Besuchern zeigen. Der Rest der Stadt bleibt sich selbst überlassen, und das Volk hantiert dort vor sich hin, ungewiß, ob es das Rechte tut oder das Falsche. Und wenn es dann noch auf diese Misere regnet, dann ist es, als bestehe die ganze Welt nur aus Pfützen und Stacheldraht, aus Gras, das über halb zertrümmerte oder halb wiederaufgebaute Ruinen wächst.

Die Peking-Universität, allgemein Bei Da genannt, ist wie jedes Anwesen in China von hohen Mauern umgeben. Der Eingang öffnet sich auf niedrige Reihen von Kuben, in denen die ausländischen Studenten wohnen. Unter den kahlen Bäumen sieht man heute keinen einzigen Menschen.

Michelle, die kanadische Studentin, die wir aufsuchen, lebt hier. Sie hat eine winzige Bude und Freundinnen, die frösteln wie sie und ebensoviele Kleidungsstücke übereinander tragen. Eine Griechin wohnt hier seit drei Jahren, ohne zu studieren und jetzt auch ohne Schulgeld zu bezahlen; eine Amerikanerin benutzt Bei Da ausschließlich als Wohnquartier, denn sie alle arbeiten halb- oder ganztägig außerhalb, als Übersetzerinnen für ausländische Journalisten und Geschäftsleute – und versprechen, auch für Tiziano eine Assistentin zu suchen. Sie haben chinesische Freunde und Liebschaften und bestätigen, daß die Chinesen gern Ausländerinnen heiraten, denn auf diese Weise können sie das Land verlassen.

»Und wie leben die chinesischen Studenten?«

Sie studieren. Die Chance, studieren zu können in einem Land, das weniger Studienplätze hat als *eine* amerikanische Stadt, ist so außergewöhnlich, daß sie nichts weiter verlangen. Sonntags gehen sie höchstens einmal im Park spazieren.

»Liebschaften?«

Keine. Die Ehen werden noch von Dritten vermittelt. Man versucht dabei, Bauernkinder mit Bauernkindern, Arbeiterkinder mit Arbeiterkindern, Kaderkinder mit Kaderkindern zu verkuppeln. Nichts hat sich im Grunde verändert. Freie Liebe gibt es nicht, und wenn, dann schadet sie dem Ruf des Mädchens.

Der Regen ist kalt und durchdringend. Wir gehen in ein nahes Massenrestaurant der einstigen Garnisonsstadt Haidan, wo wir mongolisches Lamm essen und Bier aus Plastikkaraffen trinken. Auf der Hauptstraße dieses alten, letzten militärischen Postens vor den Toren Pekings, der heute ein Teil der Stadt geworden ist, versinken wir bis zum Knie in Schlamm und tiefen Pfützen. Eine Luft aus alten Zeiten weht noch durch die dunklen Geschäfte mit dem weißen Papier in den Fensterrahmen – und jeder von uns kauft sich eine Strohmatte, einen gläsernen Briefbeschwerer und ein Vogelbauer aus Bambus.

Vom Niveau der Universität sprechen wir wenig. Diese größte und berühmteste chinesische Universität, wo die republikanischen Bewegungen der zwanziger Jahre, der Widerstand gegen die Japaner, die ersten Zellen der kommunistischen Studenten und schließlich die Kulturrevolution ihren Anfang nahmen, funktioniert nicht mehr. Geschichte, Philosophie und Literatur darf man schon lange nicht mehr studieren, und die chinesische Sprache weiß keiner mehr sinnvoll zu unterrichten.

25. Oktober 1980

Liwen wohnt in einer der fürstlichen Hutongs von Xidan, westlich der Verbotenen Stadt. Ihre Eltern, Ärzte aus armen Familien, die die Kunst lieben, hatten das alte Hofhaus bald nach der Befreiung für wenig Geld gekauft und es mit ihren vier Kindern bis zum »roten Herbst« des Jahres 1966 friedlich bewohnt, als die Rotgardisten einbrachen, es vollständig ausplünderten und sie zwangen, es mit fünf Arbeiterfamilien zu teilen.

Im nächtlichen Schatten der Bäume treten wir tastend ins Tor – und schlagen mit dem Kopf gegen eine Hütte, die sich an die »Geisterwand« lehnt: Diese diente in der Vergangenheit dazu, von der Straße kommende böse Geister zurückprallen zu lassen. Der Hof selbst ist nur noch ein schmaler Durchgang zwischen Blech- und Ziegelsteinhütten, in denen dunkle Figuren kochen, waschen und müde hantieren. Der Mond hängt, in feuchte Schleier gehüllt, in den Ästen eines alten Nußbaums. Etwas Licht filtert durch die Fenster des Haupthauses, wo die Familie uns erwartet.

Der Vater kommt uns in einem zerfetzten grauen Wintermantel entgegen und heißt uns auf englisch, japanisch und deutsch willkommen. Im Zimmer stehen zwei Betten als einzige Schlafstätte für die ganze Familie, eine Spiegelkommode voller Medikamente, ein brüchiger Schrank und ein altes Klavier: das einzige Möbelstück, das die Rotgardisten zurückgegeben haben, denn es ist kaputt. Gekocht wird im Hof, in einer der improvisierten Blechhütten, aus der auch die Speisen herangetragen werden, die sich langsam vor uns türmen.

Als wir uns unter einer nackten elektrischen Birne zu Tisch setzen, fühle ich mich wie unter Ausgebombten, doch beginnt die Familie sogleich eine lebhafte, manchmal laute, manchmal geflüsterte Unterhaltung, in der die ganze Stadt besprochen wird. Liwen versteht sich besonders gut mit einer einst sehr reichen alten Dame aus Shanghai, deren in Hong Kong lebenden Sohn wir kennen und die wir mitgebracht haben. Und wenn ich eine der Schauergeschichten nicht verstehe, wird sie aufgeführt – mit jener Lust am Spiel, am Schauspiel, mit der sich die Chinesen über Wasser halten. Dann verfällt Liwen plötzlich in eine melancholische Stimmung, läuft zum Fenster, lüpft die weiße Gardine und deklamiert mit ihrem intensiven, intelligenten Gesicht ein Gedicht von Li Po an den Mond, zu dem die wattierten Militärhosen und der rosa Nylonsweater nicht so recht passen.

Nur die Mutter, schön und blaß, wirkt niedergeschlagen. Plötzlich zieht sie mich am Ärmel und zeigt mir Photos dieses Zimmers, wie es vor der Kulturrevolution ausgesehen hat: Malereien an den Wänden, Vasen auf Marmortischen, ein kapriziöser Diwan, auf dem der Vater breitbeinig sitzt; Liwen im Opernkostüm; die Mutter selbst im weißgepunkteten, blauen Seidenkleid unter den Pflanzen im Garten ... Und nun sitzt sie mit Pantoffeln, geflickten Hosen, ausgefallenen Zähnen und schütterem Haar hier neben mir.

»All diese Möbel, unsere Kleider und unser Schmuck wurden uns weggenommen, in Tempelhöfe geworfen und dort aufbewahrt. Was nicht verrottet ist, wird jetzt an euch Ausländer verkauft, denn ihr bringt Devisen«, sagt sie mir.

Rotgardisten schoren den Eltern die Köpfe, schlugen sie und ließen sie fünf Jahre lang Latrinen ausschaufeln. Liwen und ihre Brüder wurden jahrelang zur Landarbeit in den Süden Chinas geschickt. Heute arbeiten die Alten als Fabrikärzte; aber immer noch verdient ein Arzt, ein Lehrer, ein Akademiker weit weniger als ein Arbeiter. Es ist tatsächlich die Diktatur des Proletariats.

»Eines Tages«, sagt die Mutter leise, »werde ich Ihnen etwas Kleines schenken, nicht heute ... Aber bitte, wenn Sie können, finden Sie einen Mann für Liwen ... Sie ist schon 33!«

Dann gehen wir. Der Mond hängt noch in den Zweigen des Nußbaums, und die dunklen Figuren tun, als hantierten sie im Hof, wohl um die Ausländer zu Gesicht zu bekommen, mit denen man doch nicht verkehren soll. Wir tasten uns vorwärts bis zum Tor, Liwen geht mit einer Taschenlampe voran und redet mit lauter Stimme weiter, obwohl die Familie sie zum Schweigen ermahnt.

Schattentheater

26. Oktober 1980

Sonntag, 19.30 Uhr. Unser Auto hält im Hof des Internationalen Clubs. Im Dunkeln, hinter dem Blumenbeet, steht ein Mensch, gerade, mit Schal und kurzer Winterjacke: Sergej Svirin, Presseattaché der Sowjetischen Botschaft, auch bekannt als »Sergej the spy«, Agent des KGB. Ein alter Bekannter aus Südostasien.

Ich steige zu ihm ins Auto; Tiziano und Charles-Antoine de Nerciat, Chef des Pekinger Büros der »Agence France Presse«, folgen in unserem. »Wie war dein Tag?« frage ich den Russen.

»Ich habe meiner Frau geholfen, das Essen für euch, meine lieben Freunde, vorzubereiten«, antwortet er mit weicher Stimme und einem freundlichen Lächeln in den stählernen Augen. Seine Züge sind bleich und schlaff, aber der Rücken ist immer noch gerade.

Plötzlich verlassen wir Peking – und sind in Rußland. Zwischen den fröstelnden chinesischen Soldaten vor dem Gittertor erscheint der blonde Kopf eines sowjetischen Sicherheitsbeamten. Dahinter liegt das imposante Gebäude der Botschaft.

Unsere Autos fahren über den Kies in einen dunklen Park hinein. Nicht ein Licht. Vogelschreie. Die sehr hohen Bäume verdecken den Nachthimmel. Schließlich kommen wir zu einigen Wohnblocks. Im letzten wohnen Sergej und Margarita.

Ihre Wohnung sieht aus wie ein Bauernhaus aus einem russischen Märchen. Zwei Lehnstühle mit Bärenfellen, ein roter Lampenschirm, von Sergej selbst entworfene Bauernmöbel, Halbdunkel. Der Tisch ist gedeckt, und Margarita kommt herein, rundlich (»denn der gute russische Ehemann bringt seiner Frau viele Bonbons mit!«), in geblümtem Rock, weißbestickter Bluse, den schwarzen Zopf ums Haupt drapiert. Sie spricht schlecht Englisch, trinkt, ist fröhlich, plappert und befiehlt ihrem Mann zu übersetzen.

Sergej erzählt auf englisch von Reisen per Schiff von Singapur nach Wladiwostok – »mit viel Wodka und anderen netten Dingen« –, während in Moskau Frau und Freunde ihn als tot beweinten. Sergej – der fröhlichste Viveur von Peking, Bangkok und Singapur, der schon 1952 in Peking seine brillante Karriere als sowjetischer Diplomat, Journalist, Agent in Asien begann, dessen Leben in Saus und Braus dahinfloß, aber vor kurzem von einem Herzinfarkt getrübt wurde –, Sergej hat ein zärtliches Lächeln für Folco und Saskia, wenn er ihnen im Hotel begegnet, und einen eisigen Killerblick für den »neuen Amerikaner«, den ihm Tiziano vorstellt und in dem seine feine Nase die CIA wittert. Sergej kann reden, ohne viel zu sagen, kann bezaubern, ohne zu beunruhigen: Es lebt sich gut in seiner Gesellschaft.

»Laßt uns Altjahrsabend zusammen feiern!« ruft er und erinnert sich einer Silvesterparty in Singapur, bei der der Champagner aus dem Abendschuh eines deutschen Mannequins getrunken wurde, das heute mit einem norwegischen Adligen verheiratet ist.

»Was weißt du über den Prozeß?« fragt ihn Tiziano zum zweitenmal zwischen den schweren Hors d'œuvres, der Gelatine, den geräucherten Fischlein, dem gebratenen Brot, dem Fleisch – und viel Wodka.

»Nichts!« schwört Sergej, wirft sich aber schließlich in Pose, um eine Rede gegen die Viererbande zu halten, die Tiziano mit Beschuldigungen gegen Mao zu Ende bringt.

»Von den Toten soll man nur Gutes sagen! – so heißt es in meiner Religion«, wirft Margarita ein.

»Sie sind religiös, Madame?« fragt Charles-Antoine sofort und beugt sich etwas über den Tisch.

»Ich bin Kommunistin!« gibt sie zurück. Wir alle merken die Lüge und lachen. Sergej befiehlt ihr auf russisch zu schweigen.

Charles-Antoine, französischer Aristokrat mit schönem Oxford-Englisch, ein alter Liebhaber Vietnams, kommt gerade aus Shanghai zurück, das ihm fast ebenso gefallen hat wie Saigon. Er hat noch die zarten Geschmäcker jener Stadt auf der Zunge und läßt die russischen Pralinen und hausgemachten Waffeln an sich vorbeigehen. »Später, später«, bittet er freundlich, in seinem vietnamesischen schwarzen Bauernhemd, der Tweedjacke aus London und den Schaftstiefeln.

Sergej sagt: »Chruschtschow hat Stalin von seinem Sockel heruntergeholt und ihn verdammt. Er hat ein Kapitel russischer Geschichte unter Anklage gestellt und damit abgeschlossen. Die Chinesen dagegen sind mit Mao nicht ebenso rigoros vorgegangen. Sie haben seine Brust geöffnet, haben hineingeschaut – und ihn so liegengelassen, ohne ihn zu operieren oder wieder zuzunähen. Diese riesige Mumie, mit der niemand etwas anzufangen weiß, ist heute Chinas Problem.«

Bevor wir nach Hause fahren, zeigt uns Sergej das düstere sowjetische Territorium in Peking, in dem alle Angestellten der Botschaft leben und arbeiten und aus dem sie nur unter besonderen Umständen herausgehen dürfen. Der Mond hängt schief in einem hohen Baum, der Wald ist voller Schatten und Geräusche. Wir fahren an einem Teich vorbei, die Enten schlafen am Ufer. Sowjetische Bürger mit ihren Frauen gleiten an den Bäumen entlang. Ein Schwimmbad, ein Tennisplatz, ein Fußballfeld, eine Schule, ein Kino.

Dann sind wir am Tor. Der Blonde in Zivil öffnet es, Sergej mit Wollschal und Jacke steht winkend zwischen den Pfeilern – und wir sind wieder in Peking.

27. Oktober 1980

Tage trübseligen Regens. Es genügt aber, daß eines Nachts der Wind aus der Mongolei bläst, die Große Mauer überwindet, Peking mit seiner Peitsche schlägt – und der Himmel ist wieder klar wie Glas, die Blätter glänzen in der Sonne.

Wir fahren in Richtung Zoo, auf der Straße nach Nordosten, die auch zur Universität, zum Sommerpalast, zur Großen Mauer führt. Der Zoo hat sich in einer jener künstlichen Landschaften eingenistet, mit der die Mandarine von einst ihre Landhäuser umgaben. Heute stehen Zementgebäude voller Schlangen, Schildkröten und Krokodile zwischen den alten Brücken, Pavillons und Miniaturhügeln, und ein riesiges stalinistisches Gebäude für Industrie-Ausstellungen, das die Sowjets China geschenkt haben, schließt sie seitlich ab.

Hinter dem Zoo wird ein altes Kloster sichtbar, das jetzt als Kaserne verwendet wird. Die alten geschwungenen Dächer gucken über die Mauer, Soldaten gehen über den Hof. Daneben wird eine Fabrik gebaut. Dann kommt freies Land. Wir folgen einem Bach mit seinen Trauerweiden, die aus anderen Zeiten und anderen Landschaften noch dastehen, und erreichen das Kloster der Fünf Pagoden.

Im Klosterbezirk sind Arbeiten im Gang, man restauriert. Auf einem kubischen Tempelbau der Ming-Dynastie stehen fünf kleine Pagoden. Rundherum liegen Sandhaufen, Trümmer, beiseitegeworfene Steinlöwen. Zwei riesige, wie mit goldenen Münzen behängte Ginkgobäume flankieren das Kloster. Dahinter die schneebedeckten Westlichen Hügel, die Schlote, die elektrischen Gittermaste. Davor ein Schweinestall.

Bis zur Kulturrevolution lebte noch ein alter Lamapriester im Kloster. Dann wurden im Tempelbezirk Polizeihunde gezüchtet: Wütendes Gebell statt des Klingelns der Glocken . . . Später zogen Angestellte des Zoos dort ein. Es stinkt noch nach Urin, aber die Hütten, in denen sie lebten, sind abgerissen.

Tiziano spricht mit Arbeitern und Kindern der Volkskommune. Wir durchqueren ein kleines Rübenfeld und betrachten die Schweine. Eine nette Genossin betreut sie und legt Saskia ein vier Tage altes Ferkel in den Arm. Die Luft ist glasklar, die Sonne vergoldet und wärmt.

Gestern das Mittelalter – heute der Sozialismus.

Gestern züchtete in Treibhäusern im Süden der Stadt ein Gärtner, der im Sold eines Eunuchen stand, Chrysanthemen und Päonien für den Kaiser. Wenn sie nicht rechtzeitig für das Allerseelenfest im November aufblühten, wurden so lange Kübel mit kochendem Wasser in die Treibhäuser gestellt, bis der Dampf die Knospen öffnete. Die Blumen, einzeln in Seidenpapier gewickelt, wurden dann in einem geschlossenen, mit glühenden Kohlen erwärmten Karren in den Palast geschafft. So geht ein Kaiserreich unter...

Zurück in Peking fahren wir durch die Qianmen Dajie, die große Straße, die zum Himmelstempel und dem alten, beliebten Vergnügungsviertel der Himmelsbrücke führt. Brodelndes Leben erfüllt sie. Der Himmel ist wie aus Marmor, und das Licht der untergehenden Sonne färbt die fröstelnden Gesichter der Leute rot und gelb. Wir biegen in enge Seitengassen ein. Beißende Urindünste kommen aus den öffentlichen Latrinen, die der Sozialismus den alten Strukturen hinzugefügt hat. Rauch quillt aus den dunklen Höfen. »Leute, wir haben kein Klo, setzen wir uns vors Fernsehen!« steht auf einer Wand in Shanghai geschrieben – als zynischer Kommentar zu Deng Xiaopings versprochenen Modernisierungen. Während die ganze Welt sich veränderte, sich erneuerte und etwas bequemer einrichtete, war Peking starr das alte geblieben. Auch so geht ein Kaiserreich unter.

In der Nähe des Hotels hält Tiziano plötzlich an. Armselige Menschen kochen auf einem Feuer, das sie auf dem Bürgersteig angezündet haben. Mit Plastik und Zeitungspapier haben sie sich ein Dach gebaut, unter dem sie die Nacht verbringen werden. Und es ist schon sehr kalt.

»Wer seid ihr?« fragt Tiziano.

Es sind Bauern, die zu Fuß aus entfernten Provinzen gekommen sind, um sich über Ungerechtigkeiten, Hunger und Leiden zu beklagen. Sie werden bleiben, sagen sie, bis sie Gehör gefunden haben, fügen aber ängstlich hinzu: »Dieses ist eine interne Angelegenheit Chinas, von der Ausländer nichts wissen dürfen!«

Ich denke an einen Februar vor zwei Jahren, als wir zu einem kurzen Besuch in Peking waren, an jenen Winter der Mauer der Demokratie und der großen Hoffnungen, als die Bauern zu Tausenden in Peking ankamen und, angeführt von Studenten und jungen Intellektuellen, ihre Menschenrechte forderten.

»Wir wollen essen, wir wollen arbeiten! Genosse Hua Guofeng, höre uns an!« riefen sie in der ersten Nacht des neuen Mondjahrs vor der erleuchteten Großen Halle des Volkes, in der die versammelte Führerschaft beim Bankett saß, um Deng Xiaopings bevorstehende Abfahrt nach Amerika zu feiern. Die Tore des Gebäudes schlossen sich, ein Trupp Soldaten überquerte den dunklen Platz, und aus einer schwarzen Limousine stieg ein politischer Kommissar, der die armselige Schar kurz musterte.

Ich weiß noch, wie er sie verjagen ließ und wie ich mich über das Pelzfutter wunderte, das man im Wind unter seinem gutgeschnittenen Mantel sah.

28. Oktober 1980

Zum letzten Mal mit Helga in der Oper, in einem Theater im Stadtviertel von Xidan.

Ein neuer Kaiser bäuerlichen Ursprungs hat den Thron bestiegen. Eunuchen und Minister sind verwirrt, denn das Ritual der neuen Dynastie steht noch nicht fest. Der Bruder des jungen Kaisers will ein Bauernmädchen heiraten, in das er sich verliebt hatte, als sie alle noch auf dem Lande lebten. Man schafft sie also in den Palast. Aber statt vom Hof gezähmt zu werden, ist sie es, die sich durchsetzt, sich als »Kämpferin« gegen das ihr entgegenkommende Gefolge stellt und den Boten des Kaisers mit wirbelnden Radschlägen den Garaus macht. Schließlich verängstigt sie im Brautgemach auch noch ihren zitternden Gemahl.

Auf der chinesischen Bühne, sagt Helga, spielen die Schwachen oft die Rolle der Starken. Frauen herrschen über Männer, Bauern werden zu Kaisern, die mächtigen Eunuchen machen sich lächerlich, Zofen sind meist schlauer als ihre Herrinnen, Beamte sind dumm und korrupt: So rächt sich das Volk an denen, die es ertragen muß. Man denkt an Shakespeares »Der Widerspenstigen Zähmung«, an eine Welt von Königen, Bauern und Narren, die das Gewebe der damaligen Gesellschaft ausmachten.

In der Pause gehen wir hinter die Bühne. Die »Kämpferin« sitzt mit weißgekalktem, schwer geschminktem Gesicht vor dem Spiegel und steckt sich Papierblumen in die Frisur. Sie ist erschöpft, steht aber auf, sobald sie uns erblickt, und bietet uns mit der alten chinesischen Höflichkeit dem Gast gegenüber Stühle und Tee an. Ich betrachte ihr häßliches, lebendiges Gesicht im Spiegel, während sie mit Helga spricht und weiter an ihrem Haar hantiert. Als die Glocke ertönt, ruft ein Theaterdiener »Kai shi! Es beginnt!«, und sie eilt zur Bühne.

Die Keilschuhe, die ihre Erscheinung heben, die weißen »Wasserärmel«, die ihre Arme verlängern, der riesige geschmückte Haaraufbau, das kalkweiße Gesicht über dem bunten Kostüm, der schrille Gesang, die höchste Stilisierung, das heißt Vereinfachung der Gesten – all dies diente ursprünglich dazu, den Schauspieler einem Publikum erkennbar zu machen, das bei den großen Tempeljahrmärkten der Vergangenheit oft aus tausend bis zweitausend Leuten bestand und die Nacht hindurch vor einer Bühne ausharrte, die nur von Kerzen erhellt war. In den heutigen Theatern ist das Licht grell. Damals aber tauchten die maskenhaften Erscheinungen wie eine märchenhafte Projektion der Wirklichkeit aus dem Dunkel der Bühne auf.

29. Oktober 1980

Liwen, Madame Jin, der Sänger Yang, all jene, die so gierig nach unseren Händen greifen, uns in ihre Häuser führen und uns beschenken, um unsere Freundschaft zu festigen, haben einen Wunsch gemeinsam: Sie möchten ausbrechen aus der Enge ihrer Existenz und ein kleines Band zur Welt da draußen knüpfen – zur Welt außerhalb der Grenzen Chinas, die sie nie sehen werden, sich aber voll von jenen Freiheiten und Reichtümern vorstellen, die ihnen hier versagt sind. Eine Einladung folgt der nächsten, und obwohl wir so sehr gewünscht hatten, in das Leben der Chinesen eindringen zu können, sind wir oft so beschäftigt mit dem eigenen, daß wir kaum Zeit dazu finden.

Bei einem Abschiedsessen für Helga und Fred Meier, den Photographen, mit dem sie ein Buch vorbereitet, bat Madame Jin Helga, mir eine Botschaft zu übermitteln: Wir sollten aufhören, sie um die Adresse ihres Schwagers zu bitten – den wir vor zwei Jahren in Peking kennengelernt haben und der uns unvergeßlich ist –, denn wir seien »ihre« Ausländer, und sie werde uns bestimmt nicht mit ihm teilen, so wie auch er die »seinen« bestimmt nicht mit ihr teilen würde. Die Langnasen, die ausländischen Teufel, die Gespenster sind also für die Chinesen – die nur noch der Wunsch vereint, das Land zu verlassen – zu ihrem wertvollsten Besitztum geworden!

30. Oktober 1980

»Haben Sie denn jemals mit den Proletariern gesprochen, die in das Hofhaus ihrer Arztfreunde gezogen sind? Sie sprechen nur mit Intellektuellen, Künstlern und Schauspielern. Gewiß, die haben alles verloren. Aber fragen Sie einmal die Arbeiter, wieviel die durch die Befreiung gewonnen haben«, sagt Isabelle Crook zu uns.

»Heute verkauft der Staat die Antiquitäten Ihrer Freunde, denn er braucht Devisen. Recht hat er. Sie werden sie zu den Zeiten der Republik sowieso gestohlen haben«, fügt ihr Mann, David Crook, hinzu.

Es ist leicht zu rufen »recht hat er; es steht ihnen zu!«, wenn man selber unter den eigenen Dingen lebt. Auch wir in Europa haben es gerufen, als andere ihre Revolutionen machten. Die Crooks aber haben für ihren Idealismus persönlich gezahlt.

Sie waren gleich nach der Befreiung nach China gekommen und haben in ihrem Buch »Ten Mile Inn« beschrieben, wie die Revolution in ein Dorf in der Nähe von Peking ihren Einzug hielt. Später bauten sie mit eigenen Händen in Peking das Institut für Fremdsprachen mit auf und pflanzten die Ginkgobäume, die es umgeben. Sie unterrichten dort heute noch. Während der Kulturrevolution wurden sie als »englische Spione« fünf Jahre lang ins Gefängnis gesperrt, eine Zeit, die Isabelle heute als »nützlich« bezeichnet.

Für die »Fehler«, die in China auch ihrer Meinung nach während der Kulturrevolution begangen worden sind, geben sie Jiang Qing insofern die Schuld, als sie ohne Einwilligung der Partei gehandelt hätte. Die Partei bleibt für sie die Kirche, ihr Gesetz ist Dogma. Sich zu fragen, ob es wirklich so nützlich sei, daß ein Arzt die Erde umgräbt, und welches der unmittelbare Vorteil ist, den die Arbeiter davon haben: das würde wohl bedeuten, auch sich selber zu fragen, ob man sein Leben für ein richtiges oder falsches Ziel eingesetzt hat.

»Es muß hart sein zu merken, daß man für ein falsches Ideal gekämpft hat«, kommentiert Folco logisch, aber voller Mitleid.

31. Oktober 1980

Die im Bahnhof von Peking gezündete Bombe ist ein Beweis für das heimliche Rumoren in der Gesellschaft. Offiziell spricht man von einem Unfall, aber manche Journalisten sind überzeugt, daß es sich um einen Terrorakt von seiten des Militärs handelt, das über den bevorstehenden Prozeß gegen die Anhänger von Marschall Lin Biao erbost ist.

Ein Etagendiener im Hotel ist gleicher Meinung, fügt aber aus alter Erfahrung hinzu: »Die Wahrheit werden wir nie erfahren.«

In einem amerikanischen Magazin, das heute mit der Post gekommen ist, waren zwei Seiten zusammengeklebt: Dazwischen befand sich ein Manifest der »Gruppe für Menschenrechte«, das Deng Xiaopings undemokratische Politik kritisiert.

Ein ähnliches, von einer anderen Gruppe unterzeichnetes Manifest wurde Joan, als sie den Parkplatz des Peking-Hotels verließ, von einem Mann ins Auto geworfen, der dann in der Menge verschwand.

Die große Enttäuschung: Die Chinesen stellen fest, daß die Demokratisierung des Systems, die sie sich von Deng Xiaopings Aufstieg versprochen hatten, nicht stattfinden wird.

Ein Taxifahrer fragt Joan nach dem Leben in Taiwan. Joan erklärt ihm die Vorteile des dortigen Lebens, sagt aber, daß das System ein unfreies, kontrolliertes sei.

»Was für ein unangenehmes Land!« sagt der Taxifahrer. »Ohne demokratische Freiheiten, ohne Freiheit der Rede!«

»Und wie ist es mit euch hier?« will Joan wissen.

Der Taxifahrer geht eben davon aus, daß China kein Maßstab ist, und mißt die anderen Länder nach einem Ideal, das er sich selbst zurechtgelegt hat.

Interessant, »The Wind Will not Subside« zu lesen, ein Buch über die ersten Monate der Kulturrevolution von David und Nancy Milton, einem amerikanischen Ehepaar, das als »Freunde Chinas« damals in Peking unterrichtete. Ihres ist noch das kämpferische, proletarische China, das China der Jungen, der Arbeiter, des Großen Vorsitzenden Mao und der alten Revolutionäre vom Langen Marsch; es ist das inspirierte, arbeitsame, rotbeflaggte Neue China, das auch ich in meiner Vorstellung gehabt hatte.

Was ich vorgefunden habe, ist das Gegenteil, ist Müdigkeit und Verzweiflung. Doch hat es jenes andere China gegeben. Die Chinesen haben versucht, ihre »Stadt der Sonne« zu bauen, und wenn es ihnen nicht gelungen ist, so war doch die Absicht dem großartigen Land angemessen.

Im ersten Jahr der Kulturrevolution kamen die Tagelöhner zu Zehntausenden nach Peking und wurden vom Volkskongreß und Mao selbst empfangen. Einer nach dem anderen beschrieben sie ihre Armut, die Ungewißheit eines Wanderlebens ohne feste Arbeit, ohne ein Heim. Und es scheint, daß viele in der Großen Halle des Volkes geweint haben, als sie das hörten. Mao schlug sich auf ihre Seite. Sie genossen eine kurze Popularität, dann aber »wurde ihre Organisation als konterrevolutionär und gesetzeswidrig verboten«.

Heute, scheint mir, würden viele eine ähnliche Geschichte zu erzählen haben. Fast das ganze Land könnte aufstehen und sich über die eigene Lage dreißig Jahre nach der Befreiung beklagen. Es könnten die Leute in den Hutongs und die in den Lehmhütten aufstehen, die Kranken in den Hospitälern, die Lehrer, die weniger als Handlanger verdienen, die Künstler und Schriftsteller, die zu schlechter Produktion gezwungen werden, alle könnten zusammen aufstehen und die Anwesenheit von Spionen des Büros für Staatssicherheit und der Partei in ihrer Mitte denunzieren – aber niemand, der sie anhören würde, könnte noch weinen, denn alle sind des Zornes und der Hoffnung müde.

Das epische Moment des Sozialismus ist vorbei. Er ist an den Problemen des täglichen Lebens gescheitert wie alle großen Rebellionen der Geschichte.

3. November 1980

»Es ist die letzte Gelegenheit, bevor der Winter uns in unsere warmen Wohnungen verbannt, um uns an einem Ort alter Tradition zu treffen, dem Yi Shou Tang, Pavillon des Langen Lebens der Kaiserin im Sommerpalast. Dort werden wir Sie am Haupteingang des Palastes am 1. November um 17 Uhr erwarten ...«: eine der originellen Einladungen von Paola Trabattoni, der Frau eines italienischen Diplomaten.

Ich war noch nie im Sommerpalast gewesen. Es ist fünf Uhr, als wir dort ankommen, und er ist menschenleer. Das Publikum rollt in Autobussen wieder nach Hause. Wir parken auf dem sandigen Platz vor dem Haupteingang und treten zwischen Damen im Pelz, Herren in dunklem Anzug, Botschaftern und Journalisten in den ersten Hof.

Cixi, die Kaiserin-Mutter, die ihn am Ende des 19. Jahrhunderts, nach der Zerstörung des alten Sommerpalasts, gebaut und bewohnt hat, ist schon lange tot, und tot ist auch ihre Welt. Geblieben sind der gelbliche Himmel, die schwarzen Pinien, die sich im Alter biegen, die zerbrechlichen kaiserlichen Pavillons und Wandelgänge.

Viele Gäste stehen schon oben auf dem Hügel und betrachten den stillen See, in dem sich der Abendhimmel und eine Brücke mit vielen runden Bögen spiegeln. Zwei kleine Pagoden auf fernen Hügeln erscheinen wie wohlgesetzte Akzente in dieser klassischen Landschaft.

Die Gäste sind zerstreut, sprechen von Politik und Krankheiten ... Statt dessen sollte man sich auf einen Stein setzen und diese Bäume, diese Steine reden lassen, sie fragen, was sie damals gesehen, was sie gehört haben.

Im Pavillon des Langen Lebens stehen Käse und Wein bereit. Paola Trabattoni, geboren im kommunistischen Bulgarien, jetzt aber eine italienische Dame mit Fuchspelz auf der Schulter und blauen Kontaktlinsen über ihren schwarzen Pupillen, wirkt, als entstiege sie einem Roman des 19. Jahrhunderts. Leider sind nur wenige von uns fähig, sich ihrem Spiel anzupassen und die Rolle von Darstellern einer anderen Zeit mitzuspielen.

Ich nähere mich den chinesischen Gästen: Funktionären des Außenministeriums, von denen einige ihre Unduldsamkeit kaum verheimlichen, blasse, müde, verfeinerte Gesichter, die in einem starren Lächeln verharren, das unsere Neugier zurückzuweisen, unsere Kühnheit zu begrenzen sucht. Zwei von ihnen haben in der Botschaft in Rom gearbeitet und sind jetzt die einzigen Chinesen, die herzhaft in den Käse hineinbeißen.

Später eröffnet Giorgio Trabattoni, Paolas Mann, den Tanz. Der belgische Botschafter tanzt mit der Frau des türkischen Botschafters, Dada Mezzetti mit Fernando. Die Chinesen bleiben immer am Rande. Ich sehe aber, wie im Dunkel des Hofes einige Männer unter sich tanzen, und als ich sie bitte einzutreten, schieben sie den ältesten zu mir hin:

»Tiao wu! Tanzt!« sagen sie.

Die Chinesen tanzen unsere Tänze gern, können es aber nicht gut.

Sie marschieren meistens ungelenk und ohne Rhythmus hin und her, den Arm ihrer Dame wie einen Kolben auf und ab schiebend. Es gelingt uns jedoch, einen fast militärischen Walzer zu drehen. Während wir noch einen Kaffee trinken, betrachte ich meinen Partner genauer: Seine Jacke ist verstaubt und schäbig. Man sagt mir, er sei der Direktor des Sommerpalastes; ich hatte gedacht, er sei ein Chauffeur oder Hilfsarbeiter.

Auf dem Heimweg streite ich mit Tiziano. Ich werfe ihm seine Aggressivität den chinesischen Funktionären gegenüber vor, die er persönlich für das System verantwortlich macht, innerhalb dessen sie arbeiten, das sie sich aber nicht ausgedacht haben. Tiziano ist irritiert von der Komödie, der Zweideutigkeit, den Schleiern, die in China die Umrisse aller konkreten Dinge verwischen, und ist nicht gewillt, vor diesem riesigen Schattentheater zu sitzen, ohne wenigstens zu versuchen, sein Messer in eine der Figuren zu stechen, um festzustellen, ob sie lebendig ist, ob Blut aus ihr spritzt. Mir hingegen ist es, als lebe ich in der Unterwelt unter traurigen Seelen, deren gehängte oder geköpfte Körper auf der Erde geblieben sind. Alle tun sie mir unendlich leid.

5. November 1980

Nach der Bombe im Bahnhof von Peking ist der Prozeß weiter verschoben worden ... Die einen sagen, um einen Monat, die anderen, um mehr. Neue Anweisungen an die Bevölkerung, keine Verbindungen mit Ausländern aufzunehmen, sie um keinen Gefallen zu bitten.

Liwen meldet sich nicht mehr, und wenn ich sie in ihrer Arbeitseinheit anrufe, sagt sie, sie sei »erkältet«. Auch die alte Dame läßt nichts mehr von sich hören.

An den Mauern des Taoranting-Parks kleben Wandzeitungen, auf denen es heißt: »Das Militär besteht aus guten Leuten. Hua Guofeng ist ein Verräter.« Mehrere Morgen hintereinander hat Tiziano sie da gesehen; eine Stunde später reißt die Polizei sie wieder ab.

Joan erzählt: Einer ihrer Freunde, ein Lehrer, möchte heiraten. Er kann es aber nicht, denn er bekommt keine Wohnung. So wohnt er weiter mit anderen Junggesellen in den Schlafräumen derselben Schule, in der seine Freundin unter Frauen wohnt. »Ihr könnt mit fünfzig heiraten und zusammen alt werden!« sagt man ihm in den Behörden. Eine Form der Geburtenkontrolle.

Jerry Cohen, Rechtsprofessor in Harvard, der jetzt in Peking Jura unterrichtet, bemerkt ein besonders intelligentes Mädchen in seinem Kurs und verschafft ihr eine Spezialisierung in Harvard. Alles ist bereit: Studienplatz, Stipendium, Flugkarte. Eine Woche vor der geplanten Abfahrt ruft die Arbeitseinheit Cohen an: »Das Mädchen ist krank, sehr krank, wir möchten ein anderes an ihrer Stelle schicken...«

Cohen wird wütend: »So machen wir das in Amerika nicht! Sie oder keine.«

Das Mädchen verschwindet. Sie kommt nicht mehr zu seinen Kursen. Er sieht sie nie wieder. Wenn er sich nach ihr erkundigt, antwortet man ihm: »Sie ist immer noch krank...«

Jemand an hoher Stelle hat sie beneidet, wollte den Studienplatz für die eigene Tochter. Nun bekommt ihn niemand, und die Zukunft der Studentin ist ruiniert.

»Welche Hoffnungen machen Sie Ihren Englischstudenten?« fragt ein Etagendiener Joan. »Sagen Sie ihnen, daß sie Karriere machen und Hotelmanager werden können?«

»Ich sage zu ihnen, daß sie eine interessantere Arbeit bekommen können, wenn sie Englisch sprechen.«

»Englisch zu sprechen kann einem auch schaden«, sagt der Mann, »es kann von Vorteil oder von Nachteil sein.« Er denkt an die Kulturrevolution.

»Ich kenne eben eure Hoffnungen, eure Träume nicht...« antwortet Joan.

»Träume?!« zischt er sie an.

Sein Kollege hatte sich mit einem japanischen Journalisten angefreundet. Sie sprachen englisch miteinander. Vor einigen Tagen sind sie sich in der Halle begegnet. Als der Journalist wieder in seinem Zimmer war, haben die Sicherheitsbeamten den Kellner gepackt und weggeführt. Niemand hat ihn wiedergesehen.

Im Peking-Hotel ist der freundlichste, zuvorkommendste Kellner zum Kartoffelschälen geschickt worden: Sein Englisch war zu gut, er konnte zuviel sagen, zuviel erfahren.

»Warum dürft ihr euch wohl nicht mit Ausländern unterhalten?« fragt Joan den Etagendiener.

»Weil die Ausländer immer die Wahrheit sagen und wir die Wahrheit nicht wissen sollen«, antwortet er.

Wer Familie und ein Heim hat, bereitet sich auf den Winter vor. Die Tage vergehen mit Hamstern.

Gestern abend sah ich sie wieder bei der Arbeit. Mit Heugabeln werden die alten Weißkohlreste vom Bürgersteig aufgehoben und auf Lastwagen geworfen. Andere Lastwagen kommen schaukelnd mit frischem Kohl an und kippen ihn auf die Straße. Heute wird er gestapelt werden wie das Holz bei uns im Wald. Und dann kommen die staatlichen Verkäufer und Verkäuferinnen mit ihren weißen Mützen – Tiziano lacht, wenn ich sage: »Sieh, da kommt ein Professor für Kernphysik, der seine Pflicht tun muß!« ... denn jene Zeiten sind vorbei, obwohl alle noch müde und verdrossene Gesichter haben –, und das Volk kauft sich auf dem Weg zur Arbeit oder nach Hause eine Fracht und lädt sie auf den Gepäckträger.

Die Frauen haben es jetzt eilig. Sie packen ihren Kohl in dieselben Blockwagen, in denen sie auch kleine Kinder und alte Leute transportieren; in der Sonne an der Hauswand, im Hof, auf dem Balkon oder im Treppenhaus der Mietshäuser wird er dann getrocknet. Jetzt kostet er 5 Fen das Kilo, bald kostet er das Doppelte und mehr.

6. November 1980

Zum Tee bei Rewi Alley, dem neuseeländischen Hofbarden der Volksrepublik. Er lebt im Bezirk der ehemaligen italienischen Gesandtschaft, im Legationsviertel, gegenüber dem Peking-Hotel. Ein verwüsteter Park blitzt auf in herbstlichem Gelb und Rot. Hinten das frühere Botschaftsgebäude, rechts das Haus der Botschaftsräte, das der Dichter heute bewohnt.

Massive schwarze Möbel und goldgerahmte Spiegel im Salon. Unter niedriger Lampe ein Teetischchen, beladen mit den raffiniertesten Marmeladen und Süßigkeiten. Das Silberbesteck trägt noch das Wappen der königlich-italienischen Gesandtschaft. Warum gebraucht es der Neuseeländer Rewi Alley?

Er selbst liegt im Nebenzimmer unter einer roten Lampe, eine Krankenschwester massiert ihn. Im Studierzimmer ordnet ein Sekretär seine Papiere, denen sicher noch unzählige Schmeicheleien entsteigen werden, denn Rewi Alley, achtzig Jahre alt, ist der einzige »ausländische Freund« Chinas, dem jedes Regime seine Gunst erwiesen hat. Er war Maos Freund in Yenan und ist heute ein Freund seiner Widersacher geworden.

Im frischen weißen Hemd über dem umfangreichen Bauch und mit rosigem Gesicht hält er uns später seine Hand hin – wie ein Priester, der die Gemeinde segnet. Maos Porträt wurde hoch oben auf einem Schrank versteckt, wo man es nicht mehr sieht; kein kompromittierendes Photo erzählt von seinem Leben, seinen Freundschaften, seiner Loyalität.

Am Abend deklamiert Folco ein Gedicht aus dem Band, den der Dichter uns gewidmet hat. Es heißt »Schneeweiße Gipfel.«

Vögel sind schöne Geschöpfe.
Sie fliegen durch die kristallene Luft.
Im Winter schneeweiße Gipfel
Und hohe Silberpinien.
In ihrer Mitte
Eine rote Flagge.
Mao Zedong hat die geliebte Revolution angeführt.
Wir preisen ihn für seinen Mut.
Er, der Große Vorsitzende,
Er, der Gründer der Kommunistischen Partei,
Möchte, daß Arbeiter und Bauern
Und alle Rassen seines Landes
Gleich sind.
Mao Zedong wird ewig in unseren Herzen leben.
Amen.

Erst bei diesem »Amen« brechen wir in Gelächter aus: Folco zeigt uns, wie er auf einer leeren Seite des Bandes das Gedicht im »Alley-Stil« selbst nachgedichtet hat.

Doktor Hans Müller ist ein anderer »ausländischer Freund« Chinas aus den epischen Tagen von Yenan.

Er wohnt hinter der Verbotenen Stadt, in der Nähe des Trommelturms, in einer kleinen Hutong, die sich durch das hellgraue Labyrinth der alten Häuser windet. Doktor Müllers Tor ist rot lackiert und führt in einen Innenhof. Die Stadt bleibt draußen, man ist zu Hause und zugleich in der Natur. Diese Innenhöfe mit ihren künstlichen Felsen, dem Bambus und dem Goldfischbecken entschädigten den Menschen früher für das steife Ritual des offiziellen Lebens. Hier konnte er sich in der Meditation sammeln und seine Glieder in den langsamen Übungen des Taijiquan lockern.

Dr. Müller, der 1939 aus Deutschland emigrierte und seitdem in China lebt, leitet in Peking ein Krankenhaus für traditionelle Medizin. Selber alt und krank, arbeitet er immer noch und kennt China durch die eigene Arbeit wohl besser als die anderen »ausländischen Freunde«. Ein in Shanghai erschienener Artikel, nach dem Tiziano ihn fragt, weil er den Gebrauch der Akupunktur zur Anästhesie anzweifelt, regt ihn schrecklich auf. Mühsam sprechend sagt der deutsche Arzt im wesentlichen, daß in China das Pendel immer um 180 Grad schwinge, die Wahrheit aber in der Mitte liege. In der Hast der Modernisierung möchten die Chinesen sich heute kurzerhand aller ihrer wirksamen traditionellen Methoden entledigen. Die westlichen Methoden aber sind kostspielig. China kann sie sich nicht leisten, und in westlicher Medizin geschulte Ärzte würden in unausgerüsteten Krankenhäusern, ohne medizinische Instrumente und Mittel, kaum mit ihren Kranken fertig werden.

»Eine Akupunkturnadel in ein Ohrläppchen zu stecken kostet wenig – Pentotal kostet viel und erfordert geschulte Anästhesisten. Es wäre ein Jammer, wenn China die Anästhesie durch Akupunktur aufgeben würde.« Dr. Müller hält sie für wirksam bei Operationen von Kopf, Hals und Brustkorb, bei Lokalanästhesien und als Unterstützung von Vollnarkosen; er hält sie für geeignet für ein armes, unterentwickeltes Land.

Plötzlich merke ich, wieviel Richtiges in den Vorstellungen des alten Mao lag: »Verlaßt euch auf die eigenen Kräfte!« Vielleicht hängt Deng Xiaoping einem Wunschtraum nach.

10. November 1980

Ein grauer Dunst verschleierte heute morgen den Platz des Himmlischen Friedens, wo Hunderte von Menschen wie aufgereihte Zinnsoldaten darauf warteten, vor Maos Mumie defilieren zu dürfen. Als unsere vier Mann breite Reihe sich in Bewegung setzte und die Stufen des Mausoleums hinaufstieg, vergoldete die Sonne gerade die Dächer der Verbotenen Stadt.

Eine weiße Marmorstatue des Großen Vorsitzenden thront in der Eingangshalle vor einer riesigen Gobelinlandschaft mit Chinas Bergen und Tälern. Die Sonne, die darüber strahlt, ist das übliche Symbol für Mao selbst.

Unsere Reihe teilt sich: Eine Hälfte wendet sich zur rechten, die andere zur linken Tür. Ich gehe mit Saskia, Folco bleibt bei Tiziano. Die Leute um uns kommen aus der Provinz, sind Bauern, Arbeiter mit ruhigen Gesichtern, ob gleichgültig oder nicht, kann ich nicht sagen. Sie gucken sich die Marmorfußböden an und streichen mit der Hand über die schweren Holztüren. Manche Männer nehmen die Mütze vom Kopf – was selten ist, denn sie behalten sie selbst im Haus auf –, und als wir vor dem Glassarkophag defilieren, heften sich alle Augen auf den Alten und betrachten sein vertrocknetes, geschminktes, totes Gesicht. Eine rote Fahne bedeckt seine Hände und den umfangreichen Bauch.

Zwei Frauen fangen an, hysterisch zu schluchzen. Die Anwesenheit des Todes, des Todes eines jeden, trifft uns im Inneren. Dazu hat dieser Tote das Leben der Chinesen vierzig Jahre lang bestimmt. Sie scheinen ihm nicht allzu dankbar dafür zu sein. Ob die Natur will, daß ein Toter verschwinde, daß er zu Erde werde? Dieser Tote jedenfalls, der im Herzen der Stadt liegen bleibt, stört den normalen Lauf der Dinge.

Wir treten am anderen Ende wieder aus der eisgekühlten Halle und haben das prächtige Qianmen-Tor vor uns, das im Süden des Platzes des Himmlischen Friedens dem Eingangstor zur Verbotenen Stadt gegenüber stand, als diese Harmonie noch nicht vom Mausoleum unterbrochen war.

Ich gehe mit Saskia Hand in Hand wieder zum Auto.

»Es ist der erste Tote, den ich gesehen habe«, überlegt sie. »Er gefällt mir nicht, er ist häßlich. Hast du gesehen, daß er falsche Haare hat und daß seine Backen rot gepudert sind? Und Jiang Qing, seine Frau? Darf sie ihn nie wiedersehen? Darf sie nie wieder aus dem Kerker heraus, um ihn zu besuchen?«

Dann steigt sie mit Folco ins Auto, und Tiziano fährt beide zur Schule. Heute werden sie zu spät kommen, an die Tür klopfen müssen und laut rufen: »Bao gao! Wir melden uns!« Erst wenn der Lehrer »Jin qu! Herein!« ruft und sie entschuldigt, dürfen sie ins Klassenzimmer treten.

Tiziano hat ihnen auch aufgetragen achtzugeben, ob die beiden Porträts von Mao und Hua Guofeng nicht plötzlich von der Wand verschwinden – das wäre für ihn eine interessante Nachricht.

»Hinweise«, die es richtig zu deuten gilt

11. November 1980

Fou Min ist aus London zurückgekehrt. Als wir im Winter vor zwei Jahren nach Peking kamen, erzählte er uns seine Geschichte. »Es ist unvorstellbar, unvorstellbar«, wiederholte er damals, als es ihm zum ersten Mal wieder erlaubt wurde, mit zwei Ausländern zu sprechen, und er zum ersten Mal nach der Kulturrevolution einen Brief von seinem Bruder Fou Ts'ong erhielt. Es war, als erwachte er aus einem Alptraum und könnte nicht glauben, daß er nicht träumte und am Leben war. Danach durfte er zu seinem Bruder nach London fahren, aber nach vierzehn Monaten ist er nach Peking zurückgekehrt: ein Entschluß, der uns alle erstaunt hat.

»Natürlich bin ich zurückgekehrt«, sagt Min hochmütig. »Mein Vater hat mir viel über China erzählt. Ich kann ohne diese Kultur nicht leben.«

Ein Brief, in dem er die Gründe für seine Rückkehr erklärte, wurde von der »Volkszeitung« veröffentlicht. Daraufhin hat er Hunderte von Briefen von Schullehrern wie er bekommen, die seinen Patriotismus zum Teil bewundern, zum Teil auch nicht: »Laß die Gründe für Deine Rückkehr beiseite, sag uns lieber, wie Du es geschafft hast, auszureisen!« lautet einer.

Min lächelt überlegen. »Lernt Geschichte, lernt Chinas Geschichte, irgendwelche Geschichte«, ist seine Antwort, »und ihr werdet wissen, was euer Land für euch bedeutet.«

Ich hole ihn ab in der Halle des Hotels, wo er mit einem Sicherheitsbeamten diskutiert. Er muß ihm erklären, wen er aufsucht, seinen Namen und seine Arbeitseinheit ins Register schreiben. »Wir hassen das«, sagt er später, aber im Augenblick kommt er mir in seinem blauen Mao-Anzug, Geschenke für die Kinder unterm Arm, fröhlich entgegen.

Etwas schwerhörig, etwas weltfremd, lebt er hinter der traditionellen chinesischen Mauer. Sein Vater, Fou Lei, der einflußreiche Shanghaier Intellektuelle und erste Übersetzer von Balzac und Romain Rolland, nahm sich zu Beginn der Kulturrevolution mit seiner Frau das Leben. Sein Bruder, Fou Ts'ong, Chinas bester Pianist, floh ins Ausland aus Zorn über die Anti-rechts-Kampagne. Er, Fou Min, blieb, büßte für ihre Sünden, reiste aus – und kam wieder.

»In London ist das Essen gräßlich!« meint er.

»Und wie ist der Fraß in deiner Schule?« fragt ihn Tiziano.

Min verzieht den Mund. Was tut das schon? Man muß innerlich wissen, wer man ist. Er hat den Hochmut des alten Mandarins, der dem Kaiser seine unsinnige Ungunst verzeiht. Wie den Alten genügt auch ihm ein Vers zum Träumen, ein Stein, um sich der klassischen Landschaften zu entsinnen und im Geiste darin zu reisen. Wenn er sich auf sein Fahrrad schwingt, denkt er an Chinas Vergangenheit und radelt schneller. Geduldig, hartnäckig, unverwüstlich – manche sind noch so wie er.

»Schreib deine Erfahrungen auf«, sagen wir zu ihm, »beschreibe deine Gedanken und Gefühle in London!«

Aber er antwortet schlicht: »Ich kann nicht mehr schreiben. Ich mußte zuviel Selbstkritik in meinem Leben schreiben.«

12. November 1980

Stoizismus ist das Wort! Stoisch sind die Chirurgen, die in primitivsten Verhältnissen an zwei Patienten pro Operationssaal operieren. Stoisch ist die Frau, die sich mit Lokalbetäubung den Unterleib öffnen läßt und dabei fragt: »Ist es Krebs?« Stoisch ist der Kranke, der mit Akupunktur-Anästhesie am Bauch operiert wird und klagt: »Dong-la! Es tut weh!« Stoisch ist Fou Min, der von Chinas Geschichte und Erinnerungen lebt.

»Jedes andere Volk, das unter diesen Verhältnissen existieren sollte, hätte schon längst revoltiert«, hat ein chinesischer Minister vor kurzem zu einem japanischen gesagt.

»Die, welche an der Regierung sind, kennen unseren Charakter«, sagt Chen, unser Fahrer (die Vox populi). »Sie wissen, daß wir ein geduldiges Volk sind.«

Die Chinesen verstehen die Zusammenhänge, sie verstehen sie zu gut – deshalb handeln sie nicht. Sie betrachten die Welt so, wie Völker mit sehr alter Geschichte es tun: ohne Naivität, aber auch ohne zu denken, daß man sie verändern könnte.

15. November 1980
Seit zwei Tagen durchstreife ich die Straßen um den Himmelstempel herum. Die Handwerker sind aus ihnen verschwunden – die letzten während der Kulturrevolution –, und die Straße der Jade, die Straße der Fächer, die Straße der Pelzhändler, die Straße der Seidenblumen sind heute wie leere Gräber. Zu schmal, als daß die Sonnenstrahlen in sie hineinscheinen könnten, sind sie in dauernde violette Schatten gehüllt. Alte Frauen in wattierten schwarzen Hosen und Joppen durchqueren sie humpelnd und verschwinden in einem Tor, das sich sogleich wieder schließt.

In einem kleinen Sonnenrechteck habe ich eine Alte gesehen, die sieben Katzenfelle verkaufte: eine letzte Erinnerung an die berühmten Pelzhändler Pekings.

Ich bin die einzige Ausländerin im ganzen Stadtteil, und man schaut mich ohne zu lächeln und ohne Antwort an, wenn ich vom Rad steige, ein Photo mache und »guten Tag« sage.

Kalt ist es auch fürs Auge, in diesen langen, gewundenen, blinden Gassen mit ihren grauen Mauern und verschlossenen Toren, die mir nach Strenge und Zucht aussehen.

An der östlichen Grenze dieses Stadtteils liegt der Theaterladen, wo man Ausländern verkauft, was in der Vergangenheit in jenen Straßen angefertigt wurde. Ich habe da herrliche, mit silbrigen oder goldenen, grauen oder lila Fuchspelzen gefütterte Herrenmäntel anprobiert, Mäntel, die bis zu den Knöcheln reichen, aus blauer, lila, beiger oder schwarzer Damastseide. Von ihrer unübertrefflichen Raffiniertheit verführt, wollte ich einen davon besitzen, um mir vorstellen zu können, wie in einer verhältnismäßig nahen Vergangenheit die Herren so gekleidet durch die Straßen gingen. Aber den Kindern wollte das nicht gefallen.

»Du hast dich verändert, Mama«, hat Folco gesagt. »Du übertreibst! Alles, was chinesisch ist, findest du schön.«

16. November 1980

Sonntag. Wieder mit dem Fahrrad unterwegs. Wieder durchqueren wir neue Stadtteile, fahren hin und her durch das zerstörte Gewebe dieser einst wunderschönen Stadt. Der Himmel ist grau, die Menschen sind wie Schatten – die Welt hat ihre Farbe verloren. Männer schleppen sich langsam voran, in alten Schuhen und staubigen, geflickten Jacken. Mädchen treten mit nassen Haaren aus einem öffentlichen Bad heraus. Der Sonntag ist kein Sonntag. Nichts wird geschehen.

In die Tempel sind Schulen und Fabriken eingezogen, im palastartigen Hofhaus eines Prinzen sitzt eine Arbeitseinheit – aber Pekings zäher Lebenswille dauert an. Jeder Schuster, der nach Jahren der Tatenlosigkeit seine Arbeit auf dem Bürgersteig wiederaufnimmt, jeder Bauer, der Sonnenblumenkerne verkauft und die Hälfte davon selber ißt, jeder Bursche, der einen Plastikstuhl auf seinem Fahrrad balanciert, ist ein Zeichen neubeginnenden Lebens.

Am Ende der Dongdan-Straße liegt der Lama-Tempel, ihm gegenüber der Konfuzius-Tempel. Beide sind verwüstet und werden restauriert. Gleich hinter diesen größten und berühmtesten Tempelgefügen Pekings endete die Stadt an den hohen nördlichen Stadtmauern. Mauern und Tore sind verschwunden. Heute stehen die Tempel vor dem Nichts: an einer breiten, meist leeren Fahrbahn.

Shan Yun, ein Freund aus der Theaterwelt, radelt langsam vorbei, sieht uns und bittet uns, mit ihm in einem »Restaurant der Massen« zu essen, und wir radeln hinter ihm her.

Bereits 1941, achtzehnjährig, hatte er sich zu den Revolutionären geschlagen und sich nach der Befreiung im Film einen Namen gemacht. 1958 wurde er, wie Hunderttausende von Intellektuellen, in ein Arbeitslager im Norden verbannt. Er war 34, als er verschwand, und 54, als er wiederkam: Gesundheit und Karriere waren ruiniert. Im Theater hat er seinen Platz und sein Gehalt wiederbekommen: »Aber man traut mir nicht.«

Im Restaurant bestellt Shan Yun ein großes Mahl. Um uns trinkt das Volk Bier aus Plastikschalen, Kinder auf dem Schoß, Wintermäntel an den Fensterknöpfen. Er sagt, Saskia sei so schön wie die Garbo, sagt, sie könnte Schauspielerin werden, sei die schönste von allen... Sie sieht ihn schüchtern an.

Plötzlich ein Radau. Ein junger Mann hat eine Bierflasche auf die Erde geknallt und schwingt nun eine zweite durch die Luft. Seine Freunde halten ihn fest: »Wai guo ren! Laß das, hier sind Ausländer!« flüstern sie und schieben ihn zum Ausgang. »Wir Chinesen haben die Nase voll!« brüllt er beim Rausgehen. Die Kellnerinnen fegen stumm die Scherben weg. Manchmal kriegt jemand zuviel.

Shan Yun und seine Frau teilen sich eine Zweizimmerwohnung mit einer anderen Familie. Kümmerliche Möbel, Kohl unterm Bett, Photos aus der Zeit »vor der Landarbeit«: Shan Yun und seine Frau als junge Brautleute; er als charmanter junger Schauspieler; sie im weißen Abendkleid vor einer Aufführung. Ein Porträt von Lu Xun hängt über seinem Schreibtisch.

Der Himmel ist grau, grau, wie er nur in Peking sein kann, als wir wieder auf unsere Räder steigen.

Es gibt jetzt einen freien Markt am Ufer des Beihai-Sees. Vom Trommelturm kommend, überquert man mittelalterliche kleine Straßen, und vor einem liegt der graue See mit einer Insel in der Mitte. Raben sitzen in den blattlosen Bäumen.

Am Ufer brodelt eine undurchdringliche Menge vermummter Leute, die wühlen und kaufen und ihren Spaß haben am fast vergessenen alten Spiel des Feilschens. Da sitzen die Bauern, in Schafspelzen oder schwarzen Jacken und warten hinter ihren Waren. Sie sind vom Land gekommen und haben Erdnüsse, Tabak, Wurzeln, Eier, Besen und die letzten Kaki der Saison vor sich ausgebreitet. Einer, ganz in Schwarz, mit einer dreimal um den Hals gewundenen Knoblauchkette, die ihm bis zu den Füßen reicht, starrt in meinen Photoapparat... und fragt sich wahrscheinlich, warum wohl das weiße Gespenst sich immer wieder eine schwarze Schachtel an die Augen führt. Andere verkaufen vereistes Fleisch, Süßkartoffeln und Zuckerrohr.

Alt und staubig wie sie, nur gebückter und bleicher, schieben sich die Pekinger mit ihren Taschen vorwärts, und statt geduldig in langen Schlangen vor den Staatsgeschäften zu stehen, stoßen, schimpfen und plaudern sie miteinander und vergnügen sich wieder beim Einkaufen wie in längst vergangenen Zeiten.

17. November 1980

Jeden Morgen um sieben Uhr verläßt Tiziano das Hotel mit den Kindern und kommt zum Essen nicht zurück. Abends gehen wir aus, in Privatwohnungen, Botschaften, zu Abschiedsessen oder neuen Bekanntschaften.

Vollgepackt wie unseres ist das Leben aller Ausländer in Peking. Man spricht nur von Politik. Man interessiert sich nur für die Schatten, die die Chinesen hinter dem großen Leintuch bewegen. Man sucht einen Hauptdarsteller, einen Faden, eine Logik im Geisterspiel, das vor unseren Augen abrollt.

Die Chinesen kennen unsere Versessenheit, wissen, daß wir Tatsachen brauchen, eine Story. Also versammeln sie seit drei Tagen jeden Nachmittag um zwei alle Journalisten in der Informationsabteilung des Außenministeriums und lesen ihnen, wie in einem Fortsetzungsroman, die endlich zusammengestellten Beschuldigungen gegen die Viererbande und die Lin-Biao-Clique vor. Es klingt wie die Fabeln des »Ramajana« oder »Mahabarata«: Säbel kreuzen sich, Bazukas werden gegen Maos Zug geschleudert; es gibt Tote, Opfer, Verbrecher; Hexen, Witwen und Strolche. Die Journalisten lachen. Immerhin, sie haben ihre Story, schreiben sie und schicken sie um die Welt.

Mühsam radeln die Chinesen durch die Straßen, Kohlköpfe auf den Gepäckträgern und den Befehl im Ohr, keinesfalls mit Ausländern zu verkehren. Was durchsickert von den Fraktionskämpfen, die den Prozeß von Tag zu Tag, von Monat zu Monat verschieben, macht ihnen wenig Spaß. Für sie ist die Sache ernst: Wird Deng Xiaoping sich durchsetzen?

18. November 1980
In China ist eine Bestimmung keine Bestimmung, ein Verbot kein Verbot in unserem präzisen, fraglosen Sinn des Wortes. Gesetze und Verbote sind Hinweise, die es richtig zu verstehen gilt. Es gilt, den Raum um ein Gesetz herum abzutasten, um zu sehen, wie weit er sich heute, wie weit er sich morgen ausdehnen läßt. Es gibt Zeiten, in denen seine Anwendung vage, andere, in denen sie scharf umrissen ist. Ein zuverlässiges Netz »guter Freunde« erweitert den Handlungsbereich. So steckt der Chinese jeden Morgen seine Nase vor die Tür und wittert, woher der Wind wohl weht.

Damit erklärt sich vielleicht die Biegsamkeit der Menschen, die uns umgeben, und ihr anscheinender, uns unfaßbarer Wankelmut.

Joan erzählt: Drei Chinesen besuchen sie, wie schon so oft, und einer von ihnen sagt plötzlich vor ihrem europäischen Mann: »Heute habe ich zwei Ausländer mit chinesischen Mädchen am Arm gesehen. Sie tätschelten sie, sie küßten sie, es war wie zu den Zeiten der Kuomintang!«

»Ja«, sagt der andere. »Die Ausländer sind korrupt, und sie korrumpieren auch uns. Es ist ekelhaft.«

»Die Ausländer kommen her, um uns auszubeuten«, setzt die Frau hinzu. »Und wenn sie sich fertig amüsiert haben, ziehen sie wieder ab.«

Joan ist verblüfft. Ihr Mann kauert sich wütend in seinem Stuhl zusammen. Dann fällt ihr plötzlich ein, daß vor zwei Wochen dieselbe Frau zu ihr gekommen war und sie im Vertrauen angefleht hatte, einen amerikanischen Mann für ihre einzige Tochter zu finden. Inzwischen sind die Bestimmungen strenger geworden, man erwartet den Prozeß, es gibt Probleme. Wer zu kühn gewesen ist, macht einen Rückzieher und trägt vor seinen Kollegen eine »korrekte Einstellung« zur Schau.

Joan erzählt weiter: Ein Lehrer in der Schule, in der sie unterrichtet, erkrankt. Sie schickt ihm ein Kärtchen mit guten Wünschen und ein Päckchen mit zwei Schweinskoteletts. Er ruft sie an:

»Du hast zwei Schweinskoteletts in der Schule vergessen!«

»Nein«, antwortet sie, »die sind für dich! Hast du mein Kärtchen nicht gelesen?«

»Nein, nein, komm und hol sie ab«, sagt der Lehrer nervös.

Fünf Tage später begegnen sie sich wieder in der Schule. Vor versammelter Lehrerschaft und dem Küchenpersonal überreicht er Joan nachdrücklich das Päckchen mit den mittlerweile verfaulten Schweinskoteletts.

»Verzeih, daß ich sie dir erst heute wiedergebe . . .«

Joan unterbricht ihn. Es ist ihr klar, daß diese Inszenierung den Kollegen gilt, denen er zeigen will, daß er korrekt handelt. Aber sie kann sich nicht halten: »Werft sie weg!« ruft sie. »Wenn es für euch unannehmbar ist, daß man einem Kranken ein paar Knochen schenkt, wie man es überall in der Welt täte, ohne daß das gleich eine politische Bedeutung haben muß, dann tut ihr mir leid! Außerdem ist das Fleisch schlecht geworden.«

Zwei Tage später überreicht der Koch der Schule Joan einen Teller mit denselben, nun zubereiteten Koteletts. Joan sieht rot.

»Wo sie doch schon vor zwei Tagen nicht mehr eßbar waren, warum bietet ihr sie mir heute an?«

Die Lehrer und der Koch halten eine neue Besprechung ab, entschuldigen sich dann in aller Form bei Joan und versprechen, ihr den Tag darauf zwei frische Koteletts zurückzugeben.

So spielen die Chinesen jeden Tag ihre kleine Schachpartie mit dem Regime und setzen dabei ihre Spitzfindigkeit, ihre Freude am Spiel und einen winzigen Teil ihrer Hoffnungen ein. Sie selber täuschen sich kaum über die Geringfügigkeit des Schauspiels – und manchmal fragt uns einer, wie Liwen es getan hat, ob sie in unseren Augen noch Menschen seien: wirkliche und vollständige Menschen.

19. November 1980

Wieder ist es der Blonde in Bluejeans, der die Gittertore der sowjetischen Botschaft für das wartende Auto öffnet. Heute nacht ist die Fassade des gigantischen Gebäudes erleuchtet, und die rote Fahne flattert auf dem Dach.

Wir parken. Russische Jünglinge in Zivil weisen uns zum Roten Pavillon, wo Botschaftsrat Turtschak und seine Frau eine Abschiedsfeier für ihre Freunde von der bulgarischen Botschaft geben. Das Abschiednehmen von Leuten, die man gar nicht kennt, gibt Anlaß zum Anknüpfen neuer Beziehungen.

Wir gehen im Dunkeln auf drei große Lampions aus roter Seide zu, die zwischen den entlaubten Bäumen schimmern. Sie hängen an den Säulen eines schönen chinesischen Baues aus der Ming-Dynastie, den vor 300 Jahren ein chinesischer Kaiser der Russisch-Orthodoxen Kirche geschenkt hat und der das älteste ausländische Besitztum in Peking ist.

Weitere Jünglinge, beweglich und hart, nehmen uns die Mäntel ab, und wir treten ein. Turtschak und seine Frau, beide in Schwarz, beide leichenblaß wie alle Funktionäre des kommunistischen Europa, empfangen uns vor einem mit silbernen Schmetterlingen verzierten Wandschirm. Wir trinken den Glühwein, den man uns reicht, blicken in Turtschaks helle, intelligente Augen und gesellen uns dann hinter dem Wandschirm zu den anderen Gästen.

Der Pavillon ist ein einziger herrlicher Saal mit einer Kassettendekke. Teppiche überall, hölzerne Sessel mit Marmorplatten in der Rükkenlehne, große Lampen mit roten Troddeln und handgemalten Glasscheiben, viele Kissen und Vasen auf Ständern und ein Kamel aus der Tang-Dynastie, das, den Kopf in den Nacken gelegt, der Stimme seines Herren zu lauschen scheint.

Viele Gäste stehen zwischen den fürstlichen Dingen, die Herren hier, allesamt in Schwarz oder Dunkelblau mit weißem Hemd, die Damen dort, in langen schwarzen Röcken mit geblümten Kaschmirschals und Täschchen am Arm. Außer den Russen begegnen wir Jugoslawen, Polen, Ungarn, Tschechen, und alle ähneln sie sich im Anzug und in ihrer tödlichen Blässe; auch Inder sehen wir, Pakistaner und Srilanker; offenbar sind wir mit Linda und Michael Parks von der »Los Angeles Times« die einzigen, die zum kapitalistischen Westen gehören.

Sergej, als einziger in Beige, kommt uns leichten Schritts und herzlich entgegen: »Willkommen, liebe Frrreunde!«

Margarita trägt heute eine chinesische Bluse. »Aber dieses ist russisches Mädchen!« sagt sie und zeigt sich lächelnd mit dem Finger auf die Stirn.

Am andern Ende des herrlichen Saales, den ich mir einen Augenblick voller Mandarine, Eunuchen und orthodoxer Popen in langen Kaftanen vorstelle, erwarten uns die üblichen schweren Hors d'œuvres. Ich setze mich neben Xavier Bursky, den polnischen Botschaftsrat, der schon in den fünfziger Jahren in Peking studiert hatte und danach mehrfach als Diplomat nach China zurückgekehrt ist. Tiziano läßt sich inmitten einer Gruppe von Damen nieder, die prompt zu zwitschern anfängt.

Die blonden Jünglinge in grauem Flanell, die mit zackiger Exaktheit um die Tische kreisen und uns Getränke einschenken, sind Scharfschützen der Roten Armee, die über das Wohlergehen der Russen in diesem Land wachen, das ihnen feindlich gesinnt ist. Aus der Küche treten vier von ihnen in den Saal, auf den Schultern zwei riesige, mit Lammfleisch gefüllte Schüsseln, angeführt von zwei Köchen mit blanken Messern. Gegen Ende des Essens erlöschen die Lichter, und im Dunkeln erscheinen wie phosphoreszierende Gespenster weiße Nachspeisen, auf denen bläuliche Flämmchen tanzen. Im Hintergrund weinen Geigen, und die schwermütige Lebenslust der Slawen befällt auch uns.

Bursky erzählt mir vom Schicksal Pekings. Bis 1958, bis zur »Antirechts-Kampagne«, die auf die »Kampagne der Hundert Blumen« folgte und unmittelbar vor dem »Großen Sprung nach vorne« kam, war Peking im großen und ganzen unversehrt geblieben: Hohe Stadtmauern umgaben es, aus denen man gedachte, eine »Große Promenade« zu machen. Tempel und Theater, Handwerker und Tausende von Restaurants belebten es, das Vergnügungsviertel der Himmelsbrücke stand noch, und in den Teehäusern saß das Volk, schlürfte heißes Wasser und diskutierte über Gott und die Welt.

Dabei hatte gerade in den ersten neun Jahren nach der Befreiung China seine radikalste Wandlung durchgemacht. Ohne Anwendung allzu großer Brutalität hatte sich das Leben der Menschen allmählich verändert, und sie waren es zufrieden. Dann aber kamen die Experimente, und nach jedem mißglückten Experiment verschwanden mehr Bürger und mehr Freiheiten, verschwand das alte Peking – ja die Seele Chinas selbst.

1958 wurden Hunderttausende von Akademikern verhaftet oder aufs Land geschickt. Die übrigen ergriff die Furcht, und sie fingen an, ihre schönen alten Sammlungen zu verkaufen oder zu zerstören. Bücher und Gegenstände der »bürgerlichen Kultur« wurden weggefegt und vernichtet. 1958 wurde auch der Platz des Himmlischen Friedens ins Riesenhafte aufgebläht, die Große Halle des Volkes und das Museum für Geschichte wurden nach stalinistischem Muster erbaut. 1958 begannen Rhetorik und Fehler. Als er seine Macht zerbröckeln sah, reagierte Mao mit Panik. 1958 ging man dann auch daran, die Mauern von Peking niederzureißen, Stein für Stein.

Heute möchte China an die Zeit vor all den großen Irrtümern anknüpfen und noch einmal von dort beginnen. Aber Bursky fürchtet, daß es zu spät sei. Er hat im August 1966 die große Rede Maos vor zwei Millionen Rotgardisten mit angehört, und er erinnert sich, wie gleich nach den letzten Worten des Vorsitzenden junge Kerle, um ihr revolutionäres Feuer unter Beweis zu stellen, sich auf Geschäfte stürzten und deren Namensschilder herunterrissen. Er hat gesehen, wie das hemmungslose Zerstörungswerk begann, das dann durch das ganze Land getragen wurde. Oben auf der Mauer stehend, hat er sie unten durch die große Straße des Qianmen laufen sehen, hat gesehen, wie sie die alten Antiquare und Buchhändler der Liulichang mit Fäusten und Knüppeln vor sich herjagten ... »Wo soll man da wieder anfangen?«

Bursky spricht mit leiser Stimme, ohne Pathos, mit leichenblassem Gesicht. Dieser Sozialist aus Warschau ist ein großer, ein verzweifelter Liebhaber Pekings. Als er vor zwei Jahren zum dritten Mal in die chinesische Hauptstadt zurückkam, erkannte er sie nicht wieder.

»Was habt ihr nur gemacht?« fragte er die Chinesen.

»Wir haben einen Fehler gemacht«, war die Antwort. »Es ist geschehen. Unwiederbringlich. Sprechen wir nicht mehr davon.«

Die Jünglinge im grauen Flanell reichen Champagner. Turtschak schlägt an sein Glas und erhebt sich. Die Stimmen legen sich, nur die Geigen singen im Hintergrund weiter. Langsam, die englischen Worte suchend, hält Turtschak eine Abschiedsrede auf seine bulgarischen Freunde. Er erinnert sich an die langen gemeinsamen Abende der fünf wie in Halbhaft verbrachten Jahre in Peking, an die gegenseitigen Besuche der Paare und an die köstlichen Mahlzeiten der Severina ...

»Severinas Kochkunst werden wir nie vergessen ...« sagt dieser Mann mit dem hochintelligenten Gesicht, »und eines Tages werden wir uns wiederbegegnen, in Bukarest, in Moskau oder anderswo ...«

»Warum nicht in China?« schlägt ein Witzbold vor.

Mit dem vollen Champagnerglas geht Turtschak durch den Saal und stößt mit jedem seiner Gäste an, und es ist im Augenblick, als trauerten wir alle über den Abschied von Severina. In der nachdenklichen Stille, die folgt, wendet sich ein tschechischer Don Quichotte an mich:

»Welch ein Land! Keinen einzigen Freund haben wir unter den Chinesen. Mit niemand kann man ein Wort wechseln. Das kann nicht nur eine Frage von Politik sein, das liegt in der Rasse! Denn wenn zu uns Tschechoslowaken die Regierung sagen würde: Von heute an dürft ihr mit keinem Ausländer mehr sprechen! – das würde einen Aufstand geben, Madame!«

Tiziano, ganz in seinem Element, macht sich's zwischen Sergej und einem dicken Jugoslawen bequem. Sie trinken um die Wette Wodka.

»Zum Teufel!« sagt er. »Zum Teufel mit Afghanistan, zum Teufel mit Kambodscha, zum Teufel mit dem Sozialimperialismus! Ihr Russen seid unsere Nachbarn, und wir sind allesamt Europäer. Wir kennen uns und werden in gleichem Maße von den Chinesen verachtet. Das haben wir gemeinsam!«

Sergej krümmt sich vor Lachen.

»Außerdem seid ihr nur zweihundert Millionen«, fährt Tiziano fort. »Wenn wir Europäer alle im selben Moment pißten, würden wir euch überschwemmen. Es ist nur eine Frage des Timings!«

Weiteres Gelächter und weitere Witze.

Später bedankt man sich und bricht auf. Tiziano trinkt einen letzten Wodka mit dem Chef des Protokolls. Dann die Nacht, der Kies, ein Blick zurück auf den roten Pavillon, der Blonde an der Gitterpforte – und auf und davon.

»Niemals vergessen, wem unsere Herzen diese Wunden zu verdanken haben!«

20. November 1980

Der Prozeß gegen die Viererbande und die Anhänger Lin Biaos hat heute um 15 Uhr im Generalquartier der Polizei am Platz des Tiananmen begonnen. Endlich!

Einen Augenblick schien es, als drehten die Journalisten durch. Tiziano, der dank eines Hong-Kong-Chinesen die Uhrzeit der Eröffnung vier Stunden vor seinen Kollegen erfahren hatte, hat sie seinen Freunden mitgeteilt und ist dann im Auto losgefahren, um den Ort des Prozesses herauszufinden, der bis zum letzten Moment geheimgehalten wurde. Er hat ihn nicht gefunden.

Das geschickt orchestrierte Crescendo der letzten Wochen endete mit den Schlußakkorden der vier Pressekonferenzen im Außenministerium und dem gestrigen Film vom Martyrium des Marschalls He Long. Der Film wurde in 24 Kinos und in allen Schulen Pekings gezeigt. Die weinenden Schulkinder mußten den Marschall, ein Opfer Jiang Qings, sterben sehen.

In der »Volkszeitung« informierte »Der Jurist« seine Leser, die sowieso von ihren eigenen Arbeitseinheiten während endloser Stunden politischen Studiums auf den Prozeß vorbereitet waren, über den Begriff des »Beweises«. An wen wendet er sich eigentlich? Zweifellos hauptsächlich an die ausländischen Beobachter, denn die Chinesen brauchen keine Beweise mehr: Sie haben sie zehn Jahre lang am eigenen Leib verspürt.

Der Vorhang wird sich also vor einem neuen Schattenspiel heben, dessen Inhalt aber so gut abgekartet wurde – Angeklagte und Richter sollen für den ersten Akt zweimal geprobt haben –, daß, wenn es als Aufführung überzeugt, das Spiel als erfolgreich zu betrachten ist. Die Wahrheit bleibt in den Händen des Bänkelsängers.

Auch das Publikum wurde ausgewählt: Achthundert, jedesmal neue Personen, werden täglich in der Aula zugelassen sein, allesamt Opfer der Angeklagten. Man wird sie isolieren. Von dem, was sie sehen und hören, dürfen sie keine Silbe verlauten lassen.

Etwas bleibt fraglich, und zwar das Verhalten der Schauspieler. Werden sie die Komödie mitspielen oder nicht? Auch sie, wie die Regisseure, kennen ihren Einsatz beim Spiel und werden sich dementsprechend benehmen. Sie wissen, daß sie eine insgeheim noch existierende politische Kraft in China vertreten, mit der Hua Guofeng in gewisser Hinsicht verbunden ist.

Tatsächlich ist also der Prozeß die letzte Etappe im langen Machtkampf zwischen Hua Guofeng und Deng Xiaoping.

21. November 1980

Punkt 20.30 Uhr ist der Prozeß über den Bildschirm gegangen. Ein dicker Richter hat ihn eröffnet und die Angeklagten nacheinander in den Gerichtssaal gerufen. Die Viererbande, die in den letzten vier Jahren aus dem Leben der Menschen verschwunden war und nur noch als Gespenst in ihrer Erinnerung weiterlebte, erschien in Fleisch und Blut auf dem Bildschirm – ein Schrecken für viele: Wang Hongwen, der Arbeiter, in grauer Jacke und Hose, geschoren; Yao Wenyuan, der Ideologe, mit blutunterlaufenen Augen, sabbernd, geschoren; Zhang Chunqiao, der Intellektuelle, die Lippen zusammengepreßt zu einer verzweifelten Fratze des Abscheus, geschoren. Dann kamen die vier Offiziere und Chen Boda, Maos Sekretär, uralt und von einer Krankenschwester gestützt: alle fünf in Uniform ohne Abzeichen, aber mit vollem Haar, zum Zeichen des Respekts vor ihrer Kaste und deren fortdauernder Macht. Humpelnd, halb gelähmt, böse, der eine verworren, der andere hellwach, nahmen sie hinter einem hölzernen Geländer Platz. Als letzte erschien Jian Qing, 66 Jahre alt. Unbefangen, ganz in Schwarz, das kurze Haar nach hinten gekämmt, trat sie ein, als wäre sie noch die First Lady des Landes. Sie hob das Kinn, betrachtete langsam die Menge der ihr wie unter Hypnose zugewandten Gesichter und setzte sich mit einem kleinen Lächeln.

»Ta bu pa! Die hat keine Angst!« sagte ein Etagendiener, der in unser Zimmer getreten war, um sich mit uns vor den Fernseher zu setzen.

Dann begann der Richter, den langen Anklageakt vorzulesen.

Damit ist der erste politische Prozeß der chinesischen Geschichte eingeleitet. Es ist ein Prozeß mit einem verteufelt westlichen Anstrich, in dem sich alle Beteiligten gleich unbehaglich fühlen: die Richter in ihren bisher noch nie gespielten Rollen; die Rechtsanwälte im Bewußtsein, gekauft zu sein; die Angeklagten, denen man gemeine Verbrechen zur Last legt, während doch jeder weiß, daß es sich hier ganz einfach um eine politische Abrechnung handelt.

30. November 1980

Karawanen durchqueren die Ebene nördlich von Peking: Wagen, beladen mit Kohle, Backsteinen, Weißkohl, rücken langsam heran, von geduldigen Tieren gezogen. Einst waren es Kamele, heute sind es Pferde. Folco und Saskia hatten noch nie so viele so ausgehungerte Pferde gesehen. Für einen Augenblick erscheint uns Peking wieder wie das Ziel einer langen Wüstenstraße.

Am Ende dieser Ebene liegt das Tal mit den Gräbern der Kaiser der Ming-Dynastie, wie ein Amphitheater, das im Rücken von den Bergen mit der Großen Chinesischen Mauer begrenzt ist. Ein »Pailou«, ein fünfbogiges Ehrentor, aus weißem Marmor bezeichnet die Grenze, von der aus man heiligen Boden betritt. Von dort aus führt eine gerade Straße zum Grab von Yung Lo, dem Gründer der Dynastie und Erbauer Pekings. Die Gräber seiner Nachfolger reihen sich vor dem Halbkreis der Berge auf – wie dreizehn Throne, auf denen die Seelen der Kaiser sich versammeln, das Gesicht der Sonne zugewandt.

Seltsame mythische Tiere wachen in Paaren über das letzte Stück Straße, zusammen mit Ministern aus Marmor, die in ihren langen Mänteln, mit Säbeln und Insignien, wohlwollend vor dem blauen Himmel stehen. Auf der Straße fahren Lastwagen und Pferdekarren der Volkskommune vorbei, die dieses Stück einstmals heiliger Erde heute bebaut.

Nur Yung Los Grab ist aufgebrochen worden. Hinter drei Höfen mit Toren, Tempeln und Altären ruht der Kaiser unter einem einfachen Erdhügel, von einer Schildkröte bewacht und von rosa Mauern eingefriedet. Tief im Inneren der Erde stehen drei Throne aus Marmor für seine Seele und die seiner beiden Hauptfrauen bereit.

Von all den Schätzen, die ihm mit ins Grab gelegt worden sind, ist nichts mehr da. Dafür sind die Mauern mit Propaganda des jetzigen Regimes bedeckt: »Die Erbauung dieser Gräber kostete so viel wie soundsoviel Sack Reis, erforderte soundsoviel Menschenleben . . .« Und die Mao-Abzeichen, wieviel haben die gekostet? Und die Kulturrevolution, wie viele Leben hat sie verschlungen?

»Es würde keine Kunst geben, wenn man so denken müßte«, sagte Folco verwirrt.

Autobusse mit Touristen, Bauern mit Bauchladen – der Zauber ist zerstört. Doch die Straße geht weiter, windet sich durch die Felder und führt zu anderen Gräbern, die nach dem gleichen Plan gebaut sind und friedlich zwischen den Pinien zerfallen.

Wir suchen uns eines aus und machen es zu »unserem Grab«. Wir spazieren auf der Mauer, die es umgibt, spielen Ball auf dem kaiserlichen Grabhügel, essen unter den schwarzen Fächern der Pinien, sammeln die Scherben der goldenen Majolikaziegel auf und versuchen die Inschrift auf der Schildkröte zu entziffern.

In den Feldern, abgesondert, aber nicht verborgen, zerfallen andere Gräber. Das Licht ist glasklar, winterlich. In der Ferne die erregten

Konturen der Berge mit der Großen Mauer – und die unerforschte Tiefe des Himmels.

Hier ist China groß, heilig und besessen; hier ist es menschlich und unmenschlich zugleich. Nichts bewegt, nichts beunruhigt es: Der Tod ist wie das Leben, ein langes, ruhiges Sein.

Es ist die Zeit, die diese Gräber morsch gemacht hat; es sind die Jahrhunderte und die Natur. Man sollte sie verfallen lassen und Neues, Andersartiges an andere Orte bauen.

31. November 1980

Der Prozeß geht weiter. Jeden Abend um 19.30 Uhr sitzt ganz China vor den Fernsehern.

Zhang Chunqiao, einst Vize-Premierminister, Mitglied des Politbüros, Herrscher über Shanghai und Stratege der großen Massenbewegungen, erscheint in Lumpen, stumm, mit zusammengebissenen Lippen, entschlossen, das niederträchtige Spiel nicht mitzuspielen. Er bleibt stumm, auch als man ihm bekanntgibt, daß »Zeugen« für ihn sprechen würden und daß man ihren Aussagen trauen werde. Und stumm führt man ihn wieder hinaus.

Jiang Qing tritt gelassen auf in ihrer wattierten schwarzen Jacke. Hochmütig setzt sie sich und antwortet sechsmal »Ich weiß es nicht« auf die Fragen, die man ihr stellt, jeweils nur die Neigung ihres Kopfes und den Klang ihrer alten, aber noch melodiösen Stimme variierend. Eine große Schauspielerin.

»Schlau ist sie«, sagt der Etagendiener. »Sie weiß, daß, was sie auch sagt, man immer einen Zeugen hervorziehen wird, der das Gegenteil behauptet. Also schweigt sie.«

Wang Hongwen, der Schöne, der von Mao ins Zentralkomitee geholte Arbeiter aus Shanghai, wird immer gelber, immer hämischer im wachsenden Bewußtsein, ein Wurm zu sein, rasselt aber weiter seine Aussagen gegen seine alten Kumpane herunter, um sich sein eigenes Leben zu retten. Zehn Schritte entfernt von ihm sitzt Jiang Qing, deren Liebhaber er anscheinend einmal gewesen ist, und schaut ihm mit ironischer Aufmerksamkeit zu.

Auch Yao Wenyuan, der für den Tod von Millionen verantwortliche Ideologe der Kulturrevolution, hat sich wohl zum Mitspielen bewegen lassen, kann aber seine Rolle nicht gut genug auswendig. Die Augen wühlen im Gedächtnis, der wulstige Mund schnappt, faselt, stottert. Zweimal bricht das Publikum in Lachen aus. Die Chinesen haben zuviel Sinn fürs Theater, als daß sie sich nicht über die lächerlichen Zwischenfälle auf der Bühne amüsieren würden.

Und die Chinesen, was denken sie über den Prozeß und seinen Mangel an Legalität?

»Die werden noch viel zu gut behandelt!« sagte ein Lehrer in Joans Schule. »Bei den Verhören der Kulturrevolution mußten wir niederknien, mit einer Eisenkette um den Hals, und die Arme hinter dem Rücken hochhalten, um das »Flugzeug« zu machen. Nach acht Stunden waren wir in Schweiß gebadet. Morgens in unserer Zelle mußten wir vor Maos Bild niederknien, abends mußten wir um seinen Segen flehen.«

Ein politischer Prozeß mißfällt den Chinesen: Einen Prozeß macht man Dieben; politische Widersacher schafft man stillschweigend aus der Welt. Früher traf der kaiserliche Zorn den Schuldigen und seine Sippe »bis ins zehnte Glied« und gipfelte unter Umständen in der Verwüstung der Ahnengräber, damit die Familie und ihr Name vom Erdboden verschwänden.

»Dieses ist das organisierteste Land, das ich kenne«, sagte verzweifelt ein chinesischer Journalist aus Hong Kong, der zum Prozeß gekommen ist, »und trotzdem funktioniert nichts.«

Innerhalb weniger Stunden kann China seine Milliarde Einwohner mobilisieren. Der Befehl wird von der Spitze der Pyramide über die verschiedenen Einheiten bis hinunter zur Basis durchgegeben. Die Gesellschaft besteht aus Arbeitseinheiten, die wie Schließfächer sind, in denen die Menschen eingesperrt sind und nur eine sehr begrenzte Verantwortung haben. Solche Organisation funktioniert bei Paraden, lähmt aber das tägliche Leben.

5. Dezember 1980

Viele Filme, viele Kurzgeschichten berichten heute von der jüngsten Vergangenheit Chinas. Es ist kaum möglich, Schritt zu halten mit all dem, was in Zeitschriften und in Buchform erscheint und was auch gewiß nicht für uns Ausländer bestimmt ist.

Die Erzählungen wurden nach dem Sturz der Viererbande geschrieben von jungen Leuten mit geringer literarischer Erfahrung, aber dem Drang, ihre traurigen Erfahrungen aufzuschreiben, und sie bilden ein mutiges Dokument des Lebens in China während des Jahrzehnts der Kulturrevolution. Sie berichten von den in Arbeitslagern verbrachten Jahren, von der Verfolgung ganzer Familien, den dauernden Reibereien zwischen Arbeitern und Parteisekretären und klagen über das Fehlen jeglichen Gesetzes, das den Bürger vor der Willkür der »Politik am Steuer« beschützt. Man nennt sie allgemein die »Literatur der Verwundeten«.

»Die Wunde« (1978), eine Erzählung von einem gewissen Lu Xinhua, der diese literarische Bewegung ihren Namen verdankt, handelt von einem sechzehnjährigen Mädchen aus Shanghai, deren Mutter zu Beginn der Kulturrevolution gegenrevolutionärer Neigungen beschuldigt wurde. Das Kind läßt sich von der »Schuld« der Mutter überzeugen und verleugnet sie. Um sich von ihren bösen Einflüssen zu reinigen, zieht sie selber in ein Arbeitslager im Norden Chinas, wo sie neun Jahre bleibt. Nach dem Sturz der Viererbande teilt die Partei ihr mit, daß ihre schwerkranke und fälschlich beschuldigte Mutter sich mit ihr versöhnen wolle. Das Mädchen eilt nach Shanghai. Zu spät: Die Mutter ist tot.

»Mutter, liebste Mutter, ruhe in Frieden! ... Niemals wird deine Tochter vergessen, wem unsere Herzen diese Wunden zu verdanken haben!« gelobt das Mädchen am Sarg »mit haßerfüllten Augen«.

Kürzlich ist eine Erzählung erschienen, von der man allgemein spricht: »Krise des mittleren Alters«. Die Autorin, Shen Rong, berichtet von einer Ärztin, die sich während der großen Massenbewegungen von aller Politik fernhält und sich nach wie vor ihren Kranken widmet. Das politische Klima ist gespannt, die Arbeitsbedingungen sind hart. Ein Herzinfarkt trifft sie im mittleren Alter.

Offenbar sieht Shen Rong in einem ununterbrochenen persönlichen Einsatz im eigenen Wirkungsfeld die einzige Möglichkeit, sich aus der allgemeinen Entmutigung herauszuhalten, während sie die maoistische Linie der »Politik am Steuer« verdammt, die zwanzig Jahre lang die Bürger daran hinderte, ihrem eigenen Beruf nachzugehen, und schließlich das Land zugrunde richtete.

»Die, die in aller Stille arbeiten, ohne viele Worte zu machen, sind meine Helden«, sagt die Schriftstellerin, als wir ihr begegnen. »Sie sind die positiven Vorbilder, die wir nachahmen sollten.«

Tiziano hatte um ein Interview gebeten, und die Verabredung war durch die gewohnte, mühselige Prozedur zustande gekommen. (Das Außenministerium, das für die ausländischen Journalisten verantwortlich ist, setzt sich mit dem »Verband der Schriftsteller« in Verbindung, und dieser organisiert ein Treffen...) Zur festgesetzten Stunde überquerten wir dann einen armseligen Hof und stiegen, begleitet von einer Angestellten, die uns schon an der Treppe erwartete, in den dritten Stock eines dürftigen Etagenhauses hinauf, in dem die 25 »Berufsschriftsteller« von Peking arbeiten und auch übernachten dürfen.

Shen Rong, eine Frau an die Vierzig, mit einem klaren, leidenden Gesicht, kam uns rauchend entgegen.

»Glauben Sie nicht an die Propaganda!« sagte sie lächelnd – und es schien wie eine vielversprechende Einleitung. »Auch Lu Xun hat dreißig Zigaretten am Tag geraucht und ist nicht am Krebs gestorben.«

Wie viele Intellektuelle war auch sie bis 1958 voller Hoffnung und Vertrauen auf Mao gewesen. Die Zweifel begannen mit dem Großen Sprung nach vorn und wurden mit der Kulturrevolution zur Verzweiflung. Wie viele Intellektuelle wurde auch sie damals zur Landarbeit abkommandiert, mußte auch sie vier Jahre lang Reiskeime pflanzen, Schweine hüten, Maiskolben pflücken und Kanäle graben. Dann erkrankte sie.

»Tagsüber arbeitete ich wie ein Bauer, aber nachts schrieb ich und dachte an meinen Beruf. Es ist widersinnig, die Intellektuellen zu verachten«, fügt sie mit plötzlicher Heftigkeit hinzu. »Sie sind das Rückgrat unseres Landes. Während ich meine Erzählung schrieb, ist mir klargeworden, wie viele Ärzte und Naturwissenschaftler, wie viele Lehrer und Forscher stillschweigend weitergearbeitet haben in den Jahren der großen politischen Umwälzungen. Niemand hat ihre Arbeit anerkannt – im Gegenteil: gehindert und kritisiert wurden sie, während sie es taten. Viele kamen ums Leben, viele legten entmutigt ihre Arbeit nieder und verließen das Land. Heute fehlen uns ihre Fähigkeiten. So sieht die Wirklichkeit in unserem Lande aus, und wenn man das eines Tages erkennen wird, dann habe ich kein Papier und keine Tinte vergeudet.«

»Und die Partei? Was hält sie von Ihrer so wenig rosigen, so wenig glorreichen Beschreibung der chinesischen Realität?«

»Ich wurde bereits von einer Shanghaier Zeitung kritisiert, aber das neue, das positive Ereignis ist, daß meine Erzählung überhaupt veröffentlicht wurde. In jedem Leben gibt es glückliche und traurige Momente«, fügt sie auf sehr chinesische Weise hinzu. »Mein Werk ist wie ein Blumenblatt, benetzt mit ein paar Tränen ...«

Wie all diejenigen, die an die sozialistische Ideologie geglaubt haben, erkennt auch Shen Rong eine gute Absicht in der Kulturrevolution. Aber der Idealismus wurde zum Wahnsinn – und zur nationalen Katastrophe.

»Meinen Sie, daß der Prozeß gegen die Viererbande der Kulturrevolution gerecht wird?«

»Wir Chinesen sind doch nicht von Sinnen!« ruft Shen Rong empört. »Wir alle fragen uns, wie weit Maos Verantwortung eigentlich ging, und erwarten, daß uns über seine Rolle Rechenschaft abgelegt werde!«

Wir sitzen in einem kleinen Saal mit Tee und Dolmetscher, in Lehnstühlen, auf denen die üblichen weißen Spitzendeckchen liegen. Die Zimmertür bleibt während des Gesprächs weit offen, damit auch niemand auf den Verdacht komme, daß wir uns Geheimnisse verraten; trotzdem spricht die Schriftstellerin mit völliger Gelassenheit, ist sie präzise und voller Ironie.

»Shen Rong, Sie sind der erste freie Mensch, der mir in China begegnet, und dadurch fühle auch ich mich frei«, sagt Tiziano abschließend zu ihr.

»Vielleicht weil ich kein Parteifunktionär bin«, antwortet sie und begleitet uns lachend und rauchend wieder zur Tür.

Ein Parteifunktionär ist dagegen ihr Mann, der für ideologische Probleme beim Parteiorgan »Die Volkszeitung« verantwortlich ist.

7. Dezember 1980

Glocken mancher Gestalt, mancher Dynastie, Glocken, bedeckt mit Gebeten, Glocken, die an heiligen Bäumen hingen oder in Tempeln für die Götter, zum Gebet oder zum Krieg läuteten – alle Bronzeglocken

Chinas, obdachlos geworden, als man ihre Heimstätten niederbrannte, wurden zusammengetragen im Hof des »Tempels der Großen Glocke« am Rande der Stadt.

Diese Glocke ist acht Meter hoch und hängt bis auf die Erde. Stumm ist sie, aber makellos wie vor tausend Jahren, an dem Tag, an dem sie gegossen wurde. Neben ihr wacht eine Marmorstele, die Kaiser Qian Long ihr errichtet hat.

In den Seitentempeln hat sich eine Marmeladefabrik eingenistet. Aus ihren Schloten quillt ein schwarzer Rauchschwaden und beleckt die Dächer des alten Klosters. Der Wind streicht durch die Höfe, Arbeiterkinder spielen zwischen den Glocken Verstecken. In vergangenen Zeiten durfte man sich dieser Stätte nur auf dem Rücken eines Maultiers nähern.

Fou Min geht ergriffen umher und übersetzt mir die Inschriften auf den Glocken. Er ist froh, sie wiederzusehen, und übergeht das Ende, das sie genommen haben.

Ich hatte ihn in seiner Schule abgeholt. Er hatte gerade sein Zimmer gefegt und seine Hemden gewaschen. Aber all dies berührt ihn nicht. Mit seinem Photoapparat und Bonbons aus Shanghai in der Tasche setzt er sich wie immer ganz selbstverständlich ins Auto, froh über diese Ausfahrt.

Ein riesiger liegender Buddha schläft, den Kopf auf einen Arm gelegt, am Fuß der »Duftenden Hügel«. Sein Mund ist rot lackiert, die Kleider sind mit frischer Ölfarbe angestrichen – er würde wie eine neue Puppe aussehen, wäre nicht etwas Sinnliches, etwas Vollkommenes in seinem Körper, das im Gedächtnis bleibt und aus der Yuan-Dynastie auf uns zuzukommen scheint. Wie alles Alte im Neuen China, so erinnert mich auch dieser Buddha an jemanden, der einen schrecklichen Autounfall gehabt hat und der, statt daran zu sterben, schlecht und recht wieder zusammengeflickt wurde.

Es ist sehr kalt. Der Himmel ist bedeckt. In der Ferne, in einer Falte der Hügel, sieht man das alte Kloster der Blauen Wolken.

Früher waren dies die Monate der Zurückgezogenheit. Die Glöckchen klingelten im Wind, der blaue Rauch stieg aus den Weihrauchgefäßen, und die Mönche murmelten ihre unendlichen Litaneien. Auf jedem Altar regierte ein Gott, und sie dienten ihm, gehorchten ihm, beschwichtigten seinen Zorn. Manchmal zog sich ein Städter, des gesellschaftlichen Lebens müde, zu ihnen zurück.

Zu Füßen der Westlichen Hügel, am See, sieht man den Sommerpalast liegen. Wir fahren zur Ebene zurück, um in einem seiner schönen Pavillons zu essen, während die Massen mit ihrem Weichbrot draußen bleiben. Durchs Fenster sehen wir auf den gefrorenen See. Menschen spazieren auf ihm, laufen Schlittschuh, gehen zur kleinen Insel, auf der einst Cixi, die letzte Kaiserin-Mutter, ihren Sohn, den Kaiser, gefangenhielt. Wir reden über vieles und enden da, wo alle Gespräche enden: bei der Kulturrevolution.

»Es war das dunkelste Kapitel unserer Geschichte«, sagt Min, dessen Eltern damals Selbstmord begingen. Aber er geht schnell darüber hinweg. Wie alle will auch er vergessen und wieder von vorn anfangen.

»Sieh«, sagt er, »in den letzten Jahren hat sich unser Leben doch sehr verbessert. Heute kann ich mit dir spazierengehen, ohne daß ich morgen in der Schule deshalb kritisiert werde, kann frei mit meinen Freunden reden, kann Post bekommen und Musik hören. Die Tage sind zu kurz. Ich dürste nach all dem, was mir so lange gefehlt hat, und die Zeit fliegt . . .«

Wir stellen fest, daß Xavier Bursky, unser neuer Bekannter aus der polnischen Botschaft, Mins bester Freund gewesen war, als sie beide noch jung waren und zusammen in Peking studierten. Ich verspreche ihm, daß ich sie wieder zusammenbringen werde.

12. Dezember 1980

Alle Übel, alle Leiden des heutigen China führen uns zur Kulturrevolution zurück. Ihr Feuer schwelt heimlich in jeder Familie, in jedem Büro. Sie ist die große Wunde, das Auschwitz, das die Chinesen noch nicht bewältigt haben. Der Prozeß gegen die Viererbande ist eine Täuschung und wäre ohne Katharsis geblieben, hätte er nicht das Bild von Maos Witwe hervorgebracht, die vor einer Reihe von Richtern und Anklägern sitzt. Dieses Bild, sagt Tiziano, wird in die Geschichte eingehen.

Mit Sigmund Ginzburg den Film »Feng« (»Roter Ahorn«) gesehen, in einem Kino der Vorstadt, als einzige Ausländer inmitten einer Masse von Arbeitern in Mütze und Mantel. Sie waren nach der Arbeit herbeigeeilt, hatten ihre Fahrräder an die nackten Bäume gelehnt und sich in das kleine Kino gesetzt, um der kürzlichen Vergangenheit wiederzubegegnen, an der die Jungen sich aktiv beteiligt hatten und die die Älteren über sich ergehen lassen mußten.

Nach dem Scheitern des Großen Sprungs nach vorn, durch den Mao Chinas Industrialisierung beschleunigen wollte und der es statt dessen zum Großen Hunger führte, hatte sich in der Partei die »pragmatische« Linie von Liu Shaoqi und Deng Xiaoping durchzusetzen begonnen. Einen Augenblick schien es sogar, als wäre der Große Vorsitzende aus dem Rampenlicht verschwunden – bis die Welt ihn auf einer Photographie wiedersah, wie er mit kräftigen Zügen im Gelben Fluß schwamm.

Kurz darauf leitete Mao die Große Proletarische Kulturrevolution gegen seine Widersacher in der Partei ein. »Bombardiert das Hauptquartier!« und »Nieder mit denen am Kommando!« war der Aufruf, mit dem er den Kampf eröffnete – den Kampf gegen die, welche seiner Meinung nach den Geist der Revolution verraten hatten und eine neue Kaste privilegierter Funktionäre und Parteibürokraten bildeten.

Der Appell war verführerisch, überzeugend. Zwei Millionen junger Schüler und Studenten folgten ihm und eilten aus ganz China herbei, um sich Ende August 1966 auf dem Platz des Himmlischen Friedens zu versammeln. Ihnen, seinen »kleinen Soldaten«, den »Rotgardisten« (denn sie wurden einzig aus den vier Kategorien der »roten« Familien – der armen und mittleren Bauern, der Arbeiter und Soldaten – rekrutiert), vertraute Mao die historische Aufgabe an, der Revolution ihre ursprüngliche Reinheit wiederzugeben.

Er befahl ihnen, die »vier Alten« (Religion, Kultur, Traditionen und Sitten) aus China auszurotten, ihre Träger (Leute der neun Kategorien der »schwarzen« Familien: reiche Bauern, Landbesitzer, Konterrevolutionäre, schlechte Elemente, Rechtsabweichler, zu denen während der Kulturrevolution vier weitere Kategorien hinzukamen, an deren letzter Stelle, der »stinkenden neunten«, die Intellektuellen standen) niederzumachen. Er befahl ihnen, in deren Wohnungen einzudringen, in die Tempel, die Universitäten, die Schulen, um jeden Rest des alten China auszumerzen, damit »das Neue China« endlich entstehen könnte.

Die Jungen hörten Mao an, sprangen auf die Züge, machten sich auf Lastwagen oder zu Fuß auf den Weg und drangen bis in die entferntesten Provinzen des Landes vor. Sie führten Maos Order mit Hingabe aus, mit einer unerwartet fanatischen Zerstörungswut, die bald nichts Heiliges mehr kannte. Als die Partei den Eifer der Rotgardisten für ihre internen Machtkämpfe ausnutzte, entartete ihre Kreuzfahrt in blutige, sektiererische Kämpfe, in einen Bürgerkrieg, in dem Millionen ums Leben kamen und aus dem China zertrümmert hervorging. Endlich mußte das Heer eingreifen, um im Lande den Frieden wiederherzustellen.

»Feng« erzählt von zwei Schülern, die sich in den ersten Tagen der Kulturrevolution verlieben, an der historischen Versammlung auf dem Platz des Himmlischen Friedens teilnehmen, einen Zug besteigen und mit ihren Kameraden in eine kleine Stadt der Provinz Sichuan fahren. Dort quartieren sie sich in einer Schule ein, um ihr »revolutionäres Werk« zu vollbringen.

Bald setzen Meinungsverschiedenheiten ein. Die Gruppe entzweit sich. Er gehört zu der einen Faktion, sie zu der anderen; beide sind gleich leidenschaftlich davon überzeugt, im Sinne von Maos Gedanken zu handeln. Heftige Diskussionen entarten in bewaffnete Kämpfe zwischen den Faktionen und der Bevölkerung. Hunderte kommen ums Leben: darunter das Mädchen.

Zehn Jahre später kehrt der Junge, jetzt ein Mann geworden, zu den roten Ahornen von Sichuan zurück, unter denen sein revolutionäres Feuer erloschen war und seine Überzeugungen sich verwirrten.

»Auch ich bin ein Rotgardist gewesen«, sagte Ginzburgs Dolmetscher, der mit uns im Kino war. »Wir Jungen haben Mao verehrt, weil er China befreit und befriedet hatte. Wir waren überzeugt, daß er niemals einen Fehler begehen, daß er sich niemals irren würde. Das war unsere Tragödie.« Er sagte es schlicht und mit Trauer.

13. Dezember 1980

Ich lese hier und da in »To Peking and Beyond« (1971) von Harrison Salisbury, dem Journalisten der »New York Times«. Salisbury ist einer der ersten Westlichen gewesen, die nach der Kulturrevolution wieder nach China gekommen sind, und er hat sich berufsgemäß verhalten: Er hat Leute interviewt.

Bedenkt man das politische Klima jener Jahre und daß in mancher

Hinsicht die Kulturrevolution noch im Gange war, so ist es klar, daß er nur mit ausgesuchten Menschen gesprochen hat – mit Menschen jeder Art, die aber *ausgesucht* waren. Trotzdem hat er alles, was ihm erzählt wurde, für bare Münze genommen: Aussagen, bei denen uns die Haare zu Berge stehen, wenn wir sie heute wieder lesen.

Salisbury hat den Universitätsprofessoren geglaubt, die ihm versicherten, daß sie nun wüßten, wieviel sie von den Bauern noch zu lernen hätten; er hat den Kadern geglaubt, die beteuerten, daß in den Jahren des »großen Chaos« in Shanghai nur zwei Menschen umgebracht worden seien; und er hat den jungen Leuten geglaubt, die schworen, von ihrem Egoismus geheilt zu sein. Er hat sich überzeugen lassen, daß in China alle gut ernährt sind und daß man besonders in den »Schulen des 7. Mai« (zur Umerziehung der Kader) »ausgezeichnet ißt und die Unterkunft, wenn auch etwas spartanisch, jedenfalls doch bequem ist«. Er hat geglaubt, einen neuen Gesellschaftstypus und einen neuen Menschen vor sich zu haben. Seine Kenntnis der menschlichen Psyche und der Geschichte Chinas, das natürliche Mißtrauen des Amerikaners gegen ein totalitäres Regime – alles hat ihn verlassen, und er hat sich wie eine kleine Maus von den hypnotischen Augen der Schlange ansaugen lassen.

So sind wir »Westlichen« eben. Wir geben uns als Realisten, wir beteuern unseren Glauben an die Vernunft, während wir im Grunde die Utopia, den Mythos, »das andere« suchen und alles bereitwillig in Kauf nehmen, wenn es nur neu ist.

Eine einzige Begegnung habe ich glaubhaft gefunden: »Hauptsächlich«, sagte ein junger Mann zu Salisbury, »können Sie sich kaum vorstellen, wie aufregend jene Tage waren. Jeden Morgen ging man zur Arbeit, gespannt auf die letzten Neuigkeiten, auf das, was auf den Wandzeitungen stand, die während der Nacht angebracht worden waren...«

Für die Jungen, die von Natur aus rebellisch sind, waren es aufregende Zeiten. Sie durften glauben, handeln, reisen, kämpfen, morden. Ihre jugendlichen Energien, die so oft verpuffen, noch bevor sie auflodern, erlebten einen heldenhaften Augenblick. Aber der Mensch wurde dadurch nicht verändert.

14. Dezember 1980
Sonntag. Mit Erkältung im Bett. Die Sonne glitzert in den Fensterscheiben. Tiziano ist im Büro und stellt die eigenen Eindrücke und Voraussagen neben das immer verzweifeltere Bild der Viererbande.

Jiang Qing, die beschuldigt wird, den alten Mao gegängelt zu haben, gelingt es nicht mehr, ihre königlich-gelangweilte Ruhe zu wahren. »Ich bin nur der Hund, der beißt, wenn der Herr es befiehlt! Was wollt ihr von mir? Ihr seid selber alle Verbrecher!« hat sie gestern dem Gericht ins Gesicht geschrien und wurde daraufhin vor die Tür gesetzt.

Zhang Chunqiao, geistig und körperlich gefoltert, ist nur noch ein Skelett. Jämmerlich wirkt auch der Mann, den wir Menschen des Westens am meisten verachten, Wang Hongwen, der Kollaborateur, der Verräter. Sein Blick wird immer scheeler, seine Stimme immer dünner.

Yao Wenyuan ist seit einigen Wochen vom Bildschirm verschwunden. Schon nach den ersten Prozeßtagen traten ihm die Augen aus den Höhlen heraus, und er schien am Rande des Wahnsinns zu sein: Er, der berühmte Intellektuelle und Journalist aus Shanghai, geistig vernichtet!

Für uns gibt es kein perfideres Spiel, als Politiker wie gemeine Verbrecher zu behandeln. Wahrscheinlich ist auch das Urteil schon längst gefällt.

Es läuft in Peking das Gerücht um, daß Hua Guofeng festgenommen worden sei und daß an einem Dokument gearbeitet werde, mit dem Maos Verantwortung für die Kulturrevolution bewiesen werden soll. Wenn der Urteilsspruch gegen die Viererbande hart ausfällt, dann wird das auch das Ende der Politik Maos – und Hua Guofengs – bedeuten. China kann dann seinen rein ideologischen Kurs verlassen und den bescheideneren und pragmatischeren Weg der Modernisierung einschlagen, für den Deng Xiaoping steht.

Jener Tag ohne Fahnen und ohne Lautsprecher wird für viele Chinesen ein guter Tag sein. Aber es wird ein harter Tag für diejenigen werden, die an den kühnen sozialistischen Versuch, eine bessere Gesellschaft zu gründen, geglaubt haben und sich nun auf der letzten Stelle im Wettlauf zu Modernisierung und Technik befinden.

Und was wird aus den Tänzerinnen, die in Jiang Qings Opern tanzten? Aus jenem »Mädchen mit den weißen Haaren«, mit dem Salisbury sprach? Was aus den Studentenführern, die Millionen junger

Menschen in Bewegung setzten und jetzt im Gefängnis die Entscheidung über die historische Verantwortung jener Tage abwarten? Was aus all den jungen Rotgardisten, die ihr eigenes Land in Brand setzten im Namen anderer Werte und einer neuen Kultur?

Als Kinder von Arbeitern, Bauern und Soldaten gehören sie heute nicht hierhin und nicht dorthin, sind sie Schuldige und Opfer zugleich und werden sie wiederum überholt werden von den alten Klassen der Bürgerlichen und der Intellektuellen, deren Stelle sie hatten einnehmen wollen.

Wahrscheinlich hat Tiziano nicht unrecht, wenn er voraussagt, daß sie noch einmal rebellieren werden.

»Wir sind noch nicht soweit.«

Die Zeit fliegt wie ein Pfeil

Hong Kong, 20. Dezember 1980
Wir sind für kurze Weihnachtsferien in Hong Kong. Lust zu schlafen, weiter nichts. Peking hat uns verwirrt. Man schreibt, man liest, man spricht dort von nichts anderem als von China. Der Rest der Welt interessiert nicht mehr.

»Man muß China in der Vergangenheit haben«, sagt Tiziano, wenn er nach unserem Leben dort gefragt wird.

Ein Flugzeug am Himmel. Boote auf dem schmalen Strich Meer zwischen zwei Wolkenkratzern. Hong Kong kommt mir jetzt vor wie ein riesiges Labyrinth, wo jeder weiß, wohin er will. Wir sind zur Untermiete in einer Wohnung voller Samt und Seide, die einer Kosmetikerin gehört.

»Ein reiches Haus!« sagt Saskia.

Ein trauriges Haus. Es blickt auf ein Hochhaus, das den Himmel berührt. Ich sehe Frauen, die Wäsche aufhängen, Kinder, die sich schlagen. Die Geburtstagsfeier für einen Kleinen. In einem Zimmer steht ein Weihnachtsbaum bereit. Man hört jede Art von Musik. Ein Mann am Klavier übt die Begleitung zu Weihnachtsliedern.

Ich weiß schon, wie das Fest sein wird: Man trinkt Egg Nogg, ißt Christmas-Pudding, Bankleute und Beamte der Kolonialregierung singen mit ihren Frauen Weihnachtslieder. Und man fühlt sich »back home«.

Beatles-Musik aus einem anderen Fenster. John Lennon ist mit vier Pistolenschüssen in New York erschossen worden, vor dem eigenen Hauseingang. Einer der Beatles gestorben? Das ist schon wirklicher als Weihnachtslieder an der Küste Chinas.

Ich denke an Peking. Da weiß man nichts von alledem. Da weiß man nichts von diesen Aufzügen voll von wohlgekleideten Menschen, die in Wolkenkratzern auf und ab fahren, nichts von diesen Geschäften, die allein ausreichen würden, um ganz China glücklich zu machen. Peking: dunkel, niedrig, zusammengekauert in der Wüste, von Winden gepeitscht, eisig – hochmütig schweigend. Ich denke an meine Freunde, an das Zimmer von Shan Yun, mit dem Kohl unterm Bett und dem Photo von Lu Xun überm Schreibtisch – das schöner ist als dieses.

An unserem letzten Abend in Peking sind Fou Min und Xavier Bursky einander bei uns begegnet.

»Sehr angenehm«, sagt Bursky zu Min.

»Erkennst du mich nicht?« fragt Min erstaunt.

»Ja, ich entsinne mich ... Ach ja, wir kennen uns, jetzt fällt es mir wieder ein!« Und Bursky drückt ihm abwesend die Hand und setzt sich.

Folco ist enttäuscht: »Ist es so, wenn zwei gute Freunde sich nach achtzehn Jahren wiedersehen?«

Im Kommunismus ist eben auch die Begegnung zwischen zwei alten Freunden anders. Zweifel und Argwohn mögen den Sinn des polnischen Diplomaten durchquert haben: Wieso ist Fou Min hier? Wer sind diese Terzanis überhaupt? In welche Falle bin ich geraten?

»Du bist dicker geworden«, sagt Min verstimmt.

»Auch du hast dich verändert«, sagt Xavier und schaut sich weiter im Zimmer um. Schließlich wendet er dem Freund sein blasses Gelehrtengesicht zu, blickt ihn mit einem fast zärtlichen Lächeln an und sagt auf chinesisch:

»Die Zeit fliegt wie ein Pfeil ...«, und die seltsame Befangenheit löst sich.

»Min, wie oft bist du während der Kulturrevolution wegen deiner Freundschaft mit Bursky verhört worden?« fragt Tiziano. »Wie oft mußtest du ›das Flugzeug‹ machen?«

»Unzählige Male!« ruft Min. »Monatelang. Aber ich wußte ja, daß Bursky ein Gelehrter ist und kein Agent – und das habe ich ihnen auch gesagt.«

»Es tut mir leid«, sagt Bursky.

»Es war gewiß nicht deine Schuld«, erwidert Min. »Weißt du noch, als wir den Ring für deine Frau kauften ...?«

Sie denken zurück. Ihre Erinnerungen sind ganz anderer Art als unsere.

»Weißt du noch, wie wir alle zusammen nach draußen gingen und vierundzwanzig Stunden lang in die Hände klatschten, bis die Spatzen erschöpft zur Erde fielen und starben?«

»Es war komisch«, sagt Min.

»Und dann verschob sich das ökologische Gleichgewicht, es gab zu viele Raupen, und man mußte Spatzen aus dem Süden importieren?«

»Verrückt!«

»Völlig verrückt!«

»Weißt du noch, wie wir im Ofen des Spracheninstituts Metall geschmolzen haben – und es dann wegwerfen mußten, weil es nichts taugte?«

Das waren die Jahre des Großen Sprungs nach vorn, als Mao die Industrialisierung Chinas beschleunigen wollte durch persönliche Opfer der Bürger: Jeder war gezwungen, alles Metall seiner Wohnung in den Schmelztopf zu werfen – Türdrücker, Kochtöpfe, Lampen – und die Legierung der Schwerindustrie zur Verfügung zu stellen. Das Experiment mißglückte und führte, weil auch die Bauern mitwirken mußten, zu schrecklicher Hungersnot.

»Erinnerst du dich an ...?«

»Ja«, sagt Bursky. »Als wir studierten, waren wir Zimmerkameraden. Jetzt sind wir Mitglieder unserer Parteien und haben lediglich offizielle Beziehungen.«

»Ich hasse die Partei!« ruft Folco mit kindlicher Heftigkeit.

Wir gehen zum Essen hinunter ins Restaurant des Hotels. Sie bleiben bis spät in den Abend.

»Ich wußte nichts«, sage ich schließlich, »nichts von alldem, was ihr erzählt. Aber nun sind wir hier, China zieht uns alle an: Das ist das Positive, nicht wahr?«

»Ja«, meint Bursky und scheint überzeugt. Später, als sie weggehen, küßt er mir die Hand: »Es war wirklich eine schöne Überraschung ...«

Min telephoniert, kaum ist er wieder zu Hause angekommen: »Auf Wiedersehen! Kommt bald zurück! Die Zeit fliegt wie ein Pfeil ...«

Daß Min und Bursky sich noch einmal wiedersehen werden, glaube ich aber nicht.

Peking, 7. Januar 1981
Wir ziehen um. Alle unsere Sachen stehen schon vor dem Hotel, für den Lastwagen bereit, als der Direktor des Hotels angelaufen kommt und den Packern befiehlt, die Arbeit einzustellen und beiseite zu treten. Eine Limousine »Rote Fahne« fährt vor, ein älterer Mann, gestützt auf einen jungen, kommt die Freitreppe herunter und setzt sich hinein. Zu ihm setzen sich eine dicke Frau, zwei Kindermädchen mit je einem rotbackigen Kind im Arm und der junge Mann. Die »Rote Fahne« fährt ab, gefolgt von einer »Shanghai«, in der weitere fünf Begleiter Platz genommen haben.

»Wer war das?« fragen wir.

»Ein Vizeminister, der sich im Qianmen-Hotel die Haare hat schneiden lassen«, ist die Antwort.

Danach konnten unsere Männer den Lastwagen bepacken, und nach zwei Fahrten war die Suite leer.

21. Januar 1981
Endlich an meinem Schreibtisch in der neuen Wohnung – einer Puppenwohnung im Erdgeschoß eines Etagenhauses des Diplomatenviertels von Qi Jia Yuan. Sonnenschein auf dem Rücken und in den Ohren die sporadischen Geräusche des Verkehrs auf der Changan. Folco, der sich von einer Grippe erholt, sitzt in einem chinesischen Lehnstuhl und malt mein Porträt. Ich muß den Kopf stützen und die Beine überschlagen.

Durch das hohe Gitter, das dieses »Ghetto« umzäunt, späht immer wieder, als verfolge er einen Fernsehfilm, der fröstelnde Wachsoldat. In der Küche klirrt das Geschirr unter den Händen der neuen Haushilfe, der »Ayi«. Unser Hund Baoli, der vor ein paar Tagen per Flugzeug aus Hong Kong gekommen ist, schläft auf einem Teppich in der Sonne.

Friede. Jener Friede, von dem man während des Umzugs dachte, daß er nie mehr kommen würde.

Gestern abend ist es spät geworden. Fou Ts'ong war da, mit Min, seinem Bruder.

»Dies ist das Paradies!« rief er, als er eintrat. »In ganz China gibt es kein Zimmer mehr wie dieses!«

Es gefielen ihm die Lampen, die Teppiche, die Front von Pflanzen und Buddhas zur Straße hin.

In den fünfziger Jahren war Fou Ts'ong »Chinas Stolz« gewesen, denn er war es, der bei einem Klavierwettbewerb in Warschau für die Volksrepublik den ersten internationalen Preis erworben hatte. Als aber Künstler und Akademiker in Arbeitslagern zu verschwinden begannen, floh er nach London und wurde zu »Chinas Schande«. Seine Eltern nahmen sich in der Kulturrevolution das Leben, und wir trafen ihn nach seinen Konzerten, hier und dort in den Hotels von Südostasien, immer sehnsuchtsvoll über chinesische Zeitungen gebeugt. Dann kam die Versöhnung.

Heute ist es, als stünde er auf einem Berg und blickte hinunter in das riesige Tal, das China ist, entsetzt und inspiriert zugleich von dem, was er dort sieht. Die vielen im Ausland verbrachten Jahre helfen ihm, manche der »unentwirrbaren Rätsel« zu durchschauen.

»Begriffe wie jener der grundsätzlichen Gleichheit der Menschen und der Gerechtigkeit existieren in China nicht. In China«, erklärt uns unser Freund, »kennt der Mensch nur zwei Beweggründe: Eigennutz und Angst. Deshalb ist der Chinese geduldig, empört er sich nur im äußersten Fall.«

Ts'ong erzählt von den chinesischen Bauern – 85 Prozent aller Chinesen sind Bauern – und von den elenden Zuständen, in denen sie immer noch leben. Statt der Landherren lastet heute eine dicke Schicht von Parteibürokraten auf ihnen, versklavt sie und beutet sie aus. Ts'ong hat von Verbrechen an Bauern gehört, von Vergewaltigungen ihrer Frauen und Racheakten in endloser Kette, von Zuständen biblischer Ausmaße, weshalb man sie auch dieses Jahr wieder in Peking sieht, in ihren mottenzerfressenen Pelzen, wo sie vom Kaiser – oder wer heute gerade in der Verbotenen Stadt wohnt – Gerechtigkeit erflehen wollen. Er sagt, manche hätten den langen Weg aus der Provinz zum zehnten, zum zwanzigsten Mal umsonst zu Fuß zurückgelegt, und trotzdem geben sie die Hoffnung nicht auf.

»Dann gibt es die Gebildeten, die sich in eine Traumwelt zurückziehen, auf der Suche nach dem ›gen qi‹, dem ›wahren Geist‹ – ein konfuzianisches Prinzip, das sie verehren, weil es nichts anderes zu verehren gibt: Die Wirklichkeit ist fürchterlich. Um so wichtiger sind deshalb den Chinesen der Stil, das Theaterspiel, die Schleier, hinter denen sich die häßliche Welt verhüllt, ist ›wie‹ du handelst soviel maßgeblicher, als ›was‹ du tust: Alles wird dir verziehen, wenn du Stil hast. An Mao wird man sich erinnern und Deng Xiaoping vergessen« – gereizt zieht er diesen Schluß – »denn Mao war geheimnisvoll und unberechenbar. Mao hatte Stil. Deng hat keinen.«

Zwei Konzerte hat Fou Ts'ong schon gegeben. Das erste war im Konservatorium. Es war kalt und sehr dunkel in den südwestlichen Hutongs. Wir fuhren wie ins Mittelalter, in eine entfernte Vergangenheit, die parallel zur modernen, erleuchteten Changan weiterlebt. Tastend gingen wir durch einen dunklen Hof und kamen in einen zweiten, großartigen. Lackrote Gebäude standen um ihn herum, von weißen Lampions beleuchtet: Es war der Palast, in dem Puyi, der letzte chinesische Kaiser, geboren worden ist und der heute, schlecht und recht von einer Fabrik und Arbeiterbaracken befreit, dem Konservatorium von Peking als Unterschlupf dient.

In den vermummten Gestalten, die mit uns die Treppe zum Zentralgebäude hinaufsteigen, erkenne ich blasse, leidende, stumme Gesichter, das »Who is Who« der verfolgten chinesischen Intelligenzija, denke ich mir, die sich zum Comeback des geflüchteten Pianisten begibt wie zur eigenen Rehabilitierung.

In der Stille des gespannt wartenden Publikums erscheint Fou Ts'ong im Frack, steifen Hemd, das Haar wie lackiert, eleganter denn je, aber nicht triumphierend. Geneigten Hauptes und wie von irgendeinem Gedanken gequält, zieht er sich nach jedem Stück eilig zurück. Dann aber spielt er Debussy, die Mazurken von Chopin, und endlich singt das Klavier, ist es wirklich Fou Ts'ong, der spielt. Nun verneigt er sich auch, »als sei es eine Frage der größten Wichtigkeit«, und wir laufen mit vielen zum Podium.

»Bist du zufrieden?« fragen wir.

»Nein«, sagt er. »Ja, mit der Musik bin ich recht zufrieden, aber mit dem übrigen nicht. Ich muß euch sehen!«

Und so kam er dann.

26. Januar 1981
Gestern das Urteil über die Viererbande: Tod mit zwei Jahren Bewährungsfrist für Zhang Chunqiao und Jiang Qing, lebenslängliches Zuchthaus für Wang Hongwen, zwanzig Jahre für Yao Wenyuan, zehn bis achtzehn Jahre für die Offiziere, die »Lin-Biao-Clique«. Nichts Unerwartetes.

Wang Hongwen, der Verräter, der um sein Leben gefleht hat, »weil ich noch jung bin«, wird also im Gefängnis sterben... Oder aber er wird, wie Tiziano meint, zu einem künftigen Gericht gehören, in dem es Anhänger Deng Xiaopings sein werden, die beteuern: »Ich bin schuldig, ich bin schuldig.«

Hua Guofeng ist anscheinend im Dezember zur Selbstkritik gezwungen worden. Folco und Saskia melden, sein Porträt sei plötzlich aus dem Lehrerzimmer verschwunden. Und der für die Party für Fou Ts'ong angeheuerte Koch sagte gestern abend, als Tiziano ihm ein Photo von Hua zeigte und fragte: »Wer ist das?« – »Das ist... der Genosse Hua Guofeng.«

Den Köchen wird mitgeteilt, sie hätten Hua Guofeng von nun an nicht mehr »Vorsitzender«, sondern »Genosse« zu nennen; den Schulen wird befohlen, sein Bild von der Wand zu nehmen...; und jeder soll selber sehen, wie er das Ganze versteht.

Der Augenblick ist voller Umschwünge. Die Monate des Kampfes am »Gipfel« um das Urteil über die Viererbande und das politische Los Hua Guofengs haben den Deckel gelockert. Man äußert sich freimütig, kritisch, mißtrauisch und ohne Illusionen. Die Filme, die man dreht, die Geschichten, die man schreibt, die Bilder, die man malt – alles ist offene Kritik, Anklage gegen die Vergeudung menschlichen Lebens.

Aber schon tauchen in den Zeitungen wieder die alten Schlagworte auf: »Disziplin unter den Intellektuellen!« – »Gehorsam der Partei!«

Ts'ong spricht von einer »kalten Brise«, und Liwen legt sich die Hände an die Gurgel: Die Schlinge ist bereit.

1. Februar 1981
Zum letzten Konzert hat Fou Ts'ong Chopins drittes Klavierkonzert mit der Leidenschaft des Verbannten gespielt, der einsam ist, aber frei.

Der Saal im Palast der Minderheiten war voll. Die müden Orchestermitglieder, ihr häßliches Leben ins Gesicht gezeichnet, wurden von einem Amerikaner im Frack dirigiert.

Fou Ts'ong erschien im schwarzen Pullover – sein Frack ist ihm seltsamerweise in Peking gestohlen worden. Für die Mazurka des Encore hat er sich alle Zeit genommen und das aus Gefängnissen und Arbeitslagern wiederkehrende Publikum im Bann gehalten.

Am selben Abend ist eine Notiz in der »Pekinger Abendpost« erschienen: Darin ist vom Konzert die Rede, vom amerikanischen Dirigenten, von der chinesischen Sängerin, die später Mahler gesungen hat, von Chopin – aber nicht von Fou Ts'ong. Man hat ihn ausradiert, ähnlich wie man jetzt Lin Biao aus den Photographien mit Mao wegretuschiert.

Was soll man sagen über dieses Land? Was bedeutet dieses unverbesserliche Bedürfnis, die Wirklichkeit zu ignorieren und sie mit der Leere, mit dem Nichts zu füllen? Uns ist es unverständlich. Jeder Chinese weiß jedoch, was jenes Weglassen bedeutet: Fou Ts'ong ist noch nicht vollkommen »verziehen« worden.

Reise in die Mandschurei

Harbin, 2. Februar 1981
Gestern vor Morgengrauen sind wir aufgebrochen zu den drei Provinzen jenseits der Großen Mauer, der früheren Mandschurei.

Folco und Saskia haben zum Beginn des neuen Mondjahrs Ferien, und so sitzen wir mit Liu und Chen, der uns zum Flughafen fährt, zu sechst im Auto: sechs dunkle Bündel in wattierten Mänteln, wattierten Hosen, wattierten Stoffschuhen und Pelzmützen zwischen den frostigen Fensterscheiben, hinter denen die laublosen Bäume wie ein graues Netzwerk davoneilen.

Aus dem Flugzeug sehen wir auf eine Eislandschaft. Harte, verschneite Felder, gefrorene Flüsse, deren Wellen mit gehobenem Kamm erstarrt sind, graue Dörfer und Städte voller Schlote und Fabriken: Die drei Provinzen des chinesischen »Nordostens« – Heilongjiang, Jilin und Liaoning – sind die Basis der chinesischen Schwerindustrie.

In Harbin, der Hauptstadt des Heilongjiang, steigen wir zusammen mit lauter Kadern aus, die zur Feier des neuen Mondjahres in ihre Heimatprovinz zurückkehren – sie in Lederschuhen und grauen Flanellmänteln, wir wie eine Arbeiterfamilie. Es erwartet uns ein Herr Huang der chinesischen Reiseagentur. Nach einer Stunde Fahrt kommen wir in die Stadt. Wie im St. Petersburg von Dostojewski oder im kaiserlichen Berlin sind hier die Straßen breit, die Häuser hell angestrichen und großfenstrig. Vor ihnen stehen riesige Mao Zedongs mit erhobenem Arm, denn hier sind die Anhänger der Linken noch stark, hier ist Maos Neffe noch Gouverneur, hier hat man zwei Monate nach dem Sturz der Viererbande eine Frau erschossen, weil sie gerufen hatte: »Es lebe Deng Xiaoping!«

Das Internationale Hotel, von den Japanern während ihrer Besetzung der Mandschurei gebaut, liegt an einem Rondell, von dem vier große Straßen ausgehen. Auf dem Rondell stand früher die russisch-orthodoxe Kirche.

»Sie wurde während der Kulturrevolution niedergebrannt«, sagt unser Fahrer lakonisch. »Schade, sie war hübsch anzusehen.«

Man hatte Harbin einst »das Moskau des Ostens« genannt. Russen, Japaner und viele westliche Nationen hatten dort seit Anfang des Jahrhunderts ihr Glück gesucht und – mit der Erbauung der Mandschurischen Eisenbahn, die die Transsibirische mit Wladiwostok verbindet – auch gefunden. In seiner goldenen Zeit hatte Harbin fünfzehn Konsulate, zahlreiche Klubs, Opiumhöhlen, Theater, Kinos und Kirchen gehabt und eine Promenade mit Cafés und Tanzlokalen am Sungari-Fluß entlang. »Das Nachtleben begann schon am frühen Nachmittag und wetteiferte mit dem von Shanghai«, steht in Tizianos altem Führer. Die harte Arbeit taten chinesische Emigranten, die aus den ausgehungerten Provinzen Zentralchinas kamen und sich hier als »Kulis« verdingten.

»Harbin hat sehr gelitten unter der Invasion erst des zaristischen Rußland, dann der japanischen Imperialisten. Im April 1946 ist es befreit worden, und eine neue Epoche ist angebrochen«, heißt es in der Broschüre, die in unseren Hotelzimmern liegt.

Seitdem zehrt Harbin von seiner imperialistischen Vergangenheit, ohne viel Neues hinzuzufügen. Ein paar Industrien wurden von politischen Zwangsarbeitern gebaut (Schriftsteller und Intellektuelle haben in diesen Steppen ihre besten Jahre verbracht), ein paar Universitäten wurden gegründet, aber die politischen Massenbewegungen haben alle Anstrengungen wieder zunichte gemacht, und Harbin verfällt – wie ganz China.

»An Harbin sieht man die Enttäuschung der Chinesen über die Partei«, sagt ein junger Chinese, der nach zehn Jahren Abwesenheit zurückgekommen ist und über den Verfall seiner Heimatstadt trauert.

Nachmittags am Sungari-Fluß. Er ist breit wie die Elbe – eine eindrucksvolle Fläche aus durchsichtigem Marmor unter dem klaren, goldenen Steppenhimmel. Einige Fischerboote sind in ihm festgefroren. Dampflokomotiven rattern über die alte Eisenbahnbrücke. Über der Stadt braut sich ein Unwetter zusammen: Ruß und Qualm der Industrie.

Folco und Saskia gleiten auf einem Schlitten die hohe Böschung hinunter und über den vereisten Fluß. Im Frühling wird das Eis tauen. Dann können die chinesischen Lachsfischer wieder den Fluß hinauffahren bis zum Ussuri, wo es 1969 fast zu einem Krieg mit der Sowjetunion kam.

Zurück durch das alte russische Stadtviertel Daoli. Es sieht dort aus wie in Hamburg, wie in London oder Wien um die Jahrhundertwende, wie im Europa der Gründerjahre, der Landauer und des blühenden Kapitalismus. Hinter den schwarzen Schleiern der winterlichen Bäume stehen helle, großfenstrige Stadthäuser voller Türmchen, Balkons, Erker, Alkoven und breiter Freitreppen, die aber zerbröckeln und zerfallen. Davor hamstern bleiche, vermummte Menschen ein paar schwarzgefrorene Birnen und gezuckerte Äpfel für das Frühlingsfest ein. Orangen, die Lieblingsfrucht der Chinesen, weil ihre Farbe an Gold erinnert, gibt es nicht.

Das Harbin-Hotel, in dem wir wohnen wollten, ist Kadern vorbehalten. »Das Hotel ist geschlossen!« sagt ein junges Mädchen und stellt sich vor uns hin. Unter dem riesigen Ölbild eines lachenden Fauns, der eine nackte Frau entführt, sind die Tische in der Halle für ein Bankett gedeckt.

Gegen fünf wird es dunkel. Vermummte Gestalten huschen eilig nach Hause. Was tun? Wir fragen Huang nach den berühmten Akrobaten des Heilongjiang. Kann man eine Vorführung sehen?

»Zu dieser Jahreszeit nicht«, murmelt er. Dann betreten wir unser Hotel. Sechs heftig geschminkte, bühnenfertige Akrobaten kommen aus dem Lift, durchqueren die Halle und gehen davon. Huang sieht, daß wir gesehen haben, und es wird ihm nun nichts anderes übrigbleiben, als ihre Existenz weiter zu leugnen.

Der Speisesaal ist schmutzig, jedes Tischtuch verfleckt. In der Bierflasche schwimmt ein toter Kakerlak. Finstere Gestalten gehen im Gang hin und her und behalten uns im Auge. An einem Tisch ißt ein alter Japaner, ein ehemaliger Offizier der Kampetai, der Harbin nicht wiedererkennt. An den anderen Tischen sitzen junge Hong-Kong-Chinesen in bunter Skiausrüstung. Höflich und ungläubig hören sie einem kommunistischen Kader zu, der mit nasaler Stimme auf sie einredet. Verglichen mit ihnen wirken die stummen jungen Leute von Harbin wie Menschen, die mit halber Lunge das Leben von Gefangenen leben, erscheint Hong Kong wie eine Oase mit tausend Blumen, tausend Farben und Düften.

In der Trostlosigkeit dieser Stadt, die sich vor uns wie ein Igel verschließt, wendet Tiziano sich an einen jungen Amerikaner, der allein an einem Tisch ißt. Er arbeitet hier an der technischen Universität als »ausländischer Experte«. Er habe noch nie eine so verkommene, trostlose Universität gesehen, meint er, in der aber Studenten wie Professoren Tag und Nacht arbeiten und Erstaunliches leisten. Ihre Hoffnung heißt: ausreisen, das Land verlassen, nie wiederkommen. Er sagt, es gebe Spannungen in der Stadt; man erwarte den Prozeß gegen die lokalen Anhänger der Viererbande, sei verärgert und böse auf Peking.

Überall spürt man, weit mehr noch als in Peking, die unsichtbare Gegenwart der Partei, die im dritten Stock dieses Hotels auf der Lauer liegt, wo das Chinesische Reisebüro und der Sicherheitsdienst sitzen, in deren Sold auch die Hotelangestellten stehen.

5. Februar 1981

Zwei Tage sind vergangen. Herr Huang, der seit drei Wochen von dem Besuch eines Journalisten weiß, hat nichts zu bieten. Besichtigungen, Interviews, alles scheint unmöglich.

Harbin liegt fast an der Grenze mit der Sowjetunion und war bis vor kurzem eine geschlossene Stadt. Immer noch wird ihre Schwerindustrie vom Militär bewacht. Die Angst vor einem Überfall der Sowjets, die ganz China ein Jahrzehnt im Bann gehalten und es dazu veranlaßt hat, Bunker und Tunnelnetze unter jede Stadt zu bauen, hat sich erst kürzlich gelegt. Die Tunnel werden jetzt für zivile Zwecke genutzt: Man zeigt uns ein unterirdisches Warenhaus.

Während Saskia mit Liu zum Schlittschuhlaufen geht und Folco erkältet im Hotel bleibt, durchwandern wir die trostlosen Slums, in denen früher die Kulis lebten – und heute ein großer Teil der Bevölkerung von Harbin haust. Die Stadt wirkt überhaupt wie ein Soldatenlager nach verlorener Schlacht. Niemand gibt Befehle, niemand holt sie sich. Der Slogan »Dem Volke dienen!« wurde mit der Kulturrevolution davongefegt, und all die gigantischen Mao-Statuen, die hier noch in den Höfen stehen, wirken wie Ruinen aus einer anderen Zeit. Nur ein paar Kirchen und Moscheen sind wieder geöffnet. Zahnlose Muezzin und Pastoren, die dreizehn Jahre zusammen in Haft gesessen haben, blättern wieder im Koran und in der Bibel. Ihre Gotteshäuser, die unter Mao zu Warenlagern geworden sind, werden jetzt für riesige Summen restauriert.

Heute, zum Neujahrstag, Besuch in der Wohnung einer Modellarbeiterin. »Guo nian hao?« begrüßen wir sie auf Huangs Rat hin. »Sind Sie gut ins neue Jahr gekommen?« Der österreichische Botschafter sitzt mit seiner Familie neben uns in ihrer Küche.

Die Frau arbeitet in einer zur Zeit der sino-sowjetischen Freundschaft von den Russen gebauten Leinenfabrik. Auch die solide Wohnung stammt aus jener Zeit, ist geheizt und enthält alle erdenklichen Symbole des Wohlstands, vom Fernseher bis zum Kühlschrank. Selbst die Kinder tragen in dieser Familie Lederschuhe. Als Tiziano aber mit seinen Fragen über die Zustände in der Fabrik ansetzt: Arbeitspunkte, Arbeitslosigkeit, Wohnungsnot, Vorrechte und Privilegienwirtschaft, fällt ihm ein leichenblasser Mann im schwarzen Mantel ins Wort. Man hat ihn uns als einen »Verwandten« der Familie vorgestellt: Wie das meiste ist auch dies eine Lüge.

Heute abend schließlich das Essen mit dem stellvertretenden Vorsitzenden des Chinesischen Reisebüros, der Rede und Antwort stehen will. Tiziano ist es gelungen, für Folco, Saskia und Liu Karten für die Akrobaten zu besorgen – deren Auftreten in Harbin Herr Huang weiter hartnäckig leugnet –, und er hat ein Taxi für sie bestellt. Als wir bei Dunkelheit ins Hotel zurückkehren, stehen sie schon in der Halle, von Funktionären umzingelt, die von ihnen wissen wollen, was sie vorhaben. Liu wird hinter dem Weihnachtsbaum ausgefragt, man will ihn körperlich daran hindern, die Kinder zu begleiten. Das Taxi kommt und kommt nicht – und man ruft uns zum Essen.

»Da kein Taxi da ist, muß ich auf das Essen verzichten und meine Kinder zu Fuß zu ihrer Verabredung begleiten ...« sagt Tiziano.

»Weigern Sie sich, mit unserem stellvertretenden Direktor zu essen?«

»Es hängt vom Taxi ab.«

Zwei Minuten später hält ein Taxi vor dem Hotel. Die drei fahren zu ihrer geheimen Adresse, und wir begeben uns mit Huang und dem stellvertretenden Direktor zum Bankett. Gegenseitig aufeinander zornig, stehen wir fast vor dem Abbruch der Beziehungen. Aber dann zeigt sich wieder die Stärke der Chinesen: ihre Fähigkeit zum plötzlichen Rollenwechsel. Man bittet uns zu Tisch. Er steht voller Delikatessen, wie man sie in keinem Restaurant zu sehen bekommt: verschiedene Wurstsorten, Kaviar, Erdbeermarmelade, Brot und Butter, Fisch, Gulasch und Sauerkohl und dazu Wein, Bier, Mineralwasser ... und auf einmal sind wir wieder die verehrten Gäste, denen das Chinesische Reisebüro ein Bankett zum Frühlingsfest offeriert.

»Wir wissen ja, daß Sie schon Bescheid wissen. Sie sind so viel gereist und haben einen so wichtigen Beruf«, flüstert der magere, nervöse Direktor. »Harbin ist ein strategischer Ort, eines der industriereichsten Zentren Chinas. Stalin hatte uns seine Hilfe angeboten. Wir haben sie im Namen des Fortschritts angenommen. Dann haben die Russen uns im Stich gelassen, und wir sahen uns vor eine riesige Aufgabe gestellt: Wie sollten wir sie allein meistern? Naturkatastrophen, Hunger und zuletzt die Kulturrevolution haben uns ruiniert ... Nein, wir haben nach dem Abzug der russischen Experten, nach 1960, keine neuen Industrien aufgebaut. Wir holzen unsere Wälder ab, pflügen die Steppe um und machen sie urbar ... Auch wir wissen um das ökologische Gleichgewicht: Das Klima wird sich verändern, die Götter werden sich rächen...«

Seufzer und Beichten um den Tisch herum; Reue wegen der begangenen Fehler und die während der Kulturrevolution verlorene Zeit. Ein fast familiäres Verhältnis stellt sich zwischen uns her, und schließlich laden uns die Chinesen zum Tanz ein, der zum ersten Mal nach langen Jahren im fünften Stock stattfinden soll.

Ein kleines Orchester von Kellnern in weißer Jacke quält seine Geigen mit alten Schlagern. Die Hong Konger in ihrer farbigen Skiausrüstung sind schon auf der Tanzfläche und tanzen Rock, immer nur Rock, was immer das Orchester auch spielt. Einige ältere chinesische Funktionäre in Mao-Jacken versuchen sich mit ihren Genossinnen im Walzer und Foxtrott. Der österreichische Botschafter sieht mit Frau und Töchtern dem Treiben lächelnd zu. Die Hong Konger werden immer wilder, grölen ihre eigenen Rhythmen gegen Walzer und Tangos an, und alsbald stellt sich ein älterer Herr ans Mikrophon und erklärt:

»Der Tanz ist zu Ende. Gute Nacht.«

»Das war ein Eingriff der Viererbande!« rufen die Hong Konger und verlassen polternd den Saal.

6. Februar 1981

Der Zug zu den Erdölfeldern von Daqing, im Norden der Mandschurei, fährt um 13.15 Uhr von Harbin ab. Als um 13.00 Uhr unser Taxi vor dem Bahnhof hält, stimmt ein Lautsprecher ein revolutionäres Marschlied an, werden Haupteingang und Wartezimmer aufgerissen und wir von einer Beamtin zu einem leeren »weichen« Abteil geleitet – während die Massen sich auf die vollen Waggons mit den »harten Sitzen« stürzen.

»Und nächstes Mal dürft ihr auch die Akrobaten sehen«, sagt Huang beim Abschied wohlwollend zu den Kindern, um das Spiel bis zum Ende zu spielen.

»Die haben wir gestern abend schon gesehen, sie waren sehr schön«, antwortet Folco – und verdirbt ihm damit die Komödie.

Huang geht kopfschüttelnd davon, und unser Zug, der mit neuen Liedern aus der Hauptstadt angekommen ist, fährt zu den Klängen des »Kerzenwalzers« ab.

Slums, die alte Eisenbahnbrücke über den Sungari-Fluß und dann die Steppe – eine unendliche Fläche von hellem, gefrorenem Gras, in der sich die goldene Wintersonne spiegelt. Manchmal eine Gruppe von Lehmhütten, eine Reihe von Silos, dann wieder nur die unendliche Weite unter dem reinen, fast dunklen Blau des Himmels. Nach vier Stunden: Daqing.

Herr Liu, der mit Folco und Saskia Karten spielt, sagt uns nicht rechtzeitig Bescheid, und wir steigen Hals über Kopf mit Mänteln und Taschen aus – genau da, wo ein Herr Sun uns erwartet, um uns zum Gästehaus zu fahren.

Herr Sun, ein Ingenieur, war 1960 nach Daqing gekommen, kaum ein Jahr nachdem die Ölfelder zum zehnten Jahrestag der Volksrepublik entdeckt worden waren und dem kleinen Ort in der Steppe seinen Namen eingetragen hatten: Da Qing, »Große Feier«.

Für das Neue China war es tatsächlich eine große Feier. Mit eigenem Erdöl konnte es hoffen, trotz des Abzugs der Russen die Modernisierung zu meistern. Von überall eilten Freiwillige herbei und siedelten sich in Höhlen und Zelten an. Die Frauen arbeiteten auf dem Land, die Männer auf den Ölfeldern, und in weniger als einem Jahrzehnt stand Chinas größte Raffinerie, eine der größten der Welt, fertig da.

Daqing wurde zum Symbol der jungen chinesischen Industrie. »In der Industrie lernt von Daqing!« war Maos Parole. Arbeiter kamen zu Tausenden, um es zu tun. Der »Eiserne Wang«, Daqings Modellarbeiter, den der Minister für Industrie einmal selbst auf ein Pferd gehoben und am Zügel um einen Platz herumgeführt hatte, wurde zum Prototyp des sozialistischen Menschen, der mit der Hilfe des Roten Büchleins »Berge versetzt«.

Heute wird Daqing nicht mehr als Beispiel genannt. Im Gegenteil, Daqing ist in Ungnade gefallen. Ein Hotel, das für Hunderte von Besuchern gebaut worden ist, steht leer. Leer steht auch unser Gästehaus, »das schönste in China«, wie Folco sagt, denn es ist so gepflegt wie eine schweizerische Alpenhütte. Wir glauben unserem Begleiter, daß wegen des Frühlingsfestes kein Mensch hier sei, und gehen um acht ins Bett, in der Erwartung des glorreichen Daqing.

7. Februar 1981
Erwachen in der vollkommenen Stille der Prärie. Frühstück um 7.30 Uhr. Aufbruch um 8 Uhr mit Herrn Li. Herr Sun ist verschwunden.

Von unserem kleinen Bus aus sehen wir das gefrorene Grasland unter dem hellblauen Himmel, Bauern in Hundefellmützen auf Eselskarren; wir fahren an ein paar Pumpen vorbei, die sich auf und ab bewegen, und an anderen, die stillgelegt sind; wir besuchen einen Modellarbeiter, der nach zwanzig Jahren Arbeit aus seiner Höhle in eines der ersten Hochhäuser gezogen ist. Aber von den Ölfeldern von Daqing und der berühmten Raffinerie keine Spuren, ebensowenig von den 700000 Menschen, die, in fünf Kommunen und zwei Brigaden organisiert, hier arbeiten und leben. Tiziano bricht aus Protest das Programm ab, und wir kehren ins Hotel zurück. Es ist 10.30 Uhr morgens.

Mit immer gleicher Höflichkeit bittet uns Herr Li nach dem Mittagessen, den kleinen Bus wieder zu besteigen. Diesmal fahren wir nach Süden. In der Ferne durchquert eine Eisenbahn die Steppe, einmal auch ein Reiter, und endlich erscheinen wie eine Fata Morgana die riesigen Zylinder und rauchenden Schlote der Raffinerie vor dem Blau des Himmels.

Der Empfangssaal ist für große Arbeiterdelegationen gedacht. Wir sitzen verloren zwischen hundert leeren Stühlen. Ein Herr Wu führt uns in die Projekte der Raffinerie und der Kunstdüngerfabrik ein und erklärt uns ihre Probleme: Seit 1976 stellt Daqing jährlich nicht mehr als fünfzig Millionen Tonnen Rohöl her, eine Quantität, die auch nicht mehr erhöht werden kann. Die in den revolutionären Jahren versprochenen neuen Quellen sind nicht gefunden worden, die bestehenden werden eines Tages versiegen. Damit geht der Traum einer schnellen industriellen Entwicklung und mancher Modernisierungsprojekte Chinas zu Ende. Er stützte sich auf Daqings falsche Versprechungen, auf niemals angestellte Untersuchungen. Dessen hat sich Daqing schuldig gemacht, dessen beschuldigt man es.

Trotzdem hat Daqing etwas Großartiges. Diese Raffinerie, die wie ein orwellsches Gebilde unter dem eisigen Steppenhimmel steht, wurde ganz von chinesischen Technikern errichtet, die mit dem Mut der Pioniere in diesen äußersten Norden gelaufen kamen, um China in das 20. Jahrhundert zu befördern. Sieht man genau hin, merkt man, daß die Ausführungen oft roh und mit der Hand gebastelt sind, daß armselig gekleidete Arbeiter den Maschinen beim Aufwickeln der Plastikfasern zur Hand gehen müssen, daß Frauen die Abfälle auf den Armen forttragen. Aber gerade darin war diese Raffinerie dem damaligen Entwicklungsgrad Chinas angemessen, und man staunt, daß Menschen überhaupt zu solch kolossalen Anstrengungen fähig sind.

Hier sehe ich auch die Größe Maos. Er hat die Armut Chinas erkannt, seine Armut an Bodenschätzen und seine technische Rückständigkeit, und hat sich an die Massen gewandt. Er hat sie zur Arbeit angefeuert. Und Daqing bleibt bestehen als Symbol jenes ersten großen Eifers, der später in die politische Raserei der Kulturrevolution, in die Verherrlichung der »Roten« und die Verdammung der »Experten« degenerierte und zu all den utopischen Versprechungen führte, die Daqing jetzt vorgeworfen werden. Die Kunstdüngerfabrik, weiter südlich, wurde schon nicht mehr von Chinesen gebaut, sondern 1973, als Ernüchterung und Mutlosigkeit eingesetzt hatten, von den Vereinigten Staaten erworben.

Deng Xiaoping hat kürzlich die Notwendigkeit einer »Readjustierung« aller vermessenen Industrieprojekte und Ankäufe angekündigt. Daraufhin mußte eine kürzlich von der Bundesrepublik erworbene Plastikfabrik eingepackt auf der Steppe liegenbleiben, und der Bau von 6000 dazugehörigen Arbeiterwohnungen wurde stillgelegt – sie stehen wie düstere Ruinen am Steppenrand. Das Gespenst der Arbeitslosigkeit bedroht auch Daqing.

Es ist schon Nacht, als unser Bus vor dem Gitter des Kulturpalastes des Volkes hält, der früher dem »Eisernen Wang« gewidmet war und in dem heute zarte, in Eis gemeißelte Göttinnen, Drachen und Pfauen der chinesischen Mythologie zur Schau stehen. Zwei alte Pioniere, die telephonisch über unser Kommen benachrichtigt worden sind, stoßen die Menge der Neugierigen zurück und führen uns behutsam über das Eis zu jeder der durchsichtigen Figuren hin, die im Frühjahr schmelzen und zerrinnen werden. Im bläulichen Schimmer der Laternen entdecke ich in ihren Gesichtern jenen fieberhaften guten Willen, der die Chinesen in den ersten Jahren der Volksrepublik beseelt haben muß. Nur in Daqing gibt es ihn noch.

Changchun, 8. Februar 1981

Und nun sind wir im Yamato-Hotel von Changchun, der alten Hauptstadt des Mandschukuo. »Frühling und Freundschaft« heißt sein neuer Name. Wir haben ein Eckzimmer mit Alkoven. Die Doppelfenster sind mit Eisblumen bedeckt. Wenn man sie anhaucht, sieht man die Tannen vor dem Hotel und dahinter den Bahnhof. Ich sitze am Schreibtisch eines alten Industriellen mit verstummtem Telephon aus den vierziger Jahren – und denke an die Vergangenheit, wie sie in den Büchern beschrieben ist, mit denen Tiziano reist.

Hohe Beamte der japanischen Kolonialregierung, Militär, Kollaborateure im Gefolge des chinesischen Marionettenkaisers Puyi, ausländische Journalisten, aber keine Frau (außer einer, die auch bald ins Gerede kam), sind früher in diesem Hotel abgestiegen. Es war »die Atmosphäre des Foreign Office« mit Diners im dunklen Anzug, Telephonanrufen, Zeitungen und Telegrammen, die in Ledersesseln gelesen wurden: eine streng in Klassen aufgeteilte Welt, hart und geregelt wie ein Uhrwerk – von der Geschichte weggefegt.

Heute ist das Hotel leer. Wir und zwei kanadische Trainer des chinesischen Hockey-Teams sind seine einzigen Gäste. Die »Angestellten« sind hübsche Kadertöchter, die sich die Hände nicht beschmutzen wollen, der Direktor ist ein Mann mit Brille, der Weihrauch in die Toiletten stellen läßt, als wir ihm sagen, daß die Spülung nicht funktioniert. In den Ledersesseln der Bibliothek liegt das Personal; im Billardzimmer werden politische Versammlungen abgehalten, in der Bar gibt es keine Flaschen mehr.

Draußen sind die Straßen grau und leer. Beißender Kohlenrauch verdunkelt den Himmel. Ein paar kalte, nur von menschlichen Ausdünstungen erwärmte Massenrestaurants füllen sich mit Hungrigen.

Vorbeihuschenden Gestalten folgend, schlüpfen wir in eine kleine Tür und befinden uns in einem Theater. Stark geschminkte Sänger gucken hinter den Kulissen hervor und reißen die Augen auf, als sie uns sehen. Der Theaterdirektor kommt angelaufen, räumt die ganze erste Reihe frei und bittet uns, unter tausend Entschuldigungen über die Unbequemlichkeit, dort Platz zu nehmen. Dann setzen die Zimbeln und Fiedeln an, und das armselige Publikum entschwebt in eine Märchenwelt.

9. Februar 1981

Ein Sturm von Protesten hagelt morgens um 8.30 Uhr auf unseren hiesigen Begleiter ein, den jungen Herrn Liu, als dieser – wie die Führer von Harbin und Daqing – behauptet, niemanden könne man sprechen, und außer dem ehemaligen Palast des Marionettenkaisers Puyi könne man nichts besichtigen. Tiziano droht, er werde daraus schließen, die Stadt habe alles zu verheimlichen außer ihrer kolonialen Vergangenheit. Unser Begleiter wird zornig: »In Peking macht man Ihnen alle möglichen Versprechungen. Aber was weiß Peking schon von den Zuständen in der hiesigen Industrie?«

Wir besteigen die Autos und beginnen unsere Besichtigung einer eiskalten, pompösen Stadt, die die Japaner sich zwischen 1932 und 1945 nach faschistischem Modell aus Granit gebaut haben: als Hauptstadt ihres Imperiums, wohl für die Ewigkeit.

»Ist es nicht kümmerlich«, wiederholt Tiziano, »daß ihr mir nichts anderes zu zeigen habt als die Reste des japanischen Mandschukuo und daß ihr das revolutionäre Neue China vor mir verstecken wollt?«

Der junge Liu berät sich verlegen mit dem hageren Chauffeur, der offensichtlich sein politischer Vorgesetzter ist ... Dann fahren wir weiter zu einer für 100 000 Yuan restaurierten Moschee und zur halbabgebrannten Kirche der heiligen Theresa, die für 300 000 Yuan wieder instand gesetzt werden soll ...

»Die Zeiten haben sich verändert«, sagt Tiziano.

»Ja, und zwar so sehr, daß ich nicht mehr mitkomme«, fügt der junge Liu eifrig hinzu. »Soviel Geld wird für Gotteshäuser ausgegeben, wo es für das Volk keine Wohnungen gibt und ich und meine Frau uns ein kleines Zimmer mit meinen Eltern teilen müssen!«

10. Februar 1981

Endlich ist es Liu gelungen, uns Zugang zu ein paar Fabriken zu verschaffen. Und nun verstehen wir, warum Besucher hier nicht erwünscht sind.

Die Fabrik »Rote Fahne«, die die schwarzen Limousinen für Chinas Partei- und Regierungschefs baut, ist – wie jede Fabrik, die wir im Nordosten besichtigt haben – in den fünfziger Jahren von den Russen errichtet worden, als sie den Chinesen beim Aufbau ihrer Industrie halfen. In den zwanzig Jahren, die nach ihrem Abzug vergangen sind, hat die Fabrik nichts als immer wieder dasselbe Modell hergestellt, und ihr Direktor hofft, »daß dieses Jahr die Produktion nicht zurückgehen wird«. Peking hat alle Investitionsgelder gestrichen.

In den Produktionshallen gibt es für einen Arbeiter, der an einer Maschine steht, einen, der raucht und schwatzt. Nur die Hälfte der Arbeitsplätze ist besetzt. Wir begegnen müden, aufgedunsenen, unterernährten, lustlosen Gesichtern, bösen Blicken voller Zweifel und Haß. Überall fordern Wandtafeln auf, fleißig zu arbeiten, pünktlich zu sein und bei der Arbeit nicht zu rauchen... Die Produktionszahlen (drei Lastwagen am 22. Januar, 120 im ganzen Monat) zeigen die Stagnation.

Oft ist es Saskia mit ihren Zöpfchen und ihrem guten Chinesisch, die zuerst mit den Menschen ins Gespräch kommt. Dann nehmen wir den Faden auf.

Abends im Speisesaal des Yamato-Hotels erzählt uns ein alter Kellner sein Leben. Er war zu Anfang des Jahrhunderts mit seinem Vater aus den verhungerten Provinzen Zentralchinas in die Mandschurei geflohen. »Als 1931 die Japaner die Macht ergriffen, machten sie uns chinesische Immigranten zu ihren Sklaven, ließen sie uns wie Tiere arbeiten und mit unseren Steuern für ihr Kolonialreich bezahlen. In jeder Familie darbte ein Chinese zu Tode, aber heimlich wuchs die Kommunistische Partei. Auch ich gehörte dazu... 1945 verlor Japan den Krieg, und die Japaner rannten um ihr Leben. Viele haben wir aber erschlagen!«

Danach kamen die Russen und blieben bis zur Befreiung. Der Alte haßt auch die Russen, denn als sie gingen, nahmen sie mit, was mitzunehmen war, von Instrumenten bis zu ganzen Fabriken. Die Chinesen standen wieder vor dem Nichts. Doch waren sie frei, waren wieder Herr im eigenen Haus: »Kein Teil der Stadt war uns mehr verschlossen, überall durften wir hingehen, alles durften wir essen, Reis, Brot, Gemüse, alles war für uns da!« Er erinnert sich jenes Zustands wie einer wahren Befreiung, und wir hören aus seinen Worten die Größe des historischen Augenblicks heraus.

Heute kehren die Japaner leise, aber beharrlich zurück. Auch der damalige Direktor des Yamato-Hotels ist schon wieder dagewesen, erzählt der Alte, ist in alle Zimmer dieses Hotels gegangen und hat zum

Küchenpersonal gesagt: »Wenn man dieses Hotel nach Japan transportieren könnte, wieviel Geld könnte man damit verdienen!«

11. Februar 1981
»Fahrt noch nicht ab!« sagt der alte Kellner mittags. »Bleibt, laßt uns noch etwas miteinander reden!«

Aber wir fahren. Mit zwei Autos, zwei Fahrern, einem Dolmetscher, einem Reisebegleiter, mit Koffern, Kindern, Mützen und Mänteln fahren wir zum Honoratioreneingang am Bahnhof, den wir mit den Mächtigen Chinas teilen. Der junge Liu, unser Begleiter, trägt unsere schwerste Tasche bis zum Zug und winkt uns nach.

Dieser junge Mann hat uns gefallen, »der Bulle«, wie ihn Folco nennt, der Rotgardist, der Tempel und Moscheen zerstört hat und sich jetzt, vom ewigen Wechsel der Politik verwirrt, in die Geschichte der Indianer vertieft und von ihrem Heroismus in der Prärie träumt. Dies ist nicht mehr der fromme Arbeiter von Daqing, sondern der neue Chinese, der voller Fragen und Zweifel ist.

Das Land ist leicht gewellt und eintönig verschneit. Silos, Lehmhütten, Städte mit kleinen Fabriken ziehen vorbei. Die weiße Welt schaukelt für ein paar Stunden vor den Zugfenstern, dann sind wir in Shenyang, dem alten Mukden der Mandschus.

Zum ersten Mal steigen wir aus, ohne in die Arme eines Angestellten des Chinesischen Reisebüros zu fallen. Niemand erwartet uns, und wir geben uns der Betrachtung eines alten Generals hin, der am Arm eines Adjutanten aus unserem Waggon aussteigt, gefolgt von seinem Stock, seinem Gepäck und einer Soldatin, erwartet von hohem Militär. Ein Veteran des langen Marsches?

Ein schlanker Mann kommt angelaufen, im eleganten grauen Tuchmantel mit weinrotem Schal: Es ist Zhao, der Schöne, der Feine, der Traurige, der junge Mann, der immer zu spät kommt und dem man es immer verzeiht, weil er eher ein Träumer als ein Touristenführer ist.

»Wie lange bleiben Sie? Warum bleiben Sie nicht länger?« fragt er in singendem Deutsch, während alle anderen gefragt hatten: »Wann fahren Sie wieder? Warum nicht einen Zug früher?«

Wieder steigen wir in einem Yamato-Hotel ab. Dieses ist großartig, wurde 1927 für russische Großfürstinnen im Exil und englische Lords auf Reisen gebaut – heute noch könnten sie hier absteigen. Zhao begleitet uns die große Freitreppe hinauf zu unseren Zimmern.

»Als Journalist müssen Sie wissen, daß China manche Probleme hat«, sagt er mit ironischem Lächeln. »Was möchten Sie sehen? Ich schlage dieses und das vor... Werde mein Bestes tun. Guten Abend.«

11. Februar 1981

Pünktlichkeit ist die Tugend jedes Chinesen, aber Zhao ist auch heute morgen nicht zur verabredeten Stunde da.

Wir treten auf den Platz und begegnen... Mao Zedong! Riesig, in langem Wintermantel, zeigt er mit dem Arm gen Himmel, umgeben von seinem Volk, das ungeduldig vorwärts drängt. Mit offenem Hemd und der Waffe in der Faust (in der anderen hielten sie das Rote Büchlein, aber man hat es ihnen weggenommen) reisen Männer und Frauen zwischen den Schloten von Daqing und den Terrassen von Dazhai auf dem Deck eines Schiffes in die Zukunft, dessen Mast und Steuermann Mao ist. Zu Beginn der siebziger Jahre, als der Mao-Kult seinen Höhepunkt erreichte, war China voll von solchen Denkmälern – aber hier im Nordosten scheinen sie langsamer zu verschwinden als im Rest des Landes.

In Shenyang oder Mukden waren die Mandschus zu Hause gewesen, bevor sie China eroberten und als Qing-Dynastie dreihundert Jahre lang regierten. In einem wirbelnden Sandsturm fahren wir mit Zhao zu ihren Gräbern, die nördlich der Stadt unter fast schwarzen Pinien stehen. Zhao ist drei Monate in Deutschland gewesen, hat gesehen, wie es sich nach dem verlorenen Krieg erholt hat und fragt sich, warum China das nicht auch schafft.

»Warum geht es hier immer wieder schief? Was machen wir bloß falsch?«

Dann zur kleinen Verbotenen Stadt und von dort zu einer Traktorenfabrik. Sie wurde von den Sowjets vor 25 Jahren gebaut und danach nicht mehr erneuert. Während wir sie besichtigen, gibt es plötzlich keinen Strom mehr, die Arbeiter nehmen ihre Mäntel und gehen nach Hause. Es ist 14.30 Uhr.

Die andere Traktorenfabrik in Shenyang können wir nicht besichtigen, denn sie wird – einer Direktive Pekings folgend – gerade auf die Produktion von Nähmaschinen umgestellt.

Die Mandschurei mit ihren unermeßlichen Bodenschätzen wartet, daß China sich entscheide, wohin es will. Ihre Bewohner wissen, daß diese Erde reich ist, und sind bereit zu arbeiten. Verschiedene Male schon, als Kulis unter Russen und Japanern, als Pioniere des Neuen China, als politische Gefangene in den Arbeitslagern, ist es ihnen gelungen, den Nordosten, das Zentrum der chinesischen Schwerindustrie, wieder auf die Beine zu stellen.

Widersprüchliche politische Entscheidungen haben ihren Einsatz immer wieder zunichte gemacht. Die Slums von Harbin, die Erstarrung von Daqing, die Fabriken von Changchun und Shenyang zeigen den Zusammenbruch Chinas nach der Kulturrevolution. Entmutigt bitten die Kommunisten heute die Ausländer wieder um Hilfe: In aller Stille kommen die Japaner wieder, und manchen hier würde selbst die Hilfe der Russen nicht mißfallen.

»Ich komme um 7 Uhr«, hatte Zhao gesagt, aber, unpünktlich bis zum letzten, erscheint er mit hochgeklapptem Kragen und brennender Zigarette erst um 8 Uhr vor unserem Zimmer und begleitet uns zum Zug.

Die alte Mandschurische Eisenbahn, in der wir fast zehn Tage zu Hause waren und an der entlang die Städte entstanden sind, die wir besucht haben, fährt uns in der Nacht nach Peking zurück. Morgens um 6 Uhr weckt uns ein Lautsprecher. An unserem Abteil wandern schon die chinesischen Passagiere vorbei, jeder mit der Zahnbürste im Emaillebecher und dem kleinen Handtuch über dem Arm. Wir nehmen uns vor, in Zukunft mit leichterem Gepäck zu reisen – und doch so gut ausgerüstet wie sie.

Wirklichkeit ist ein vielseitiger Begriff

18. Februar 1981

Abendessen mit der Regisseurin Shushuen im Peking-Hotel. Wir hatten uns in Hong Kong angefreundet. Jetzt ist sie aus Amerika gekommen, um hier einen Film zu drehen. Sie hat auch Bai Hua eingeladen, den Schriftsteller aus Shanghai, der seine Rede beim letzten Schriftstellerkongreß abgeschlossen hatte mit dem kühnen Ruf: »Ohne Freiheit keine Literatur!«

1977 hatte er ein Gedicht geschrieben, »Ihr dürft die Strahlen der Sonne nicht monopolisieren« (die Sonne steht immer für Mao), das ihn berühmt gemacht hat. Ein anderes lautete: »Ich schreibe lieber ein Gedicht für jeden Stein der Mauer der Demokratie als einen Vers für unsere Führer.« Ich kenne beide Gedichte nicht, doch sind die Titel eines Kämpfers würdig.

Auch sein Gesicht ist es. Offen, mit einer großflächigen Stirn und Augen, die gerade in unsere sehen, scheint er bereit zum Sprechen, zum Austausch von Gedanken, ohne die übliche Zurückhaltung, die üblichen Schleier. Er hat das Drehbuch des Films »Bittere Liebe« geschrieben, von dem jetzt viel die Rede ist.

Der Film hat Schwierigkeiten mit der Zensur. Er handelt von einem Überseechinesen, der nach der Befreiung aus Amerika zurückkehrt, um am Wiederaufbau seines Landes mitzuwirken. Statt dessen fällt er den verschiedenen politischen Bewegungen zum Opfer, wird als »Revisionist« und »Spion der Amerikaner« verfolgt und lebt schließlich im Untergrund wie ein Verfemter.

»Ich liebe mein Land, aber mein Land liebt mich nicht«, ist der traurige Satz, den er zu seiner Tochter spricht und den ganz Peking heute wiederholt. Dann flieht er, läuft einen verschneiten Berg hinauf, in Richtung Sonne (Mao), und stirbt. Die Fußstapfen, die er hinterläßt, bilden ein Fragezeichen.

Auch Wu Zuguang sitzt am Tisch, Opernkomponist und einer der führenden Intellektuellen von Deng Xiaopings Regime. Er ist klein und rundlich, hat ein rätselhaftes Gesicht und gütige Augen. Eine unsichtbare Kraft hält ihn zurück.

»Sie dürfen nicht reden«, meint Shushuen später, »sie dürfen ihre Meinung nicht sagen.«

»Gibt es hier keinen Solschenyzin?« fragen wir.

24. Februar 1981
Der Himmel ist grau wie der Asphalt der Changan und ebenso eintönig. Radfahrer radeln langsam immer dieselbe Strecke entlang. Leute stehen an der Haltestelle. Wenn der Bus stöhnend hält, steigen sie ein in das dichte Dunkel der Mäntel. Die Anzahl der Wartenden bleibt immer gleich.

»Wenn China es diesmal nicht fertigbringt, sich zu modernisieren«, hat Shushuen gesagt, »wird es werden wie Indien; ein Land, das nur wegen seiner Einwohnerzahl in Betracht gezogen wird – und weiter nichts.«

Während die Ideologie sich auflöst, bilden sich neue Klassen und Privilegien. Die Welt gehört wieder den Reichen. Die Armen bleiben draußen und warten.

Alles, was in Peking gut ist und schön aussieht, häuft sich im »Freundschaftsladen«: Kaschmir und Orangen, japanische Fernsehgeräte, Öl, Whisky, Seide, Antiquitäten. Dort ist das Schlaraffenland, von dem alle träumen, in das aber bis vor kurzem nur Ausländer eingelassen wurden. Neuerdings ist der »Freundschaftsladen« voll von Kadern, Kindern von Kadern und Freunden von Kadern. »Sie kaufen ein«, hat Laoshe in seinem »Teehaus« gesagt, »als sei es das einzige, was es in dieser Welt zu tun gibt.« Sie schämen sich nicht einmal ihrer Vorrechte, ihrer Spezialausweise, die sie durch die »Hintertür« ergat tert haben. Erhobenen Hauptes treten sie ein und wenden sich im Kommandoton an die Verkäuferinnen.

»Sie haben ein Vorrecht, also nützen sie es aus«, sagt Herr Liu. So war es früher, so wird es bleiben.

Das Volk gewöhnt sich an alles, an Armut, winzige Wohnungen, niedrige Gehälter. Weniger willig aber nimmt es Privilegien und Korruption in Kauf.

Zum Trost wird ihm der Fernseher gegeben. Er ist das einzige, was es früher nicht hatte; heute soll er für die verlorene Freiheit entschädigen, für das langweilige, freudlose, mit politischen Lehrstunden angefüllte Leben. Der Fernsehapparat ist zur Ideologie der achtziger Jahre geworden – und Deng Xiaoping wird als sein Stifter in die Geschichte eingehen.

25. Februar 1981

Fragen kommen an die Oberfläche, Rätselhaftes, selbst für Chinesen: Warum die Zerstörungswut in der Kulturrevolution? Warum sind unter dem Druck des politischen Augenblicks die Familienbande so leicht zerrissen? Warum haben so viele Frauen ihren Mann verleugnet, so viele Kinder ihre Eltern und Lehrer und umgekehrt? Hatte man nicht die Loyalität zur Familie und die Verehrung der Lehrer jahrtausendelang gepflegt?

Vieles war Heuchelei, waren aufgezwungene Attitüden, die die Menschen hastig abgeschüttelt haben. Vieles wurde aus Opportunismus gesagt oder getan.

»Für Lu Xun war unser großer Vorsitzender Mao die röteste Sonne in seiner Brust... Damals (in den dreißiger Jahren) war der unbesiegbare Gedanke Maos sein leitendes Prinzip«, schrieb Lu Xuns Witwe nach seinem Tod, die historische Wirklichkeit der Partei zu Gefallen verfälschend. Dafür, daß sie die heiligsten Überzeugungen ihres Gefährten verraten hat, hat man sie beim Prozeß gegen die Viererbande kürzlich in einer der vordersten Reihen sitzen sehen. Alles macht sich bezahlt.

Wieviel hatte der Sozialismus erneuern wollen! Wie viele Hoffnungen hatten die besten Denker in diese Ideologie gelegt! Heute verachten wir dieses System, an das auch wir in unserer Jugend geglaubt haben, denn es hat nichts erneuert, alles zerstört.

Es bleibt dem einzelnen seine alte Reserve an Phantasie.

Wenn ich mir im Buch von Segalen »La Chine, la grande statuaire« die Figuren auf den Han-Gräbern in Nanking ansehe, merke ich, daß sie der Inbegriff des Lebens sind, des Lebens, das aus dem Maul eines geflügelten Löwen dem Tode die Zunge herausstreckt. Breitbeinig, breitbrüstig, mit aufgerissenem Rachen stehen sie auf der Erde. Spuren jener orgiastischen Einsicht eines unbezähmbaren Urgrunds der Welt finden sich noch in den heutigen Chinesen, die sich leicht jeglicher Weltordnung ergeben, vielleicht weil sie wissen, daß es keine geben kann.

27. Februar 1981

Ein Theaterstück von Wu Zuguang gesehen über das China am Vorabend der Befreiung. Die Schriftsteller flüchten wieder aus der Gegenwart in die vorkommunistische Vergangenheit, wenn sie sich nicht, wie Cao Yu, in die Mythen und Legenden zurückziehen.

Danach mit Ling, meinem Freund aus dem Museum für Bildende Künste, im Qianmen-Hotel zu Abend gegessen. Schneidend kalte Nacht. Der Speisesaal fast leer. Die Kellner unaufmerksam.

»Ist irgend etwas Bemerkenswertes in der Literatur erschienen?«

Ling schaut sich unruhig um. »Nichts. Die Tür ist wieder zu.«

»Gab es letztes Jahr mehr Freiheit?«

»Viel mehr.«

Die kalte Brise also: Die Partei zieht die Zügel an. Die Intellektuellen verkriechen sich in ihre Höhlen.

»Bist du in der Partei?« fragen wir Ling.

»Gewiß nicht. Kein junger Mensch hat heute noch Lust, in die Partei einzutreten ... Ihr dürft nicht vergessen, daß nach der Kulturrevolution die Jugend ihr Vertrauen in die Partei verloren hat. Sie sucht sich jetzt ihre Inhalte und Ideale im Westen. Das hat es in China noch nie gegeben. Manche sprechen davon wie von einer zweiten Kulturrevolution.«

Das Qianmen-Hotel ist trostlos. Lysolgeruch strömt aus den Toiletten und verbreitet sich in der Halle. Die Sicherheitsbeamten lungern vor der Drehtür. Wenig Gäste. Das Gerücht, daß es nicht leicht ist, in China Geschäfte zu machen, hat sich verbreitet.

»Aber was soll aus der Jugend werden? Aus ihrem Wunsch, sich der Welt zu öffnen?«

»Wir haben eine Hoffnung«, flüstert Ling, während die Kellner die Frühstückstische für morgen decken. »Die Jungen glauben nicht mehr an die Partei. Wenn sie vierzig sind und etwas zu sagen haben, werden sie das System verändern ...«

»Vorausgesetzt, daß die Machtverhältnisse es ihnen erlauben«, sagt Tiziano, und Ling schaut ihn betroffen an.

4. März 1981

Seit vier Tagen krank.

Am Samstag ging ich mit müden Knochen ins Büro. Es war Nachmittag, die Luft hatte einen neuen, würzigen, süßen und frischen Duft – den Duft des Frühlings. Ich ging durch eine Straße des Diplomatenviertels, das niemand liebt, doch diese Straße ist recht hübsch: Trauerweiden säumen sie zu beiden Seiten, sie ist gradlinig und lang, und über die trockenen Blätter, die auf ihr kreisen, könnte ein Liebespaar davongehen oder aus dem Bildschirm treten – am Ende eines Films.

Plötzlich ist mir etwas aufgegangen: die seltsame Beziehung des Menschen zur Wirklichkeit. Sie erschreckt uns, ist uns unerträglich. Instinktiv versuchen wir sie zu meiden, ziehen uns in Phantasien und Träume zurück oder bemühen uns höchstens, wie Proust »in der Wirklichkeit den Reiz des Traumes wiederzufinden«.

Trotzdem fühlen sich die Europäer von der Wirklichkeit auch angezogen. Ihre Furcht überwindend, haben die Mutigsten unter ihnen sich ihr immer wieder gestellt, während die Chinesen sie ganz und gar beiseite lassen. Den Chinesen ist das Studium der Realität nicht jener Schlüssel zu ungeahnten, prachtvollen Gemächern, das es uns immer gewesen ist. Ihnen ist die Wirklichkeit ein Horror. Viel anziehender finden sie die Welt der Phantasie, weshalb sie auch in ihrer Kunst und Literatur immer wieder zum Frieden der Gipfel, zum Spiel der Mythen und Sagen entschweben. Ohne zu versuchen, Traum und Wirklichkeit, Dichtung und Wahrheit miteinander zu versöhnen, leben sie in der einen Welt und entfliehen in die andere – woraus sich ihr andersartiges, für uns befremdendes Verhältnis zu Wirklichkeit und Wahrheit ergibt.

Diese Flucht der Chinesen vor dem Wirklichen, dem Sichtbaren wird in ihrer Kunst und Literatur besonders deutlich. Es gibt in der gesamten darstellenden Kunst Chinas kein Bildnis, das sich dem menschlichen Geheimnis, dem menschlichen Fragen und Zweifeln so nähert, wie es der David, die Mona Lisa oder ein Selbstbildnis Rembrandts tun, noch kommen in der chinesischen Literatur ein Odysseus, ein Hamlet, eine Madame Bovary vor. Sogar in der Epoche ihrer größten Kraft haben die Chinesen ihre Eingebungen in symbolische Gebilde verbannt, in Drachen, Löwen und phantastische Ungeheuer jeder Art, die das menschliche Antlitz ersetzen.

Fast vermute ich, wenn ich an das Zurückschrecken der Chinesen vor der Darstellung des Menschen denke, daß der europäische Versuch, den Menschen abzubilden, dem Wunsch entstammt, das Göttliche zu ergründen – ein Unterfangen, das Chinesen ganz und gar vermessen scheinen muß.

Wir nähern uns der Wirklichkeit, verfolgen unsere Fragen auf manchmal gefährliche Weise. Ikarus hat sich dabei die Flügel verbrannt, Odysseus wurde vom danteschen Purgatorium verschluckt. Und doch haben gerade diese Menschen, die es zu neuen Horizonten drängte, die Welt immer wieder ein Stück erweitert. Unsere Geschichte ist also die Geschichte einer Folge von atemberaubenden Entdeckungen, die immer wieder neue Scharen von Forschern zu den neuen Gefilden lockten.

In China hat es keinen Euklid, keinen Galilei, Bach, Shakespeare oder Cézanne gegeben. Niemals wurde hier eine ganz und gar neue Welt von einem Philosophen, Wissenschaftler oder Dichter entdeckt. 2500 Jahre lang lag die Wirklichkeit in den Händen von Konfuzius, einem Bürokraten. Der Traum gehörte den taoistischen Phantasten.

Viel eher als dem Weg, den ein stramm weitermarschierendes Heer zurücklegt, wäre die Geschichte der chinesischen Zivilisation also mit einem Theater vergleichbar, in dem immer wieder dasselbe Stück aufgeführt wird. Die Sprache ist die der Anspielung. Sie zwinkert der Vergangenheit zu: Geht es nicht im Grunde immer wieder um das gleiche?

Einmal haben die Chinesen die Möglichkeit gehabt, zu neuen Ufern aufzubrechen. Einmal haben sie Theater, Kulissen, Schauspieler und Regisseur verbrannt: 1911, als sie das Kaisertum abschafften und versuchten, neu und modern zu werden. Eine Fülle talentierter Menschen machte sich damals auf jedem Gebiet an die Arbeit. »Realismus!« war die Parole, und man stimmte auch mehr oder weniger darin überein, daß die neue Wirklichkeit von demokratischen, sozialistischen Idealen geprägt sein sollte. Künstler und Schriftsteller sollten dabei die wichtige Rolle derer spielen, die die Wirklichkeit beobachten und beschreiben. Die Erwartungen waren riesenhaft, geradezu mit denen im Weimarer Deutschland vergleichbar.

Dann kommen die Kommunisten an die Macht – und wieder wird der persönliche Beitrag des Individuums verweigert. Wieder ergibt sich eine autoritäre und bürokratische Gesellschaftsordnung. Wieder wird der Gedanke gefesselt, wird die Frage nach der Wirklichkeit, der Wahrheit verboten. Wieder werden Künstler und Schriftsteller gezwungen, dem Staat zu dienen.

Es scheint mir die Tragödie des »Neuen China« zu sein, daß es nicht aufbrechen durfte zu neuen Ufern.

10. März 1981

Wir haben jetzt nicht nur eine Haushilfe, die »Ayi«, sondern auch einen Koch, den jungen Wei. Morgens treten sie an, und am frühen Nachmittag gehen sie wieder. Sie ist 27 und wäre gern Ärztin geworden, aber die Kulturrevolution hat das vereitelt. Nun hat sie als Haushilfe von Ausländern wenigstens zu einigen Bequemlichkeiten Zugang: zu fließendem Wasser, Badewanne, geheizter Wohnung. Wenn ich ihr eine Orange anbiete, nimmt sie sie aber nicht an. »Die da«, sagt sie und zeigt auf den Hauseingang, wo die Frauen der Aufsicht hocken, als sei es der Punkt in ihrem Leben, von dem Gefahr droht, »die da erlauben es nicht.«

Der junge Wei ist 24 und bis zum letzten Jahr arbeitslos gewesen. Dann hat man ihn zusammen mit anderen jungen Leuten für ein paar Monate in die Küchen des Peking-Hotels geschickt und schließlich den neuangekommenen Ausländern zugewiesen. Er kann keinen Tisch decken, kann keine Teller waschen, er kennt die Grundbegriffe des Kochens nicht – aber er ist willig zu lernen und läßt sich während des morgendlichen Einkaufens im Freundschaftsladen von älteren Köchen beraten.

Mittags, wenn wir unsere verschiedenen Gerichte essen, wärmen die beiden sich ihr von zu Hause mitgebrachtes graues Brot auf und essen es zusammen in der Küche – ohne Neid, scheint mir, als wäre es dreißig Jahre nach der Befreiung für sie noch selbstverständlich, daß die Welt in Klassen aufgeteilt ist.

»Die Liebe zur eigenen Klasse ist tief wie das Meer«, heißt es im Englisch-Chinesischen Wörterbuch (Peking 1979) unter dem Stichwort »Liebe«.

Jeden Samstagnachmittag versammelt sich die »Arbeitseinheit des Dienstpersonals der Ausländer« (Dolmetscher, Fahrer, Koch, Haushilfe und Chinesischlehrer) – wie jede Arbeitseinheit in ganz China – zum »politischen Studium« um ihren Parteisekretär. Während die Angestellten schwatzen, stricken oder schlafen, liest der Parteisekretär aus der »Volkszeitung« vor und unterrichtet sie dann über neue Richtlinien und Verhaltensweisen. Er verlangt seinerseits eine genaue Berichterstattung über alles Bemerkenswerte, das sich bei den Ausländern zugetragen hat. Wer Vertraulichkeit wahren möchte oder etwas über seine Kollegen zu melden hat, kann ihn nach der Sitzung persönlich sprechen.

11. März 1981

Heute wird Saskia zehn Jahre alt. Der Wind fegt über die Changan und wühlt in der trocknen Erde. Tief über die Lenkstangen gebeugt schwanken die Radfahrer wie Kamele durch die aufgewirbelte Wüste.

Auf dem Gelände des alten Sommerpalasts drängen sich die Kinder mit ihren Freunden aus dem Auto und verlieren sich – Joseph, der Ugander, immer voran – mit Baoli zwischen den kahlen Bäumen. Ihre dunklen Silhouetten schwanken, holen einander ein, stehen still und rennen durch den Sandsturm weiter.

Wir spazieren zwischen begrabenen kaiserlichen Ruinen an einem silbrigen Teich entlang, an dem noch die Basen von Säulen stehen. Ein Hauch der großen Vergangenheit schwebt über dieser Welt von verschwundenen Palästen und verlassenen Steintieren. Zwei Tage und zwei Nächte hatte der Brand gedauert. Die Flammen röteten den Himmel, den das Pekinger Volk von hinter den Stadtmauern entsetzt betrachtete.

Heute, 120 Jahre später, pflügen hier die Bauern einer Volkskommune, spielen hier ahnungslose ausländische Kinder, liegt einer im Gras und singt.

21. März 1981

Frühlingsanfang. Die Luft ist lau, die Zweige sind voller verfrühter Knospen, die den Tod durch neuen Frost riskieren.

Der Ausflug im Sandsturm zum alten Sommerpalast war wie verhext. Joseph ist davon nicht nach Hause zurückgekehrt. Jemand hat ihn ein paar Tage später am Steuer eines weißen Autos gesehen (er ist vierzehn Jahre alt) – und seitdem ist er verschwunden.

Folco liegt im Krankenhaus. Er hat sich eine Erkältung mit Asthma geholt und beim Inhalieren den Topf mit kochendem Wasser aufs Bein gekippt. Mühsam Luft holend, schrie und heulte er vor Schmerzen. Wir haben ihn am nächsten Morgen ins »Krankenhaus der Hauptstadt« gebracht, denn die Chinesen sind Meister in der Behandlung von Brandwunden. Dort hat man unter Lokalanästhesie die verbrannte Haut mit einer Bürste abgeschabt, damit sie sich glatt neu bilde, und mit einer Pflanzensalbe bestrichen. Auch muß er Antibiotika schlucken.

»Dieses wird meine interessanteste Erfahrung in China sein«, sagte Folco, als zwei Schwestern ihn aus dem Operationssaal rollten und in ein Privatzimmer der Abteilung für Ausländer schoben. »Es ist eine Welt für sich.«

Mich erfüllt jede Begegnung mit dieser »Welt für sich« mit Schrekken. Als ich spätabends nach Hause ging, kamen mir ein Mann und ein Mädchen durch die dunkle Hutong entgegen, die einen vor Fieber phantasierenden jungen Soldaten zum Krankenhaus schleppten. Für ihn gab es nicht einmal den kleinen Handkarren, auf dem man in China heute noch die Kranken transportiert.

»Seien Sie unbesorgt«, hatte Chen, unser Fahrer, morgens zu mir gesagt. »Ihr seid Ausländer, euch behandelt man gut. Um uns Chinesen macht keiner viel Aufhebens; wir sind zu viele.« Sie fühlen sich von der eigenen Vielzahl bedroht.

Das Krankenhaus, in den dreißiger Jahren von Amerikanern im »nationalen Stil« gebaut, wirkt heute wie ein überfülltes Lazarett. In den Abteilungen für die »Massen« sehe ich die Kranken stundenlang in überfüllten Gängen liegen und sich den selten vorbeigehenden Ärzten entgegenwerfen. Stöhnen und Jammern in jeder Ecke, ohne daß eine Schwester wenigstens mit einem Beruhigungsmittel käme. Um ihre Notdurft zu verrichten, müssen die Kranken auf ihre Verwandten warten. Nach der Kulturrevolution fehlt es im ganzen Land an geschultem Personal.

Mittags setzen sich die Genesenden im Pyjama auf die Freitreppe und beobachten die Ankunft von neuen Kranken, die durch die enge Hutong auf Karren, auf Fahrrädern, zu Fuß nahen – oder aber im Auto hinter zugezogenen Tüllgardinen, wenn es sich um Parteifunktionäre handelt.

30. März 1981

Ein Freund aus Hong Kong ist gekommen, um »sein« China besser kennenzulernen. Er hat hier alte Freunde, mit denen er vor 1949 ein »patriotisches« Lyzeum in Hong Kong besuchte, als viele wohlhabende Chinesen vor den Japanern in die britische Kolonie geflüchtet waren. Nach der Befreiung kehrten die fortschrittlicheren, liberaleren Familien nach China zurück, um das Land mit aufzubauen. Aber dieser Wunsch ist ihnen nicht gut bekommen. Ihr Leben im Ausland, ihre Offenheit westlichen Einflüssen gegenüber mußten sie büßen. China verlor auf diese Weise den Beitrag sehr fähiger Menschen, von denen die meisten in Shanghaier Familien aufgewachsen waren, die den ersten, wesentlichen Bruch mit der konfuzianischen Tradition bereits in den zwanziger und dreißiger Jahren vollzogen hatten.

Heute sind sie in ihren mittleren Jahren und kehren verblaßt und verwelkt aus Umerziehungslagern und Gefängnissen zurück. Fast täglich kommt der eine oder andere zu uns zu Besuch. Der Vergleich zwischen ihrem Schicksal und dem des Freundes, der in Hong Kong geblieben ist, muß bitter sein – aber darüber spricht man nicht.

Ein Professor Zhao hat mir besonders gefallen, der, ohne je im Ausland gewesen zu sein, erstaunlich gut Englisch spricht und fast jeden Satz mit einem lakonischen »It seems to me . . .« beginnt. Er hat wie so mancher aus seiner Generation ein großes Interesse für die westliche Kultur und befaßt sich besonders mit D. H. Lawrence.

»Es scheint mir, daß die Chinesen vor dem physischen Leben zurückscheuen und nur das geistige Leben kultivieren. Das ist bedauerlich«, sagt er dazu.

Vollständig ruhig und gelassen, mit ironischem Gesichtsausdruck und feinen Händen sitzt er in seinem schäbigen Mao-Anzug vor unseren Büchern und taut langsam auf. »Ich meine, ich bleibe noch ein Weilchen«, sagt er, als seine Frau nach Hause gehen will.

»Verspüren Sie die kalte Brise?« fragen wir ihn.

»Natürlich«, antwortet er. »Aber nichts kann den Strom des Lebens nunmehr aufhalten. In der ›Literatur der Verwundeten‹ haben die

Jungen zum ersten Mal ihr Leben beschrieben, so wie es ist. Ihre Sprache ist nicht elegant, aber das, was sie erzählen, ist wahr.«

»Gibt es in China keinen Solschenyzin?« wirft Henry Kamm dazwischen, der für die »New York Times« gerade durch China reist.

»Nein. Nein, den gibt es nicht. China besitzt keine Untergrundliteratur.«

»Wie stehen die Chinesen eigentlich zu China?« forscht Henry weiter. Der Professor schweigt.

»Ich weiß nur eins«, antwortet unser Freund aus Hong Kong mit seiner bestimmten Liebenswürdigkeit. »Die russischen Emigranten reden immer über Rußland, aber kehren nie dorthin zurück. Die Chinesen reden nicht viel über China, aber sie kehren zurück.«

»Und was sagen Sie zu den Verfolgungen, den Rektifizierungskampagnen, den sieben Jahren Gefangenschaft, die Sie hinter sich haben?« fragt Henry.

»Wir büßen für alte Sünden, für den schwerwiegenden Nachlaß unserer Geschichte. China ist immer noch ein feudalistisches Land«, antwortet der Professor sehr ernst, als legte er sich selber einen Teil der konfuzianischen Sünden zur Last.

6. April 1981

Unser Freund ist in die Mandschurei gefahren – und zurückgekehrt. In der Mandschurei lebt sein alter Lehrer aus Hong Kong, der sich freiwillig dorthin gemeldet hatte, um eine Schule aufzubauen. Man hat ihn nie wieder zurückgeholt.

In der Kulturrevolution wurde er beschuldigt, ein Spion für Taiwan zu sein. Als er verneinte, schleppte man seinen sechsjährigen Sohn weg und sperrte ihn zusammen mit anderen Kindern in ein Zimmer. »Ist dein Vater ein Spion?« wurden die Kinder gefragt. »Ja«, antworteten sie, und ihre Väter wurden freigelassen. Also sagte auch der Kleine »ja!«, aber sein Vater wurde nicht freigelassen. Er war in eine Falle geraten.

Auch seine zwölfjährige Schwester wurde abgeholt und vor dieselbe Frage gestellt. Sie antwortete: »Nein.« Man verhörte sie zwei Tage und zwei Nächte lang und ließ sie dabei stehen. Sie wurde verrückt.

Jetzt lebt sie beim Vater. Von Zeit zu Zeit stößt sie schreckliche

Schreie aus, aber da der Vater in einer anständigen Wohnung lebt, hat er ihr sogar einen Mann gefunden.

Ohne Bitterkeit, versunken in seine Studien, in seine alten Zeitvertreibe mit Tusche und Pinseln, bleibt der alte Lehrer geduldig, gelassen und weise. Er hat unserem Freund zwei aufgerollte Handschriften mitgegeben. Auf der einen steht:

> Kleide Dich in Einfachheit;
> Zieh Dich in Dein Studierzimmer zurück.

Und auf der anderen:

> Hüte Dich vor Gemütsbewegungen;
> Sie können Unheil bringen.

7. April 1981

Bevor unser Freund abfuhr, haben wir mit ihm einen Gelehrten besucht. Er wohnt noch in einem Hofhaus – mit vielen anderen natürlich. Bücher die Wände seines Zimmerchens entlang, eine Holzplanke als Arbeitstisch, eine Pritsche, ein Ofen, ein altes Grammophon. Das gedeckte Tischchen wird nach dem Essen sofort wieder abgedeckt, damit man darauf ein paar »schöne Dinge« betrachten kann: ein Aquarell aus der Qing-Dynastie, einen hübschen Stein, der zum Stempel wurde, eine Kalligraphie. Es ist nicht leicht für uns, die tiefe Bewegung nachzuempfinden, mit der sich ihnen ein Gelehrter immer wieder nähert.

»Meinem Freund Wang, der im Tal der Musik lebt«, heißt es auf einer Malerei – denn diese armseligen Mauern hier sind das »Tal der Musik« – von Wang, dem sein Freund vom »Gipfel der Harmonie« ein Gemälde sendet.

Als wir durch die nächtlichen Hutongs nach Hause gehen, bleiben unsere Freunde zurück, und wie zwei klassische Gelehrte rollen die beiden Bilder auf, besehen »schöne Dinge« und reden und lachen bis tief in die Nacht.

8. April 1981

Mao Dun, der Autor von »Mitternacht«, dem berühmten Roman über das Shanghai der dreißiger Jahre, ist im »Krankenhaus der Hauptstadt«

gestorben, gerade in den Tagen, als Folco dort lag, und zwar in einem Zimmer neben dem seinen. Die Kommunisten hatten ihn zu einem hohen Kulturbürokraten erhoben, und dann war er – wie so viele – als Schriftsteller verstummt. Auf dem Sterbebett soll er gebeten haben, wieder in die Partei eintreten zu dürfen – aus der er 1927 ausgetreten war.

Die Parteizeitung veröffentlicht diese Heimkehr eines Intellektuellen, als sei es die eines Verlorenen Sohnes. Werden nicht andere damit aufgefordert, seinem Beispiel zu folgen – in diesem Land, wo nichts zufällig geschieht? Noch streifen die rehabilitierten Intellektuellen wie räudige Hunde beleidigt durchs Land. Bestimmt ist es sicherer, sie in die Partei aufzunehmen und sie für sich, statt gegen sich, einzusetzen.

»Mao Dun« ist ein Künstlername und bedeutet »Widerspruch«. Sein letzter?

11. April 1981

Wir sind noch einmal umgezogen. Die Wohnung, die man uns diesmal (für ein Jahr!) angeboten hat, liegt wieder im Diplomatenviertel von Qi Jia Yuan, nur ist sie älter und größer. Hier haben wir Platz. Unsere Buddhas sitzen in Meditation in einem schummrigen Licht, unsere Bücher verdecken die Wände.

Draußen ist es beinahe warm. Frühlingswinde wiegen die Trauerweiden. Soldaten der Befreiungsarmee pflanzen junge Zypressen. Schulkinder machen Ausflüge in die kaiserlichen Gärten. Alle ziehen aus, »um den Frühling zu sehen«.

Tiziano ist gestern nach Vietnam gefahren. Helga ist aus Hong Kong gekommen, und wir sind gleich ausgegangen.

In der Verbotenen Stadt gibt es eine Ausstellung von Konkubinenbildnissen aus der Qing-Dynastie. Die Pavillons, in denen diese wehmütigen Frauen wohnten, liegen in kleinen Höfen, hinter rosa Mauern. Die Melancholie, das schreckliche, ewige Warten ist von den privaten Gemächern der Verbotenen Stadt nicht wegzudenken. Das Leben der Frauen verging im Raffinement der Roben und Riten, selten, vielleicht nie im kaiserlichen Alkoven – und über alles wachten die »verpißten Eunuchen«. Einmal im Jahr blühte im kleinen Hof ein Pfirsichbaum, eine Magnolie, so kalt wie Jade; man kam zusammen, betrachtete sie; der Mond ging auf, ging unter; man seufzte: Wieder war ein Jahr vergangen. So ist viel chinesische Poesie entstanden. Sie wiederholt sich – es wiederholte sich das Leben.

Das alte China dachte keine abstrakten Gedanken, lauschte dem Wind, dichtete und spielte. Das Spiel wurde zur höchsten Vollkommenheit getrieben. Die Kunst war Spiel. Sammeln war Spiel. Das Leben war Spiel. Wer nicht spielte, wer keine Besessenheit, keinen Spleen hatte, wer kein Exzentriker war, der war langweilig, der war kein verfeinerter Mensch.

In einem alten Hofhaus der östlichen Stadt empfängt uns der Kalligraph Huang Miaozi in einem winzigen, mit Büchern angefüllten Zimmer. Vor dem mit weißer Gaze gespannten Fenster bewegt ein Baum seine nackten Zweige. Ein Bauernmädchen kocht im Badezimmer, neben dem Klosett, und setzt uns dann die Speisen auf den Tisch.

Wir sind in einem Heiligtum Chinas. Huang Miaozi, ein Wunderkind der Kalligraphie, kam kürzlich nach sieben Jahren Gefängnis zurück, wurde rehabilitiert und ist jetzt Mitglied des Volkskongresses, Mitarbeiter von Zeitungen und Zeitschriften, ein Freund der Großen, der Alten, der Überlebenden und der Toten – heute nachmittag wird er an der Totenfeier für Mao Dun in der Großen Halle des Volkes teilnehmen –, aber er weiß, daß man seine Kunst nicht mehr braucht.

»Ich habe gehört, daß in Italien die Kunst sehr hoch geschätzt wird, daß dort selbst die Bauern sie achten, daß Florenz, Venedig und Rom Kulturstädte sind... Ist dem so?« fragt er unruhig, wirft seine Kalligraphien auf das Ehebett, rollt sie auf und liest sie uns vor:

> Die Erinnerung an die alte Kultur liegt in meinem Herzen begraben;
> Vom Berg blick ich hinunter auf eine wüste Steppe.

Dann:

> Zehn Jahre lebte ich in Wind und Regen;
> Doch was ich geschrieben habe, bleibt.

Klassische Verse, die auf heute passen.

Ein Mann kommt herein, mit aufgerissener, zerfetzter Mao-Jacke, unrasiert, mit abgebröckelten Zähnen, verwehtem grauen Haar und begrüßt uns auf englisch. Er ist der Besitzer dieses Hauses, der

Gelehrte Wang Shixiang, auch »Ming-Möbel-Wang« genannt, denn ihm gehört die größte chinesische Sammlung von Möbeln aus der Ming-Dynastie.

Der Nachmittag ist so verschlafen, die Luft so warm – Wang gibt seinen Widerstand auf und führt uns über den Hof mit dem Baum, in das einzige Zimmer, das ihm von seinem alten Haus geblieben ist. Aus den anderen spähen mißtrauische Zwangsmieter heraus. Möbel, nichts als Möbel aus der Ming-Dynastie füllen es bis zur Decke, tauchen langsam aus dem Halbdunkel der Zeiten auf: neben der Tür der schlichteste, schönste Schreibtisch; ein Schrank, in dem Wang schläft; eine schmale Bank, auf der seine Frau schläft; dahinter, darüber, darunter türmen sich Stühle, Tische, Hocker, Bücher, Kisten mit Musikinstrumenten, Bronzen, Statuen, Kataloge . . .

Als junger Mann war Wang ein Exzentriker gewesen, ein Homo ludens, der mit einem Falken auf der Schulter durch die Straßen spaziert war; ein Jäger, ein Koch, ein Gärtner; ein Mann, der sich Tauben und Grillen hielt. Durch dieses »Spielen« hatte er seine Sammlungen und sein Wissen zusammengetragen. Er hatte das erste große chinesische Werk über den Möbelstil der Ming-Dynastie gerade in Angriff genommen, als die Kulturrevolution ausbrach.

Seine Kollegen aus den Palastmuseen kamen mit Lastwagen und trugen alles davon. Er verschwand im Gefängnis, in Umerziehungslagern, in der Gewißheit, daß alles verloren war. Als er nach fünfzehn Jahren wieder nach Hause kam, wurde ihm, was er besessen hatte, unversehrt wieder übergeben. Außer ihm ist dieses Glück nur noch einem Archäologen widerfahren.

»Diese Schätze gehören in die Verbotene Stadt!« ruft Helga.

»Ha!« Die beiden Freunde lachen sich tot. Wang hat seine Möbel den Palastmuseen angeboten, aber auf seinen Vorschlag nicht mal eine Antwort bekommen. Niemand respektiert diese Dinge mehr, selbst heute nicht, wo es im ganzen Land kaum noch welche gibt. Dann begleiten sie uns zum Eingangstor und winken uns nach.

»Wenn es nichts mehr zu sammeln gibt, dann gibt es auch nichts mehr zu lernen«, sagt Helga, als wir durch die Hutong nach Hause gehen.

Zwei Arten, das Leben zu sehen

22. April 1981
Shushuen ist aus Amerika zurückgekommen. Wir treffen uns im Restaurant des Peking-Hotels.

Beim Essen sage ich zu ihr, daß das Barometer sinkt: Bai Hua ist wegen seines Drehbuchs für den Film »Bittere Liebe« kritisiert worden. Die »Tageszeitung der Befreiungsarmee« hat den ersten Artikel gegen ihn veröffentlicht, die »Pekinger Abendzeitung« hat ihn abgedruckt. Die Militäreinheit, zu der er gehört, hat ihn nach Wuhan zurückgerufen, damit er Selbstkritik übe. Das war seit der Kulturrevolution nicht mehr passiert... Aber sie will es nicht hören.

»Ihr wißt so gut Bescheid, ihr Westlichen, aber ihr seht die Gesamtlage nicht. Der Machtkampf zwischen Deng Xiaoping und Hua Guofeng ist noch nicht entschieden. Deng muß Konzessionen machen, um an der Macht zu bleiben. Gut, sagt er zu seinen Widersachern, ihr könnt die Schriftsteller und ihre Freiheit haben, wenn ihr mir die Liberalisierung der Wirtschaft laßt.« Shushuen setzt ihre Hoffnungen ganz auf Deng Xiaoping. »Es ist wie bei einer Schachpartie: Wenn Deng einen Rückzieher macht, bedeutet das noch lange nicht, daß er verliert. Vielleicht bereitet er einen Angriff vor – oder sogar das Schachmatt!«

Ich lese ihr vor, was das Organ der Armee schreibt: »›Bai Hua behauptet, sein Film 'Bittere Liebe' sei ein Film über die Liebe – die Liebe des Autors und des Hauptdarstellers zu China. Aber wie kann es eine Liebe zu China geben, die nicht auch eine Liebe zur Partei und zum Marxismus ist? Wie kann ein Mann, der sein Vaterland liebt, behaupten, daß das Vaterland ihn nicht wieder liebt?‹... Was sagst du dazu?« frage ich Shushuen.

»Laß uns doch wenigstens die Hoffnung«, sagt sie.

26. April 1981
Fest nebenan, bei Vicky Graham von der »Associated Press«: »Musik, Bier, Nudeln die ganze Nacht hindurch«. Eine Band spielt Rock, daß er über den ganzen Hof erschallt. Die Köpfe wiegen und schütteln sich zu Pfiffen und Applaus.

Alle sind wir da – wir aus dem Diplomatenghetto. Nach den Tagen mit Helga und Shushuen draußen in den »sozialistischen Höfen«, bei den leisen Existenzen der alten Gelehrten und Künstler scheint mir all dies unglaublich und doch wohlbekannt: der Mann an der Schlagzeugbatterie, der sich am Rhythmus berauscht, Harald Munthe-Kaas am elektrischen Klavier, Graham Earnshaw von »Reuter's«, der die Beatles imitiert – und Vicky selbst, die ständig wiederholt: »I love it! I love you all!«

Diplomaten und ernsthafte Journalisten sitzen abseits in einem kleinen Salon und sprechen über Politik. Nur Drago, der wie ein Spürhund Lunte riecht, tanzt unter den Jungen. Ich versuche, mich mit ihm im Rhythmus zu wiegen – aber es gelingt mir nicht, und ich setze mich wieder hin.

»Ich möchte arbeiten! Ich möchte schaffen! Aber man läßt mich nicht ...«, es klingt mir schrill im Ohr. Überall trifft man Künstler, die verzweifelt ihre Talente anbieten – und abgewiesen werden. Ein Musiker hatte sich im Stall, in dem er heute wohnt, auf sein altes Instrument geworfen und es wie ein Wahnsinniger gezupft und geschlagen: »So was verlangt man heute von mir, Rock 'n' Roll auf amerikanische Art! Wenn denn Schluß gemacht werden soll mit dem alten China, dann laßt uns doch auch die Verbotene Stadt abreißen! Ich bin bereit, Hand anzulegen!«

»Wir sollen unsere Kunst modernisieren! Kann man ein Kind anschreien: ›Werde groß!‹? Kann man einen Samen in die Erde stecken und befehlen: ›Werde zum Baum!‹? Alles braucht seine Zeit, um sich natürlich zu entwickeln ...« hatte ein anderer gesagt.

Man braucht sie nicht. Sie werden rehabilitiert und – weg mit ihnen. Es ist gefährlich, sie um sich zu haben, denn sie sind die lebenden Zeugen all der »Widersprüche« der Partei.

Zu Hause liegen andere Einladungen: zu Kulturnachmittagen oder Diners im dunklen Anzug. In der Österreichischen Botschaft hat gestern eine Dichterin ihre deutschen Verse vorgelesen.

Nacht. Schlaflos. Dieser Frühling ist zu schwül. Lange Züge von Karren fahren durch die Changan. Zweirädrige uralte Karren, gezogen von müden Pferdchen. Der Bauer mit langer Peitsche liegt halb ausgestreckt oben auf seiner Fracht. Bringen sie die Zwiebeln und Mohrrüben, die seit Tagen in Peking fehlen? Ich sehe ihnen nach, bis das Laub der Bäume sie aus meinem Fenster schneidet.

»Nordchina ist einer der anziehendsten Flecken der Erde«, hat heute Francis Deron gesagt.

»Warum wohl?«

»Der Himmel, die Leute, die nahe Wüste ...«

28. April 1981

Wir müssen versuchen, unsere Werturteile beiseite zu legen und diese Kultur als »das andere« zu begreifen.

Im Westen sind Kaiserreiche und Kulturen aufgeblüht und verwelkt in wütenden Kämpfen um die Eroberung der Welt. Die europäische Geschichte gleicht einem Stafettenlauf, wo eine Kultur von der vorherigen nimmt und jene stirbt.

In China ist die Liebe zum Leben so groß, daß man es nicht so leicht aufs Spiel setzt mit Größenwahn, Revolutionen und der Lust zur Neuerung. Wenn die Chinesen heute frei wären, würden sie gewiß sehr bald zu ihren alten Gewohnheiten und Traditionen zurückkehren. Sie wollen bewahren – und das erklärt vielleicht, warum Mao, erbittert über den Widerstand seines Volkes gegen all seine Neuerungen, auf den Gedanken einer Dauerrevolution gekommen war, wovon die Kulturrevolution nur die erste Episode hätte sein sollen.

Wie spiegelt sich dieser Hang zum Bewahren im Alltag? Während wir morgens aufstehen, um etwas zu entdecken, etwas zu wagen, stehen die Chinesen auf, um altbekannte Schritte neu zu vollziehen. Während wir Informationen sammeln, um eine möglichst große Fläche zu durchmessen, graben sie in die Tiefe, um einiges gründlich zu erforschen: die Jahreszeiten, die Familie, ein Fest, die Natur – all dieses, glaube ich, kennen sie besser als wir, sonst würden sie nicht in solchen Scharen losziehen, um die Magnolien in den kaiserlichen Gärten, die Pfirsichblüte oder den Herbstmond zu betrachten, und wir würden uns nicht so wohl fühlen in ihren armseligen Behausungen.

Sie wissen, wer sie sind und wo sie stehen; sie haben lange darüber nachgedacht. Sie wissen auch, was sie wollen und erwarten dürfen, und mühen sich nicht ab, um so schnell wie möglich viel mehr zu bekommen. Sie können warten.

Sie sind feige, sagen wir, weil sie nicht protestieren, weil sie nicht rebellieren. Ebensogut könnte man auch sagen, sie sind weise.

»Es flackerte ein Lichtlein am Ende des langen, dunklen Tunnels, dem mein Leben als Revisionist in einer fernen Provinz glich«, sagte ein Gelehrter des »Traums der Roten Kammer«. »Ich konnte nichts wagen, mich nicht exponieren, nicht protestieren, um nicht sterben zu müssen, bevor ich jenes Lichtlein erreicht hätte.«

Bai Hua läßt sagen, es gehe ihm gut, er sei ganz zufrieden in seiner Halbhaft. Seine Freunde verstehen, was er meint: Er ist vorsichtig, er hat seine Gegner richtig eingeschätzt. Für Shushuen ist die Tatsache, daß nicht alle Zeitungen ihn angegriffen haben, ein kleiner Schritt vorwärts. Wir haben dies nicht einmal bemerkt.

Wir sagen, sich aufzulehnen sei eine heilige Pflicht. Sie sagen, Abwarten sei jedermanns Pflicht. Wir brauchen ferne Ziele, um wenigstens die Hälfte des Weges zurückzulegen. Sie brauchen greifbare Ziele, um die dauernde, relative Besserung feststellen zu können. Das ist alles.

Es sind zwei Arten, das Leben zu sehen. Andere gibt es nicht. Andere wirklich kluge Betrachtungsweisen des Lebens hat sich der Mensch nicht ausgedacht.

30. April 1981

Sportfest in der Schule des Duftenden Grases: Ausscheidungskämpfe für den Wettkampf der Schulen, der Ende Mai stattfinden soll. Folco hat sich in den Kopf gesetzt, den 900-Meter-Lauf zu gewinnen, um darin seine Schule zu vertreten.

Alle Klassen sitzen mit ihrem Lehrer um den sandigen Hof herum, im Schatten der Erlen. Ein langer Tisch mit weißem Tischtuch und Teetassen steht für Gäste bereit: Wir ausländischen Eltern nehmen da Platz. Die Eltern der Chinesen werden zu den Darbietungen ihrer Kinder nicht gerufen.

»Das Sportfest der ›Fan Cao Di‹ beginnt!« meldet eine metallische Frauenstimme, und zu den Klängen von »Der Osten ist rot« marschiert die Sportkolonne auf. Alle Klassen sind vertreten: voran ein Wald von roten Fahnen und, von vier Knaben auf der Schulter getragen – wie man in Europa die Madonna in einer Prozession trägt –, ein Spruch des

Großen Vorsitzenden über den Sport. Dann das Kontingent der Ausländer. Folco wie ein preußischer Offizier; Saskia und Monika ungelenk; die Bangladesher, die Afrikaner, die Mexikaner, die chinesischen Kleinen, und zuletzt noch mal eine Blüte aller Rassen, mit der die Kolonne schließt.

Auf dem Platz lösen sich die Kolonnen auf, drehen sich die Köpfe gen Osten und heften sich die Blicke auf den Mast, an dem die rote Fahne langsam emporgezogen wird, bis sie hoch über allen Bäumen im blauen Himmel weht. Dann hält der Parteisekretär der Schule seine anfeuernde Rede: »Tut wie der Modellsoldat Lei Feng!«

Die Wettkämpfe beginnen mit einer Rollschuhvorführung: der letzte Ankauf der Schule. Folco versucht sich im Hochsprung, Saskia im Weitsprung, die Chinesen zeichnen sich im Ballwerfen aus. Es beginnt das Rennen: 100, 300, 900 Meter. Eine Woge von Geschrei begrüßt jeden Angekommenen. Am Ziel stehen vier Lehrer und messen mit Metermaß und Stoppuhr die Leistungen; ein Laufbursche meldet dem Sportdirektor die Resultate, und dieser gibt sie am Mikrophon durch: eine einfache, gutgeplante, unmilitärische Organisation.

Saskia rennt 300 Meter – und gewinnt. Ihre Freundinnen umarmen sie; sie bekommt einen Füllfederhalter.

Dann ist Folco an der Reihe. Dreimal versagt die Pistole, dreimal treten die Läufer wieder zurück. Folco startet als fünfter. Nach der ersten Runde ist er vierter. Er wirft mir einen verzweifelten Blick zu, beschleunigt sein Tempo aber nicht. Bei der zweiten Runde ist er dritter, und ich denke an seinen Übermut der letzten Tage. Der Philippiner Hermian ist fünfzehn Meter voran. Als sie bei der dritten Runde hinter dem Schulgebäude auftauchen, ist Folco an der Spitze, rennt durchs Ziel, trottet weiter und läßt sich auf die Erde fallen. Hermian ist zweiter, dann kommen die Chinesen.

Die Mädchen umarmen die Sieger, die Lehrer beglückwünschen mich. »Wann fange ich an, für die Sportwettkämpfe zu trainieren?« fragt Folco seinen Lehrer. Der scheint unschlüssig. »Ich weiß noch nicht ...« Etwas stimmt nicht.

In der heißen Mittagssonne marschieren die Schüler mit Fahnen und Mao-Spruch noch mal vorbei, die metallische Frauenstimme meldet: »Das Sportfest der Fan Cao Di ist beendet!« Und wir radeln nach Haus.

1. Mai 1981
Maifest, das Fest der Arbeit, in Peking. Am Vorabend ein riesiges Bankett für die Führerschaft von Regierung und Partei in der Großen Halle des Volkes. Am nächsten Morgen ein Jahrmarkt – der letzte im Lande – fürs Volk.

Helden der Revolution und Modellarbeiter aus ganz China steigen aus Bussen und traben in geordneten Trupps quer über den Platz des Himmlischen Friedens und die Stufen zum kommunistischen Tempel hinauf. Im blauen Strom ein paar Tibetaner mit breiten Hüten, Mongolen mit bunter Schärpe, türkisch aussehende Kazaken aus Xinjiang, eine Frau in der bunten Tracht von Yunnan: Im kurzen Krieg gegen Vietnam von 1979 hat sie einen chinesischen Zug verteidigt.

Aus Privatautos steigen ausländische »Freunde Chinas«, Diplomaten und Journalisten sowie Minister und Vizeminister, die nach der gestrigen Prasserei heute mit ihrer Sippe wiederkehren. Zerknittert und plump blickt die Frau eines Vizeministers um sich, wohl noch nicht so ganz an die exquisite Eleganz des Schweizer Botschafters gewöhnt, der neben ihr die Treppe hinaufsteigt. Junge, gut und gelangweilt aussehende Chinesen gehen hinterher.

»Kadersöhne«, sagt Chen sarkastisch. »Leute wie ich sind nicht geladen.« Er parkt das Auto und geht nach Hause.

Zum ersten Mal trete ich in die riesigen, von Säulen getragenen Marmorhallen des Sozialismus, suche meinen Weg zur Galerie im Saal der Zehntausend und setze mich unter die Journalisten. Eine Kapelle der Befreiungsarmee stimmt einen russisch anmutenden Marsch an, ein Tenor brüllt ein sozialistisches Lied, dann verdunkelt sich die Bühne, und in einer Muschel erscheint eine Odaliske, die sich biegt und windet. Jemand reicht mir ein Opernglas, und ich reiche es dem Journalisten aus der DDR neben mir weiter.

»Nicht schlecht«, meint er, »aber wenn sie privat für die Herren tanzt, zeigt sie bestimmt noch mehr von sich.« Er hat vier Jahre in Moskau verbracht und weiß, wie es zugeht in dieser Welt.

»Wie sah das Maifest in Moskau aus?«

»Gleich. Alles ist immer gleich.«

»War das Volk zugelassen?«

»Nein. Das Volk wird nie zugelassen.« Er kichert. »Die Große Halle des Volkes ist, wie der Freundschaftsladen, für Kader allein!«

Mein kommunistisches deutsches Alter ego hat seine Ehrfurcht vor dem Regime verloren. Viele von uns Nicht-Kommunisten haben sie sich noch bewahrt.

Wir stehen auf und gehen hinaus. Die breiten Gänge sind voller Helden und Modellarbeiter, die weder zum sowjet-sozialistischen Konzert in der Superhalle noch zur Peking-Oper nebenan zugelassen sind. Für sie gibt es ein Puppentheater und Tische mit Brot und gekochtem Wasser.

Früher war der 1. Mai der Tag, an dem Mao sich dem Volk zeigte. Der Platz des Himmlischen Friedens war dann ein Meer von roten Fahnen. Die Führerschaft und die hohen Militärs saßen auf den Tribünen, und Mao stand auf und segnete die Massen. Eine Chinesin mittleren Alters, heute enttäuscht und bitter, erinnert sich daran, wie sie Jahr für Jahr zu diesem Fest aus Shanghai gekommen war und bei einer Tante auf dem Fußboden geschlafen hatte, um »*ihn*« zu sehen.

Wir stecken unsere Köpfe wieder in das Supertheater. Eine Blechkapelle spielt einen Foxtrott.

»Die suchen verzweifelt nach einem neuen Stil«, sagt der Mann aus der DDR, »nach etwas, das dem Volk gefällt.«

13. Mai 1981

Liu, der Photograph der »Associated Press«, erinnert sich, zu Tisch bei Georges und Michelle Duquin, unter französischen Diplomaten und bei vorzüglichem Essen, an seine jungen Jahre in der Provinz Fujian.

Seine Eltern hatten ihn aus Hong Kong, wohin sie 1949 geflüchtet waren, zurück ins heimatliche Dorf zur Schule geschickt, denn selbst unter den Kommunisten, meinten sie, sei in China der Unterricht besser als im Ausland. Als Sohn des ehemaligen Landbesitzers aus der rosa Villa ging also der kleine Liu mit den Kindern von Bauern und Soldaten zur Schule und merkte bald, daß er lernen und arbeiten konnte, soviel er wollte: Die Sünde, einer »bösen«, einer »schwarzen« Familie zu entstammen, war nicht wegzuwaschen. Obwohl er immer zu den Besten gehörte, gelang es ihm nie, ein rotes Fähnchen zu ergattern. Zur Zeit des Großen Hungers, 1960/61, riefen ihn die Eltern zurück nach Hong Kong, und an seinem letzten Schultag wurde ihm das rote Fähnchen gegeben.

»Und dann haben Sie es abgelehnt, nicht wahr?« fragt eine mit Perlen behängte französische Dame.

»Abgelehnt?« ruft Liu. »Ich habe es angesteckt und bin wie wahnsinnig vor Freude nach Hause getaumelt. Mir ist jener Tag als einer der glücklichsten meines Lebens in Erinnerung geblieben!«

Damals bedeutete China den Chinesen noch die Welt.

14. Mai 1981

Tiziano ist aus Vietnam und Kambodscha zurückgekehrt.

Zu den Vietnamesen hat er gesagt: »Euer System ist identisch mit dem der Khmer Rouges, nur zeitlich versetzt. Ihr habt die Absicht, allmählich dieselben Klassen abzuschaffen, die die Khmer Rouges mit einem schnellen Blutbad ausgerottet haben. Das Endergebnis wird dasselbe sein.«

Sechs Jahre nach der Befreiung Südvietnams sah er Korruption, Verfall, Bettler und Huren in Saigon, und er beobachtete Hanois »Saigonisierung«. In den Umerziehungslagern empfingen ihn Thieus Generäle mit Liedern und Händeklatschen. Aufgefordert, ihnen Fragen zu stellen, wandte er sich an sie: »Meine Herren, wie ist das Wetter heute?«, und endlich entdeckte er in ihren glasigen Augen wieder das Zucken einer menschlichen Regung.

»Ich bin gegen Thieus Konzentrationslager gewesen«, sagte er in Hanoi während eines Essens im kleinen Kreis und bei Kerzenlicht zu Vo Dong Giang, dem vietnamesischen Vize-Außenminister. »Heute bin ich gegen die euren.«

»Wenn wir die politischen Gefangenen befreien, werden sie uns bald die Macht wegnehmen«, antwortete Vo Dong Giang. »Das Problem ist, daß wir, als wir die Macht ergriffen, keine Erfahrung im Regieren hatten.«

»Dann hättet ihr sie nicht ergreifen sollen.«

Schließlich werden China all seine Fehler auch die Liebe der Chinesen kosten.

Liwen, die aus einer der »bösen« Familien stammt, fühlt sich im eigenen Land »wie eine Schwarze in Amerika. Es ist, als liebte dich deine eigene Mutter nicht. Was tun?«

»The young cork off«, sagte vor einigen Tagen Ruth Weiss, eine alte »Freundin Chinas«, die hier schon lange lebt. »Die Jungen wenden sich ab, sie entfernen sich von China wie ein Korken, der auf dem Wasser wegschwimmt.«

15. Mai 1981

Frühling in Peking. Alle unsere Uhren stehen plötzlich still. Wer weiß, welche magnetischen Strömungen diese Ebene durchqueren!

Im wirbelnden Sand, durch den die Sonne wie bläuliches Quecksilber schimmert, erscheint hier und da ein Dach, ein Bus, eine menschliche Figur. In der langen krummen Straße der östlichen Perlenkreuzung stemmen sich dunkle Figuren gegen den Wind, gegen den Staub, die Frauen wie Banditen mit dem Gazetuch vor dem Mund.

Wir kaufen kleine Jadestücke bei einem der »selbstverantwortlichen« Trödler, zu denen jetzt alle Welt läuft.

»Früher hätte ich euch Rabatt geben können«, flüstert er uns auf englisch zu. »Jetzt, unter den Kommunisten, muß ich meinem politischen Vorgesetzten über alles Rechenschaft ablegen. So much trouble ...«

Dann gibt es kühle, frische Morgen, mit blauem Himmel und klaren schwarzen Schatten, in denen ich mit Michelle Duquin durch das alte Peking gehe.

»War dies ein Tempel?« fragen wir in der Straße des Trommelturms.

»Ja, aber jetzt ist er geschlossen.«

»War dies der Palast des Prinzen Tuan?«

»Ja, aber jetzt hat ihn eine Fernseherfabrik übernommen.«

Holzgeschnitzte Pavillons und schwarze Zypressen vor rosa Mauern, ein Labyrinth von Höfen, bis hinunter zum ruhigen See des Nördlichen Meeres. Alles, was ihn umgab, ist heruntergerissen. Fabriken und weißer Staub ist alles, was bleibt.

»Ist dies eine Schule?«

»Nein, es sind Büros. Früher war es die Ahnenhalle des Prinzen Chun ...« Argwöhnische Gesichter sehen uns an.

»Und der Gelbe Tempel und der Schwarze Tempel, wo sind die?«

Begraben unter den Fabriken der neuen Peripherie.

Wir gehen bis zum »De Shen Men«, zum Stadttor des Tugendhaften Sieges, durch das die kaiserlichen Soldaten aus- und einzogen. Es wird restauriert und bleibt, einem farbigen, alten Stummel gleich, auf der großen, modernen Straße stehen, die jetzt auf den Spuren der Stadtmauern entlangläuft.

Im weißen Staub des Platzes, auf dem früher die Milizen und die Kameltreiber rasteten, sitzt ein Alter mit Strohhut an einer Nähmaschine und repariert eine Tasche. Ein anderer neben ihm flickt einen Schuh – zwei, die sich der Privatinitiative hingeben. Die gelben Dächer des Lama-Tempels, die grünen der Ahnenhalle des Prinzen Chun und die leichte Masse des Glocken- und des Trommelturms schweben über den grauen Häusern der Stadt.

»Peking wird mir fehlen«, sagt Michelle. »Man fühlt sich geborgen hier.«

Diese Stadt war vollkommen bis in jedes Detail. Wenigstens wissen wir jetzt, wie schön sie war.

18. Mai 1981

Willem van Kemenade, der holländische Korrespondent einer Amsterdamer Tageszeitung, ist aus China ausgewiesen worden. Es ist das erste Mal nach der Kulturrevolution, daß so etwas wieder geschehen ist.

Im Außenministerium, wohin er gerufen worden ist, hat ihm ein schroffer Funktionär gesagt: »Sie wissen sehr wohl, worum es sich handelt. Das verantwortliche Büro besitzt Beweise für Ihr unziemliches Verhalten. Gehen Sie, ohne Fragen zu stellen. Dieses Büro irrt sich nie.«

Was es mit diesen »Beweisen« wohl auf sich hat? Tatsache ist jedenfalls, daß die Niederlande trotz wiederholter Warnungen von chinesischer Seite soeben beschlossen haben, Unterseeboote an Taiwan zu verkaufen. Unverzüglich hat China seinen Botschafter aus Den Haag zurückgerufen, und die Beziehungen zwischen den beiden Ländern sind auf die Ebene der Chargés d'affaires heruntergestuft worden. Nun kommt diese Ausweisung. Soll es ein Racheakt sein?

»Einen Grund werden sie schon haben, seine Frau ist aus Taiwan ... Ich will nichts damit zu tun haben. Wenn mir etwas passiert, verteidige ich mich allein«, hat ein amerikanischer Journalist gesagt, als Tiziano und Fernando Mezzetti die Vereinigung der Journalisten zusammenrufen wollten.

»Es geht hier nicht nur um Kemenade, sondern um ein Prinzip«, sagt Tiziano. »Wir wollen wissen, wessen man ihn beschuldigt. Wir weisen Diffamierung und Verleumdung zurück. Potentiell sind wir alle ein Kemenade.«

Das ausländische Pressekorps hat sich darüber entzweit. Als Mezzetti und Tiziano vorschlugen, der Vorsitzende der Journalistenvereinigung solle vom Außenministerium eine Erklärung über den Fall des Kollegen verlangen, konnte sich der Vorsitzende, dessen Nation mit China durch besondere Freundschaftsbeziehungen verbunden ist, zu keiner Aktion durchringen. Das Vertrauen wurde ihm entzogen, und die kürzlich gegründete Verbindung löste sich auf. Willem van Kemenade hat seine Sachen gepackt und ist nach Hong Kong abgereist.

Zwei Tage danach hat das Außenministerium eine Erklärung abgegeben, in der es heißt, daß sich »Kemenade und seine Frau seit ihrer ersten Reise nach China im Jahre 1979 Tätigkeiten gewidmet haben, die mit dem Beruf eines Korrespondenten nicht zu vereinbaren sind ...«

Spionage für Taiwan also. Das scheint ganz plausibel und beruhigt das Gewissen derer, die Ruhe haben wollen. Manchmal ist es mir, als hätten wir unsere Rechte und Freiheiten geschenkt bekommen, aber nicht verdient.

19. Mai 1981

Heute, nach einem Mittagessen beim westdeutschen Botschafter, hat der Stellvertretende Pressechef des Außenministeriums, seinen Kaffee trinkend, zu Tiziano gesagt: »Es freut mich sehr, Ihre Bekanntschaft zu machen. Ich hatte Sie schon vor längerer Zeit kennenlernen wollen, denn Ihr Bericht über Tibet hat uns wirklich überhaupt nicht gefallen. Diese Sache mit der Übermacht der Han-Chinesen über die Tibetaner, nein, das gefällt uns nicht.«

Vierundsiebzig Generationen und mehr

20. Mai 1981

Samstag nacht sind wir um drei Uhr aufgestanden. Es war dunkel, als wir mit Hund und Kindern ins Auto stiegen. Nur ein westliches Liebespaar ging durch den Hof nach Hause. Die Stadt war leer wie die Straße durch die Ebene zur Großen Chinesischen Mauer. Gegen vier wurde der Himmel blasser, und man sah die ersten Berge. Aus dem grauen Licht tauchten die ersten Verteidigungsmauern auf. Von den Bergen stürzen sie sich herunter und durchschneiden das Tal. Nur noch Fragmente, Ruinen sind davon übergeblieben. Dahinter erscheint die Große Mauer, die klettert und fällt, sich auf dem Grat der Berge voranschlängelt und wie ein Reptil am Horizont verschwindet.

Von Wachtturm zu Wachtturm gehen wir auf ihr entlang und blicken durch die Zinnen auf die weite Ebene, die jenseits liegt und in der sich die Stummel alter Wachttürme verlieren.

Frühmorgens, wenn die Touristenbusse noch nicht angekommen sind, ist es nicht schwer, sich vorzustellen, wie die Soldaten hier entlanggeschritten sind, auf diesem 5000 Kilometer langen Bollwerk Wache hielten, 2000 Jahre lang. Nur selten meldeten brennende, von Wachtturm zu Wachtturm sich entzündende Pfeile: Gefahr! Und China rüstete sich zur Verteidigung. Sonst gab es nur das Pfeifen des Windes, die roten Blätter im Herbst, den eisigen Winter mit seinem frechen Blau, die Pfirsichblüte im Frühling – und so ging's weiter, in der jahrtausendelangen Stafette im Dienste des Landes.

Die Wächter des Passes steigen aus ihren Betten und stellen die Lautsprecher an, um uns mit revolutionärer Musik zu begrüßen. Lieder rollen ins Tal. Lastwagen »Rote Fahne« kriechen langsam aus der Mongolei herauf, passieren die zwei engen Tore auf dem Paß und fahren in die Pekinger Ebene hinunter.

Diese Mauer, dieser Drache, der im Grau verschwindet, ist die Grenze, die China sich selbst gesteckt hat und die kein chinesischer Odysseus je zu überqueren gewagt hat.

»War es ein Traum?« fragt Saskia verwirrt, als wir morgens um acht wieder ins Bett gehen.

Wir durchschlafen den Tag. Draußen regnet es. Die Fahrräder rauschen vorbei, die Eisenbahn pfeift und seufzt.

Abends treffen wir uns mit Shan Yun und Liwen in einem Massenrestaurant beim Trommelturm. Die Bäume triefen, das Restaurant ist gerammelt voll. Leute, die um die runden Tische sitzen, Leute, die sich an der Theke Essensmarken kaufen, Leute, die Schlange stehen vor den Bierkaraffen, Leute, die im Stehen essen, ihren Teller auf den Tisch anderer oder auf die Fensterbank stellen. Die vier am Tisch, vor dem wir Wache halten, erheben sich, den letzten Bissen noch im Mund, und bieten uns ihre noch warmen Hocker an.

Liwen ist gesprächig. Sie hat das Haus von Mao in Zhong Nan Hai, der neuen Verbotenen Stadt, besichtigt und erzählt von Luxus, wunderschönen Gärten, einem alten kaiserlichen Pavillon – nichts von der »mönchhaften Schlichtheit«, von der man immer redet. Shan Yun ißt nicht viel, spricht nicht viel, blickt aufmerksam um sich.

»Ich bin auch einmal in Zhong Nan Hai gewesen«, sagt er. »Mao hatte mich eingeladen, um mir zu gratulieren ...« Das war damals, vor den zwanzig Jahren Landarbeit, als er noch ein junger, erfolgreicher Schauspieler war.

Später gehen wir im Park des Nördlichen Meeres am See spazieren. Die Dagoba schillert weiß von der kleinen Insel herüber, der Vollmond tritt hinter den Wolken hervor.

»Stille, dies ist Stille!« ruft Liwen verzückt. »Nicht ein Wellenschlag, nicht ein Windhauch, die Ruderboote sind an Land gezogen ...« Sie deklamiert Verse. Wir kommen zu einem großen Tempel mit schwerem Dach, das von riesigen Holzsäulen getragen wird. Rundherum floß sonst ein Bach durch Marmorbrücken. Der Bach ist versiegt, der Tempel ausgeraubt, die Brücken sind kaputt. In der dunklen Tempelhalle sitzen Liebespaare wie die Katzen in den Ruinen von Rom.

»Noch vor kurzem ritt einzig und allein Jiang Qing in diesem Park spazieren. Nun ist er voller Liebespaare! Ja, wir wollen Ausflüge machen, wir wollen auswärts essen, wir wollen Kleider kaufen und uns vergnügen, denn die Kulturrevolution ist vorbei!«

An der Parkmauer entlang, in alten fürstlichen Hofhäusern leben heute, wieder hinter Mauern, Funktionäre, von denen niemand etwas weiß. Tiziano klettert auf einen Baum und sieht in wunderbar gehaltene Gärten, in einen geheimen, unvermuteten Luxus.

Um 21 Uhr fordern Lautsprecher zum Gehen auf. Männer mit Taschenlampen durchstöbern die Büsche und schließen dann die Tore.

26. Mai 1981

Folco leidet oft unter seinem Schulleben. Er erfährt an sich selbst, was Diskriminierung heißt: Obwohl er den 900-Meter-Lauf gewonnen hat, darf er die Schule nicht im Stadion vertreten.

»Du warst noch nicht schnell genug... Vielleicht gibt es auch gar keinen 900-Meter-Lauf...« hat der Lehrer gestammelt, und Folco hat bald verstanden, wie die Dinge lagen.

Drei ausländischen Kindern ist erlaubt worden, im Wettkampf der Schulen mitzumachen, und alle drei haben gesiegt. Es waren Schwarze, und im Sport schlagen die Schwarzen bekanntlich viele Länder der Welt. Von Weißen wollen sich die Chinesen lieber nicht überholen lassen.

Manchmal ist man dieser schwierigen Gesellschaft müde. Wandschirme in jeder Ecke, Schliche, Lügen. Nie das Risiko einer offenen Diskussion, nie die direkte Auseinandersetzung. Die Chinesen verbringen unsagbar viel Zeit und Energie mit Illusionskunststücken. An Folcos Rennen hat man es wieder gesehen: Tage sind mit Hin-und-Her-Gerede vergangen. Folco fragte dies, der Lehrer antwortete das. Der wahre Grund wurde nie genannt. »La maladie de l'intelligence« hat Lucien Bodard diese chinesische Eigenschaft genannt.

Alles ist Politik in China, selbst ein Wettrennen, ein Singfest oder das Drachenfliegen. Der persönliche Einsatz als solcher interessiert nicht und wird auch nicht belohnt.

Qufu, 30. Mai 1981

Nach einem langen, arbeitsamen Tag überqueren wir nachts mit Folco und zwei amerikanischen Freunden den Pekinger Bahnhofsplatz, auf dem Hunderte von Reisenden über Nacht kampieren, treten in die Halle, gleiten die Rolltreppe zu den Gleisen hinauf und besteigen den Nachtzug nach Süden, in die Provinz Shandong. Neun Stunden später wachen wir in Yangzhou, im Herzen Chinas, wieder auf.

Unsere Fahrräder stehen schon in einem Schuppen für uns bereit. Ein dicker Mann übergibt sie uns und verscheucht die Neugierigen, die sich um uns drängen.

Wir warten auf einen Reifenmann. Er schläft noch, muß erst geweckt werden. Radfahrer, Bauern mit beladenen Karren, Soldaten,

Schulkinder, Frauen mit Einkaufstaschen nahen von beiden Straßenenden, starren uns an und verheddern sich schließlich in einem unentwirrbaren Knäuel von Reifen und Beinen, in dessen Mitte wir mit unseren Fahrrädern stehen. Man guckt uns aus kranken, schielenden, vom Trakom benebelten Augen an, aus abgestumpften Gesichtern.

Um 7 Uhr radeln wir los, über die Landstraße, die von Yangzhou nach Qufu, dem Geburtsort des Konfuzius, führt.

Von hohen Pappeln beschattet, zieht sie durch weite Felder, auf denen das Korn reift. Könige und Krieger haben auf dieser Erde gekämpft, Bauern haben sie seit Urzeiten bestellt – und immer noch ist sie grün und frisch. Ausgemergelt ist nur der Mensch, der sie geduldig auf seinen Karren durchquert, in schwarzer Hose, weißer Joppe, die Augen unter dem Strohhut wie zwei Fältchen in seinem Gesicht – die ewig gleiche Erscheinung, der vor 2500 Jahren Konfuzius schon begegnet ist: bei seinen Wanderungen durch das Königreich Lu.

Auf den deichsellosen, von Tier oder Mensch gezogenen Karren fahren gebrannte Tongefäße, schwarze Schweine, Elektrizitätsmaste, riesige Strohballen an uns vorbei. Ein Mann zieht einen Karren mit einem großen Segel. Tiziano nimmt seinen Platz ein, das Segel bläht sich – und schon verschwindet er hinter einer Biegung.

»Seid ihr Amerikaner? Amerika ist ein besseres Land als unseres ... Wir sind arm, wir haben nichts.« Die ersten Zweifel.

Ein paar Stunden später fahren wir mit Karren und Bauern durch ein altes Stadttor nach Qufu hinein – und haben den bemalten Ehrenbogen, die Marmorbrücke und den schwarzen Zypressenwald des großen Konfuzius-Tempels vor uns.

Konfuzius war lange Jahre auf Karren, wie wir sie hier sehen, durch die verzankten Königreiche Chinas gefahren, auf der Suche nach einem Herrscher, der sich seiner Lehre bediente und Frieden herstellte. Keiner hörte ihn an, und er zog sich schließlich unter einen Aprikosenbaum zurück, unterrichtete seine zwölf Jünger und starb, arm und unerkannt.

Um jenen Aprikosenbaum herum entstanden der Tempel und der Sitz der Familie Kong, entstand ganz Qufu und das konfuzianische China, als die Chinesen merkten, daß in dem System des Großen Weisen der Schlüssel zu einer Gesellschaftsordnung lag, die jedem

Menschen seinen Platz zuweist und dem Kaiser die absolute Macht zuspricht. Qufu wurde zum Mittelpunkt des wohl größten Kultes, den die Menschen sich jemals ausgedacht haben und über den die Nachfahren des Konfuzius wachten.

1949 übernahmen die Kommunisten diesen Schrein der Tradition, restaurierten ihn und unterstellten ihn einem Kurator. (Der letzte Fürst Kong war nach Taiwan geflohen.) 1966 fielen die Rotgardisten darüber her. 1971, während der Kampagne »Kritisiert Lin Biao, kritisiert Konfuzius«, kamen sie nochmals wieder. Wenig ist übriggeblieben, aber das Wenige wird jetzt restauriert.

Der Tempelbezirk ist wie eine Phantasie der Natur, wie ein verwunschenes, verwahrlostes, verlassenes Schloß. Zwischen den knochigen Zypressen stehen ausgeplünderte, rotlackierte Hallen, mächtige steinerne Schildkröten tragen zerbrochene Stelen, in der Bibliothek nisten Vögel. Durch ein verriegeltes Tor sehen wir in einen Seitenhof, in dem alles noch so ist, wie es die Rotgardisten hinterlassen haben. Statuen und Stelen liegen im hohen Gras unter tanzenden Schmetterlingen.

Die Halle des Großen Meisters, mit den Drachen, die sich an ihre Säulen klammern, blickt leer und verrammelt auf die Stelle des Aprikosenbaums und die lange Folge der Höfe hinunter. Verschwunden aus ihr ist die große Konfuzius-Statue, das Modell für alle Konfuzius-Statuen des Reiches; verschwunden sind die unersetzlichen, uralten Musikinstrumente, deren Klänge wie der Tanz zum Ritus gehörten.

Auf der weißen Marmorterrasse vor dieser Halle wurden jeden Herbst und Frühling die alten Riten zu Ehren des Meisters aufgeführt. Im Licht von Mond und Kerzen tanzten Knaben in weißen Gewändern zu den überlieferten Klängen, hohe Mandarine und oft auch der Kaiser in voller Montur saßen unter den Zypressen: So schwor sich China 2500 Jahre lang, unverändert fortzudauern.

74 Generationen direkter Nachfahren des Konfuzius – auf Chinesisch Kong Zi – haben in der Residenz der Familie Kong neben den rosa Tempelmauern gelebt, über die Riten gewacht und den Mythos übertragen. Sie wurden wie Fürsten geehrt, ihr Haus war eines der beschenktesten Chinas.

Eine Flucht von Höfen folgt auf den ersten, in dem heute noch ferne

Anverwandte des Konfuzius unter einem riesigen Baum sitzen. Wir schieben unsere Räder in den westlichen Flügel, in dem früher die Gelehrten, Freunde des Hausherrn, wohnten; hier sollen wir unterkommen.

Unser Pavillon hat große, mit weißer Gaze bespannte Fenster und den Geruch eines alten Hauses. Nachts, in meinem Bett, höre ich einen Vogel, der mit schrecklicher Eintönigkeit seinen Schrei ausstößt. Ein Bambus wirft seinen Schatten auf das Fenster. »Hebe ich den Kopf, sehe ich den Mond – senke ich ihn, träum' ich, ich sei zu Haus«, hatte Li Po in seinem Exil geschrieben.

Den Chinesen muß die Rolle gefallen haben, die Konfuzius einem jeden zugedacht hatte, denn sie haben ihn – den Sterblichsten der Sterblichen – wie einen Gott verehrt. Kein neuer Denker vermochte je an seiner Lehre zu rütteln, und der Kaiser, wie der Kaiser des Heiligen Römischen Reiches, war der höchste Verteidiger des Glaubens.

Der »Ju«, der Gentleman-Literat, wie ihn Konfuzius beschreibt, geht heute noch, 25 Jahrhunderte später, unverändert durch die Straßen Chinas. Genügsam und durch und durch kultiviert betritt er seine ausgeraubte Wohnung und fängt dort wieder an, wo er 1966 aussetzen mußte, als er zur Landarbeit abzog. Ihm ist nur Konfuzius heilig, und er straft mit Verachtung, wer nichts von seiner Lehre hält.

Einmal wurde eine kaiserliche Prinzessin an einen Kong vermählt. Das Volk schaute von den Feldern aus zu, wie sie in ihrer Sänfte aus Peking kam; dann verschwand sie mit ihrem Gefolge von Eunuchen in den hintersten Höfen des Hauses: eine Dienerin auch sie im Dienste der Tradition.

»Konfuzius ... Konfuzius ... Kultu-r ... Kultu-r ...« schreit der Vogel. »Kulturrevolution!«

Qufu, 31. Mai 1981

Die Stadt ist klein. Sie beginnt hinter dem Trommelturm, der die elegante Welt der Kong von der volkstümlichen trennt. Heute ist Markt. Bauern mit Schweinen, mit Matten, Tongefäßen und Knoblauch traben in unermüdlicher Prozession durch das Stadttor. Auf einem breiten Streifen weißen Staubes kauern sie dann unter ihren Strohhüten wie magere Vögel hinter ihrer Ware. Man blickt zurück in alte ländliche Gewohnheiten, die mit den freien Märkten wieder zum Leben erwachen. Vom Sozialismus keine Spur mehr, es sei denn in der Tatsache, daß niemand mehr Hungers stirbt.

Wir verlassen die Stadt durch das nördliche Stadttor. Vor uns liegen Kornfelder und eine Straße mit verknöcherten Zypressen, die zu Konfuzius' und seiner Nachkommen Grabstätte führt. Die Gräber liegen in einem Wald von Zypressen und Eichen, in dem mit der Natürlichkeit von Grashalmen die Stelen von 74 Kong-Generationen stehen. Ab und zu begegnet man im grünen Licht einer kleinen Prozession von steinernen Schafen, Löwen, Pferden und Beamten, die vor einem Grabhügel Wache halten, und sie sind es auch, die aus dieser Grabstätte einen Ort der Fabel, der unvergeßlichen Legende machen.

Vor Konfuzius' Grab wachen zwei Panther, zwei Greifen und zwei Minister – Symbole der höchsten Bestattungsehre. Das Grab selbst ist nur ein Haufen Erde mit einer Stele davor, auf der es heißt: »Grab des Prinzen Wenxuan, des sehr Vollkommenen und sehr Heiligen«.

Andere Grabstätten befinden sich auf den Feldern. Die letzten Bäume dieser Landschaft säumen sie. Die verhungerten Bauern hatten sie stehen lassen, damit sie die Steintiere beschatten und über Chinas Ahnen wachen. Aber die Rotgardisten haben sie verwüstet.

Das Grab des sagenhaften Kaisers Shao Hao, eines Zeitgenossen Odysseus', dessen riesige Schildkröte in einem Baumwollfeld liegt, das Grab von Menzius, das der Eltern von Konfuzius – alle sind sie zerschlagen, zertrümmert. Die Steintiere liegen im Gras, ihre milde lächelnden Köpfe weit von den Rümpfen entfernt. So wurde der Zauber gebrochen.

Als die Dunkelheit kommt, flackern Petroleumlichter in den Häusern auf, Menschen bieten uns flüsternd Kerne und Samen an. Wir kehren in einer vom Ruß geschwärzten Höhle beim Glockenturm ein. Der Wirt ist betrunken und redselig, seine Frau hantiert hinter einem Eisengitter mit schweren eisernen Pfannen. Wasserkübel und Ölgefäße stehen auf dem Boden. Mittelalter, würden wir sagen, aber in China hat es nur *eine* Zeit gegeben – und die stand still.

Qufu, 1. Juni 1981

Frühmorgens radeln wir zurück nach Yangzhou, Folco jetzt immer mit umgehängtem Photoapparat. Zwei Stunden durch die Felder. Dann neun Stunden Eisenbahn, hauptsächlich durch Shandong, eine erhabene Provinz da, wo sie nur aus Steinen, ausgetrockneten Flüssen und blauem Himmel besteht, wo skelettartige Tiere und Menschen die letzten Säfte aus der Erde saugen und hartnäckig davon leben.

Im Zug lese ich über den Meister. Die Kontroverse, ob Konfuzius ein »gutes oder schlechtes Element« gewesen sei, ist noch offen und dreht sich im wesentlichen um die Frage, ob – vor 25 Jahrhunderten – Konfuzius den Feudalismus bekämpft oder befürwortet habe. Man fragt sich, wie Historiker über so falsch gestellte Fragen diskutieren können. Sie dienen einzig und allein dazu, den Chinesen das Staunen vor der eigenen Vergangenheit zu nehmen.

Neue Formeln, neue Freiheiten

10. Juni 1981

Morgens früh laufe ich mit Baoli aus unserem hinteren Gittertor hinaus und durch das Schachbrett der Straßen bis zum Park der Sonne.

Schattenboxer bewegen sich da mit der Langsamkeit der Fische. Gongfu-Gruppen üben ihre Stöße. Sänger krächzen Arien der Peking-Oper. Alte Frauen recken und strecken sich schwatzend an den Zweigen. Auf Bürgersteigen gehen Studenten laut lesend hin und her. Eine Frau meditiert vor einer weißen Wand. Männer bewegen sich tänzelnd; einer hüpft über ein unsichtbares Tau. Während die Botschaften noch in ihren Gärten schlafen, biegen und pflegen die Chinesen ihre Körper, halten sie geschmeidig und trainieren durch langes, langsames Atmen ihre Geduld.

Hinter dem Park der Sonne beginnen die Mäander der alten Hutongs. Alte Männer mit ihren Vogelbauern kommen daraus hervor, schaukeln sie vorsichtig, hängen sie an das Gitter des Parks und warten, daß die ersten Sonnenstrahlen ihre Vögel berühren und ihnen ihre Melodien entlocken.

Baoli zieht mich im Zickzack durch die Straßen. Väter zeigen ihn ihren Kindern, als sei er ein vorsintflutliches Tier.

»Großer Hund, fetter Hund, böser Hund, bissiger Hund ... Oh! was für eine große Katze!« höre ich sie sagen.

Ein Alter betrachtet ihn zärtlich: »Man sieht so selten noch einen Hund in China – sie wurden alle totgeschlagen.«

Dies ist die Stunde, in der jeder sich seinen kleinen Freuden und Gedanken hingibt, die Stunde, in der China noch nicht sozialistisch ist.

Nach all den Überlegungen hin und her, für und wider den Sozialismus, gehe ich in die Stadt.

Ich gehe in die Wangfujin, ins Herz Pekings. Und was finde ich? Bauern. Rauhhäutige, verdutzte Bauern, die über die Herrlichkeiten in den paar Kaufhäusern der alten Geschäftsstraße staunen. Die Straße ist für Autos gesperrt. Sie ist wie ein mächtiger Strom von schlichten Menschen, die nach Knoblauch riechen und nach Stall, nach nie gewaschener Mao-Kleidung, die aber zufrieden sind, weil sie Armbanduhren, Kochtöpfe und einen Sony-Fernseher in der Hauptstadt sehen.

»Kommt es auf die Massen an?« hatte mein Vater sich als junger Mann gefragt, als er den Entschluß faßte, Maler zu werden.

Am Ende der Straße, hinter den Akazien, die den Bürgersteig beschatten, liegt das Peking-Hotel, wo Bai Hua vor kurzem mich am Ärmel faßte. Aber was wissen diese Bauern von Bai Hua? Was schert es sie, wenn er sich nicht frei ausdrücken kann?

»Kommt es auf Bai Hua an?« frage ich mich jetzt in der Wangfujin, mit Folcos Shorts unterm Arm und nur Massen, wohlgenährten und zureichend gekleideten Massen um mich herum. Es ist ein Land von 800 Millionen Bauern, die jetzt zufrieden sind, denn ihre Wünsche werden endlich erfüllt.

Deng Xiaoping versucht seinen Sozialismus »mit dem menschlichen Antlitz« durchzusetzen, und man sieht den Erfolg auf den Straßen. Die Mode floriert, Liebespaare küssen sich in den Parks, Arbeitseinheiten machen Ausflüge, die Restaurants sind voll. Geschäfte »in Eigenverantwortung«, ein Teehaus, ein Bänkelsänger – alles kommt wieder.

Das Leben wird wieder normal, es wird sogar wieder schön. Vorbei ist das Brüllen der Lautsprecher an allen Straßenecken, der Zwang zu identischen Verhaltensweisen, identischer Denkungsart und identischer Kleidung, vorbei die Angst, die Eintönigkeit, das Verbot von Blumen, Vögeln und Katzen.

»Wie sieht doch China wieder chinesisch aus!« hat der amerikanische Schriftsteller Orville Schell gesagt, der noch das starre Straßenbild von 1975 vor Augen hatte, als er vor kurzem wiederkam.

Aber alles hat seinen Preis. Die Partei erlaubt keine Kritik, erlaubt nicht, daß man an ihr zweifelt. Sie ist der Leim, der das riesige Land zusammenhält; sie verhindert, daß persönliche Rache das Land noch einmal ins Chaos stürzt – heute, nach der Kulturrevolution, wie 1949, nach der Befreiung. Ihr wird die Freiheit geopfert.

»Wir sind noch nicht soweit. Unsere Vier Modernisierungen sind noch nicht genügend fortgeschritten, deshalb darf ich Sie nicht wiedersehen«, schreibt eine Studentin an meine Freundin Angelika, nachdem sie sie selber zu sich nach Hause eingeladen hatte. Das Straßenkomitee, von ihrer Bekanntschaft mit einer deutschen Diplomatenfrau unterrichtet, hatte dem Mädchen befohlen, diese abzubrechen, und zwar mit jenen Worten: »Wir sind noch nicht soweit.«

23. Juni 1981
Partys. Immer die gleichen, flüchtigen, nervösen, zerstreuten Cocktailpartys. Wir Ausländer laden uns gegenseitig ein, nicht zuletzt, um den anderen Informationen zu entlocken oder selbst mit ihnen anzugeben.

»In der ›Volkszeitung‹ von morgen wird stehen...« sagt ein amerikanischer Journalist bei jeder Gelegenheit, um zu zeigen, daß er über wichtige Quellen verfügt, die er natürlich für sich behält.

Abschiedsfeste. Die Deron, die Scauso sind schon abgefahren; nun gehen leider auch unsere Freunde Duquin, und damit hören auch meine Gänge mit Michelle durch das alte Peking auf. Zuletzt haben wir am Stadtrand von einst neben einer Fabrik noch den Gelben Tempel entdeckt.

Giorgio Mantici schreibt in seinem Buch über den jungen Mao, er habe Edgar Snow erzählt, wie sehr er als junger Mann die wunderschöne Hauptstadt geliebt hat. Warum hat er sie dann zerstört?

Melinda Liu hat ihren Hochzeitsempfang in der Großen Halle des Volkes gegeben. Das amerikanische Brautpaar durfte die heiligen kommunistischen Hallen für gutes Geld benutzen, genauso wie »Coca-

Cola« und jede ausländische Bank, die etwas auf sich hält, dort ihren Einzug in China feiert.

Während wir also in der Shandong-Halle auf Melinda und Charlie Steven's Wohl anstießen, tagte vermutlich in einem anderen Verlies dieses gigantischen Gebäudes das Zentralkomitee der Partei.

Seit Mai schon, sagt man uns, werden hohe Funktionäre zu wochenlangem »Studium« in Parteischulen geschickt, wo sie die »neue Linie« zu formulieren haben, die sie dann ihrerseits weitergeben und durchsetzen müssen. Manche Leute versprechen sich von dieser abermaligen »Umerziehung« einen Wandel in der Mentalität der Kader.

Wie soll das vor sich gehen? Wie sollen diese Menschen sich noch mal erneuern? Höchstens werden sie ihre neue Rolle auswendig lernen können. Alle diese Experimente in eine und dann in die andere Richtung – Bai Hua, der erst kritisiert und dann mit einem Preis für ein altes Werk belohnt wird –, all dies reflektiert, genau wie Shushuen sagt, den Tumult im Herzen der Partei, den unbeendeten Machtkampf zwischen Deng Xiaoping und Hua Guofeng.

Shushuen selbst hat einen Vertrag ausgehandelt für den ersten Spielfilm, der in Koproduktion zwischen Amerikanern und Chinesen gedreht werden wird. »Peking Encounter« soll er heißen. Drehbuchautor ist sie.

Andere westliche Fernsehgesellschaften haben die Tür zugeknallt und sind wieder abgefahren, entrüstet über Zeitverlust und Preise. Shushuen meint, das Scheitern sei Mißverständnissen zwischen den Kulturen zuzuschreiben. Vielleicht hat sie recht. Vielleicht hätten die Amerikaner, als man von ihnen 20000 Dollar für das Filmen eines Pandas forderte, den Chinesen 100 Dollar anbieten und nach weiteren Verhandlungen sich auf 150 Dollar einlassen sollen. Aber uns Westlichen fehlt zu diesen abstrusen Prozeduren die Geduld.

Florenz, 7. Juli 1981

Ich bin seit sechs Tagen wieder in Florenz und denke an Peking, an meine Changan in Staub und flimmernder Hitze, die mir inzwischen vertrauter ist als meine alten Hügel.

Bevor wir abflogen, kam Liwen zum ersten Mal im Rock mit gelber

Nylonbluse und falschen Brillantohrringen: dem neuen Look. Das VI. Plenum des Zentralkomitees tagte noch, aber ihrer Einheit war schon gesagt worden, daß sie im Juli halbtags zu arbeiten und halbtags die »neue Linie« zu studieren hätte.

Nun weiß man auch, wie die aussieht.

Deng Xiaoping triumphiert. Hua Guofeng hat auch sein Amt als Parteivorsitzender niederlegen müssen, und Hu Yaobang, ein Schützling Dengs, hat es übernommen. Maos historische Rolle ist revidiert worden: als großer Revolutionär wird er weiter verehrt (»Kein Mao, kein Neues China« heißt die Formel), aber seine riesigen Fehler der letzten zwanzig Jahre werden zur Kenntnis genommen. Der Persönlichkeitskult, der den Großen Vorsitzenden zum Allwissenden erhoben hatte, soll zugunsten einer Art kollektiver Führung abgeschafft werden.

Der Kongreß hat Deng Xiaopings neue Wirtschaftspolitik bestätigt und seinen Plan zu einer Restrukturierung der Partei gebilligt. Sein Sieg markiert das Ende der maoistischen Ära.

Nachts spielen die Chinesen jetzt im Schein der Straßenlampen ihre Schachpartien. Eine Brise streift von den Westlichen Hügeln die Changan hinunter, raschelt in den Bäumen und erfrischt. In den Hutongs ist es heißer, aber auch geheimnisvoller.

Baoli läuft jetzt morgens mit Tiziano um den Park der Sonne. Die Köchinnen ruhen sich vor der Schulkantine aus. Die Soldaten schnippeln – klopp, klopp – in den Küchen ihrer Kaserne. Ein Hahn kraht in der Botschaft von Bangladesh. Im Park hängen sich die alten Frauen an die Zweige, krächzen die Sänger und leiert der Bänkelsanger mit den Kastagnetten sein Epos herunter. Er hat den glattrasierten Schädel und die Miene des volkstümlichen Anarchisten – dessen, der weder lesen noch schreiben kann, der aber von jeher schon in seinen Reimen von den Torheiten der Dynastien singt.

Peking, 10. September 1981

Der Sommer ist vorbei. Von Hamburg sind wir in fünfzehn Stunden wieder in Peking angekommen, aus einer der reichsten und modernsten Städte der Welt in eine der ältesten und ärmsten hinüberkatapultiert.

Gebräunte Ausländer, mit Gepäck beladen, werden von Chinesen empfangen, die noch magerer, mit staubigem Haar und geröteten Augen aus einem schwülen Sommer hervorgegangen sind. Gürtel halten die zu weiten Hosen der Paßbeamten zusammen. Kader reden gelassen mit ihren Gästen, Beine übergeschlagen, Zigarette zwischen zwei Fingern, aber auch ihnen merkt man die Mühe an.

Der Sommer ist besonders heiß gewesen. Viele haben auf dem Tiananmen-Platz übernachtet, wenn es zu Hause unerträglich war. Am Tag haben sie sich über das Dokument des VI. Plenums gebeugt – und so, ohne Aufsehen, hat sich die Spannung gelockert, und sie sind aufgelebt.

In der Schneiderei Hongdu (»Rote Hauptstadt«) werden die Meister von Funktionären belagert, die ins Ausland reisen sollen und sich statt einer Mao-Jacke Jackett und Krawatte, Rock und Hemdbluse bestellen.

»Jedermann sucht sich eine Nebenbeschäftigung«, sagt Liwen, die uns mit einem Säckchen Nüsse von ihrem Baum besucht. »Nach der Arbeit in der Einheit versucht man einen kleinen Privathandel anzukurbeln, da man es jetzt wieder darf.«

Die Stadt ist voller Bauern, die die Erzeugnisse ihrer Gärten anbieten, voller junger Arbeitsloser, die Kleidungsstücke an Ständen verkaufen. Vielleicht ist es tatsächlich aus mit dem Kommunismus, vielleicht ist Deng Xiaoping tatsächlich der erste, der nicht mehr daran glaubt?

»Die Alten besteigen wieder die heiligen Berge des Taoismus und Buddhismus, die Jungen aber laufen in die christlichen Kirchen, denn alles Westliche gefällt ihnen besser als alles Chinesische«, sagt Liwen.

Diese vorher in China nie dagewesene Bewunderung des Westens macht das derzeitige Klima von Peking aus, ist zum Haupttrend in der heutigen chinesischen Gesellschaft geworden.

Wie erwartet, erstreckt sich die neue Freiheit aber nicht auf die der Rede. Bai Hua ist vor kurzem nochmals scharf kritisiert worden, diesmal von Hu Yaobang, dem Generalsekretär der Partei, selbst.

Folco und Saskia gehen wieder in ihre chinesische Schule. Die Hälfte ihrer Mitschüler ist abgereist. Saskia präsentiert sich ihrer Klasse mit viel Kampfgeist. Folco ist verzweifelt, es reizt ihn nichts von dem, was ihn da erwartet. Aber als wir gestern abend unter den Zypressen des

Himmelstempels im Zirkus saßen, waren die Verführungen der Stadt schon wieder am Werk.

15. September 1981

Den Septembermond haben wir dieses Jahr bei Sigmund Ginzburg gefeiert, mit Giancarlo Pajetta und Miriam Mafai. Im Hofhaus der Partei, das man dem italienischen Korrespondenten der Parteizeitung der KPI, »L'Unità«, zur Verfügung gestellt hat, saßen wir an einem mit Gerichten beladenen Tisch: An einer Seite präsidierte der alte italienische Kommunist und Mitarbeiter Berlinguers, an der anderen seine Gefährtin mit dem schallenden Lachen.

Pajetta hat einen schönen Kopf, den schmalen Schädel des Intellektuellen, und dunkle, höchst lebhafte Augen; aber der Mund, der geschlossen feinfühlig und konzentriert wirkt, verrenkt sich bei seinen bösen, aggressiven Äußerungen und leiert aus. »Der letzte Stalinist« wird er in Italien genannt.

»Ich habe sie alle gekannt, die Führer der Kommunistischen Parteien, aber nur von Mao habe ich einen negativen Eindruck gehabt«, sagt er – und seine Worte werden den chinesischen Führern, die neulich nicht einmal des fünften Todestages des Großen Vorsitzenden gedacht haben, bestimmt nicht mißfallen. Einen »Despoten« hat er ihn genannt.

Pajetta war Mao 1958 begegnet, und das Gespräch hatte sich um Religionsfreiheit gedreht. Mao hatte gesagt, es stünde den chinesischen Bischofen frei, ihren Gottesdienst abzuhalten. Pajetta hatte gefragt, von welcher Freiheit er denn spräche, da die Bischöfe doch nicht einmal die Freiheit hätten, einen Brief an den Papst zu schreiben.

»Erkennen Sie die territoriale Souveränität an?« hatte Mao zurückgefragt.

»Gewiß.«

»Also, die unsere reicht bis in den Himmel«, hatte Mao erwidert, mit beiden Händen nach oben weisend.

Pajetta, angewidert von diesem Bild, hatte danach die Hoffnung aufgegeben, sich mit dem »chinesischen Despoten« unterhalten zu können. Mir dagegen gefällt das Bild, weil es das China von heute, das China aller Zeiten beschreibt, weil es klarstellt, daß es in China oberhalb der organisierten Gesellschaft keine Zone gibt, in der die Geister sich frei bewegen und begegnen können. Es gefällt mir auch, weil es Mao als den letzten klassischen Chinesen, von Grenzen und Mauern umgeben, zeigt.

Bei Tisch sitzt Pajetta zwischen Gaetano Scardocchia vom »Corriere della Sera« und Drago Rancic, dem jugoslawischen Korrespondenten von »Politika«, und wendet sich mit jeweils völlig verschiedener Gemütsverfassung mal an den einen, mal an den anderen: höflich und sogar schmeichlerisch zum konservativen Italiener, aggressiv und bissig zum Kommunisten aus Jugoslawien.

»Demokratie?« sagt er zu Drago gewandt, »einigen wir uns erst mal über das, was ihr Jugoslawen unter Demokratie versteht.«

»Unsere Vorstellung davon mag unvollkommener sein als die eure«, erwidert Drago. »Doch möchten wir erst mal sehen, wie ihr mit der Macht fertig werdet, wenn ihr sie erobert.«

»Ich verstehe nicht, warum es in der englischen Sprache keinen Unterschied zwischen ›Intelligenz‹ und ›intelligence‹ gibt«, sagt Pajetta nun. »Aber ich meine, daß mit eurer ›intelligence‹ nicht zu scherzen sei.«

»Es ist eine Frage des Überlebens«, antwortet Drago, und Pajetta, vollkommen überzeugt, drückt ihm die Hand. Aber Drago hat, wie er später gesteht, die Arroganz der Kommunisten, die nicht an der Macht sind, gegenüber denen, die sie ergriffen haben, satt: »Ohne ›intelligence‹ wären wir 1948 zermalmt worden, während ihr den Krieg auf jeden Fall gewonnen hättet ...«, sagt er, auf die Hilfe anspielend, die die italienischen Kommunisten bei ihrem Kampf gegen die Faschisten von den Amerikanern bekommen haben.

Pajetta verzichtet auf weitere Angriffe.

Im kleinen Hof betrachten die Genossen in Kellnerjacken den Vollmond, und wir brechen mit dem alten Kommunisten auf, um ihm sein Spiegelbild im Wassergraben zu zeigen, der die Verbotene Stadt umzieht. Es ist dort fast menschenleer. Vier Studenten sitzen unter den Trauerweiden und leisten, wie die Tradition es will, dem Mond Gesellschaft, bis er untergeht.

»Wie heißt ›salice piangente‹ auf deutsch?« fragt mich der alte Kommunist, auf das Mäuerchen gestützt ins Wasser schauend. »Trauerweide«, wiederholt er ein paarmal ungläubig und spricht dann deutsch mit mir weiter, in einer Sprache, die er studiert hat, als er als junger Mann zehn Jahre im Gefängnis saß.

»Als die Faschisten mich festnahmen, habe ich mir gesagt: Wenn du hier herauskommst und Deutsch kannst, bist du ein Mann. Wenn du es nicht kannst –«, er macht eine verächtliche Handbewegung. So hat er damals den »Faust« gelesen, die Romane von Goethe, Goebbels' Zeitung, »Das Kapital«; er hat alles gelesen, was das Gefängnis bot, und glaubt jedes deutsche Wort zu kennen, obwohl er die Sprache nie gesprochen hat. Sein Akzent ist rauh, er rollt das R, die Vokale sind trübe. Die alten Augen stöbern in Erinnerungen – Erinnerungen an eine harte Jugend, getragen von einem Glauben und von einer Wette. Auch Russisch hat er auf ähnliche Weise gelernt, indem er die »Prawda« las.

»Heine nicht, den habe ich auf italienisch gelesen, in der Übersetzung, die meiner Mutter gehörte...«

»Die Kulturrevolution ist ein Fehler gewesen.«

In der Provinz Shandong

Shandong, 18. September 1981
Das ausländische Pressekorps bricht zu einer alljährlichen Orientierungsfahrt durch eine chinesische Provinz auf. Unsere Gruppe hat das Shandong gewählt.

Im Bahnhof von Peking, im Wartesaal der Ausländer, mustert Herr Li, einer unserer Begleiter vom Informationsbüro, die zwanzig Journalisten, die anscheinend erschöpft, in Wirklichkeit aber kampfbereit in ihren Lehnstühlen liegen, und bittet um Verständnis und Disziplin.

Das Shandong, eine Provinz so groß wie Frankreich, nur viel dichter bevölkert, ist das alte China der legendären Kaiser, das klassische China der Konfuzianer und Taoisten, der kriegerischen Könige, der Räuber, der Drachen und all der mythischen und wirklichen Wesen, die von den Ufern des Gelben Flusses in die künstlerische Phantasie der Chinesen eingedrungen sind. Es ist das ursprüngliche, bäuerliche China.

Die Reise nach Jinan, der gefeierten Hauptstadt, dauert von Mittag bis 8 Uhr abends. Wir schlummern in den Abteilen »der weichen Sitze«. Eine flache, blasse, staubige Landschaft, elende Felder ziehen vorbei. Jeder Fluß, den wir überqueren, ist ausgetrocknet. In Nordchina regnet es nach seiner Abholzung kaum noch.

In Jinan begleiten uns einige Funktionäre eilig zum Parteihotel, das in der Form des Schriftzeichens »Gong« (Arbeit) von den Russen erbaut worden ist und wo uns einer der Vizegouverneure zum Mahl erwartet. Groß, behäbig und jovial reicht uns dieser »gute Revolutionär« die Hand und stellt uns den Funktionären der Landwirtschafts- und Industriebüros, den Direktoren der Tageszeitungen und der Presseagentur »Neues China« vor. Sie wohlgekämmt, das weiße Hemd über der Hose; wir verstaubt und auf verschiedenste Weise zurechtgemacht: David Bonavia (Londoner »Times« und »Far Eastern Economic Review«) als einziger mit Krawatte; der DDR-Deutsche verschwitzt; Tiziano wie immer in Weiß, aber zerknittert; ich in chinesischer Arbeiterhose und italienischen Schuhen; Melinda Liu (»Newsweek«) in New Yorker Seide; die Jugoslawin Sonia (Nachrichtenagentur) in »Geblümt« aus Peking mit Make-up-Köfferchen; Manuel Lucbert (»Le Monde«) mit breitem Halstuch; Drago (»Politika«) im Strandkostüm – einige mit Frau, alle halb müde, halb angriffslustig und auf der Hut vor der chinesischen Tücke.

Drei große runde Tische sind in einem Seitensaal gedeckt. Drago, der Doyen der ausländischen Journalisten, sitzt zur Rechten des Vizegouverneurs; er gedenkt keine Zeit zu verlieren und setzt sofort mit seinen Fragen an. Tiziano, der als guter Florentiner die Tischregeln strenger beachtet, spielt das entgegengesetzte Spiel und gibt sich wie die hungrigen Chinesen dem Essen hin. So ziehen die Hors d'œuvres vorbei, eine Platte mit teuren Haifischflossen, eine Bouillon mit dicken Stücken Schildkrötenfleisch, golden gebratenes Huhn, frische bittere Gemüse, süße Törtchen zur Abwechslung, ein Karpfen aus dem Gelben Fluß. Wir sind bei den Sesambrötchen angelangt, die einem auf der Zunge zergehen, als der DDR-Deutsche das Wort ergreift: »Vizegouverneur, ich habe gehört, daß ihr wieder angefangen habt, Leute zur Landarbeit zu verschicken. Würden Sie mir diese Politik einmal erklären?«

»Jetzt fängt er mit den Fragen an, die ihm seine Botschaft aufgetragen hat!« ruft Drago. »Tiziano, bring ihn zum Schweigen!«

»Vizegouverneur«, sagt Tiziano, dem nichts Besseres einfällt, »eine Frage: Gedenken Sie auch das ausländische Pressekorps zur Landarbeit zu schicken? Ich persönlich bin dazu bereit, vorausgesetzt, daß das Essen so gut ist wie heute abend.«

Übersetzung, Gelächter und Toast. Der Deutsche läßt sich nicht beirren und wiederholt seine Frage. Drago rutscht auf seinem Stuhl hin und her.

»Sag deinem chinesischen Nachbarn«, flüstert er mir zu, »daß der Deutsche da für seine Botschaft arbeitet und daß uns seine Fragen nicht interessieren.«

Ich erkläre es dem unbeweglichen Gesicht meines Nachbarn – während die Erregung an unserem Tisch immer mehr um sich greift.

»Tiziano!« fleht Drago.

Tiziano steht auf, läuft zum Vizegouverneur, bietet ihm eine Zigarette an und zündet sie ihm umständlich an. Seine Bedankungen übertönen die Fragen des Deutschen, aber vom anderen Tisch naht nun David, der Tiziano eine volle Streichholzschachtel hinhält und sagt: »Hiermit kannst du den Hintern von allen kommunistischen Funktionären anzünden, denen wir auf dieser Reise begegnen werden!«, und verläßt schwankend den Saal.

Weitere Gänge werden aufgetragen. Unsere chinesischen Gastgeber legen sie uns gleichmütig auf den Teller. Nichts, wenn nicht ihre Beine, die heftig unter dem Tisch zittern, verrät ihre äußerste Verwunderung und Ratlosigkeit.

Jinan, 19. September 1981

Interviews und Tourismus. Aus der Industriemaschinenfabrik kommen wir mit dem Eindruck heraus, daß es mit dem Kommunismus vorbei ist. Der leitende Ingenieur, ein Mann aus Shanghai mit Lederschuhen und dem Benehmen eines Technokraten, hat von der Notwendigkeit gesprochen, »neue Märkte zu eröffnen, die Produktivität zu steigern, die Qualität der Produkte durch Marktforschung zu verbessern und durch Werbung den Verkauf zu erhöhen«. Eine für China ganz neue Sprache.

Dann quer durch das alte Jinan mit seinen neuen Mietskasernen, durch die graue Ebene bis zum Gelben Fluß. Von den hohen Deichen aus sehen wir ihn angeschwollen, lehmgelb, böse vorbeifließen. Wie der Nil schleppt auch dieser Fluß Geschichte und Legenden in seinen Fluten mit sich, Tod und Zerstörung. Unzählige Male hat er seine Deiche durchbrochen und, Felder und Städte ertränkend, seinen Kurs verändert.

Zehn Meter hohe und 35 Kilometer lange Deiche schützen Jinan vor ihm. Sie wurden in den ersten Jahren nach der Befreiung von Millionen von Chinesen mit der Hand gebaut, als Mao versuchte, wie die alten Kaiser den Lauf der Flüsse zu regulieren. Der Gelbe Fluß, der »Chinas Sorge« war, ist durch Deiche, Pumpen und Drainagen zu »Chinas Freude« geworden. Doch hat seine gewalttätige, launische Natur sich nicht geändert: Tausende arbeiten in diesen Wochen Tag und

Nacht, um die Dämme flußaufwärts vor den Herbstregen zu verstärken.

Die Nachmittagskonferenz über die Landwirtschaft hatte schon angefangen, als wir in den Saal geschlichen sind – nach einer heimlichen Besteigung des »Berges der Tausend Buddhas«, eines heiligen und deswegen verwüsteten Buckels in der Ebene von Jinan.

Die Volkskommune wird aufgelöst. So endet Maos Experiment eines reinen Sozialismus, innerhalb dessen die Bauern wie Ameisen, wie Soldaten auf Befehl der Kader säen und ernten und zum Lohn eine »eiserne Reisschale« bekommen, das heißt die eiserne Garantie ihrer Verpflegung.

Maos Experiment, so schön es auch war, denn es versuchte, »jeden nach seinem Bedürfnis« zu versorgen, hatte China lahmgelegt: Deng Xiaoping hat es abgebrochen und die Kommune als politische Lebenseinheit aufgegeben. Geblieben sind die Produktionsbrigaden als Verwaltungseinheiten, aus Teams von Bauern zusammengestellt, mit denen der Staat einen kollektiven Arbeitsvertrag unterzeichnet. Alles, was die Teams über die festgesetzte Menge hinaus produzieren, gehört jetzt ihnen.

Diese Rückkehr zur »Privatinitiative« oder zum »System der Eigenverantwortung«, von dem augenblicklich in China so viel die Rede ist, hat die »privaten Märkte« ins Leben gerufen, auf denen die Bauern das verkaufen, was sie »privat« anbauen. Es hat auch die industriellen »Nebenbeschäftigungen« angekurbelt, in denen die Brigaden ihren Gewinn investieren.

Die Landwirtschaft ist plötzlich wieder im Aufschwung. Der nächste Schritt soll sein, das Land der Kommunen unter den Bauernfamilien zu verteilen und zwischen ihnen und dem Staat »individuelle Verträge« abzuschließen. Risiko und Gewinn sollen dem einzelnen zurückgegeben werden. Nun wird wieder »jeder nach Leistung« versorgt – und der Kreis schließt sich.

Nacht. Seit vier Stunden wieder im Zug. Es geht nach Osten, zur fruchtbaren Halbinsel dieser Provinz, die ihre Nase ins Gelbe Meer schiebt. Ich liege auf meiner Pritsche und schreibe. Lucbert liest, Tiziano und Melinda schlafen. Der Zug hält immer wieder mit hartem Ruck. Ein Radio singt auf chinesisch. David Bonavia sitzt im Gang auf seinem Koffer, löst Kreuzworträtsel und redet mit der Journalistin vom Make-up-Köfferchen. Der junge Dolmetscher, der in Jinan zu uns gestoßen ist – wir nennen ihn wegen seines herausgeputzten Aussehens den »Barbier von Sevilla« –, spielt eine Partie Bridge mit Phil Brown (»Associated Press«), seiner Frau und Frank Ching (»Asian Wall Street Journal«). Drago und die Jugoslawen trinken und rauchen in ihrem Abteil wie in einer Kneipe. Alle anderen schlafen. Bald ist Mitternacht, und wir sind in Weifang.

Linzi, Bezirk von Yidu, 21. September 1981

Als wir nach Mitternacht in Weifang ankamen, erwarteten uns die Würdenträger der Präfektur auf dem Bahnsteig. Das Personal des Gästehauses der Partei, trotz später Stunde davor aufgereiht, empfing uns mit Händeklatschen.

Seitdem reisen wir in kleinen Bussen. Wir fahren über uraltes bearbeitetes Land: das alte Land von Qi, dessen Könige sich schon mit Konfuzius über die Zukunft Chinas unterhielten.

Herr Li, ein Kommunist und Revolutionär der ersten Stunde, wird von seiner Leidenschaft für Chinas Vergangenheit gepackt. »Für mich sind die Chinesen wie Pappeln und Kiefern«, sagt er im Bus zu mir, als wir durch eine versengte Landschaft fahren, in deren breiten Flußbetten kein Wasser mehr fließt, in deren alten Lehmdörfern kein Tempel und keine Pagode mehr steht und nur die aufgetürmten Maiskolben sich wie goldene Totempfeiler an die Mauern lehnen. »Die Pappel wächst schnell und ist genügsam, die Kiefer gedeiht auch auf Felsen und übersteht jedes Unwetter . . .«

Wir reisen in einer Kolonne, wie die Mandarine des Kaiserreichs: voran ein Jeep der Polizei, der mit einer roten Fahne die Gänse von der Straße scheucht; dann die »Shanghai« mit den Funktionären hinter ihren weißen Tüllgardinen; dann die beiden kleinen Busse voller Journalisten, in einem Wirbel von Staub und glühender Luft, die durch die offenen Fenster dringt, und zuletzt der Gepäckbus.

Wir machen in den Verwaltungsgebäuden der Produktionsbrigaden Station. Äpfel und Zigaretten türmen sich auf den Tischen, bezopfte Mädchen bringen Tee. Im »Konferenzsaal« geben uns die backsteinfarbenen Shandong-Männer Auskunft.

Die Brigade des Bezirks Anqiu mit ihren 1100 Mitgliedern ist in acht Produktionsteams unterteilt, von denen fünf in der Landwirtschaft arbeiten, eines in der Forstwirtschaft, eines in der Hühner- und Kaninchenzucht und eines sich der industriellen Nebenproduktion widmet, Tabak herstellt und Ziegelsteine brennt, wie es das neue System der Selbstverantwortung propagiert. Ihren Gewinn hat die Brigade in neue Maschinen investiert, und dadurch ist das jährliche Einkommen der Bauern von 100 RMB im Jahre 1979 auf 300 RMB im Jahre 1981 gestiegen. Das wird uns wenigstens von diesen Männern gesagt, die, an Zahlen und Statistiken nicht gewohnt, mit großer Leichtfertigkeit mit ihnen umgehen.

»Die Kommune hat das Sklavensystem fortgesetzt«, sagt Drago. »Der Bauer gehört ihr mit Leib und Seele. Er kann sich nicht rühren, kann nicht über die kleinste Kleinigkeit seines Lebens und seiner Arbeit entscheiden.«

Bauern begegnen wir tatsächlich nie. Vor ihnen steht der Wandschirm ihrer politischen Führer. Sie sind es, die Verträge mit dem Staat abschließen, Produktionsquoten festsetzen, den Gegenwert der Arbeitspunkte berechnen, auf denen die Entlohnung der Bauern beruht. Auch ist es uns bis jetzt noch nicht gelungen, eine Familie zu finden, die ihr Stück Erde auf Grund eines »individuellen Vertrages« mit dem Staat bearbeitet – so soll es nach Dengs Reformen doch schließlich sein. Nur die Gänse, die durch die Straße watscheln, sind ihr Privatbesitz.

»Dieses muß Hua-Guofeng-Gebiet sein«, sagt Drago, »die Parteikader sperren sich offensichtlich gegen Deng Xiaopings Reformen, weil damit ihre Macht zu Ende geht.«

Hier in Linzi, einst Hauptstadt des Königreichs Qi, heute der Präfektur Yidu, nimmt die Fürsorge für den Gast, die in Weifang rührend war, die erdrückende Form der Gefangenschaft an. Ihre Kader haben einen eingewurzelten Argwohn den Ausländern – und vielleicht auch den Funktionären aus Peking gegenüber, die uns begleiten und sicherlich nebenbei einen Lagebericht über die Provinz für die Hauptstadt verfassen.

Den »Kamelberg« mit seinen buddhistischen Grotten aus der Zeit der Tang- und Sui-Dynastien durften wir schließlich nur in einem menschlichen »Käfig« besteigen. Dreißig Personen wurden zu unserer Begleitung mobilisiert, die wir nur zu elft waren! Als ich der Gruppe voraus den Berg hinaufging, inmitten einer kahlen, kargen Gebirgslandschaft, kamen mir auf halber Höhe zwei hübsche Mädchen in blauen Hosen und weißen Hemden entgegen und boten mir einen Flaschenöffner für mein Laoshan-Wasser an: zwei Angestellte der chinesischen Reiseagentur, die überall aufgestellt waren, um unsere Schritte zu bewachen.

Die mächtigen Buddhas, die mit ihren sinnlichen, in Stein gehauenen Körpern in den Grotten sitzen, haben zerschlagene Gesichter und Hände; das Kloster auf dem Gipfel ist ein Trümmerhaufen. Wir erkennen die Handschrift der Rotgardisten wieder, aber ein Funktionär von Linzi erklärt, es seien die Taoisten gewesen, die vor Jahrhunderten hier eingefallen wären.

Wo die Aufführung gut war, bleibt einem das angenehme Gefühl, im Theater gewesen zu sein, wo sie schlecht war, der Ärger.

Yantai, 22. September 1981

Durch die Nacht gereist. Bevor der Zug heute morgen in den Bahnhof von Yantai einfuhr, mußte er zwei Stunden stehen. »Der Zug wird bestraft«, hat man uns erklärt, »weil er dreißig Minuten Verspätung hat.«

Die Kader, die uns am Bahnhof erwarten, sind beleibt, gehen breitbeinig und mit auf dem Rücken gefalteten Händen, um zu zeigen, daß sie keine körperliche Arbeit tun. Das neue Gästehaus, das sie sich errichtet haben, hat marmorne Fußböden, Brokatvorhänge und Kristallkronleuchter. Dafür brechen die Badezimmer wie gewöhnlich zusammen. Der Bau liegt auf einem Hügel vor dem Gelben Meer, aber elende Neubauten verunstalten die Gegend.

Bei der »Konferenz« erklären uns die verantwortlichen Kader, die Traktorenfabrik, die wir besichtigen werden, stelle jetzt Armbanduhren her, eine andere habe ihre Produktion von Kugellagern auf Silberpapier für Zigarettenschachteln »konvertiert«. Gelächter, niemand hört mehr zu. Mit Lucbert, dem jungen Ferencz von der Ungarischen Presseagentur und Melinda schleichen wir uns hinaus, halten einen Lastwagen an und fahren in die Stadt.

Yantai liegt an einem Hafen. Die Häuser sind weiß gekalkt und haben große Fenster, verstecken sich nicht hinter Mauern. Da ist das alte französische Konsulat, im Stil der Häuser von Deauville, in der Zeit von Proust gebaut; große, verwahrloste Villen liegen zu Füßen des Leuchtturms im Grünen. Über verrammelten Läden verbleichen die Schilder der Tabakhändler, der Hemdenschneider und Cafés von früher. Chinas Küstenstädte haben noch einen Rest des modernen Gesichts behalten, das die Ausländer, die sie gebaut oder besetzt hatten, ihnen vererbten.

»Schade«, sagt Herr Li trocken, als er oben auf einem Berg den Tempel Peng Lai, einen berühmten Ort aus der taoistischen Mythologie, mit uns wiedersieht. Für 300000 Yuan nach der Verheerung durch die Rotgardisten restauriert, besitzt er keinen einzigen Gegenstand mehr, ist leer und leblos wie ein Bunker. Trotzdem ist dieser Kommunist stolz auf ihn und erklärt ihn uns, die wir immerhin unsere griechischen Mythen und unsere Kathedralen haben, als führe er uns in die schönsten Geheimnisse des Lebens ein: »Dies war das Land der Märchen, der Sitz der Götter in den Wolken. Wißt ihr von den Acht Unsterblichen? Jedem von ihnen gelang es, ohne ein Boot das Meer zu überqueren und ins Paradies zu kommen. Wir Chinesen lieben sie sehr, weil sie so erfinderisch waren.«

Nun liege ich im Bett. Im Korridor rumort der DDR-Deutsche. »Genossen! Ich hab' kein Wasser!« brüllt er. Man hört die Stimmen und das Gelächter von denen, die mit David Bonavia zechen.

Tiziano schläft. Er hatte sich nach den Fabriken von der Gruppe getrennt und war erst spät auf einem Traktor ins Gästehaus zurückgekehrt. »Ich habe Glück gehabt! Ich hätte auch auf einer Armbanduhr oder einer Nähmaschine hier wieder ankommen können ...«

Wendong, Präfektur von Shidao, 24. September 1981

Gestern erreichten wir bei flimmernder Schwüle Shidao, die »Steininsel«. In unserem Rücken liegt eine Barriere zerklüfteter Berge, vor uns das Meer.

Das Gästehaus von Wendong gehört zu den spartanischsten und schmutzigsten. Zwei Japaner und eine kleine Delegation der Vereinten Nationen streifen durch die Korridore, aber ehe wir mit ihnen reden können, werden sie in ihre Zimmer zurückgescheucht.

Wendong war eine der ersten kommunistischen Basen im Kampf gegen die Japaner, die die Küste von den Städten Yantai und Qingdao aus kontrollierten. Mit zehntausend Mann, die sich in den Bergen dieses Bezirks versteckten, begann damals der kommunistische Widerstand. Unser hiesiger Begleiter gehörte dazu.

Noch heute ist diese östlichste Spitze Chinas militärisch befestigt. Als Tiziano heute früh im Meer schwamm, sah er den DDR-Deutschen in einer dicken schwarzen Lederjacke auf der Mole spazierengehen. Beim Frühstück fragte dieser dann: »Warum besuchen wir nicht die militärischen Einrichtungen statt der Stickerei?«

»Warum willst du die sehen? Warum bist du immer so neugierig?« fragte Drago zurück.

»Warum denn nicht?«

Es regnet. In der Stickerei von Shidao haben wir gesehen, wie die Mädchen dieser öden Küste die zartesten seidenen Blusen sticken und falten, für ein Leben, das sie nicht kennen, für Feste, »für Männer, die die Frauen ausziehen«, wie Tiziano sagt. Sie arbeiten im Akkord, in Teams oder allein. Die Quoten sind hart. Die Arbeit ist in Minuten aufgeteilt, die Minuten entsprechen Fen (Pfennigen), und die Fen nehmen mit der Einfachheit der Zeichnung ab. Eine Stickerin verdient in einem Monat 40 Yuan, den Preis einer der Blusen, von denen jeder von uns gleich zwei oder drei im Ausstellungsraum kauft.

Der Boß der »Fischerbrigade« von Yudo, einem alten, grauen Fischerdorf auf den letzten Felsen des Shandong, ist dagegen ein freier Mann. 54 Jahre alt, Fischer seit seinem vierzehnten Lebensjahr, trägt er eine abgewetzte, graue Mao-Jacke, aber sagt nicht: »Die Partei«, »Die Führerschaft der Brigade«, sondern »Ich«.

Seine Brigade besteht aus 5200 Personen, hat eine Arbeitskraft von 2500, von denen 1200 Fischer sind, hat 148 Fischerboote, deren Kapitäne er nach Shanghai und Fuzhou zur Ausbildung schickt. Sie hat eine Werft für die Reparatur der Boote, ein Team, welches das Land bestellt, und eine Nerzfarm, mit deren Erlös er Kühlzellen baut. Diese Brigade funktioniert wie ein Privatunternehmen, und ihr Boß läßt sich nicht »konvertieren«. Er weiß, daß man von überall kommt, um zu sehen, was er hier auf die Beine stellt, und daß man ihn selbst in der Kulturrevolution nicht länger als vier Monate entbehren konnte.

Auf dem Marktplatz, wo früher die Schauspieler ihre Bambustheater aufstellten, steht jetzt eine Leinwand für Filme. Weiter unten sitzen Männer und sortieren Fische; Frauen reparieren die türkisfarbenen Netze. Die in den Fels gehauenen Häuser steigen grau hinab bis zum kleinen Hafen: Neue Häuser baut er im alten Stil und verkauft sie an Fischer, die sie ihrerseits wieder verkaufen dürfen, aber ohne Profit. 120 Mädchen seiner Brigade durften ihre Männer hierherholen, statt zu ihren Männern zu ziehen, wie die Tradition es verlangt.

»Mein Problem sind Wohnungen«, sagt der Mann, »Arbeit habe ich für alle, aber den Platz, um die Leute unterzubringen, den kann ich nicht finden.«

Nachmittags.

Es regnet nicht mehr, aber es ist grau. Auf dem Weg nach Qingdao, der letzten Etappe unserer Reise, sind wir für die nächsten sechs Stunden in unseren kleinen Bussen verstaut. Die Landschaft ist karg hier und wird immer wüster. Felder mit Erdnüssen und Rüben. Ab und zu ein Haufen goldener Maiskolben. Schwalben lassen sich von den elektrischen Drähten auf die gepflügten Schollen nieder. Pflügen heißt hier: Ein Bauer steht aufrecht auf einem groben Holzkamm, ein Esel zieht.

Wir haben gerade Herrn Li senior abgesetzt, unseren zweiten Begleiter vom Informationsbüro. Er geht jetzt zu Fuß quer durch die Felder zum Haus seiner Eltern weiter. In seiner schwarzen Plastiktasche befinden sich kleine Pfirsiche aus Linzi, Äpfel aus Yidu, Haselnüsse aus Shidao. Heute abend werden sie ihr Wiedersehen feiern, und morgen wird er in Qingdao wieder zu uns stoßen.

Alle schlafen oder machen sich Notizen.

Wenn ich jetzt die Augen schließe, was sehe ich von dieser Reise? Kader, immer wieder neue Kader, die uns an Bahnhöfen und vor Gästehäusern erwarten; dicke, gutmütige Männer – »Shandong-Männer sind wie Thermosflaschen; sie haben ein warmes Herz«, sagt man hier – mit geschorenen Schädeln und überhängendem Hemd; und solche, die uns von weitem kontrollieren. Argwohn, Angst, Masken.

Neue Gästehäuser, mit Marmorfußböden und Goldfischteich, die das heimliche, ganz und gar mit Vertrauenspersonen besetzte Versteck der Partei sind; Fabriken, die sich »konvertieren«; Fabrikleiter, die nicht wissen, was sie sagen; wohlhabende und wohlorganisierte Brigaden, in denen die Kaninchen wie Fürsten leben – und andere, die wir nicht besichtigen, weil sie der Sand verschlingt. Bauern bei der Tabakernte und Bauern mit uralten Pflügen. Eine herrliche antike Landschaft. Zertrümmerte Tempel. Götter, denen man mit dem Hammer ins Gesicht geschlagen hat. Und die »Shanghai« mit den Bürokraten auf der Straße zwischen Pappelreihen.

Ich sehe zwei Chinas: das der Arbeiter, die mit den Seidenraupen, den Stickereien, den Industriemaschinen eingesperrt sind, und das der Gästehäuser, der Privilegien, der Kader, die Beifall klatschen und gleich danach hinter den Wandschirmen ihrer geheimen Bankettsäle verschwinden.

Qingdao, 25. September 1981

Die Bucht ist noch grau, aber der Strand ist schon rosig und voller turnender Gestalten. Auf einem Felsen ein altes englisches Hotel, wie ein blaues Seeungeheuer. In der Ferne, im Meer, die Insel, zu der Herr Li junior gestern gefahren ist, um seine Mutter zu besuchen.

Qingdao – oder Tsingtao – hatten die Deutschen Ende des 19. Jahrhunderts gebaut, als Zentrum eines kleinen kolonialen Imperiums, das sie sich in China einzurichten hofften. Nach dem Ersten Weltkrieg übernahmen erst die Engländer und dann die Japaner die Stadt.

Von der Terrasse des Hotels, hoch über dem Meer, sehe ich die Mole, die Strände, die alten Hotels, die Kirchturmspitzen und die des Rathauses, die beiden Forts »Bismarck« und »Moltke« auf den Hügeln und auf halber Höhe, als sei es ein Schloß am Rhein, die Residenz des ersten deutschen Gouverneurs. Wenn Qingdao Kolonie geblieben wäre, meint Tiziano, wäre es ein zweites Hong Kong geworden. Es galt damals schon als der schönste Badeort Chinas, wohin Ausländer zur Sommerfrische fuhren.

In der bürgerlichen Stadt hatte alles seine Ordnung. Es gab dort ein Handelsviertel, ein Wohnviertel, ein Industrieviertel, es gab ein Zentrum und eine Peripherie. Im Zentrum befanden sich die Kirche und das Rathaus, um die das geistige und das zivile Leben der Bürger kreiste.

Und in der sozialistischen Stadt? Was liegt da im Zentrum? Der Sitz der Partei? Der Sportplatz? Das Büro für Öffentliche Sicherheit? Eine Antwort gibt es offenbar nicht, oder aber sie wird geheimgehalten. Qingdao ist heute, wie alle anderen Städte des sozialistischen China, ein Flüchtlingslager, das die Helden der Revolution verwalten.

Gerade die Sozialisten in unserer Gruppe beklagen sich am meisten darüber: »Dies ist ein Hotel, kein Arbeitslager«, hat Drago heute morgen der Telephonistin erklärt, die ihn im Morgengrauen geweckt hatte, damit er eine Rechnung bezahlt. »Wir sind Kunden und wünschen gut bedient zu werden!« Dann hat er beim Frühstück die angebrannten Eier zurückgeschickt.

Der »Barbier von Sevilla«, unser Dolmetscher vom Innenministerium, nun auch »Rodolfo Valentino« oder »General der Kuomintang« genannt, hat verstanden, daß die irreverenten Fragen der Journalisten die Führer zwingen, Auskunft zu geben über das, was sie tun: »Fragt doch den Bürgermeister von Qingdao selbst, wie er lebt, wieviel Kinder er hat, wo sie arbeiten – ob sie im Ausland studieren . . . Ich persönlich will es nicht wissen.«

Auch dieses scheint »Hua-Guofeng-Gebiet« zu sein!

Die Bierbrauerei, wo das beliebte »Tsingtao-Bier« hergestellt wird, von den Deutschen am Anfang des Jahrhunderts gegründet, hängt noch einem Leitsatz nach, den der alte Marschall Ye Jiannin, ein Waffengenosse Maos, für ihre Arbeiter geschrieben hatte: »Wenn man Bier trinkt, braucht man es nicht anzuwärmen. Ich hoffe, daß ihr seine Qualität noch verbessert und eine Goldmedaille erwerbt!« Unter der geschickten Führung ihrer Kader haben die Arbeiter sie selbstverständlich erworben, doch sind die Reformen des letzten Kongresses ungehört geblieben und die Produktionsquoten so niedrig, daß am 25. jedes Monats die Fabrik die Herstellung eines Getränkes einstellt, nach dem es ganz China dürstet. Der Technokrat von Jinan und der Boß von Shidao bleiben seltene Sterne.

In der Mittelschule No. 17 von Qingdao, einer Modellschule mit 1700 Schülern, geleitet von einem politischen Sekretär, einem Präsidenten, einem Vizepräsidenten und einem Schuldirektor (in dieser Rangordnung), doziert der politische Sekretär, ein eifriger junger Mann, der sich wie ein Klassenprimus oder wie ein Radiosprecher anhört und den wir P. S. nennen, über Aufgaben und Pflichten der Jugendlichen. Er beteuert, daß Gehorsam und Unterwerfung unter die Partei die höchsten Tugenden bleiben und daß »nur der ein guter Schüler ist, der eine akademisch, politisch und moralisch einwandfreie Gesinnung zeigt«.

»Was heißt moralisch einwandfrei?« fragt Lucbert.

»Das heißt den Sozialismus lieben, einer Alten über die Straße helfen, der Lehrerin die Wertsachen abgeben, die man auf dem Fußboden findet ...«

»Was geschieht mit dem Schüler, der sich verliebt?« unterbricht ihn David Bonavia. »Oder dem, der Geschlechtsverkehr hat?«

»Wer sich verliebt, hat keine einwandfreie Einstellung zum Studium«, antwortet der P. S., den zweiten Teil der Frage überhörend. »Wenn wir merken, daß ein Schüler verliebt ist, unterziehen wir ihn einer intensiveren politischen Behandlung und lassen ihn mehr Sport treiben. Die Liebe schadet dem Studium – aber die Politik hilft über alles hinweg!«

Drago: »Ich war mit sechs Jahren schon verliebt und trotzdem der Beste der Klasse.«

P. S.: »Daran zweifle ich nicht, aber wir sind der Ansicht, daß Sie noch Besseres geleistet hätten, wären Sie nicht verliebt gewesen.«

Drago: »Aber ich wäre unglücklicher gewesen, das ist der springende Punkt!«

Im fernsten Winkel des Zimmers nickt ein junger Lehrer zufrieden.

P. S.: »Die Mehrzahl der Schüler, der Eltern und der Bevölkerung ist unserer Meinung!«

Tiziano: »Jedenfalls ist es ganz klar, daß all dieses nichts mit der marxistischen Ideologie zu tun hat ...«

Drago: »... und daß ihr wacker gegen die menschliche Natur ankämpft.«

Der DDR-Deutsche: »Eure Politik wird zu Sexualverbrechen und Vergewaltigungen führen!«

Einer unserer Begleiter schlägt jetzt vor, die Schule zu besichtigen. Die Journalisten weigern sich. Der menschliche »Käfig« besteht aus fünfzehn Funktionären für zwölf Journalisten.

Tiziano: »Zweitausend Jahre lang hat China seine Mandarine nach

gela Terzani im Pekinger Hutong

In der Verbotenen Stadt

mmelturm und Glockenturm, Peking

Vogelmarkt im »Hof der Mandarine«: Antiquitätenhändler

ng-Möbel«-Wang und Kalligraph Huang Miaozi in ihrem Hofhaus

Oben: Blick auf das Ausländerghetto (vom Observatorium aus)
Unten: Die Pianisten Fou Ts'ong und Shi Dazhen zu Besuch bei der Familie Terz

ı: Dr. Lo vor dem Tempel der Weißen Wolken, Peking
n: Mit Joseph, dem Ugander, im alten Sommerpalast

Oben: Bei den Qing-Gräbern
Unten: Auf der Großen Mauer mit meiner Mutter

‹ia und Folco im Hof der Schule des Duftenden Grases

Oben: Saskia kauft Knallerbsen, Harbin
Unten: Folco tauscht Briefmarken, Peking

er erster Antiquitätenkauf

Freier Markt im Park des Drachensees, Peking

en: Der Schauspieler Shi Peipu
ten: Schriftsteller Bai Hua, Wu Zuguan und Regisseurin Shushuen

Oben: Vor dem »Fliegenden Tempel« (Nord-Shanxi) mit Mönch
Unten: Auf »harten Sitzen« in der Eisenbahn

ıden Yungang Grotten, Datong (Nord-Shanxi)

Mit Liu vor dem Yung-Le-Tempel (Süd-Shanxi)

Texten von Konfuzius großgezogen. Das Neue China hat neue Führer nötig. Es scheint mir aber, daß der Modellschüler, von dem Sie sprechen, der nach marxistischen Texten oder dem Roten Büchlein gedrillt wird, im wesentlichen genauso aussieht wie der konfuzianische. Meine Frage: Wie könnt ihr ohne Gedankenfreiheit, ohne die Möglichkeit, an ein China außerhalb des sozialistischen Systems zu denken, den neuen Chinesen und nicht nur einen neuen Konfuzianer ausbilden?«

P. S.: »In einem sozialistischen Land sind Vaterlandsliebe und Liebe zur Partei ein und dasselbe. Wer China liebt, liebt das sozialistische China.«

Tiziano: »Aber China ist wesentlich älter als der Sozialismus, es ist 3500 Jahre alt, wie man uns immer wieder sagt.«

Drago: »Auch ich komme aus einem sozialistischen Land, aber ich sehe nicht ein, warum Patriotismus und Liebe zur Partei dasselbe sein sollen. Wozu gäbe es sonst die ›Vereinigte Front‹, die Revolution? Es ist die Nation, die den Patriotismus hervorruft, und nicht umgekehrt – und die Nation kann auf sehr verschiedene Weise geliebt werden.«

P. S. (mit Radiostimme): »Wir glauben an zwei Tatsachen: Ohne die Partei gäbe es kein Neues China. Ohne die Partei gäbe es kein modernes China. Die Partei wird China in die Modernität führen!«

Das Produkt dieses Schulsystems ist er selbst.

»In alten Zeiten«, hatte Herr Li während unserer Unterhaltungen im kleinen Bus gesagt, »waren die Dichter arm und lebten abseits von den Mächtigen. Wenige blieben bei Hofe, um die Kaiser zu erheitern. In der Tang-Dynastie gab es einen, der hatte nicht einmal das Holz, um sich ein Feuer anzuzünden. Er schrieb ein paar Verse, dann lief er auf der Straße hin und her, um sich zu erwärmen. Er schrieb und lief und schrieb ... So war das Leben der Dichter!«

Und so sollte es bleiben.

27. September 1981

Nördlich von Qingdao erstreckt sich eine nackte, zerklüftete Küste mit Felsen, die ins Meer abstürzen, und seltsam geformten Steinen. Dort war der Sitz der Acht Unsterblichen, der Geister und Feen von Laoshan, der taoistischen Mönche und ihrer schönen Fabeln.

Das alte Kloster, das über dieser Welt waltete, zwischen einem hohen Felsen und dem blauen Meer, von tausendjährigen Ginkgobäumen beschattet und von kaiserlichen Inschriften auf Stelen geehrt, ist unwiederbringlich entstellt worden.

Ein Mönch in einem neuen Kimono und einer Kappe wie aus dem Theaterladen stellt sich den Journalisten zum Interview. Schlangengesicht und weißer Spitzbart: einer der vielen bestechlichen Strolche, die sich seit jeher in den chinesischen Klöstern herumgetrieben haben. Während der Kulturrevolution hat er auf dem Land gearbeitet, als aber die Politik gegen die Religion sich änderte ... »oder besser gesagt«, korrigiert er sich, »die Politik der Partei ist immer gleich geblieben, es ist die Viererbande, die sie verfälscht hat – so stehen die Dinge!«, zu dem Zeitpunkt also wurde er in eine Parteischule in Peking geschickt, um die »neue Linie« zu erlernen, und dann seinem alten Kloster wieder zugewiesen, wo er nun acht Stunden pro Tag Dienst tut, für ein Monatsgehalt von 35 Yuan.

Die Journalisten photographieren ihn wie mit Maschinengewehren, diesen ersten wiederauferstandenen Mönch, und er posiert für sie vor der Tempeltür: Ironisch, schlau, hochmütig scheint er zu dieser wie zu anderen »Konvertierungen« bereit.

Gestern nacht haben wir unsere Reisegefährten zum Zug begleitet. Sie besteigen heute den heiligen Berg Taishan. Wir haben Qingdao etwas ausgiebiger besichtigt und kehren heute nach Peking zurück.

»Peking haben die Chinesen selber zerstört!«

4. Oktober 1981

Die Ausländer, die zwischen dem 19. Jahrhundert und der »Befreiung« nach China kamen, fanden dort die Reste einer uralten Kultur, die hinter der Großen Mauer ungestört die Zeiten überdauert hatte. Sie tauchte vor ihren Augen auf und zerfiel wie eine Mumie, die sich in ihrem Sarg verflüchtigt, wenn man den Deckel hebt. In der Luft verschwebt ein goldener Staub.

Heute gibt es ein neues China, das sich des alten kaum erinnert. Es ist ein China der Mietskasernen, staatlichen Geschäfte, Arbeiter auf

Fahrrädern und Bauern mit Armbanduhren; ein China, in dem die Intellektuellen auf ihre Rolle verzichtet haben.

Wir suchen nach Resten des goldenen Staubes in den vergessenen Ruinen des alten Sommerpalasts, im Städtchen Qufu, auf dem Kamelberg von Yidu oder zwischen den Ziegeln der Ming-Gräber, die der Wind auf die Erde fegt. Wir suchen ihn zwischen den Dingen, die die Chinesen sammelten, mit denen sie »spielten«, wie sie selbst es nannten, und die ihre Liebe zum Schönen enthalten, ihre Sinnlichkeit, ihren Sinn für das Märchen und die kleine Seltenheit.

Immer hat der Chinese, ob reich oder arm, ein »kleines Spiel« bei sich gehabt: eine Grille in einem Kürbiskäfig, den Ring eines Bogenschützen, ein Figürchen aus Holz, aus Elfenbein oder Jade. Der Gebildete sammelte Handschriften, Malereien, »spielte« mit Porzellan, Schreibgeräten oder alten Bronzen. Seine Frauen, die ans Haus gebunden waren, »spielten« mit Halsketten und Kämmen, mit Seide und Stickereien.

Durch ihr Sammeln ist es den Chinesen gelungen, die greifbaren Beispiele einer Kultur, die sich nicht verändern durfte, durch die Jahrhunderte weiterzugeben, und so wurde China zu einer Schatzkammer, zum großartigsten Museum der Welt. Die Kulturrevolution hat es fast ganz zerstört. Seit unserer Rückkehr aus dem Shandong peinigt mich der Schmerz um das Erlöschen der chinesischen Vergangenheit, deren Spuren sich selbst im Gedächtnis der Menschen verlieren.

Qualvoll, das Abendessen gestern: Es war schwierig für Min, das chinesische Wort für »Taoisten« zu finden, für die »Acht Unsterblichen«, »Bonzen«, »buddhistisches Kloster«.

Wir möchten wissen, wer mit dem Hammer die Gesichter der Buddhas in den Grotten auf dem Kamelberg zerschlug: die Rotgardisten, die Kuomintang oder die taoistischen Mönche in den Kämpfen vor dreihundert Jahren?

Die Chinesen gehen solche Fragen nichts mehr an – oder sie berühren sie nur noch aus weiter Ferne wie der Schmerz um einen Toten, ein Schmerz, den die Zeit mildert und der Vater seinem Sohn nicht weitergibt.

6. Oktober 1981

Yao ist aufgetaucht: Professor Yao aus Kanada, ein Kunsthistoriker, der vor 1949 aus China ausgewandert ist – ein Freund von alten Freunden. Er ist der Rebell, der Trinker, der Weise; der, der aus der Reihe tanzt und protestiert; der einzige von allen, denen ich in diesem Jahr begegnet bin, der die Zerstörung Pekings beweint: »ein großes Verbrechen«, wie er sagt.

»Und was sagst du vom menschlichen Leid?«

»Menschen wachsen nach – Peking nicht.«

Er stöbert in unseren alten Büchern, zieht Photos hervor, die ihm tausendmal recht geben. Wangfujin, die Straße der dreizehn Prinzenresidenzen, die Viertel der Ming- und Qing-Dynastien, die Residenzen von Generälen, Eunuchen, Mandarinen und Dichtern – alles ist verschwunden. Zerschlagen die Mauern und die Stadttore, verschwunden die Harmonie, die ein Gott dem Kaiser Yung Lo im Traum eingegeben hatte. »Wenn es je eine Stadt gegeben hat, die verdiente, gerettet zu werden, so war es Peking. Selbst die Japaner haben es nicht angerührt, als sie es erobert hatten. Im Gegenteil: Sie planten, eine neue Stadt außerhalb der Mauern zu bauen. Peking haben die Chinesen selber zerstört!«

»Yao, triffst du manchmal bei Chinesen auf Empörung wie die deine?«

»Nein«, sagt er und beruhigt sich plötzlich. »Dazu hat keiner mehr die Kraft. Das tägliche Leben ist zu mühsam – das Überleben allein kostet sie all ihre Energie.«

»Und unter deinen alten Gefährten?«

»Die letzten Jahre haben sie gezwungen, als Individuen zu verschwinden, unauffällig, grau zu werden. Während des Krieges gegen Japan hatte ich viele Freunde an der Universität Yenjing, mit denen ich den Widerstand der Studenten gegen die Japaner organisierte. Als ich vor einigen Jahren nach Peking zurückkam, luden sie mich zu einem Essen ein. Die Namen erkannte ich alle – die Gesichter nicht mehr. Nur zum Schluß des Abends fand ich langsam hinter den gespenstischen Masken die altbekannten Züge wieder: Ja – diese Nase, dieses Haar, diese Augen waren mir bekannt ... Aber wir«, ruft Yao, »wir müssen uns erinnern, wir müssen der Welt berichten, was geschehen ist, damit dieselben Fehler sich nicht immer wiederholen!«

In Venedig und in Florenz kann kein Stein versetzt werden, ohne daß die öffentliche Meinung sich in Bewegung setzt. Diese Städte sind Besitz der ganzen Welt. Aber wenn ich sehe, wie ein Bulldozer seine Zähne in die Mauern eines alten Hofhauses schlägt, merke ich an dem Schmerz, der mich überkommt, daß Peking auch mir gehört.

7. Oktober 1981

Hans-Dietrich Genscher, der deutsche Außenminister, ist für zwei Tage in Peking. Aufregung in der Botschaft. Bankett in der Großen Halle des Volkes. Pressekonferenzen. Ein Empfang für die deutsche Gemeinde im Peking-Hotel.

Wir steigen die große Treppe des alten Flügels hinauf, und im prächtigen Ballsaal des einstigen Hotel de Pékin, mit Parkett und Kandelabern, in dem Mao und Zhou Enlai nach der Befreiung mit ihren Genossen getanzt haben, erscheint Genscher mit seinem Gefolge und den Leuten vom Sicherheitsdienst.

Charles-Antoine, der als Franzose nicht eingeladen ist, ruft im Schutz einer Säule nach Tiziano: »Sadat ist ermordet worden«, flüstert er ihm zu. »Versuch mal zu erfahren, was die Chinesen dazu sagen!«

Tiziano geht zurück und forscht. No comment.

Später fahren wir von einer Nachrichtenagentur zur anderen. Bei »Associated Press« wird gefeiert: Der Photograph Liu hat Geburtstag. Die Palästinenser rufen immer wieder Vicky Graham, die Korrespondentin, ans Telephon: »Neuigkeiten?«

»Noch nicht.«

Nach einer halben Stunde rufen sie wieder an. Vicky geht zum Telex und meldet dann: »Sadat ist tot.«

Vom anderen Ende des Drahtes hört man Freudenschreie, Johlen, Lachen, Tanzen.

10. Oktober 1981

10. 10.: Jahrestag der chinesischen Republik, die 1911 unter Sun Yatsen gegründet wurde. Taiwan hat diesen Tag zu seinem Nationalfeiertag gemacht. China feiert am 1. Oktober die Gründung der Volksrepublik.

Vor vier Jahren war ich zum 10. Oktober, dem »zehnten Zehnten«, in Taipei. Der Regen rauschte, der Taifun klappte die Regenschirme hoch. Getarnte Panzer, Taucher mit nackter Brust, Kinder im Soldatenanzug zogen zu den Klängen der Nationalhymne an der Ehrentribüne und am Präsidenten Chiang Chingguo vorbei.

»Wir werden das Festland von den kommunistischen Banditen befreien! Wir werden unsere Toten im Vaterland begraben! Niemals wird unser Wille erlahmen...« wiederholte der Sohn des Generalissimo Chiang Kaishek die alte Rede. Die Menschenmenge auf dem Platz, die Füße im Regenwasser, war gerührt. Und noch einmal Kanonen und noch einmal Soldaten, den Blick auf die Zukunft geheftet.

Dieses Jahr ist in Peking seit dem 1. Oktober das Porträt Sun Yatsens auch auf dem Platz des Himmlischen Friedens ausgehängt, und gestern abend hat der Generalsekretär der Partei, Hu Yaobang, in der Großen Halle des Volkes die erwartete »große Rede« gehalten. Tausende von Überseechinesen waren zu diesem Anlaß nach China geladen worden:

»Chiang Chinguo, möchtest du die Überreste deines Vaters nicht im Vaterland begraben?... Geben wir uns die Hand und bauen wir zusammen ein neues, starkes China auf! Arbeiten wir zusammen auf seine glanzvolle Modernisierung hin!« China möchte das »Taiwan-Problem« auf friedliche Weise lösen und den Inselstaat samt seinen technischen Errungenschaften im Austausch mit einem Friedhof schlucken.

Die Chinesen in Taiwan haben heute morgen bereits geantwortet: »Eine Möglichkeit der Versöhnung zwischen Demokratie und Kommunismus gibt es nicht!«

Arafat ist in der Stadt und beruft abends eine Pressekonferenz ein. Die Vertretung der PLO im Diplomatenviertel von Sanlitun ist hell erleuchtet. Autos fahren vor, Journalisten eilen zum Eingang. Junge Männer in Jeans und schwarzen Sonnenbrillen mustern sie mit argwöhnischen Augen: Arafats Guerillakämpfer. Wir warten auf ihn in einem kleinen Zimmer mit einem langen Tisch, an dem schon die Japaner sitzen. Die Korrespondenten der AFP, AP, UPI kommen herein; Lucbert und Takashi Oka treten ein. Dann Arafat, auf dem Kopf das weiß-schwarz-gewürfelte Tuch.

Er übernimmt schnell den Vorsitz und blickt prüfend um sich. Die Augen funkeln, der große Mund dehnt sich zu einem blitzenden

Lächeln. Mir fällt Arafats fahle Blässe auf, der unrasierte Bart, die eingefallenen Wangen.

Dann beginnen die Fragen, Arafats Antworten, die keine sind.

»Ihr jubelt über Sadats Tod. Die Chinesen bedauern ihn. In welchem Sinne seid ihr ›in vollkommenem Einvernehmen‹?« fragt Tiziano. Ich schrecke unter dem haßerfüllten Blick der einzigen anwesenden Palästinenserin zusammen, die mit ihrem Photoapparat auf der anderen Seite des Tisches sitzt. Hinter jedem von uns steht einer der jungen Kämpfer, die mit dem Tod Auge in Auge leben und selber töten, seitdem Arafat sich vor sechzehn Jahren dem Terrorismus verschrieb, um seinem landlosen Volk zu helfen.

Es heißt, die Chinesen haben Arafat Waffen versprochen. »Welche Art von Waffen? Wieviel Waffen?«

Arafats Gesicht verdunkelt sich, seine Augen werden winzig und stechend, dann wieder groß und schmerzlich: »Sie sind Amerikaner«, sagt er zum Mann der UPI, »und finanzieren mit den Steuern, die Sie Ihrem Land bezahlen, den Tod meines Volkes, unserer Kinder ...«

Der Amerikaner ärgert sich, aber er schweigt. Wir alle fürchten uns ein wenig vor diesen Gehetzten, deren Informationsminister vor wenigen Tagen in Rom ermordet worden ist. Als wir wieder auf die dunkle Straße treten, steigt ein hoher chinesischer Offizier in dunkelblauer Uniform aus einem Auto und geht langsam vor der geparkten Reihe unserer Wagen auf und ab.

15. Oktober 1981

Abends, wenn wir ausgehen oder nach Hause kommen, glänzt ein riesiger Mond über der Changan. Die alten Hofhäuser kauern auf der Erde wie stumme Schildkröten unter ihrem Panzer.

Morgens herrscht im Park jetzt ein ungewöhnliches Stimmengewirr – das Solfeggio der Sopransängerin, die Romanze des in den Büschen versteckten Baritons und das archaische Krächzen der Peking-Oper. Zwei Frauen im Zypressenwald üben sich in den Kriegskünsten: Fäuste stoßen vor und ziehen sich langsam wieder zurück, Säbel kreuzen sich. Tanzend durchquert ein Alter die Allee. Andere versuchen das ruhige Yoga-Atmen: geschlossene Augen, entspannte Knie, blasse Gesichter, die »nach innen blicken«. Die Alten stampfen mit den Füßen, um warm zu werden. Ihre Vögel in den Bauern warten im Schutz eines halb zugezogenen dunkelblauen Vorhangs, bis der Zauberstab der Sonne sie berührt – um dann mit ihren Arien einzusetzen.

Vom Tempel der Sonne ist nur noch eine runde weiße Marmorplattform übriggeblieben, die jetzt als Rollschuhbahn dient. Aus den Schutthügeln hat man mit Hacken Basen von Statuen, Säulensockel, ganze Stelen hervorgeholt. Ein kleiner Steinlöwe ohne Tatzen liegt rücklings zu Füßen des Hügels und schaut amüsiert in die Luft.

»Euch Ausländern gefällt Deng Xiaoping«, sagt ein junger Geschichtsstudent zu mir, »denn er schickt die Intellektuellen nicht zur Landarbeit. Trotzdem ist der Unterschied zwischen ihm und der Viererbande minimal. Haben Sie gesehen, auf welche Weise er Bai Hua kritisiert hat? Sein Film gefällt mir nicht, aber noch weniger gefallen mir die Kritiken der Führer.«

»Die Kritiksitzungen sind doch vorbei ...«

»Sie haben gerade wieder angefangen!«

»Können Sie uns mal besuchen?« frage ich ihn.

»Manchmal. Nur sehr, sehr selten ... Mein Vater war ein hoher Kader. Er war mit Mao in Yenan.«

»Wie gut.«

»Gut? Das sind alles so konservative Menschen! Mein Vater wollte nicht, daß ich Geschichte studiere, das Studium war ihm zu modern!«

Die Revolutionäre der vierziger Jahre sind die Reaktionäre von heute. Ihre Söhne sprechen von ihnen, wie man in Europa über alte Leute spricht, die immer wieder von ihren Kriegserlebnissen erzählen: mit Ungeduld, Langeweile, Sarkasmus.

»Ich hoffe ein Stipendium fürs Ausland zu bekommen«, sagt dieser ungeduldige junge Mann. Und im stillen denkt er: »Ich hoffe nicht zurückzukehren.«

16. Oktober 1981

In der Verbotenen Stadt wird der »Marco Polo«-Film gedreht. Mongolen in Rostrot, Blaurot, Gelbrot reiten auf schwarzen Pferden in den Hof mit den vier kleinen Marmorbrücken hinein; Marco Polo, in Tiefgrün, und die schönen Konkubinen fallen auf die Knie, während Ying Rucheng, der Kublai Khan, in Weiß und Gold in seiner Sänfte sitzend, unter dumpfem, rhythmischem Trommelschlag seinen Einzug in Kambalik, dem alten Peking, hält.

Dazwischen die Italiener: Montaldo, der Regisseur, Sabatini, der Kameramann, La Bella, der Produzent und Drehbuchautor, sowie der fabelhafte Kostümmeister. Jeder von ihnen trägt irgend etwas Chinesisches, einen Schal, Stoffschuhe, eine grüne Militärtasche, ein weißes Seidenhemd, was ausgezeichnet zu ihrer lässigen römischen Eleganz paßt.

Die Chinesen pressen Geld aus ihnen heraus – 25 Millionen Dollar allein für die Erlaubnis, hier zu drehen –, und trotzdem nehmen die Schwierigkeiten kein Ende.

»Sie erlauben uns nicht, die Szene von Kublai Khan mit der Konkubine hier zu drehen... als hätte es im Jahr 1200 keine gegeben!« sagt ein Mädchen vom Team. »Aber wir drehen sie heimlich.«

In der Stadt erzählt man sich gerade von einem chinesischen Regisseur, der wegen einer »Konkubine« mit dem Messer hinter einem anderen Mann hergelaufen ist. Man weiß auch, daß Mädchen, die im Haushalt hoher Funktionäre angestellt sind, keinen Mann finden, denn sie dürfen sich der Lust ihrer Herren nicht widersetzen. Yenan saß voll von »Konkubinen«. Mao war der erste, der sich eine nahm, und als die Kommunisten 1949 die Macht ergriffen, nahmen sich die meisten eine neue Frau, weil sie sich mit der aus ihrer Bauern- und Soldatenzeit in der Hauptstadt nicht blicken lassen wollten. Zhou Enlai war einer der wenigen, die ihrer Alten treu geblieben sind.

Also, wozu die Sorge um Kublai Khan?

17. Oktober 1981

Wir haben ein Essen für chinesische Bekannte aus Singapur und Malaysia gegeben, die hier auf der Durchreise sind.

Mit dem wahren China haben diese »Überseechinesen« keine Verbindung mehr. Unsere Entrüstung über all die unnötige Vergeudung von Menschenleben und Dingen teilen sie nicht. Steif sitzen sie um den Tisch herum und verteidigen dieses Regime, »ihr« China, wo sie nicht leben, noch leben wollen, aber mit dessen Größe sie sich in ihrem Emigrantendasein in der Fremde identifizieren.

»Seht euch Indien an!« entgegnet der Mann aus Singapur auf jede unserer Bemerkungen über die trostlosen Lebensbedingungen im befreiten China. »Denkt an Bangladesh!«

»Die Zerstörung des alten China tut nur euch leid. Den Chinesen ist sie einerlei«, sagt der Mann aus Malaysia. »Ihr beurteilt China aus eurer westlichen Sicht und vergeßt dabei, daß dies ein Land der Dritten Welt ist.« Mit solchem gutmütig zerstreuten Urteil beruhigen sie ihr Gewissen.

Yao wird wütend und wirft die Gabel auf den Teller: »Manchmal scheint es mir, als sei etwas mit unserer Rasse verkehrt!« sagt er, und eine Haarsträhne fällt ihm über die Augen.

»Mit unserer Rasse?« Der aus Malaysia erstarrt. Sein Bein wippt neben meinem. Ich denke, es sei der Hund, und versetze ihm einen Schlag.

». . . und aus Liebe zur Menschheit hoffe ich, daß China niemals wieder stark werde«, fügt der Professor hinzu, obgleich Tiziano vergebens auf die Deckenlampe zeigt, wo wir ein verborgenes Mikrophon vermuten, das unsere Gespräche registriert.

»Gut. Die Kulturrevolution ist ein Fehler gewesen«, geben sie zu. »Aber Irrtümer hat es viele in der Geschichte der Menschheit gegeben.«

»Verfolgungen hat es überall auf der Welt gegeben, gewiß«, sagt Tiziano. »Aber wenn sie vorbei waren, sind die Verfolger nicht an der Macht geblieben. Hier sind sie es – und das ist auch der Grund, weshalb man heute in China nicht mehr über die Kulturrevolution sprechen darf.«

»Kein Volk hat bisher seine eigenen Leute in diesem Maß verfolgt«, ruft Yao dazwischen. »Die Amerikaner haben die Indianer ausgerottet, die Deutschen die Juden, aber niemand ist bisher dem eigenen Volk zuleibe gerückt. Die Chinesen haben sich immer gegenseitig angelächelt – und plötzlich sind sie sich an die Gurgel gesprungen, mit raffinierter, unfaßbarer Grausamkeit, mit unnötiger Tortur – mit Tortur als Kunst! Das ist es eben, weshalb ich denke, daß in unserer Rasse etwas Perverses ist. Und wenn es in der Rasse ist, so wird es auch in mir sein. Wäre ich in China geblieben, wäre ich jetzt entweder tot oder selber zum Folterknecht geworden. Ich sage gewiß nicht: die Kulturrevolution, ich sage: Wir Chinesen haben uns gegenseitig zu Tode gequält.«

20. Oktober 1981

Vincenzo La Bella, der Produzent und Drehbuchautor des »Marco Polo«, war gestern abend hier. Er hat das Talent zu erzählen, zu bestricken, die Ausstrahlung von Menschen und Dingen mit einem einzigen Blick zu erfassen, und er ist von Chinas Kaisern, Eunuchen und Geschichte fasziniert.

»Und doch gibt es in China keine Piazza Navona, noch gibt es hier Menschen mit unserer Geschwindigkeit des Gedankens, unseren Vorstellungen und Auffassungen«, sagt er am Ende des Abends.

Eben ist Yao dagewesen, und dem habe ich das wiederholt.

»La Bella hat recht«, meinte Yao unerbittlich. »Es ist uns nichts geblieben, das dieses Urteil widerlegt.«

Es ist Morgen, ein grauer, kalter Morgen. Yao ist erkältet, und er ist es müde, durch die Straßen zu radeln. Es weht und regnet. Yao sitzt mir gegenüber, breitbeinig, wie ein chinesischer Kaiser, wir trinken Tee und reden.

Er erzählt mir von Qi Gong, einem direkten Nachkommen des Kaisers Yong Zhen und Chinas berühmtestem Kalligraphen. Er lebt jetzt rehabilitiert in einem ausgeräumten Zimmer seines Hauses. Familien, die in den übrigen Zimmern hausen, kochen ihm sein Essen. Manchmal, wenn ein ausländischer Gast wünscht, die Bekanntschaft eines chinesischen Kalligraphen zu machen, wird er zu offiziellen Banketten geladen. Zu diesem Zweck hat der Staat ihm auch einen neuen Anzug verpaßt.

Ich frage nach Zhou Ruchang, dem Gelehrten des »Traums der Roten Kammer«, der letztes Jahr noch, als ich ihn mit Joan besuchte, taub und auf einem Auge blind, mit seiner Familie in einer Art Höhle hauste. Inzwischen hat man ihm eine kleine Wohnung zugewiesen, seine Sammlungen und Möbel hat er aber nicht zurückbekommen.

Einem anderen Gelehrten dagegen, der von Mandarinen abstammt, wurden die Möbel zurückgegeben, sein Haus aber nicht. Wohin also mit den Möbeln?

»Verkauf sie ans Vaterland«, hat man ihm nahegelegt. »Für 100 Dollar.«

Der vertrocknete kleine Mann, der sich im Park der Sonne sein Leben verdient, indem er für japanische Touristen Kalligraphien malt, ist der Bruder Puyis, des letzten Kaisers. Puyi selber, der nach jahrzehntelanger Umerziehung sein Leben als Gärtner beendete, mußte seine Autobiographie mit den kaiserlichen Worten abschließen:

»›Mensch‹ war das erste Schriftzeichen, das ich als Kind schreiben lernte, aber ich hatte bis vor kurzem seine Bedeutung nicht erfaßt. Erst jetzt, dank der Kommunistischen Partei und ihrer Politik zur Reform der Kriminellen, ist mir der Sinn dieses Wortes voll aufgegangen; erst jetzt bin ich ein wahrer Mensch geworden.«

China erscheint wieder auf der internationalen Bühne und braucht, wie alle anderen Staaten, ein paar Künstler und Gelehrte. Sie werden also langsam aus Lagern und Gefängnissen hervorgezogen und einer »Arbeitseinheit« zugewiesen, die ihnen ein kleines Gehalt bezahlt, doch im Grunde bedarf man ihrer Dienste nicht.

Vier Kategorien roter Familien

24. Oktober 1981

In der Verbotenen Stadt sind wie jeden Herbst Gemälde aus den Tang-, Song-, Yuan-, Ming- und Qing-Dynastien ausgestellt, die man nur zu dieser Jahreszeit dem Licht kurz aussetzen darf.

Ein Vöglein sitzt auf einem kahlen Zweig; ein Affe äugt nach einem Bienenkorb; eine blaue Chrysantheme wächst neben einem alten Stein; der Bambus zittert im Wind – das Leben ist in einem Blick, wie durch Eingebung erfaßt.

Der Mensch selber fehlt, ist nicht vorhanden. Von ihm ist kein Bildnis da. Auch die Kalligraphien erscheinen mir wie Schranken vor dem menschlichen Antlitz, und doch zieht manchmal durch diese senkrecht aufgereihten Schriftzeichen glühendes Leben, ein Sturm von Leidenschaft.

China hat seiner Kunst stets strenge Grenzen gesetzt: Die letzte Grenze war der Mensch. Von ihm durfte nicht gesprochen werden, denn er war der maskierte Schauspieler in einer Gesellschaft, die sich nicht verändern wollte. Man sprach von ihm durch Bilder von Tieren und Pflanzen: Das einsame Vögelchen, das in der Kälte um sich blickt, bin ich; der junge Sproß, der neben dem alten Stein hochwächst, das

Leben. Eine Kröte springt in den Teich, die Wellen schlagen Kreise und beruhigen sich wieder – wie unsere Leidenschaften.

Dann gibt es Landschaften mit kolossalen felsigen Bergen, die aus hellen Morgennebeln auftauchen, zu ihren Füßen ein Tempel, bei dem sich im Vorbeigehen ein Mönch und ein Wanderer begegnen – winzige Gestalten in der großen Welt.

Die Behausung des Menschen in der kargen Natur neben der immergrünen Fichte muß für die Chinesen ein archetypisches Weltbild gewesen sein, das die Nebel dem Auge verhüllen und enthüllen. Vor Tausenden von Jahren hat jemand es als wahr erkannt – wer war es wohl? –, und seitdem scheinen Dichter und Maler nur dies zu suchen.

Heute ist es der Generalsekretär der Partei, der entscheidet, wie Kunst zu sein hat.

In seiner Rede vom September, zum hundertsten Geburtstag Lu Xuns, hat Hu Yaobang klar gesagt, daß die Grenze des Erlaubten immer noch den Menschen ausschließt: »Es gibt Genossen, die in der Vergangenheit ungerecht behandelt worden sind und es noch nicht vergessen können. Das ist verständlich. Sollte aber dieses Ressentiment in ihrer Betrachtungsweise der Gesellschaft und in ihren neuen Werken zum Ausdruck kommen, dann wäre das ein grober Fehler.«

Bis hierhin hätte ein Kaiser der Vergangenheit ebenso sprechen können. Aber der kommunistische Führer geht einen Schritt weiter, indem er Künstlern und Schriftstellern befiehlt, »die Partei in ihrer historischen Aufgabe des Aufbaus einer glanzvollen sozialistischen Kultur aktiv zu unterstützen«.

Die Erfindung des »Gesichts«, das der Mensch in der Vergangenheit aufsetzte wie eine Maske, bestand darin, daß hinter dieser Maske der Mensch frei war. Niemand forschte nach, wer er wohl wirklich sei, was er wohl ernstlich denke. Dem alten China genügte die erlesene Form, die gut gespielte Rolle. Der Sozialismus hingegen verlangt den durchsichtigen, glasklaren Menschen. Er will in seine Seele schauen und in seinen Gedanken lesen. Vielleicht gibt es auch deshalb keine Kunst mehr, denn Kunst ist Geheimnis.

26. Oktober 1981

»Ist Ihr Mann in Shanghai?« fragte mich heute morgen die Ayi, während sie Staub wischte.

Sie selber ist zu Beginn der Kulturrevolution, als Studenten und Schüler die Züge bestiegen und kreuz und quer durch China fuhren, nicht bis Shanghai gekommen. Die Provinzen Sichuan, Guandong, Henan hat sie mit ihren Klassenkameraden bereist, sie ist per Schiff auf dem Yangtsekiang bis nach Chongqing gekommen und wollte von da aus weiter bis Shanghai, aber da befahl die Partei der Jugend umzukehren – und »dummerweise« hat sie gehorcht.

Viele andere ließen sich nicht so leicht zurückrufen und reisten noch monatelang weiter. Sie stiegen aus, wo sie wollten, hausten in Schulen, deren Schüler ihrerseits auf Reisen waren, und gaben sich einem Abenteuer hin, das in seinen gefährlichen epischen Ausmaßen bis heute im Gedächtnis seiner Darsteller verweilt als ein Augenblick unvergeßlicher Freiheit.

»Hast du auch Altes zerstört?«

»Nein, das durfte ich nicht, denn ich gehöre zu einer der ›neun Kategorien von schwarzen Familien‹. Mein Vater ist Lehrer. Aber die, die zu den ›vier Kategorien von roten Familien‹ gehörten, die durften Rotgardisten sein und hatten das Recht, alles zu zerstören, was alt war.« Sie sagt es fast mit Neid, als ob man sie nicht hätte mitspielen lassen. »Zuerst war das Reisen schön für uns, die wir sonst keine Möglichkeit haben, China zu besichtigen. Wir reisten gratis, mußten aus eigener Tasche nur das Essen bezahlen. Aber dann kam die Angst. Wir durften kein Mitleid zeigen oder gar weinen, wenn die Rotgardisten einen Erwachsenen schlugen. ›Warum heulst du?‹ schrien sie uns an. ›Siehst du nicht, daß der ein schlechtes Element ist? Heulen heißt zu ihm halten!‹, und so schlugen sie auch uns.«

Die schöne Landpartie wurde zu einem Alptraum, als jenes »große Chaos« begann, in dem keiner mehr das Kommando hatte und keiner sich mehr zurechtfand.

Als das Mädchen von seiner Reise nach Hause kam, waren die Schulen geschlossen, und wieder wurden die Jugendlichen auf Züge gesetzt – und diesmal zu jahrelanger Landarbeit verschickt. Als sie zurückkehrten, war ihr Leben verpfuscht und ihr jugendlicher Patriotismus erloschen.

27. Oktober 1981
Abend. Den ganzen Tag zu Hause, weil erkältet und müde. Folco und Saskia voller Charme. Er fröhlich in seinem Leben ohne Freund, aber mit dem Schachcomputer; sie mit ihren Goldfischen und den afrikanischen Freundinnen. Sie schlafen jetzt, und ich habe den Abend für mich.

Der Zug seufzt wieder einmal, stößt plötzlich Schreie aus; es klingt wie ein metallisches Klagen.

Was schreiben die Zeitungen? Peking will seine Beziehungen zu Delhi verbessern; will die Verhandlungen mit Moskau wiederaufnehmen, will den Tourismus ankurbeln: China will mit andern Worten aus seiner Isolierung heraus und wieder eine aktive Rolle auf der internationalen Bühne spielen.

Weitere Neuigkeiten: »Macht eine eigene Firma auf!« sagt die Regierung zu den Arbeitslosen. Shanghai hat laut der chinesischen Nachrichtenagentur bereits 12800 solcher »Geschäftsleute« – die auf Bürgersteigen hocken und Erdnüsse feilbieten oder Schuhe besohlen –, wovon aber nur vier Prozent junge Leute sind. Die Jungen trauen dem Frieden nicht, meinen, man werde sie später wieder als die denunzieren, »die den kapitalistischen Weg einschlugen«. Die Jungen spielen nicht mehr mit.

29. Oktober 1981
Tiziano ist aus Shanghai zurückgekehrt – mit fünf Kilo Süßwasserkrebsen. Man soll sie in Gesellschaft essen und Chrysanthemen dabei betrachten: Das ist der Ritus der Jahreszeit.

Gestern abend haben diese Krebse, die nachts aus ihrem Korb geklettert und zur Freude und zum Schrecken von Kindern und Hund durch das ganze Haus gekrabbelt waren, ihr Leben im Kochtopf besiegelt.

Unsere Gäste – »Ming-Möbel«-Wang, der Schriftsteller Wu Zuguan, seine Frau, die bekannte Schauspielerin Xin Fengxia, die seit der Kulturrevolution gelähmt ist, mit Sohn und Schwiegertochter – essen in aller Stille: Jeder sucht sich mit zwei Fingern seine Krebse aus und dreht sie um, um ihnen unter den Bauch zu gucken.

»Welche schmecken besser, die Weibchen oder die Männchen?« fragt

Folco. Unsere Gäste lächeln kaum merklich und antworten nicht. Folco wiederholt seine Frage wieder und wieder, und schließlich, als nur noch zwei Männchen auf dem Teller liegen, antwortet Wang: »Wir haben ein Sprichwort in China: ›Im September und Oktober iß die Weibchen; im November und Dezember iß die Männchen.‹«

Während alle mit Hingebung essen, fragen wir, schon um die Stille zu unterbrechen: »Was tun Sie? Wo sind Sie geboren? Was macht die Arbeit?« Sie antworten einsilbig, erzählen eine Anekdote über Krebse, fragen uns aber ihrerseits nach nichts, als hätten sie keine Neugier bezüglich unseres Tuns und Treibens.

Eine Stunde später kommt auch Dr. Lo Huimin dazu, der Historiker, der jetzt in Canberra lebt, ein Freund von Fou Ts'ong.

Die Gesichter bleiben ausdruckslos über die Teller geneigt. Manchmal hebt sich ein Lid, und ein Auge prüft ihn: ›Und der da, wer ist das? Zu welcher Einheit gehört er?‹ Dann senkt es sich wieder.

Lo weiß, weshalb sie unruhig sind, und bemüht sich, gemeinsame Berührungspunkte festzustellen.

»Sind Sie Wu Zuguan, der Schriftsteller? Soundso hat mir von Ihnen erzählt!«

Wu horcht auf – und ißt weiter.

»Wang? Welcher Wang? Gehören Sie zu der erlauchten Gelehrtenfamilie aus Fujian? Sind Sie ein Verwandter dieses, ein Vetter jenes Freundes von mir?«

»Die Welt ist klein«, sagt Wang – und ißt weiter.

»Bai Hua?« fragt Lo schließlich, erbarmungslos und gereizt.

»Es war albern, ihn zu kritisieren, aber inzwischen ist alles vorbei«, antwortet Wu Zuguan hastig. Dann kehrt er zur Plauderei und zum Essen zurück. Seine Frau spricht oder lächelt nie.

Lo erzählt und fragt aufgeregt nach Menschen, von denen er die Spuren verloren hat. Die alten Pekinger behalten ihre buddhistische Ruhe. Es ist schon viel, daß ihre Leiber sich um die Krebse scharen. In ihnen glimmt noch eine einzige Flamme: Wang geht es um seine Sammlungen und sein Werk, Wu um seine Familie.

»Wenn ich in China geblieben wäre, hätte man mir den Kopf abgehauen!« ruft Lo, aufgebracht durch alles, was er weiß und woran er sich erinnert, und durch das absolute Fehlen eines Widerhalls.

»Ich dagegen hätte Peking nicht verlassen können«, sagt Wang plötzlich aus seiner Ruhe heraus. »Als junger Mann war ich in New York und habe es gehaßt. Entfernt von China hätte ich nicht leben können.«

»Nicht einmal, wenn Sie gewußt hätten...?«

»Das Leben ist kompliziert... und immerhin«, fügt er ungeduldig hinzu, »es geht uns allen schon wieder viel besser.«

Soll er jetzt, nachdem er seine Möbel auf wunderbare Weise zurückbekommen hat, nachdem er selber von jahrzehntelanger Landarbeit nach Hause zurückgekehrt ist und im alten Hof seine Pflanzen wieder beschneidet, nachdem er wieder zu schreiben begonnen hat und, wie er sagt, »man meine Arbeit wieder respektiert«, soll er jetzt die Richtigkeit seiner damaligen Entscheidung in Frage stellen? Jetzt muß er arbeiten, fertig werden, sein Museum zusammenstellen... und es China vererben.

30. Oktober 1981

Auf das gespenstische Abendessen mit den Krebsen ist ein nicht weniger gespenstisches mit einigen Journalisten der »Pekinger Rundschau« gefolgt. Die einen, die Opfer, kommen aus ihren Gefängnissen zurück – und schweigen; die anderen, die ewigen Sieger, sitzen gesprächig um jeden Vorstandstisch herum.

»China braucht eine gesunde Kunst!« sagt eine Dame, und dieses Wort »gesund« wiederholt sie den ganzen Abend lang.

»Es erscheinen aber keine Geschichten mehr«, sage ich.

»Es werden neue erscheinen... und sie werden gesünder sein!« sagt sie.

»Ohne Freiheit gibt es keine Literatur!« hatte Bai Hua 1979 gerufen. Damals war seine Rede abgedruckt worden, damals duldete man die »Literatur der Verwundeten«, weil sie sich gegen Mao und die Viererbande richtete. Heute aber, da die Leute beginnen, von den Wunden zu sprechen, die die Partei als solche verschuldet hat, ist Toleranz nicht mehr am Platze.

»Das Schicksal Bai Huas hat die Intellektuellen verschreckt«, sagt Tiziano. »Trinken wir auf das Wohl der chinesischen Intellektuellen!«

»Ich selber bin eine davon!« ruft die Frau, lacht und hebt ihr Glas mit ungesunder Fröhlichkeit.

31. Oktober 1981
Folco erzählte heute morgen einen Vorfall aus der Schule, der ihn verblüfft hat.

Ein paar Kinder spielen einträchtig mit einem Wasserschlauch. Der Lehrer kommt herbei und ruft: »Wer hat den Hahn aufgedreht?« Das Spiel ist plötzlich aus. Die Kinder stehen still und schreien: »Er ist es gewesen! Nein er! Der da war's! Nein, du bist es gewesen!« Der Lehrer holt irgendeinen aus der Gruppe heraus, und die Kinder kehren sich sofort gegen ihn: »Warum hast du den Hahn aufgedreht? Du weißt doch, daß wir das nicht dürfen! Das war böse! Das darf man nicht!« Der Kleine senkt den Kopf.

»Sie hatten wie gute Freunde zusammen gespielt«, sagt Folco. »Aber sobald der Lehrer kam, wurden sie zu Feinden.«

3. November 1981
Schöner Sonntag mit Lo bei den Ming-Gräbern und der Großen Mauer. »Unser« Grab hat noch mehr Ziegel verloren. Bei jedem Windstoß fallen einige herunter und zerbrechen im Gras. Der Himmel ist düster und winterlich, die Kommune tätig. Bauern fahren auf ihren Karren emsig hin und her.

Bei Dunkelheit sitzen wir im Hotel für Überseechinesen. Lo lädt uns ein, häuft unsere Teller mit Speisen voll, erzählt.

»Lo, warum gibt es in China keinen Solschenyzin?« fragt Tiziano.

»In China stirbt Solschenyzin schon im Kindergarten«, ist seine prompte Antwort.

Der konfuzianischen Tradition zufolge, der sich in China der Sozialismus anpaßt, erzieht die Schule das Kind zum Gehorsam, uniformiert sie seine Gedanken auf noch viel subtilere Weise, als das sowjetische System es tut, läßt sie dem Individuum keinen Ausweg. Rebellieren heißt sich gegen das Vaterland stellen; Aufbegehren wäre Verrat, kaum denkbar. Sogar im Exil oder in der Emigration verhält sich deshalb der Chinese, im Gegensatz zum Russen, ruhig und stumm, behält er für sich, was er weiß. Der Chinese, der vor Barbaren, vor »Außenmenschen«, über China klagt, ist ein Verräter am Vaterland, an der Rasse, der Kultur.

Strafmaßnahmen halten ihn im Zaum. Ein Mann, der revoltiert, reißt Familie und Freunde mit in seinen Ruin. Ein Emigrant, der Chinas Mängel preisgibt, schadet seiner zurückgebliebenen Familie.

Der Vater des Studenten Wei Jingsheng, der wegen seiner kühnen Forderungen zur Zeit der Mauer der Demokratie sechzehn Jahre Gefängnis bekommen hat, ist vollständig isoliert. Er hat seine Stellung behalten, bekommt sein Gehalt – denn theoretisch haben sich die Zeiten geändert –, doch will niemand mehr etwas von ihm wissen. Auf die Frage: »Kennst du den Vater von Wei Jingsheng?« lautet die Antwort: »Ich kenne ihn nicht.« Besser ist besser!

Nicht einmal der Selbstmord bleibt einem als Ausweg. Selbstmord ist in den Augen der Partei die äußerste gegenrevolutionäre Handlung, eine Schande, die die ganze Familie befleckt.

»Gibt es niemanden, der den Kopf verliert? Der um sich schlägt und sich dann selbst umbringt? Der alle Vorsicht aufgibt und Rache nimmt?«

»Ich weiß nicht«, sagt Lo. »Aber ich nehme es an.«

5. November 1981

Bei Sonnenuntergang zum Himmelstempel. Ich meide diesen Ort, nachdem man ihn restauriert hat. Ich hatte dort einmal die Vision seiner archaischen Religiosität. Es war, als ob in der Lichtung des Zypressenwaldes der kniende Kaiser den kleinen runden Tempel mit seinem blauen Dach auf einem Marmorteller dem Himmel offerierte.

Eine gerade, lange Marmorstraße verbindet den Altar des Himmels mit anderen Opfer- und Votivaltären. Abseits, unter Zypressen, liegt der Tempel des kaiserlichen Fastens – früher ein Ort der vollkommenen Ruhe und des Maßes, von dem aus die Kraniche über die Stadt zu den kaiserlichen Seen flogen.

Wenn man heute die Augen schließt, um die gemeine Restaurierung nicht zu sehen, die zementierten Flächen für die Touristenbusse, die Reklameschilder der Antiquitätenläden und der Boutique von Cardin, dann sieht man in der Dämmerung die kaiserliche Prozession, wie sie zu Gong- und Trommelschlägen langsam naht, um den Schutz des Himmels für das Land zu erflehen ...

Riten, die im alten Rom vor Cäsar endeten, haben in China bis zum Beginn dieses Jahrhunderts fortgedauert.

7. November 1981

»La Chine, c'est l'horreur!« pflegte in Hong Kong ein französischer Freund und Sinologe zu uns zu sagen. Wir waren empört: China, das Neue China des Großen Vorsitzenden und der Revolution sollte ein Horror sein?

Jetzt, da wir hier leben und das revolutionäre Experiment fehlgeschlagen ist, liegt der Horror darin, daß man Chinas Zukunft wiederum nicht vor sich sieht, daß die Ausländer wiederum zu Hilfe gerufen werden, obwohl sie doch seit Jahrhunderten China immer wieder aus seiner eigenen Bahn gebracht und es seiner Unbeirrbarkeit beraubt haben.

Im 17. Jahrhundert brachten die Jesuiten mit ihrer Logik, ihren Berechnungen, ihrer exakten Wissenschaft die ersten Zweifel an die Höfe der Kaiser Kan Xi und Qian Long. Erschrocken setzten die Kaiser sie wieder vor die Tür. Im 19. Jahrhundert kamen die Ausländer wieder, diesmal nicht mit Zirkeln und Astrolabien, sondern mit Kanonen. Sie fanden ein morsches China vor, dem sie mit Leichtigkeit Opium, Lokomotiven und Universitäten verkauften. Als das Kaiserreich zerfiel, importierten die Chinesen den Marxismus aus dem Westen und zerstörten in seinem Namen die eigene stolze Vergangenheit.

Heute glaubt China an gar nichts mehr, nicht einmal an den Sozialismus. Vielleicht glaubt es – oder auch wieder nicht – an den Fortschritt. Aber wir haben einen derartigen Vorsprung, daß den Chinesen davor nur bang werden kann. Wir sind ein geradezu erschreckendes Beispiel an methodischer Arbeit. Wir sind die Maschine, die sie nicht zu handhaben wissen. Wir sind reich. Wir stören. Wir sind eine schreckliche, verführerische, demütigende Anwesenheit. Sie werden uns noch einmal vor die Tür setzen!

Es ist eine Kampagne im Gang, um uns zu bestrafen, uns zahlen zu lassen, gründlich auszunehmen. Antiquitäten darf man kaufen, aber plötzlich darf man sie nicht mehr exportieren.

Ein westlicher Diplomat hat protestiert: »Ich habe diese Schale in einem eurer Läden gekauft. Hier habt ihr die Quittung.«

»Der Laden durfte sie Ihnen nicht verkaufen!«

Dem Ausländer wird weder erlaubt, die Schale auszuführen, noch sie bei seiner Botschaft zu deponieren, noch wird ihm eine Quittung über ihre Beschlagnahmung ausgestellt. Man verlangt von ihm, daß er sie China zurückgibt.

»Sie müssen sich der Politik des Landes unterwerfen!« heißt der Kehrreim bei jeder Widerrede, der mit wachsender Hysterie so oft wiederholt wird, bis der Diplomat merkt, daß man ihn einer Gehirnwäsche unterziehen will. Wütend schmettert er die umstrittene Schale auf den Boden. Die Inspektionsbeamtin marschiert ans Telephon und ruft die Polizei: »Der Ausländer hat eine Reliquie der Nation zerstört!«

Dank der Vermittlung der Botschaft kommt es schließlich zu einer Lösung: Der Diplomat hat einen Brief zu schreiben, in dem er sich »demütig« entschuldigt, »untertänigst« bittet, daß die Beamtin noch einmal wiederkomme, und »zerknirscht« gesteht, daß, »um ihn zu strafen«, seine Botschaft ihm verboten hat, bei der zweiten Inspektion dabeizusein. Was nützt es ihm zu wissen, daß China zur gleichen Zeit mit einem europäischen Antiquitätenhändler einen Vertrag für den Export chinesischer Kunstschätze in großem Stil abgeschlossen hat?

9. November 1981

Die Kampagne gegen die Ausländer – oder wenigstens gegen ihren Heißhunger auf chinesische Antiquitäten – schwelt weiter. Die Zahl der Versammlungen unseres Hauspersonals zu »Lernzwecken« ist auf zweimal wöchentlich gestiegen.

»Was haben Ihre Gäste sich gekauft?« fragte mich Chen, der Fahrer.

»Eine Keramikkatze.«

»Wieviel?«

»Fünfundfünfzig.«

»Sie werden zehnmal soviel dafür kriegen, wenn Sie sie bei sich zu Hause wiederverkaufen!«

»Es sind keine Händler, die Katze ist für sie ein Andenken.«

»Aber ihre Enkel werden sich an ihr bereichern.«

Auf diese Weise säubert sich China periodisch von den gefährlichen Einflüssen der Ausländer auf seine Leute.

Der Fall des westlichen Diplomaten hat sich gelöst. Die Inspektionsbeamtin zeigte sich das zweite Mal von ihrer liebenswürdigsten Seite: Es hat ihr genügt, dem Ausländer eine Lektion zu erteilen. Die Tatsache, daß die eigene menschliche Substanz des Chinesen nie auf dem Spiele steht, erlaubt es diesem, sich in jede Art von Rolle hineinzufinden. Die Person bleibt, wie die Individualität des Schauspielers, immer im Schatten.

16. November 1981

Gestern, am Tag, an dem China zu heizen anfängt, war es fast sommerlich warm. Wir sind mit Lo zu den Qing-Gräbern gefahren, die in der Nördlichen Ebene liegen: die Große Mauer wie eine Eidechse in den entfernten Bergen, der Halbkreis der kaiserlichen Grabhügel davor und Prozessionen von Steintieren, die zu den Gräbern führen.

Allein das Grab der Cixi, der letzten Regentin, die über Chinas Verfall präsidierte, ist aufgebrochen worden. Gleich nach ihrer Bestattung haben Soldatenbanden es geschändet und ausgeraubt, ihren Leichnam entkleidet und auf die Felder geworfen.

Mit dem Leichenzug der zittrigen Prinzen und Eunuchen, der Bonzen und Mandarine im Trauerhabit, die zu Fuß hinter dem Katafalk der Kaiserin durch die Nördliche Ebene wankten, endet die Geschichte des kaiserlichen China.

Abends im »Teehaus« von Lao She. Es wird nur noch einmal für Ausländer gegeben, für das Volk ist es gesperrt. Seine Anspielungen ärgern die Funktionäre. Im »Teehaus« wird zum ersten Mal der von Bai Hua aufgegriffene Satz gesagt: »Ich liebe mein Land – aber liebt es mich?«

Später sitzen wir wieder mit Lo und Lehrer Wang im Hotel für Überseechinesen. Der Saal ist leer, die Küche geschlossen, fast alle Lampen sind erloschen. Nur wir rumoren noch an unserem Tisch bei der Säule.

»Lao She?« sagt Lo. »Nein, er hat sich nicht umgebracht. Es heißt, die Rotgardisten haben ihn zu Tode geprügelt.«

Lo und Wang denken an die Vergangenheit zurück.

Das Teehaus hatte im Mittelpunkt des geselligen Lebens gestanden. Von morgens früh bis abends spät ging man dort aus und ein. Lo saß als Student schon im Teehaus, lernte und trank »Glas« – heißes Wasser. Für ein Handgeld holten die Kellner aus den Straßenrestaurants kleine Gerichte. Manche waren so geschickt, daß sie 26 Teegläser auf einem

Arm aufgereiht tragen konnten und das kochende Wasser von einem Meter Entfernung in die Tassen gossen. Geschäfte und Ehen wurden im Teehaus geschlossen. Das Leben war Theater, die Bühne war das Teehaus.

Nein, die Vorteile des Sozialismus sind nicht groß, die zwei sind sich darüber einig. Armut hat es immer gegeben, aber früher waren wenigstens nicht alle arm, und man hatte auch seinen Spaß. Den hat man heute nicht mehr.

»Ach ja«, seufzt der Lehrer, als ein junger sozialistischer Kellner uns einen Teller mit gekochten Erdnüssen auf den Tisch schiebt, die Suppe kommt und um uns herum nur Müdigkeit und Leere ist.

Gibt es keinen chinesischen Solschenyzin?

17. November 1981
Professor Yao war mit seinem Freund Harry, einem nach Amerika emigrierten chinesischen Kaufmann, zum Abendessen da. Als Emigranten ohne Vaterland und ohne Geld haben sie viel zu erzählen, von Geliebten, die der eine oder der andere gehabt hat, von schiefgegangenen Geldspekulationen, von einem, der sich das Leben nehmen, und einem anderen, der sein eigenes Werk verbrennen wollte, von ihren ersten und zweiten Frauen ... Dies ist die Jahreszeit der Cocktailpartys und Diplomatenessen. Lieber diese einschläfernden Beichten mit gedämpfter Stimme und halbgeschlossenen Augen.

Harry erzählt: Zu Anfang der Kulturrevolution fuhren nachts die Lastwagen los, um die Toten aufzusammeln: die zu Tode Geprügelten und die, die in politischen Fehden umgekommen waren. Manchmal geschah es, daß ein Körper auf der Straße nur ohnmächtig oder bewußtlos war – er wurde aber trotzdem mit den anderen zum Krematorium von Babaoshan geschafft.

Vor Beida, der Universität von Peking, warteten täglich fünf bis sechs Leichen auf das Lastauto. Wer nicht kooperierte, wer nicht »gestand«, wurde zu den Tempeln geschleppt, wo die Rotgardisten die Leute prügelten: »So wird es auch dir ergehen, wenn du deine Verbrechen gegen das Volk nicht gestehst!«

Weinend verbrachten die Leute die Nächte damit, daß sie ihre Bücher und Bilder verbrannten, um ihre »intellektuelle« Herkunft zu vertuschen. Am Tage ruderten sie mit ihren Kindern auf den kaiserlichen Seen und kippten alles Unzerstörbare – wie Jade und Schmuckstücke – ins Wasser.

»Spring hinein und tauche, Tiziano! Du wirst sehen, wie viele Dinge du da herausziehst.«

Ich kann es nicht glauben.

»Aber ja!« sagt Yao. »Wieso weißt du das nicht? Bis 1973 ging das so!«

Harry ist niedergeschlagen: »Jedes Haus ist ein Stall, jeder Mensch ist ein Opfer. Die Jugend ist ruppig und hat nichts gelernt – was soll aus China werden?«

China hat gestern in Tokio die Weltmeisterschaft im Volleyball gewonnen. Haufen von Jugendlichen rannten jubelnd die Changan hinunter bis zum Platz des Himmlischen Friedens. Sie waren nicht zu bändigen. Ihr hysterischer Freudentaumel erinnerte manche an Massenversammlungen in der Kulturrevolution. Zwei amerikanische Journalisten wurden in der Verbotenen Stadt »zu ihrer persönlichen Sicherheit« in Schutzhaft genommen. (China hatte tags zuvor gegen Amerika gewonnen.)

Die Stimme der Radioreporterin überschlug sich: »Schriftsteller Chinas, verewigt diesen Sieg! Dichter Chinas, besingt ihn in euren Versen! Verbreitet ihn über die ganze Welt!«

Heute morgen stand das erste Gedicht schon in der »Volkszeitung«. Yao ist beschämt und angewidert.

»Die Chinesen hatten diesen Sieg bitter nötig«, sagt Harry. »Was haben sie sonst, auf das sie stolz sein könnten?«

19. November 1981

Abendessen mit einem Kostümisten. Im Hintergrund Schubert, dann die Dritte von Beethoven, um die Mikrophone zu neutralisieren. Trotzdem dämpfen wir unsere Stimmen.

Der Mann hat keine Arbeit, bekommt aber sein Gehalt, und seine Einheit ist froh, wenn er zu Hause bleibt.

»Der Vorteil unseres Systems ist, daß man auch ohne zu arbeiten bezahlt wird«, sagt er bitter. »Die Dummen sind jedenfalls die beliebtesten.«

»Wer hat vom Kommunismus am meisten profitiert?«

»Niemand«, antwortet er, der selber für ihn gekämpft hatte. »Oder besser: die Partei.«

Es ist das alte Lied: Für das Volk gibt es nichts, für hohe Kader und Funktionäre alles, von besonderen Lebensmittelläden bis zu besonderen Schulen, Krankenhäusern und Privilegien jeder Art. Jeder hübsche Ort, sei es Beidahe, Qingdao, die Insel Hainan oder Kunming, jedes hübsche Haus ist für sie da. China ist groß und arm; für alle reicht es nicht.

»Übrigens ist es nicht die Armut, die mich schreckt«, sagt der Mann. »Mich schreckt die Verlogenheit, die Heuchelei – und daß ihr im Ausland alles für bare Münze nehmt.«

Nach Maos Tod, nach dem Sturz der Viererbande und Dengs Aufstieg hatte man gehofft, die Partei endlich zu demokratisieren, Gleichheit und Gerechtigkeit für alle zu schaffen. Das hatte dem »Pekinger Frühling« sein Gesicht gegeben, die Studenten mitgerissen und zu ihren Schriften inspiriert. Es ist alles schon wieder vorbei.

»Die Kader holen sich, was zu holen ist. Keiner von ihnen glaubt mehr an den Kommunismus, ans System. Sie bereiten die Flucht ins Ausland für ihre Kinder vor, sie hassen China«, sagt der Mann. »Alle wissen wir, daß es so ist, alle sind wir verzweifelt. Aber wir können nichts mehr daran ändern. In ein paar Jahren wird es eine neue Revolution geben – und das wird dann das letzte Blutbad sein.«

23. November 1981

Heute abend saßen wir erwartungsvoll in einem schäbigen Theater im westlichen Stadtteil. »Marionetten von Fukien« verhieß das Programm – die berühmtesten Chinas. Charles-Antoine war mit uns und Lo, der in Fukien geboren ist. Der Raum war voll. Kalte, rauchige Luft mit ein paar Glühbirnen.

»Heute abend wird es endlich das Wahre sein!« sagt Lo und dreht sich um, um mit einem alten Herrn, der auch aus Fukien stammt, seine Erwartungen auszutauschen.

Der Vorhang hebt sich. Und was sehen wir? Disneyland. Die Maus, die Katze und der Fuchs fahren im Auto; das Haus wächst wie ein Pilz –

eben jener amerikanische Humor, der das Leben verzerrt. Keiner amüsiert sich, keiner lacht. Es fehlt die Handlung; es fehlen die kräftigen Prügel, die so lustig waren, die Tänze der Drachen und Dämonen, die China seit dem Beginn seines Puppentheaters bezaubert haben.

Lo dreht sich um und sagt zu dem Herrn aus Fukien: »Es ist nicht mehr dasselbe!«

»Nichts ist mehr dasselbe«, sagt jener und geht fort.

Wir gehen hinter die Bühne. Die Puppenspieler sind junge Leute. Ich spreche mit der, die den Fuchs manipulierte. Keiner von ihnen, sagt sie, stammt mehr aus einer Familie von Puppenspielern. Alle wurden sie neu rekrutiert.

Unter ihnen ist ein älterer Mann, der die Anziehungskraft eines Zauberers hat, etwas Geheimnisvolles, als sei er da und nicht da, als erschiene und verschwände er. Seine geradezu hypnotischen Augen heften sich kurz auf uns – dann ist er fort. Er ist der Lehrer. Aus der Fabrik oder dem Gefängnis herausgeholt, in das er 1966 geworfen wurde, soll er jetzt seine Kunst einer Jugend weitergeben, die sie nicht mehr im Blut hat.

Die große Tradition des Puppenspiels ist 1966 zu Ende gegangen. Die Puppen, die Texte, die Kulissen, die Staffagen, die Puppentheater, Erbe so vieler Generationen, wurden vernichtet. Puppenspieler und Puppenschnitzer – Leute vom Volk, die weder lesen noch schreiben konnten und deren Schuld darin bestand, daß sie die alten Legenden von Kaisern und Konkubinen bewahrt und weitergegeben hatten – wurden in Fabriken oder auf die Felder verschickt. Heute sollen sie von vorn anfangen, und das ist bitter, denn es bedeutet das altbekannte China zu vergessen, Amerika und das Gelächter von Hollywood zu imitieren.

»Er hat uns auch klassische Stücke beigebracht«, sagt das Mädchen. »Aber der Parteisekretär läßt sie uns nicht aufführen.«

24. November 1981

»Literary Dissent in Communist China« von der Amerikanerin Merle Goldmann wirft ein Licht auf Bereiche, die für mich im Schatten lagen: Die meisten Intellektuellen, die heute aus Gefängnissen oder Arbeitslagern heimkehren, sind in ihrer Jugend überzeugte Sozialisten gewesen.

Was ist passiert? Was ist schiefgegangen? Es ist nicht das Schicksal der reaktionären Intellektuellen oder der Anhänger der Kuomintang, das mich hier interessiert, sondern das jener Schriftsteller, die sich seit den dreißiger Jahren an die Spitze der demokratischen Bewegung gestellt haben, der ersten Erforscher und Verfechter des Marxismus, der Gründer der Kommunistischen Partei – all derer, die den Verfolgungen Chiang Kaisheks entgangen waren und für die das Jahr 1949 eine wirkliche Befreiung von den Übeln der Vergangenheit gewesen sein muß.

In Shanghai in den dreißiger Jahren und später in Yenan haben sie sich für eine Literatur und eine Kunst geschlagen, die der Realität entspringt, in der Art der russischen und französischen Romanschriftsteller des 19. Jahrhunderts. Auf sie hätte das Neue China bauen sollen. Sie glaubten an Mao, sie setzten sich mit ihm für eine bessere Gesellschaft ein. In der Kunst jedoch wollten sie sich weiterhin in Bildern ausdrücken, die dem Leben entstammten, nicht der Ideologie: Das also war der Stein des Anstoßes.

Schon seit den dreißiger Jahren, als Lu Xun sich über die Kontrolle beklagte, die die Partei über seine schriftstellerische Arbeit ausübte und die ihm wie eine »eiserne Kette« auf den Nacken drückte, haben die chinesischen Schriftsteller immer wieder gegen die Einmischung der Parteibürokraten protestiert. Längst vor der Machtergreifung der Kommunisten wehrten sich Ding Ling, Feng Xue Feng, Xiao Chun, Hu Feng, Wang Shiwei, Ho Chifung und viele andere dagegen, aus ihrer Kunst ein Instrument der Propaganda zu machen. Deshalb verlor Mao die Geduld und hielt seine »Gespräche in Yenan über Kunst und Literatur« (1942). Aber was heißt schon »Gespräche«? Faustschläge auf den Kopf der Schriftsteller, Diktate waren es, die die ersten Rektifizierungskampagnen und die ersten Kritiksitzungen der Partei gegen die Intellektuellen in Gang setzten.

Ein Exempel wurde statuiert: an Wang Shiwei, einem Schriftsteller, der sich entschieden für die Unabhängigkeit der Künstler eingesetzt hatte. Er sollte Selbstkritik üben, sich vor der neuen »Kirche«, dem neuen »Papst« beugen und den neuen »Katechismus« anerkennen und »mea culpa, mea culpa, mea maxima culpa!« sagen. Wang beugte sich nicht. Er wurde erschossen. Das war im Sommer 1942.

Aus Furcht vor einem ähnlichen Schicksal, und um die Partei nicht zu schwächen, die immerhin ihre einzige Hoffnung im Kampf gegen die Japaner und die Kuomintang blieb, verleugneten ihn seine Kollegen und Freunde und gaben klein bei.

Seitdem wanderten die chinesischen Intellektuellen auf einer Straße, zu der es keine Alternative gab: Entweder du warst für Mao – oder du bist verschwunden. Kein Rückzieher war erlaubt. Es war auch nicht möglich zu sagen: Entschuldigt, ich habe mich geirrt, ich gehe. Nein! Denn wenn du dich zurückziehen wolltest, wie Wang es versucht hat, wo sollst du dann hin? Für jeden Bürger gab es nur einen Wohnsitz, eine Arbeitseinheit, eine Arbeit. Jeder hatte nur einen einzigen Platz im Leben, und nur bei seinem Tod konnte er ihn verlassen.

Daraus erklärt sich, daß sich die Intellektuellen – wenngleich widerwillig – schon vor der Machtergreifung der Partei untergeordnet haben. Sie haben es für China getan, für die Massen, für eine Sache, die ihnen wichtiger erschien als die geistige Freiheit.

So kam das Jahr 1949. Die Kommunisten ergriffen die Macht. Alle diejenigen, welche in den schwierigen Jahren des Kampfes auf ihrer Seite gestanden hatten, wurden belohnt. Schriftsteller wie Mao Dun, Cao Yu, Ding Ling bekamen Schlüsselstellungen im Kulturbereich der neuen sozialistischen Republik und waren es einstweilen zufrieden. Doch nur wenige Jahre verstrichen, und der Protest loderte wieder auf, Widerstand regte sich: Die Kunst kann der Politik nicht unterstellt sein, oder jede Stimme verstummt, wie es nach den »Gesprächen von Yenan« schon passiert war.

Wieder schlossen sich um die Gurgel jener mutigen Persönlichkeiten die eisernen Krallen der Partei, wieder bekamen sie Worte zu hören, die Lu Xun schon gepeinigt hatten: »Hör auf zu denken! Hier denke nur ich!«

Nach und nach verstummten die Stimmen ganz, teils eingeschüchtert und erstickt, teils von der Mystik der Partei verführt, die dem Individuum einflüsterte: »Verschwinde! Tu es fürs Vaterland! fürs Volk! für die Massen! Gestehe, daß du schwach und selbstsüchtig bist!«

»Ich gestehe!« rief Ding Ling. »Ich gestehe, daß es mir immer noch schwerfällt, einen Freund zu verraten!«

Schließlich lernten sie auch das. Es ist tatsächlich erstaunlich, wie die chinesischen Intellektuellen sich gegenseitig angezeigt und beseitigt haben, so sehr waren sie eingespannt in die riesige Maschine der Partei und zu deren Werkzeug geworden. Die Schlinge lockernd und wieder strammziehend, gelang es ihr, jede Form des Widerspruchs hervorzulocken, um sie dann zu ersticken. Es genügten ein paar radikale Kampagnen, und es herrschte Schweigen.

Die Kampagne gegen das Denken Hu Shi's 1951, gegen die traditionellen Interpreten des »Traums der Roten Kammer« kurz darauf, die gegen Hu Feng 1955, gegen Xiao Chun und Ai Qin, gegen Ding Ling und Feng Xue Feng 1957 führten – nach der kurzen Entspannung der »Hundert Blumen« – zur »Anti-rechts-Kampagne« von 1958, die die Mehrheit der Künstler und Intellektuellen in Gefängnisse und Arbeitslager fegte.

Und immer noch schaffte China es nicht. Immer noch reichte das Opfer nicht aus. Den Intellektuellen, der »feudalistischen Kultur« wurde die Schuld an jeglichem Übel zur Last gelegt.

1966 brach die Kulturrevolution aus. Sie setzte sich tatsächlich das Ziel, den Kulturmenschen auszumerzen oder einen Bauern aus ihm zu machen, im letzten, verzweifelten Versuch, den Menschen zu verändern und ein »Neues China« aufzubauen.

Die, die sich nicht fügen wollten, haben sich das Leben genommen. Ihre Stimmen fehlen heute, wenn es darum geht, den Ruf der chinesischen Intellektuellen zu verteidigen.

25. November 1981

Wir waren im Xin-Jiao-Hotel. Um 18.30 Uhr sind die Tische zwischen den großen weißen Saulen noch voll.

Professor Yao, der da wohnt, flüstert mit halbgeschlossenen Augen, fast zusammenhanglos. Gewissenhaft zieht er Tag für Tag umher, macht seine Besuche, seine Erkundungsfahrten – und kann nicht mehr.

Ein älterer Mann kommt an den Tisch. Yao steht auf und begrüßt ihn auf das wärmste. Ich schaue auf seine Füße: uralte, schlammbedeckte Schuhe, wie ein Bauer; Hände wie jemand, der die Erde bearbeitet. Sein Gesicht dagegen ist das eines Intellektuellen.

»Ein hervorragender Gelehrter«, erklärt uns Yao später. Er besaß eine riesige Bibliothek mit wertvollen Büchern, die er während der Kulturrevolution einem Papierhändler als Altpapier verkaufen mußte, zu 23 Fen per Pfund.

»250 Pfund Bücher hat er verkauft«, sagt Yao, »und die chinesischen Bücher sind leicht!«

Nach den Nudeln, dem Schweinefleisch, dem Rindfleisch mit Austernsauce, dem Kohl und den Krabben, nachdem wir das Bier ausgetrunken und uns umgesehen haben unter den satten Überseechinesen, die ihre armen Verwandten hierher einladen – als seien es Kranke, denen man wieder auf die Beine helfen muß –, gehen wir mit Yao auf sein Zimmer, und er erzählt uns eine Geschichte, die er kürzlich gehört hat.

Ein Überseechinese bekommt nach sechs Monaten Wartezeit ein Visum und besucht seine Familie in Zentralchina. Alles läuft recht gut, und er kehrt nach Amerika zurück, hält Vorträge und erklärt: »China ist tatsächlich bemerkenswert. Es ist arm, aber würdevoll!«

Ein Jahr später kehrt er zum zweiten Mal nach China zurück, bleibt längere Zeit und entdeckt dabei den Zerfall hinter der Tünche. »Warum habt ihr mir das alles nicht gleich gesagt?« fragt er seine Verwandten. »Weil wir es dir nicht sagen dürfen«, antworten sie. »Warum glaubst du denn, daß es das erste Mal sechs Monate dauern mußte, bis man dir dein Visum gegeben hat? Weil sechs Monate nötig waren, um uns aus den verschiedenen Gefängnissen herauszuholen!«

28. November 1981

Es schneit. Die nördliche, verfrorene Schönheit der alten Gassen unter dem lila Himmel ist unbeschreiblich. Ein Blick beim Nach-Hause-Radeln auf ein Haus mit seiner Fensterfront aus weißem Papier, auf den Nußbaum, der seine kahlen Zweige über dem Innenhof wiegt – und ich kann mir vorstellen, wie unsagbar einsam und intim das Leben in dieser Stadt gewesen sein muß.

Schließlich das Observatorium, wenig ist von seinen Mauern übriggeblieben, nichts von den Mauern der Stadt, und auf der anderen Straßenseite sind wir zu Hause.

Es schneit den ganzen Nachmittag. Der graue Himmel erhellt sich im Widerschein der Dächer. Auf den weißen Straßen wird der Verkehr zum Schattentheater, zur bunten Kinderbühne. Folco ist hingerissen, und weil er krank ist, bringt Saskia ihm einen Schneeball ans Bett.

Abends friert es. Vorsichtig fährt Tiziano die Dong Dan hinunter. Passanten rutschen aus und fallen, Fahrräder mit Kohlköpfen an der Lenkstange stürzen um, und an den Kreuzungen gibt es ein ungeahntes Gewirr von Rädern und Menschen, die wieder aufstehen und vor Verlegenheit lachen.

Das Restaurant ist bescheiden, hat noch etwas von der alten revolutionären Würde. Die Massen unten reden laut und schauen uns an. Wir steigen eilig die Treppe zu den besseren Sälen hinauf. Uns erwarten australische und amerikanische Diplomaten mit ihren chinesischen Frauen.

Eine von ihnen stammt aus einer alten Pekinger Familie. 1949 sind einige ihrer Angehörigen nach Taiwan geflüchtet, andere fingen aus Furcht, ermordet zu werden, unter anderem Namen in der Mandschurei ein neues Leben an. Der Rest der Familie wurde von den Kommunisten aufs Land verschickt. Deren Kinder sind heute allesamt Arbeiter und Bauern. So weiß man in China nie, wen man vor sich hat.

2. Dezember 1981

Professor Lo drängt zur Erforschung der Stadt. Er wird immer nervöser, verzweifelter, will aber den Dingen auf den Grund gehen.

Würde ich es anders machen? Und wie wäre mir zumute, wenn ich in zwanzig Jahren nach Florenz zurückkäme, seine Plätze, seine Kirchen und Paläste aufsuchte – und nichts als Trümmer fände? In den Parks Barackenlager... San Miniato, San Lorenzo, Santa Croce in Fabriken umgewandelt, die Uffizien ohne Bilder, die Brücken abgerissen und aus Zement wiederaufgebaut, der Arno ein stinkendes Rinnsal, das Kloster der Certosa ein Elektrizitätswerk? Was würde ich sagen, wenn der Dom zu einem Lager beschlagnahmter Besitztümer geworden wäre und das Baptisterium voller Gespenster, nachdem es als Schauplatz von Kritiksitzungen und Knüppelmorden gedient hätte? Wenn keines der Restaurants mehr da wäre, keine Bar, kein Theater außer einem, wo man statt Verdi eine Hollywood-Komödie aufführte? Ich würde weglaufen, auf die Hügel, um dort nach Kirchen und Villen zu suchen. Und wenn ich dann Fiesole und auch San Domenico als Exerzierplätze wiederfände und statt der Zypressen nur Fabrikschornsteine, wie wäre das?

Und wenn ich die Freunde von früher suchte und stöberte schließlich einen in einem Winkel seiner alten Wohnung auf, und jedes andere Zimmer wäre besetzt von einem Dutzend fremder Gestalten, und er hätte kein Buch mehr, kein Bild, keine Möbel, keine Familie ...? Nach den anderen gemeinsamen Freunden würde ich fragen, nur um zu hören, daß die meisten umgebracht worden seien oder sich selbst das Leben genommen haben und daß der Rest so lebe wie er – was dann?

Aber Lo will sein Peking ganz und gar wiedersehen. Es fehlt ihm noch die westliche Peripherie.

Über die Changan mit ihren stalinistischen Kaderwohnungen, aus den einstigen Stadtmauern heraus zum Mondtempel, dem im Osten der Sonnentempel entspricht und jetzt ein Krankenhaus ist. Rundherum war bis vor wenigen Jahren Land, heute ist es eine triste Vorstadt mit Militärbaracken und Slums. Schlote, Elektrizitätsmasten, vermummte Gestalten, die schleppen, schieben und ziehen.

Plötzlich, mitten in dieser zerfetzten Welt, eine mächtige Pagode, die mit ihrem riesigen Buddha im Hof einer Fabrik, dem früheren Tian-Ning-Kloster, steht. Von ihren dreizehn Dächern hingen 3400 Glöckchen, deren Klingeln man bis zu einer Meile Entfernung hörte. Nicht weit davon der Eingangsbogen des Klosters der Weißen Wolken, einst der Sitz des Taoismus in Nordchina, dann eine Maschinenwerkstatt, die gerade geräumt wird.

Das Übereinander von Fabrik und Kloster hat die Geschichte des letzteren ausradiert. Der Bau stammt wie die Pagode aus der Tang-Dynastie und wurde von Gengis Khan schon restauriert. Bis zur Befreiung waren hier die heiligen Schriften des Taoismus sowie ein immenser Reichtum an Reliquien und Schätzen deponiert. Zur Mitternacht des neuen Mondjahres schwebten die Acht Unsterblichen auf das Kloster nieder – vor der versammelten Bevölkerung Pekings. Es folgten dann achtzehn Tage Tempeljahrmarkt, mit Pferderennen für Männer und Frauen. So war es bis zur Befreiung.

Etwas südlicher muß auch die alte Pferderennbahn sein, die Villa von Morrison, dem Journalisten der »London Times«, der hier zu Anfang des Jahrhunderts lebte. Alle Spuren verlieren sich in Slums und Feldern oder hinter den neuen Backsteinmauern einer Militäreinheit. Die Wachsoldaten, die unseren roten Wagen vorbeifahren sehen, schreiben sich erschrocken unsere Nummer auf und sagen sie eiligst ihren Vorgesetzten durch.

Abends gehen wir zu Yang Xianyi und Gladys Yang, dem alten, bekannten Übersetzerehepaar. Er leitet jetzt als Nachfolger von Mao Dun die Zeitschrift »Chinese Literature«.

Sie leben in den Gebäuden der »Foreign Language Press«. Wir hüpfen in den überschwemmten Korridoren des dunklen Mietshauses von Stein zu Stein. Auf dem Briefkasten der Yangs steht: »Bitte, die Briefmarken nicht von unseren Umschlägen lösen.«

Es öffnet uns der alte Yang, ein hagerer, vornehmer Herr. Das Gesicht eine traurige Maske. Gladys ist Engländerin, 64, hat lange Beine und ein starkes, enttäuschtes Gesicht. Seit 1952 lebt sie in Peking und macht sich nichts vor. Sie hatte mit diesem Land verschmelzen wollen, ihren Kindern nicht einmal Englisch beigebracht. Von 1966 bis 1972 haben beide als »englische Spione« im Gefängnis gesessen, ihre Kinder sind wie Vagabunden aufgewachsen. Als alles vorbei war, nahm sich ihr Sohn das Leben.

Das Zimmer ist angenehm mit Büchern, einem Schreibtisch, alten schwarzen Ledersesseln möbliert – für Peking unerhört. Stehlampen und ein Ofen stehen da. Der alte Yang trinkt und raucht, mit dauernd tanzenden Beinen, aber gelassener Stirn. Gladys sitzt auf einem Hokker, streckt die Beine aus, trinkt und starrt ins Feuer. Ihre Einwürfe sind kurz und bestimmt.

Tiziano bricht das Eis. Auch er hatte an Mao geglaubt, hat seinen Sohn »Folco Mao« getauft, ein Buch über das glorreiche Experiment der Kulturrevolution angefangen und eins über die »Befreiung« von Saigon geschrieben.

»Die Revolution ist ein großer, ein feierlicher Moment wie die Geburt eines Kindes. Erst viel später merkt man, daß das Kind nicht vollkommen ist, daß es krumme Beine hat, schielt und stottert …« sagt Tiziano.

»Bis jetzt ist noch keines der sozialistischen Kinder gut geraten«, meint Gladys.

Interessant, mit Literaten zu sprechen, die seit 1949 alles miterlebt haben. Von wenigen Schriftstellern sprechen sie mit Achtung, auch von Lao She nicht, als wäre er ein Feigling gewesen, als hätte er »Teehaus« zufällig geschrieben. Die Tragödie so vieler Schriftsteller, in die politische Arena geworfen zu werden, wo ihre Arena doch Papier und Feder sind.

»Hu Feng? Ein kindischer junger Mann, der 1955 noch nicht verstanden hatte, woher der Wind blies.«

Nach 25 Jahren Gefängnis ist er gerade befreit worden. Wir haben gehört, er sei verrückt geworden.

»Verrückt?« sagt Gladys. »Nein. Er ist sogar Mitglied des Volkskongresses geworden.«

Und Zhou Yang?

»Selbst er hat etwas gelitten, ist nicht mehr der gefährliche Mensch, der er einmal war. Niemand haßt ihn mehr.«

Sie haben ein kurzes Gedächtnis. Er ist Chinas Goebbels gewesen.

»Er führte Maos Order aus«, sagt Yang.

»Ich meine, er tat mehr als das«, sagt Tiziano. »Er hat eine ganze Politik erfunden ...«

Sie lassen das Thema wieder fallen. Gladys heftet ihren düsteren Blick auf irgendeine Vision. Dann nimmt sie ein Buch, die »Göttliche Komödie«, von Guttuso illustriert, in die Hand. »Gibt es die Hölle noch? fragen mich meine Enkelkinder«, sagt sie. »Es hat sie nie gegeben, antworte ich.«

Und wie nennt sie das, wodurch sie gegangen ist?

»Die Jungen haben keine moralischen Werte mehr«, sagt ihr Mann. »Aber sie werden wieder eingeführt werden.«

Von der Partei?

»Gibt es keinen Solschenyzin in China?« fragt Tiziano.

»Nein. Die Schriftsteller sind zu beschäftigt, sie haben keine Zeit zum Schreiben. Sie müssen einholen, Schlange stehen, Kohlen hamstern ... Oder sie haben Wichtigeres zu tun als zu schreiben, zum Beispiel auf Konferenzen und Versammlungen zu gehen.«

Wo ist der, der nachts beim Kerzenschimmer schreibt und mit dreißig schwindsüchtig stirbt, sein literarisches Werk aber als Testament der nächsten Generation hinterläßt? Hier sind Dichter und Schriftsteller allesamt alt, klammern sich an jeden Monat, jedes Jahr, das ihnen noch bleibt, wie an das höchste Gut.

»Gibt es talentierte junge Schriftsteller?« frage ich.

»Wenige. Sie beherrschen das Handwerk nicht. Und die guten dürfen wir zur Zeit nicht veröffentlichen«, sagt Yang. »Ich wollte eine Kurzgeschichte über die platonische Liebe zwischen einer geschiedenen Frau und einem Mann in das letzte Heft bringen, ›Die Liebe soll nicht vergessen werden‹ von Zhang Jie, aber die Vorgesetzten haben es verboten. So ein Dreck! haben sie gesagt.«

»Wer sind die Vorgesetzten?«

»Verschiedene. Darunter auch zwei alte Yenan-Damen . . .«

». . . Yenan-Konkubinen!« sagen wir.

»Gott bewahre! In Yenan hat es nur Genossinnen, keine Konkubinen gegeben!« sagt der alte Herr. »Die Erzählung steht jedenfalls erst mal nicht im neuen Band.«

»Wir sollten mehr wagen!« sagt Gladys.

6. Dezember 1981

Yen ist gestorben, der kommunistenfreundliche Journalist aus Hong Kong, der unter dem Decknamen »Hanren« wohl fünfzig populäre Romane geschrieben hat, um seine acht Kinder zu ernähren. Er ist hier in Peking an einem letzten Herzinfarkt gestorben, als er sich von den vorigen erholen wollte.

Wir hatten ihn in Hong Kong während der Trauerfeier für Zhou Enlai kennengelernt und verschiedentlich wiedergesehen, meistens in einem kleinen Restaurant beim westlichen Markt. Er war unser erster Kontaktmann zur Volksrepublik, die Begegnung führte zu anderen Begegnungen und schließlich zum Visum für China.

Yen war damals 58 und arbeitete für den »Ta Kung Pao«, eine von Peking kontrollierte Zeitungsgruppe in Hong Kong. Er hatte im Krieg zu jenen »patriotischen« Intellektuellen und Philokommunisten gehört, die gegen die Japaner und die Nationalisten kämpften. In den vierziger Jahren hatte ihn die Partei mit einem Geheimauftrag nach Taiwan geschickt, und Yen hatte sich 1949 nur mit knapper Not retten können, als die Kuomintang sich auf der Insel einnistete. Dann zog er nach Hong Kong.

Es gelang uns nie, ihn mit seiner Frau zusammen einzuladen. »Sie ist zu sehr in der Familie beschäftigt«, sagte er. Dann kam der erste Herzinfarkt, und er wurde von Hong Kong in ein weniger kostspieliges Krankenhaus in Kanton und später nach Peking verlegt, und wir sahen ihn nicht wieder. Eine seiner Töchter, die mit der Familie aus Hong Kong hergereist ist, hat uns von seinem Tod benachrichtigt.

Die Totenfeier fand vorgestern, um 10 Uhr, auf dem Friedhof von

Babaoshan statt, weit weg, in westlicher Richtung, längs der Changan. Eine kurze Zypressenallee, deren Abschluß eine Art ornamentaler Bogen bildet, gibt ihm den unauffällig-feierlichen Anstrich, der diesen Orten geziemt.

Limousinen und kleine Busse kommen an, und immer mehr Leute steigen vor dem kleinen Gebäude aus, in dem die offiziellen Feierlichkeiten stattfinden.

Am Eingang bleiben wir stehen, stecken uns eine weiße Papiernelke ins Knopfloch, und jemand zeigt uns den Weg zu den beiden Empfangsräumen. Dort warten die Freunde von der »Volkszeitung« und der Nachrichtenagentur »Neues China«, der Rektor der Peking-Universität, Präsident und Mitglieder der Akademie der Wissenschaften, Rektoren der anderen Universitäten, Schriftsteller und Dichter, die Yen in den Jahren des Kampfes und der Jugend gekannt hatten. Da sind die Mageren, an deren Gesichtern die Wissenschaft, die Angst und das Leiden gezehrt haben, und da sind die Dicken, die Bürokraten und die Liebediener der Partei, mit den bösen Augen und dem falschen Lächeln. Und dann sind da solche, die aussehen wie Bauern – kürzlich von jahrelanger Zwangsarbeit auf dem Land zurückgekehrt. Von allen würde ich gern ihre Geschichte hören.

In einem Nebenzimmer sitzt Yens Witwe, blaß und ganz in Schwarz, und weint verloren vor sich hin. Ihre Söhne und Töchter nehmen unsere Anteilnahme entgegen. Mit ihrem modischen Haarschnitt und den eleganten Pelzjacken gehören sie zu einer anderen Welt.

Schließlich finden wir uns alle in einem zentralen Saal stehend wieder. Eine gerahmte Photographie von Yen steht auf einem Tisch, an den Wänden Kränze aus weißen, gelben und schwarzen Papierblumen und oberhalb ein Schriftband mit dem Namen des Verstorbenen, der als »Herr« und nicht als »Genosse« tituliert wird, weil er wohl nie in die Partei eingetreten ist. Zuletzt erscheint die Familie, geht durch den Gang, der die Menge teilt, und setzt sich zur Linken des Tisches. Trauermusik setzt ein, schwere Akkorde, und eine Stimme verkündet: »Die Feier beginnt.«

Lo Fu, einer der Direktoren des »Ta Kung Pao« von Hong Kong, verliest Yens Biographie. Mit ausdrucksloser Stimme zählt er flüchtig seine patriotischen Taten auf und schließt mit den lakonischen Worten: »Er war ein Freund der Kommunistischen Partei und Chinas.«

Yens ältester Sohn steht auf und nimmt das Mikrophon. »Danke!« sagt er trocken – und setzt sich wieder. Man fühlt die beabsichtigte Kränkung.

Ein anderer Funktionär erhebt sich, spricht mit näselnder Stimme zu den unablässigen dumpfen Rhythmen der Musik – wie Hammerschläge in der Ferne. Trostlos. Ich beiße mir auf die Lippen, hole tief Atem und sehe mich um. Da sitzen sie, die Männer der Kultur, die ihre Jugend, ihr Leben für das Neue China eingesetzt haben – alt geworden, die blasse, durchsichtige Haut straff über den Schädel gezogen, in schäbigen Jacken oder in Jacken aus gutem Tuch, um eines Freundes aus den hoffnungsvollen Jahren zu gedenken, denen dreißig Jahre der Enttäuschung folgten. Nur auf eines kommt es ihnen noch an: zu überleben – koste es, was es wolle; und sie bringen es fertig, hier zu sitzen, nebeneinander, am Grab des Jugendfreundes und ihrer eigenen Ideale, Gepeinigte und Peiniger in derselben Menge. »Ich lebe«, denken sie. »Ich lebe noch« – nichts anderes. Pergamentene Gesichter, kein Blut mehr in ihren Adern.

»Ich bin unter Toten«, denke ich, »alles ist aus. Dies ist das Begräbnis von ihnen allen«, und mir kommen die Tränen, während die Familie hinausgeht, der älteste Sohn mit dem Bild von Yen voran, die arme Mutter mit sich ziehend. Die Gespenster folgen ihr, eins nach dem andern. Tiziano nimmt mich beim Arm. »Hoffentlich weinst du um China«, sagt er mit roten Augen.

Wir gehen zusammen los, schnell hinter den anderen her, und dann überholen wir sie und kommen auf einen aufgewühlten Platz mit ein paar Pappeln vor einem Gebäude, aus dem ein riesiger Schornstein herausragt. Fast gleichzeitig mit der Familie treten wir ein und sehen ihn noch vor den andern: Yen, mager und ruhig, ausgestreckt auf der Bahre, die ihn in die Flammen tragen wird.

Im milchigen Grau des Morgens nähert sich der Zug der Gespenster, sichtlich besorgt darum, wer den Vortritt hat. Wir gehen hinter ihnen um die Leiche herum. Die Witwe kniet selbstvergessen zu seinen Füßen, weint und spricht mit ihrem Mann, als ob sie allein miteinander wären – und dieses ungewöhnliche, aufrichtige Hervorbrechen ihres Schmerzes löst endlich die Erstarrung auch bei den andern. Ihre Kinder schluchzen und drücken uns die Hand. Die Augen all dieser alten Menschen, die gewohnt sind, ihre Gefühle zu verbergen, füllen sich mit Tränen, und niemand, nicht einmal der hartgesottenste Bürokrat, bleibt ungerührt.

Draußen ist es kalt. Einer nach dem andern wirft mit feuchten Augen seine Nelke in den Papierkorb, und dann fahren sie in kleinen Autobussen davon. Wir gehen um das Gebäude. Verstörte Menschen verschwinden in einer Tür und kommen weinend wieder heraus. Auch wir treten ein: ein Raum voller Leichen; eine nach der andern schiebt man hinter einen Vorhang und hinein in den Ofen. Kümmerlich und in Tränen fahren die Verwandten mit dem kleinen Lastauto zurück, in dem sie mit ihrem Toten angekommen sind. Und dann ist der nächste dran und der übernächste. Kein Wort, keine Feier für die, welche »die Massen« sind. Eine Handvoll Asche ist alles, was einem Volk bleibt, das gewohnt war, in langen, feierlichen Riten von seinen Toten Abschied zu nehmen.

Als wir in unserem Auto davonfahren, quillt aus dem Schornstein eine schwarze Rauchwolke, ballt sich zusammen, kreist um sich selber und verliert sich im Weiß des Himmels.

»Der Mythos war stark, er hat die Welt verändert.«

7. Dezember 1981

Am Sonntag liefen wir im Taoranting-Park Schlittschuh. Es war fast warm, aber das Eis war noch tiefgefroren von den vorherigen kalten Tagen. Folco und Saskia liefen schnell, und vom Ufer schauten ihnen viele gelangweilte junge Leute unlustig zu.

Auf dem Rückweg fuhren wir durch die alten Hutongs um das Qianmen-Hotel herum: An jedes graue Haus lehnt sich jetzt eine Hütte für den Kohlenvorrat oder das Klosett.

Im Speisesaal des Hotels regnet es immer noch durch die Decke, aber die Kellnerinnen haben eine neue Uniform bekommen. Sie tragen nicht mehr die netten weißen Jacken über dunkelblauen Hosen, sondern ein himmelblaues Hosenkostüm, das nicht gewaschen werden kann und schon ganz verfleckt ist. Was uns wohltut, ist die Herzlichkeit, mit der diese Mädchen den Kindern begegnen.

Gegen 22 Uhr, nachdem er mit seinen chinesischen Freunden zu Abend gegessen hat, ruft Yao uns oft von einem öffentlichen Fernsprecher aus an: »Ich bin hier in der Nähe. Darf ich kommen?« Dann wartet er auf dem Bürgersteig, bis wir ihn abholen und zu uns fahren.

Wir trinken Wein, essen Nüsse, sehen Bücher an, Photos. Diese Abende führen uns immer tiefer in das Leben der Chinesen hinein, immer ferner fort von unserem Ausländerghetto. Sie führen uns dahin, wo die Funktionäre uns nicht haben wollen: in die erschütternden Existenzen von Menschen, die zu Beichten, Bußen, Selbstkritik gezwungen wurden, in die Brutalität der Politik und die Spiele der Partei.

Yao kommt zu uns, denn es bleibt ihm am Ende aller Begegnungen mit seinen chinesischen Freunden eine wehmütige Feststellung: Nach zwei Stunden oder zwei Tagen oder zwei Wochen erreicht er die Grenze seines Gesprächspartners, eine Mauer, hinter der es keinen Widerhall mehr gibt, sondern nur eine große, stille Resignation, von der er meint, daß sie nicht nur mit dem Leiden zu erklären sei.

Abends, spät, wenn wir ihn in sein Hotel zurück fahren, sitzt Yao meist schweigend im Auto und starrt mit seinen schmalen Augen auf die Straße. »Ich kann nur sagen, was es nicht ist, nicht aber, was es ist: China«, hat er heute abend gemurmelt.

8. Dezember 1981

Wir machen mit Lo einen letzten Spaziergang. Wir suchen nach den Hofhäusern, in denen sich die Vergangenheit abgespielt hat. Die Schule, in der Lu Xun unterrichtete, den Palast des bösen Eunuchen Wei, die Residenz von Hu Shi, als er Rektor der Universität von Peking war, das Haus von Edmond Backhouse, über den Trevor Roper in seinem »Hermit of Peking« geschrieben hat: Durch die Hütten, die Wäsche, die Baracken, die Vorräte schimmert die alte Schönheit hindurch, steht die Zypresse noch neben den roten Lacksäulen im grauen Hof. Etwas Erratenes, Gelungenes. Nicht immer, nicht überall hat der Mensch wie hier die perfekte Formel für sein Heim auf der Erde gefunden.

Abends kommen Israel Epstein und seine Frau zu Tisch. Er lebt seit seiner Jugend in China, ist Mitglied der KPCh und Herausgeber der englischen Ausgabe von »China im Aufbau«.

Interessant sind seine Erinnerungen an Peking, wie es in den dreißiger und vierziger Jahren war – verführerisch in seinem Untergang und unendlich gastlich. Er erinnert sich, wie die Mandschu-Aristokraten in ihren Hofhäusern stilvoll verkamen, wie die Ausländer sich in dieser verblüffenden Kultur, die unter ihren Augen erlosch, wohl fühlten und in wenigen Jahren das Material zusammentrugen, von dem die Sinologie heute noch zehrt.

Auch die Sonderlinge, die Käuze kamen nach Peking, die »Wechsel-Männer«, wie man die mißratenen Söhne aus dem Westen nannte, die die Familie nach Peking schickte, damit sie dort verschwänden. »Stellst du die Welt auf den Kopf, enden die Käuze in Peking«, sagte man damals.

Epstein erinnert sich der rätselhaften Ermordung der Pamela Werner, der sechzehnjährigen Tochter des bekannten englischen Sinologen; er erinnert sich des »Sex Club«, in den auch Edgar Snow geladen wurde – der aber dort nie auftauchte; er weiß noch, wie Backhouse, der »Hermit of Peking«, allen Ausländern auf der Straße aus dem Wege ging, von einem vorangeschickten Diener von ihrem Nahen gewarnt. Sie alle packten 1949 ihre Sachen in Koffer und Kisten, stellten sie in einem Lager unter und fuhren in der Gewißheit ab, bald wiederzukommen.

Statt dessen wurde China versiegelt, die Koffer wurden versteigert. Epstein weiß noch, wie Rewi Alley, der neuseeländische Dichter-Barde der Kommunisten, einen Koffer von Harold Acton erstand und die Briefe, die er darin fand, in der Kulturrevolution verbrannte.

In den ersten Jahren nach der Befreiung ging Epstein sonntags mit seiner Frau aufs Land zu den Klöstern, die noch voller Mönche und Leben waren. Man redete damals viel darüber, was mit Peking geschehen solle. Ein Vorschlag war, es stehen zu lassen, so wie es war, und eine neue, moderne Stadt in die Ebene zu bauen. Aber dann kauften die Chinesen sich von den Russen Pläne für ihre öffentlichen Gebäude, und der Rest blieb den einzelnen überlassen. Die schönsten Klöster und Paläste gingen an die revolutionären Einheiten, die Stadtmauern wurden Bauern und Bürgern als Rohmaterial angeboten – und in wenigen Jahren war Peking nicht mehr. Den letzten Schlag versetzte ihm die Kulturrevolution, als das Hofhaus verwüstet wurde.

Als die Epsteins fortgegangen sind und ihre vorsichtige, aber informierte Unterhaltung uns nicht mehr im Bann hält, bleiben wir mit Lo allein.

»Welches war der maßgebende, endgültige Aspekt der Zerstörung Pekings? Was hat der Stadt den Todesschlag versetzt?« fragt ihn Tiziano.

»Die Zerstörung des Hofhauses«, sagt Lo nach kurzer Überlegung. »Damit wurde das Gewebe der Stadt zerrissen. Ein Tempel mehr oder weniger – das macht nicht viel aus. Die Zerstörung des Gewöhnlichen, des Alltäglichen ist dagegen unwiederbringlich. Mit den Hofhäusern verschwindet auch die Stadt.«

In das folgende Schweigen hinein frage ich: »Lo, welchen Beitrag haben die Chinesen, eine Milliarde Chinesen, in den letzten dreißig Jahren der Welt geliefert? Welches Buch, welchen Gedanken, welche Erfindung haben sie der Menschheit weitergegeben?«

»Die Revolution, Mao, den Mythos«, sagt Lo erschrocken, »das ist Chinas Beitrag gewesen. Und der Mythos war stark, er hat die Welt verändert.«

9. Dezember 1981

Lo ist abgefahren. Wir sind erschöpft, überwältigt.

Gerade kommen wir vom Kino zurück, wo wir »Die Kleine Straße« gesehen haben, eine Liebesgeschichte aus der Kulturrevolution.

Dem Mädchen rasieren die Rotgardisten den Schädel kahl, weil sie die Tochter einer Intellektuellen ist. Der junge Mann stiehlt ihr im Theater eine Perücke und hinterläßt dafür das Geld. Die Schauspieler ertappen ihn, schleppen ihn auf die Bühne und übergeben ihn den Rotgardisten, die ihn so lange mit ihren Gürteln peitschen, bis er erblindet. Aus dem Krankenhaus wird er entlassen, weil der Arzt aufs Land verschickt wird. Er tastet sich durch die Straßen bis zum Haus in der »Kleinen Straße«, wo die Freundin wohnt: Es ist versiegelt. Sie und ihre Mutter sind in einem Lager verschwunden. Er bleibt blind und allein zurück.

Dieses ist seine Lebensgeschichte, wie der junge Mann sie dem Regisseur erzählt, der nach dem Ende des »großen Chaos« in das Haus in der »Kleinen Straße« eingezogen ist. Der Regisseur interessiert sich dafür, sucht aber nach einem Abschluß für das Publikum und schlägt drei Möglichkeiten vor:

Der junge Mann sieht wieder und wird Taxifahrer. Man ruft ihn in eine Wohnung, wo »verdorbene« junge Leute tanzen und rauchen, darunter auch seine Freundin. Sie trägt einen falschen Pelz, hat eine Dauerwelle, ist geschminkt – und steigt zu ihm ins Taxi.

»Meine Mutter ist tot, ich habe jahrelang wie ein Mann gearbeitet. Meine Jugend verblüht. Jetzt will ich wie eine Frau leben«, sagt sie.

»Ich weiß, wir haben es schwer, aber das Leben gehört uns«, antwortet er, »nun müssen wir erwachsen werden.«

»Nein«, sagt sie. »Wir haben nichts gelernt, niemand will uns. Wir sind die verlorene Generation«, und steigt aus.

Es ist eine wahre Unterhaltung, viele junge Leute denken wie das Mädchen. Aber der junge Mann ist enttäuscht: »Ich bleibe lieber blind, als daß ich sie so wiedersehe.«

Die beiden anderen Lösungen des Regisseurs sind recht summarisch: Der Blinde bleibt blind, begegnet dem Mädchen wieder, sie lassen Vergangenes ruhen und leben zusammen. Auch dieses überzeugt den Blinden nicht.

»Überlassen wir die Lösung dem Publikum«, schlägt der Regisseur vor, der seine Meinung ohnehin nicht ausdrücken darf.

Aus dem nach Knoblauch riechenden Kino gehen die jungen Leute in Gedanken verloren nach Hause. Auch sie sind blind, auch sie können ihre Zukunft nicht sehen. Jemand hat das ausgesprochen. Das erleichtert sie.

Peking, 31. Dezember 1981

Noch dreißig Minuten, und das neue Jahr bricht an.

Ich sitze auf meinem Sofa. Nur die Standuhr von Tianjin tickt. Die Familie schläft. Ab und zu heult eine Lokomotive. Auf der Straße ist es kalt und still, ein Mann überquert sie wie ein Schatten. Das ist Peking nach zwei Wochen Hong Kong.

Dort ist alles aufregend, schnell und geräuschvoll. Dort hat man den Eindruck, als reiche die Freiheit bis zum Himmel. Dort steht der Chinese morgens auf und arbeitet weiter an seinem kleinen Plan. Er zieht den Rolladen hoch, liest die Zeitung, schlürft eine Suppe, und dann fängt er an, versucht und macht bis abends, in einem erprobten Wechsel von Arbeit und Zerstreuung.

In den Straßen von Wanchai mit ihren alten Etagenhäusern aus den zwanziger Jahren, dem Rattern von Straßenbahnen und Mah-Jongg eröffnet immer wieder ein neues Restaurant seinen Betrieb (wenn auch nur mit einem Spritkocher auf dem Bürgersteig), ein neuer Schneider macht einen Laden auf (wenn auch nur mit einer Nähmaschine in einem Hauseingang). Alle Düfte und alle Geräusche sind dort auf dem engsten Raum komprimiert, über den der Verkehr auf der Höhe der zweiten und dritten Etagen jagt.

Wir wohnten im »Luk Kwok«, dem »Hotel der Sechs Länder«, in dem vor der Befreiung die Witwe von Sun Yatsen die Vereinte Front organisierte. Später, im Film über Hong Kongs Nachtleben, ging die Prostituierte »Suzie Wong« hier aus und ein. Aus unserem großen Zimmer sahen wir den Hafen und dahinter, über den Dächern von Kowloon, zwischen den Antennen eines amerikanischen Kriegsschiffs, in Neonlettern das Wort »NOEL« – Weihnachten.

Im Hotel dort zwei Stockwerke mit rotgefütterten Restaurants. Kellner in Schwarz und Gold und alte Frauen in weißer Jacke – ein Weiß, wie man es in China nie mehr sieht – drehen mit Eßwagen ihre Kreise und rufen im Klageton die Namen der Speisen aus. Alle Tische sind besetzt von Menschen, die essen, Zeitung lesen, sich laut und furchtlos unterhalten.

Furcht hat man in Hong Kong vor nichts – wenn nicht vor dem eigenen Schicksal. Furcht hat man vor dem Himmel, deshalb die Götter in Zimmern und Geschäften, die Götter hinter roten Lampen, mit Opfergaben und Weihrauchstäben versehen.

In China ist die Partei stärker als der Gott, stärker als die Hoffnung, und gewiß fleht dort in der Stille der Nacht niemand mehr den Affengott und die anderen Götzen an. Was könnten sie auch ausrichten gegen soviel menschliche Willkür und Tyrannei? In Hong Kong aber kann man noch hoffen; hoffen, im Spiel zu gewinnen, an der Börse oder im Pferderennen, hoffen, eine reiche Frau zu heiraten, ein gutes Geschäft zu machen – oder einen guten Raub. Und da man weiß, daß hinter den Bergen China liegt, kann man die Götter anflehen, daß sie einen nach Amerika entkommen lassen, bevor die Kommunisten sich die englische Kolonie zurückholen.

Eines Morgens bin ich mit Folco und Saskia und ihren Freunden Leung aus der weißen Villa über dem Meer auf einsamen Fußwegen, zwischen hohen und duftenden Gräsern, rosa Blumen und roten Blättern auf den Gipfel des Peak gestiegen. Da oben haben wir uns hingesetzt. Die ganze Welt lag uns zu Füßen, das blaue Meer, die moderne Stadt, die lila Berge von China. Hier oben hat Han Suyin ihr Buch »Alle Herrlichkeit auf Erden« geschrieben, da unten war das Krankenhaus, in dem sie wirkte.

Einmal waren wir bei Vater Ladanji, dem alten Jesuiten und Sinologen, dem großen Gelehrten, und auch bei anderen Priestern und Mönchen, um einen Blick in ihr einzigartiges Leben an der Schwelle Chinas zu werfen: ein Leben des Horchens, des Analysierens, der Arbeit im Rahmen eines riesengroßen Projekts, das mit ihnen weder beginnt noch endet, ein Projekt, für das sie wie Ameisen arbeiten, sich abmühen und wieder verschwinden, gestärkt durch diesen Zweck, den ihr Dasein hat. Auch die Kommunisten haben den Menschen die unscheinbare Rolle einer Ameise zugedacht. Aber wenn es nicht für Gott ist, dann gibt der Mensch nur ungern sein ganzes Leben für die Gemeinschaft her.

Macao. Tiziano spielte und verlor, wie Tausende von Chinesen auch, die dorthin fahren, um in den Kasinos der kleinen portugiesischen Kolonie ihr Glück zu versuchen. Mit den Leungs und anderen Freunden stießen wir zu ihm, aßen und schlenderten durch die Stadt. Tempel auch hier mit Weihrauchspiralen. Alte Totentafeln und neue Leichenbestattungen mit Nachbildungen der Fabriken und Autos des Verstorbenen in weißer Pappe, die ihm ins Jenseits folgen werden. In den von Rauch geschwärzten Grotten grinsen die schwerbehangenen Götter hinter den Schweinen und Orangen, die ihnen geopfert werden.

Tim Leung und Tiziano suchten und kauften Antiquitäten. Vor einigen Jahren hatten die Antiquare nichts mehr zu verkaufen. Nun fließt aus China ein ununterbrochener Strom von alten Dingen über die Grenze; neue Geschäfte haben geöffnet, Schmuggler setzen über den kleinen Wasserarm, Fischer verbergen das Porzellan in ihren Booten. China blutet aus.

Alles stirbt. Auch Macao. Aber es stirbt eines seltsamen, aufgeputzten Todes. Die Praja Grande steht voller neuer Wolkenkratzer, die sich zwischen den schönen portugiesischen Villen mit ihrem Stuck und den Azulejos, in den Straßen mit den dichten Banyonbäumen, breitmachen. Das Moderne setzt sich durch, obwohl immer noch Bettler und Blinde, zerlumpte Kinder und wunde Hunde durch die Straßen streichen. Nachts wird die Fassade der Kathedrale nicht mehr angestrahlt, vor ihr wächst ein massives Etagenhaus empor. Im Fort ist jetzt ein Hotel. Das Hotel Lisboa bevölkern die üblichen nächtlichen Gestalten, erregte, erschöpfte, gewinnende oder verlierende Gespenster, die gierig, kümmerlich und hartnäckig im Spiel verharren.

»Wozu die Kunst, was nützt sie?« fragte einer unserer jungen Freunde, selber ein Musiker. »Die Welt ist voller Musik und Bilder, voller geschriebener oder gesprochener Worte und wird dadurch nicht besser. Warum noch musizieren?«

Fou Ts'ong war in Hong Kong. Wir eilten nach Kowloon, zum Peninsula-Hotel, um ihn zu sehen. An den Flügel gelehnt, las er den Brief seines Bruders Min, den ich ihm brachte.

Ganz in Schwarz, mit schwarzen Stoffschuhen, mager, klein, verbrennt er sich selber und steigt wie ein Phönix aus der Asche empor. Erregt redet und redet er, möchte die ganze Nacht weiterreden. Er wolle nicht nach China zurückkehren wegen Bai Hua, wegen Hu Yaobangs Rede über die Kunst. Aber er wird es doch tun. »Tue ich das Richtige? Tue ich das Falsche?«

Ich erinnerte ihn daran, wie er in Peking vor einem Jahr Chopin spielte und wie sich in seinen Zuhörern der Wunsch nach einem bewußteren, wenn auch noch verzweifelteren Leben entzündete. »Die Chinesen brauchen deine Musik. Hör auf, in London, in Hong Kong zu spielen, niemand wird dich dort vermissen. Aber spiel in Peking. Das ist deine Waffe, eine Waffe, die stärker ist als das System.«

Fou Ts'ong wirkte erstaunt. Vielleicht war er sich dessen nicht mehr bewußt, gewöhnt, wie er ist, an das übersättigte Publikum unserer Welt.

Mit der Fähre fuhren wir von Kowloon nach Hong Kong zurück. Himmel und Berge und Meer waren vom gleichen Lila. Die bergige Insel schien mit Diamanten bestreut. Ravencourt, unser Haus dort oben auf dem Peak, gibt es nicht mehr. Die Lawrences sind in die MacDonnel Road zurück gezogen. Weihnachten haben wir mit ihnen gefeiert, wie gewöhnlich, nur etwas flüchtiger; wir sind nur noch auf der Durchreise in Hong Kong.

Folco und Saskia, aber besonders er, verbrachten alle Tage in großer Freundschaft mit Nikolas und Daniel, den Zwillingen Leung. Es ist eine großzügige, schattenlose, gierige Freundschaft, eine tätige und ganz gegenseitige Freundschaft, die für die vielen einsamen Monate entschädigt.

Viele unserer Freunde sind fortgezogen, andere sind geblieben. Und so hatte jeder von uns die Möglichkeit, sich zu entspannen, sich dem Überfluß, dem Essen, dem Einkaufen hinzugeben.

Aber während Hong Kong Tag und Nacht pulsierte, fing ich an, von der Stille der Changan zu träumen, von den Figuren meines Schattentheaters, die regungslos, stumm, verfroren auf den Autobus warten.

Und dann fuhren wir zurück. Das Flugzeug machte Zwischenlandung in Tianjin, und wir stiegen aus. Eine Eiswüste verlor sich um uns im Dunkel. Kaum Licht, kaum Menschen. Drei für die Passagiere nach Peking gedeckte Tische, einen für das Flugpersonal. Immer dieselben Geschmäcker, dieselben zu öligen Speisen, dieselben vermummten, von den sich langsam schleppenden Tagen betäubten Mädchen.

Dann Peking und Chen. Die Fahrt durch Nacht und Kälte, die lange, winterliche Allee, auf der unser Auto oft das einzige ist. Sie erschien mir wie eine endlose Allee, die nicht zu dem wunderschönen Kubus in der Wüste führen kann, der das Peking der Kameltreiber einmal war . . .

Chen ist still und dicker geworden, mit neuer Pelzmütze auf dem Kopf.

Tags darauf sind sie alle da: der junge Wei, unser Koch; Liu Jin, die Haushaltshilfe; und Herr Liu. Sie erwachen wie aus einem Winterschlaf, versuchen ihn abzuschütteln, aber es gelingt ihnen nicht. Etwas lastet auf ihnen. Haus und Hund sind schmutzig. Kaum ein flüchtiges Danke, und sie stecken das Geschenk weg, das wir jedem von ihnen hinter dem Rücken des anderen bringen, finster, gespannt und entschlossen, um jeden Preis zu überleben.

2. Januar 1982
Seitdem wir zurückgekommen sind, höre ich nachts die Pferdchen nicht mehr vorbeiziehen, jenen langsamen Hufschlag, der Baoli auffahren ließ. Vorbei das Klappern im Viervierteltakt, die seltsamen heiseren Rufe der Bescheidenen, Geduldigen, derer, die gesenkten Hauptes von der Ebene kommen. Für Bauern auf Holzkarren ist die Changan jetzt gesperrt. Meinem Theater sind manche seiner Schatten abhanden gekommen.

»Carmen« gesehen. Liwen hat uns Karten verschafft. Letztes Jahr hatte ein chinesischer Regisseur begonnen, sich auf die Inszenierung vorzubereiten, aber dann boten die Franzosen ihre Dienste an, und jemand hier, begierig »vom Ausland zu lernen«, hat ihnen den Auftrag dazu gegeben. Der Regisseur Perisson kam mit einer Entourage von vier eleganten Damen und drei männlichen Assistenten aus Paris angereist. »Mais ils ne connaissent même pas le solfège!« riefen sie, als sie die chinesischen Solisten hörten. Weitere Schmähungen drangen während der sechs Monate Proben bis an unsere Ohren: Das Orchester könne nicht spielen, der Chor nicht singen.

Endlich soll der Vorhang hochgehen . . . aber nur für ein ausgewähltes Publikum. Neue Probleme tauchen auf. Karten gibt es nur durch die »Hintertür« oder auf persönliche Einladung hin, und man sagt bereits, die Oper, die die Franzosen als Kulturereignis für Hauptstadt und Provinz geplant haben, werde von den Chinesen nach fünf oder sechs Privataufführungen wieder abgesetzt, »weil die Inszenierung noch nicht einwandfrei ist«.

Wir sitzen mit unserem jungen Freund Fang unter Pekings Jeunesse dorée. Rings um uns junge Filmschauspieler, Tänzerinnen, Kaderkinder, gutaussehende, großgewachsene, langbeinige junge Menschen mit der hochmütigen Haltung der Nordchinesen, die Mädchen in Hosen und gutgeschnittenen Jacken, die Jünglinge in Lederblousons und Baskenmützen (vom Volk, das nach Kohl und Knoblauch stinkt, niemand), und der Vorhang hebt sich vor einer Welt, in der das Herz regiert.

»Wenn du mich liebst, folge mir in die Wälder, und wir werden frei zusammen leben!« Als Carmen schließlich tot zusammenbricht, springen die überwältigten jungen Leute auf, klatschen ausgiebig und verabschieden sich dann mit lauter Stimme und den großen Gesten der Bühne voneinander... um paarweise im Dunkel der Hutongs zu verschwinden.

Was hat diese Oper unserer Romantik, in der das eigenwillige, unbezwingbare Individuum triumphiert, in Peking zu suchen, wo die Kunst der Volkserziehung dient?

»Diese Oper wird von der Bühne bald verschwinden«, meint unser bewegter Freund, »denn in ihr herrscht die Freiheit.«

8. Januar 1982

Bai Hua hat schließlich nachgegeben und eine Selbstkritik geschrieben. Sie ist am 31. Dezember in der »Volkszeitung« veröffentlicht worden. Er wirft sich darin vor, im Drehbuch des Films »Bittere Liebe« seine Enttäuschung über die Partei, über Mao, die Armee und die verrohten Massen ausgedrückt zu haben:

»In meinem Drehbuch ist es mir nicht gelungen, in angemessener Weise die Liebe zu beschreiben, die die Partei, das Vaterland und alle Rassen Chinas den Intellektuellen bewiesen haben während der schrecklichen Katastrophe (der Kulturrevolution), die uns alle befallen hat...« schreibt er darin. »Die vom Herzen kommenden, ernsthaften und wiederholten Ermahnungen, die die Partei einem Schriftsteller, einem einfachen Kämpfer, hat zukommen lassen, spiegeln die Bedeutung wider, die die Partei der künstlerischen und literarischen Produktion beimißt, ja, ihre Sorge um dieselbe. Man hat mir Zeit genug gelassen, um über mein Verhalten nachzudenken. Die riesige Welle von Zuneigung, die mich überschwemmt hat, ist warm und einzigartig. Einige Genossen haben mich gefragt: ›Hast du den Eindruck, unter starkem Druck zu stehen?‹ Worauf ich offen und ehrlich geantwortet habe: ›Im Gegenteil! Ich habe den Eindruck von riesiger Zuneigung‹...«

»Die Kritik an der Erzählung ›Bittere Liebe‹ zeigt«, schreibt Bai Hua abschließend, »daß wir Chinesen versuchen, literarische Kritik und Selbstkritik zu einer Norm unseres kulturellen Lebens zu machen. Sie zeigt weiterhin, daß die Partei und die breiten Massen ein lebhaftes Interesse an der Entwicklung eines Schriftstellers haben. Sie wollen mich nicht angreifen, im Gegenteil: Mit voller Begeisterung wollen sie mir helfen, mich noch weiter zu bessern ... Und doch kann ich nicht sagen, daß ich meine Irrtümer voll eingesehen habe.«

Trotz des offensichtlichen Spottes wird diese Selbstkritik von vielen Chinesen eher als eine Schwäche, als eine absolute Notwendigkeit angesehen.

»Bai Hua ist zu berühmt, ihm wäre nichts passiert, wenn er eine Selbstkritik verweigert hätte«, sagte Ling, als er uns kürzlich besuchte. »Nachdem er aber zu Kreuze gekrochen ist, werden auch seine vielen jungen Anhänger gezwungen sein, dasselbe zu tun. Man wird sie fragen, wie sie ihren Überzeugungen treu bleiben können, da selbst ihr Lehrer ihnen entsagt hat. Ihre liberalen Ideen werden sie teuer zu stehen kommen: Sie beschützt niemand!«

Mit der abgesetzten »Carmen« und der Selbstkritik Bai Huas endet also das Jahr 1981, enden die vier Jahre intensiven schriftstellerischen Schaffens, die auf Maos Tod gefolgt sind und von denen Yang Xianyi geschrieben hat, sie seien seit der Gründung des Neuen China die literarisch fruchtbarsten gewesen.

»Aber heute kann man hoffen . . .«

Tianjin

12. Januar 1982
Wir sind wieder in Tianjin gewesen, der einzigen Stadt, zu der Ausländer im Auto fahren dürfen.

Kaum ist man im Osten aus Peking herausgefahren, stößt man auf jene unermüdliche Prozession von Bauern, die auf Rädern oder Karren mit Eseln und Pferdchen oder zu Fuß ihre Erdnüsse, Mausefallen, Eier und Kakis in die Hauptstadt schaffen. Die nordchinesische Ebene glitzert im gefrorenen Schnee. Gebeugten Hauptes, aber unverdrossen – mit um den Kopf gebundenen Lappen und Jacken, die im Wind wie dunkle Flügel steif nach hinten stehen – stampfen, kämpfen, schieben sich diese Menschen hartnäckig voran, denn mit jedem Schritt nähern sie sich den paar zusätzlichen Yuan, von denen sie sich, wenn sie genug davon haben, einen Fernseher kaufen werden.

»Tianjin, die elegante, die lebendige, die moderne Stadt«, heißt es in unseren Büchern aus den Zeiten vor der Befreiung. »Tianjin, die reiche Stadt, mit den großen Industrien und Industriellen . . .« Was ist aus ihr geworden?

Ende des 19. Jahrhunderts mußten die Chinesen Tianjin – wie Shanghai – den Ausländern als Enklave abtreten. Und auf den ersten Blick sieht Tianjin mit seinen kolossalen klassizistischen Bank- und Handelshäusern, Kirchen und Kathedralen, seinem Klubhaus, der Rennbahn, der beliebten Konditorei »Kiessling & Baader«, dem Hotel Astor (heute Hotel Tianjin) und all den viktorianischen, wilhelminischen Bauten immer noch wie eine europäische Stadt aus der Hochblüte des Kapitalismus aus. Dann aber entdeckt man, daß heute sieben Millionen Chinesen in diesen veralteten Bauwerken kampieren, die beim großen Erdbeben vor Maos Tod zum Teil zusammengestürzt sind, und daß Tianjin eine Gespensterstadt geworden ist.

Vielleicht, weil Tianjin in seiner Architektur den europäischen Städten so ähnlich ist, packt uns jedesmal, wenn wir es besuchen, das Entsetzen – ein Entsetzen, das mit jeder Stunde wächst. Anfangs sieht man nur Massen. Dann sieht man Individuen, Banden von unterernährten, unbeschäftigten jungen Männern, die versuchen, sich mit einem alten Hut oder einer Sonnenbrille Mut zu machen. Und schließlich sieht man die Bettler. Ein Kellner mit weißer Schürze setzte heute einen armen Teufel vor die Tür, der mit blutender Nase schluchzte: »Ich wollte doch nur die Essensreste aufsammeln. Warum habt ihr mich geschlagen?«

Was tun? Die Stadt ist eine einzige Ruine, wenngleich die Ruinen rot angestrichen sind. Menschen gibt es Millionen zu viele, und selbst der Kommunismus kann nicht mehr einem jeden eine Schale Reis garantieren. Manche bleiben ausgeschlossen, werden in keine Arbeitseinheit aufgenommen, stehen allein, betteln, erkranken und sterben; und ihre Zahl wird immer größer.

Bei unserem Trödler in der Nähe der Kathedrale herrscht Beklemmung. Der Alte sitzt am Ofen und grüßt verlegen. Ein junger Mann hat seinen Platz am Schreibtisch eingenommen: Kontrolle des Antiquitätenverkaufs also auch hier. Um das Eis zu brechen, zieht Tiziano den kleinen Kürbiskäfig mit der Grille aus seiner Jackentasche. Der alte Trödler – oder war er früher mal Antiquar? – lächelt flüchtig.

»Wissen Sie, was das ist?« fragt ihn Tiziano.

»Ja . . .«

»Haben Sie auch einmal so was besessen?«

Der Alte blickt zu Boden in der Erinnerung an seine strafbare Leidenschaft. Das Züchten von Grillen wurde bis vor kurzem zu den streng verbotenen »bürgerlichen Neigungen« gerechnet.

In allen Geschäften hat sich das Personal vervielfacht. Lustlose, unbeholfene junge Leute und mindestens ein Parteimann stehen den alten Verkäufern »zur Seite«. Dengs Regierung rühmt sich, zwanzig Millionen neue Arbeitsplätze geschaffen zu haben, doch konnte dies nur dadurch zustande kommen, daß heute vier bis acht Personen die Arbeit von einer leisten.

In der ehemaligen deutschen Niederlassung sind abends die Fenster von »Kiessling & Baader« über zwei Stockwerke hell erleuchtet. Dort ist es warm, sind Menschen, die in einem Jugendstilmilieu essen, aus dem allerdings Klavier und Teppiche, Spiegel und elegante Kunden verschwunden sind. Doch steckt die wienerische Atmosphäre noch in Stuckaturen und Kronleuchtern, ist »Kiessling« noch das altbekannte »Café-Restaurant« von Tianjin, wo Chinesen europäisch essen können – wie im Ausland, wie im Film.

Ein alter Kellner, der bessere Zeiten gesehen haben mag, bedient uns, als wären wir die einzig legitimen Kunden: Für uns gibt es ein sauberes Tischtuch und doppeltes Besteck, Borschtsch, Gulasch, Rote-Bete-Salat und Bier. »Wein?« Er schüttelt bedauernd den Kopf. Mehrmals kommt er und fragt, ob alles so recht sei, als wolle er klarstellen, daß er es vorziehen würde, reiche Herrschaften zu bedienen, die ihn womöglich »Boy« rufen, ihm aber ein Trinkgeld zurücklassen, anstatt der Massen, die ihn »Genosse« nennen und ihm nichts geben.

Cao, unser alter Bekannter, der uns bei unserer ersten Reise nach Tianjin nachts auf der Straße angesprochen hatte, hat jetzt bei »Kiessling« Aufsicht und geht mit der roten Binde der Volksmiliz am Arm immer noch aufrecht und wie ein großer Herr in seinen blauen Lumpen durchs Lokal.

»Meine Villa?« fragt er, etwas schwerhörig und etwas konfus, aber immer noch in schönem Englisch. »Ich habe sie verkauft.«

Verkauft? Jene schwarze Ruine, von der nach dem Erdbeben nur noch der Keller übriggeblieben war?

»Verkauft?« fragen wir.

»Giometti?« sagt er. »Ach, Sie kennen Giometti, den italienischen Boxer? Er hat mir das Boxen beigebracht, als ich jung war und in Shanghai wohnte. Eine meiner Schwestern heiratete einen Offizier der italienischen Marine, die andere einen russischen Aristokraten. Er ist in der Kulturrevolution umgekommen... Was ich tue? Ich bin ein Playboy!« (Dies ist eine Variation zu seinem üblichen: Ich bin ein Arbeiter!) »Adios, adios! Jetzt muß ich gehen!«, und er steigt die Treppe hinunter, als verlasse er als erster der Gäste ein großes Fest.

Unsere »Ausschweifungen« in Tianjin...

Dem Volke dienen

18. Januar 1982

Die Schulen haben Ferien zum »Frühlingsfest«, wie man das, was von den großen Feierlichkeiten zu Beginn des neuen Mondjahres übriggeblieben ist, heute nennt.

Folco und Saskia haben ihre Prüfungen in Chinesisch und Mathematik bestanden. Saskia hat den Preis der Klassenbesten gewonnen, Folco dagegen weigert sich, ein guter Schüler zu sein, »gute Handlungen« zu tun, wie Fensterputzen oder der Lehrerin den Arm anzubieten. »Ich tue keine guten Taten auf Bestellung«, hat er der Lehrerin Zhang, Hauptpredigerin der Schule, geantwortet, »und ich bin nicht stolz darauf, wenn jemand mich für eine bestellte gute Handlung lobt.«

Die Lehrer wissen nicht mehr, wie sie ihn nehmen sollen, und haben uns zur Schule gebeten. »Vielleicht ist er noch ein kleines Kind, und er würde lieber spielen...« meinen sie in ihren wattierten Jacken, während der Tee in den Bechern dampft, ernstlich darauf bedacht zu verstehen, warum Folco plötzlich nicht mehr arbeiten will.

Saskia dagegen möchte ihrem Lehrer ein Paket Zigaretten mitbringen, denn sie sagt, er sei ihr Freund. Sie ist in der Stafette ihrer Klasse gegen andere Schulen von Peking gelaufen. Aber das Ereignis fand nicht etwa im Stadion statt, sondern die Kinder mußten durch die windigen Straßen um das Stadion herumrennen.

»Warum das?«

»Weil das Stadion von den Schulen so viel Geld verlangt, daß diese sich weigern, auf solchen Wucher einzugehen«, erklärt mir der Lehrer.

Weit entfernt davon, »dem Volke zu dienen«, arbeitet heute jede Einheit in die eigene Tasche: eine Folge der Politik der Selbstverantwortung. Früher stand den Schulen das Stadion wie andere öffentliche Einrichtungen frei zur Verfügung.

19. Januar 1982

Nach langer Pause wieder ein Essen nur unter Journalisten. Bei Tisch führten Drago und Bonavia ihre monologartigen Überlegungen zu den Mechanismen der chinesischen Politik aus, die sie so sehr faszinieren, daß sie den Alltag darüber vergessen, den ich aus meinem Fenster sehe.

»In China zählen hundert Minister mehr als hundert Millionen Bauern«, sagte Drago. Ein Grund mehr, um sich einzig für das Spiel der Minister zu interessieren.

Tiziano präsidierte anfangs schweigend und unterbrach die Redenden nur, wenn aus den Käfigen der Chor seiner Grillen ertönte: »Hört . . . !«

Die Gespräche drehten sich um Chinas erfolglose Taiwan-Politik, um Pekings Absicht, den Dialog mit Moskau wiederzubeleben, um Deng Xiaopings Reform der Landwirtschaft und die chaotischen Zustände auf dem Lande, um die Enttäuschung über die zurückgenommene Freiheit in der Kulturwelt . . . Peking ist eine Gerüchteküche, und wenn die Chinesen nach dreißigjähriger Parteipropaganda und Desinformation skeptisch und scharfsinnig geblieben sind, so ist es, weil sie sich Tag und Nacht Geheimnisse zuwispern, keinen Skandal für sich behalten, Bescheid wissen und auf diese Weise trotz allem an der Macht beteiligt sind.

Einiges über die Hintergründe der neuen harten Maßnahmen gegen die Intellektuellen ist auch bis zu uns durchgesickert. Bei einer Versammlung in einer Universität des chinesischen Nordwestens hat im letzten Frühling ein Professor das Wort ergriffen: »Meine Herren«, hat er gesagt, »wenn ihr gute Literatur machen wollt, müßt ihr euer Leben aufs Spiel setzen. Unsere Führer sind vom ersten bis zum letzten korrupt, mit Ausnahme vielleicht von Zhou Enlai. Es ist an der Zeit, das auszusprechen!«

Der Sekretär der Schriftstellervereinigung von Xinjiang wurde im vergangenen Sommer in Urumqi noch deutlicher: »Sprechen wir einmal von dem, was um uns herum geschieht. Ich fange gleich selbst damit an: Es gibt Kader, die junge Mädchen mit ins Bett nehmen und sie dann wegen Unmoral in ein Umerziehungslager schicken. Ich nenne euch ihre Namen. Es ist an der Zeit, daß das unterbleibt!«

Jemand hat einen kleinen Geheimbericht darüber verfaßt und ihn an Deng Xiaoping geschickt, der wütend eine Versammlung auf höchster Ebene einberief. Zhou Yang und Hu Yaobang verteidigten die beiden kühnen Sprecher, es gab Zank und Streit, aber schließlich einigte man sich auf Maßnahmen. So ist es gekommen, daß zu Lu Xuns hundertstem Geburtstag der Generalsekretär der Partei, Hu Yaobang, seine häßliche Rede gegen die Intellektuellen hielt und daß Bai Hua zur Selbstkritik gezwungen wurde.

»Wenn Deng verhindern will, daß die Viererbande wieder ans Ruder kommt, muß er selbst ihre Politik durchführen«, meinte Tiziano.

20. Januar 1982
Die kältesten Tage des Winters sind da. Der Wind bläst scharf aus der Mongolei und kündigt die Frühlingsstürme an. Wir haben 15 Grad unter Null, aber die Sonne scheint unbeirrt, und so trifft man immer wieder auf alte Pekinger, die sich, an eine Hauswand gelehnt, an ihren Strahlen erwärmen.

Zur Feier des bevorstehenden Frühlingsfestes haben wir heute auf Einladung der Vereinigung der Chinesischen Journalisten und des Informationsbüros des Außenministeriums im Internationalen Klub den Film »Die Nachbarn« gesehen. Die Regisseurin, Shu Guming, eine ältere Frau mit schütterem, kurzgeschnittenem Haar, spricht fünf Sprachen, hat ihren Doktor in Politischen Wissenschaften und Jura gemacht und mußte wohl deswegen bis vor kurzem auf dem Land arbeiten. Jetzt unterrichtet sie Theorie des Films und bekommt alle zwei oder drei Jahre etwas Zeit und Geld, um einen Film zu drehen.

»Ich glaube nicht mehr ans System. Es ist korrupt und unwirksam, da nach dreißig Jahren Sozialismus immer noch Wohnungen, Klosetts und Arbeitsplätze fehlen. Aber ich glaube an die chinesischen Menschen, an das erfinderische, aufrichtige Individuum.« Das ist es auch, was dieser Film besagt.

Bekleidet mit einer braunen Bluse und alten Männerhosen, sitzt Frau Guming neben mir, während Erfrischungen gereicht werden.

»Für welche Zeitung arbeiten Sie?« fragt sie mich lebhaft und voller Wärme.

»Für keine. Ich bin die Frau eines Journalisten.«

Sie legt ihre rauhe, abgearbeitete Hand auf meine: »Aber Filme gefallen Ihnen!« Das ist ihr genug.

Fast täglich machen wir Neujahrsbesuche bei chinesischen Freunden. In ihren Wohnungen sind die alten Symbole des Frühlingsfestes wieder aufgetaucht; die roten Schriftzeichen, die Narzissenzwiebeln, die unzähligen kleinen Bonbons und Erdnüsse, die einem ebenso viele Lebensjahre wünschen.

»Wir fühlen uns mit euch Ausländern so wohl wie mit Verwandten«, sagt ein Literat. »Argwohn und Mißtrauen sondern uns wie Mauern von anderen Chinesen ab.«

Soweit ist es gekommen.

Unser Telephon wird abgehört. Ein älterer Herr hat uns erzählt, er habe verschiedentlich versucht, uns an Weihnachten und Neujahr zu erreichen, aber jedesmal habe sich eine unverschämte Stimme in die Verbindung eingeschaltet: »Was telephonierst du mit den Ausländern? Du weißt genau, daß sie nichts als unerlaubte Information über unser Land suchen. Halte dich an die Richtlinien und brich die Beziehung ab!« Er war sehr ärgerlich darüber: »Diese Rüpel haben mich daran gehindert, euch die Höflichkeit der Glückwünsche zu erweisen!«

21. Januar 1982

Fou Ts'ong ist wieder hier, um zwei Konzerte zu geben. Wir haben zwölf Karten gekauft und verteilen sie unter westlichen und chinesischen Freunden.

Wang Wenzhong, Bühnenbildner am Volkstheater und als solcher Mitarbeiter an Lao Shes »Teehaus«, wartet in der Dunkelheit seiner windigen Hutong, daß wir ihn mit unserem roten Auto zu dem unerwarteten gesellschaftlichen Ereignis abholen. Mit dem betrübten Gesicht einer Bulldogge, französischer Baskenmütze über den langen grauen Haaren und wehendem schottischem Schal bewegt er sich mit vollkommener Sicherheit auf der Bühne des Lebens.

Der Konzertsaal gehört dem Institut für Industrie und Handel und liegt weit draußen in der westlichen Vorstadt. Alles, was in der Kulturwelt Rang und Namen hat, ist da. Wang sieht Freunde wieder, die erst kürzlich von der Landarbeit zurückgekehrt sind, und setzt sich einmal zu diesem, einmal zu jenem. Hinter uns haben Zhang Jie, Verfasserin der umstrittenen Erzählung »Die Liebe soll nicht vergessen werden«, und ihre Tochter Platz genommen. Weiter weg Lehrer Wang, strahlend neben seiner Frau, Fou Min mit Freunden, Taifeng Rigby, die Schwägerin von Simon Leys, und ein alter Herr, den ich auf seinen Stock gestützt gegen den eisigen Wind hatte ankämpfen sehen. Sein durchsichtiges Gesicht in eine grobe Mütze geknöpft, wendet er den

Blick nicht von Fou Ts'ong ab, der Beethoven und Studien von Debussy meisterhaft spielt.

Später steht Fou Ts'ong, bleich vor Erschöpfung, von Bewunderern und Funktionären umringt, im Künstlerzimmer. Vor ihm, auf dem einzigen Stuhl, sitzt befangen ein Vizeminister. Wang Wenzhong dringt durch die Menge bis zu ihm durch und verbeugt sich in seinem rot-violetten Schal wie ein Fürst tief vor dem Künstler.

Fou Ts'ong besucht uns den Abend darauf. Sein großflächiges Gesicht leuchtet unter dem schwarzen Lack der Haare. Er sagt, seine Freunde kümmerten sich kaum noch um die Befehle von oben, seien voll Ironie und Gelassenheit. Die chinesische Politik bleibe dem »wei ji«, dem chinesischen Schachspiel, gleich: Du plazierst dich nicht dahin, wo du sein willst. Er wiederholt die von geschickten Kulturbürokraten verbreitete Theorie, daß Bai Hua zwar kritisiert, aber sicher nicht bestraft worden ist (wie kann man so etwas behaupten!), um die paar alten Bauern-Generale zu befriedigen, die eben leider das Heer in der Hand haben.

Ts'ong ist überzeugt, daß es kein Zurück zur alten Politik mehr geben wird, daß das Interesse für den Westen endgültig entfacht ist, daß die junge Generation – sobald die alte weggestorben ist – ein immer offeneres China schaffen wird, daß die Bauern, die jetzt vor den Fernsehern sitzen, ein Leben wie das unsere anstreben, daß die Menschen zuversichtlich sind...

»Die, die wir kennen, nicht!« sagen wir, und er wird zornig.

»Ihr aus dem Westen werdet China niemals verstehen. Ihr meßt es nach euren eigenen Maßstäben. Dies aber ist ein Land, das sich langsam voranbewegen, sich langsam verändern muß, damit die Veränderungen überhaupt annehmbar sind. Außerdem habt ihr westlichen Journalisten eine schwere Schuld: Warum setzt ihr China nicht wegen seiner Mißachtung der Menschenrechte unter Druck, wie ihr es mit der Sowjetunion macht? Warum seid ihr so nachsichtig? Warum empört ihr euch nicht...?«

»Warum empört ihr euch nicht selber?« antwortet Tiziano. »China gehört euch, ihr seid eine Milliarde! Ändert es euch, wenn ihr wollt!«

»Für uns ist das unmöglich. Ihr dagegen könntet es, wenn es euch nicht gleichgültig wäre. Niemals, seit dieses Land kommunistisch ist, fühlten sich die Menschen so unbeschwert, so frei wie jetzt«, insistiert er. »Früher, als eine Massenbewegung auf die andere folgte, waren wir alle verängstigt, verstört, verzweifelt!«

Gewiß hat er recht. Dennoch: Warum sind dann die Intellektuellen so niedergeschlagen? Warum die Furcht, das Mißtrauen selbst vor den eigenen Freunden . . . ?

»Die Vergangenheit ist furchtbar gewesen, ganz ohne Zweifel«, sagt Fou Ts'ong. »Aber heute kann man hoffen. Ja! Man kann hoffen.«

Auf den Spuren der Han

Shijiazhuang, 22. Januar 1982

Zu Beginn des neuen Mondjahres sind wir wieder in der Provinz unterwegs, diesmal auf der Suche nach der alten chinesischen Kultur – oder dem, was davon übriggeblieben ist.

Per Eisenbahn nach Shijiazhuang und in die Provinz Shanxi. Nicht mehr Ahnengräber, sondern die Furchen des Pfluges durchziehen heute die nordchinesische Ebene, so weit im hellen Winternebel das Auge reicht.

Die Stadt Shijiazhuang, »Dorf der Familie Shi«, ist mit der Eisenbahn entstanden. Während der Kulturrevolution, als Baoding von Unruhen erschüttert war, wurde sie zur Hauptstadt der Provinz Hebei (in der auch Peking liegt). Bedrückend zu denken, daß all diese Häuserreihen und Fabriken an den übertrieben breiten, neuen Straßen blutrot angestrichen waren. »Roter Ozean« nannte man damals die Stadt.

In der Halle des Volkes, jetzt Museum geworden, sind eingerahmte Kalenderbilder ausgestellt: lachende Kinder, Berge im Nebel, Hong Kong. Auch Aquarelle von zwei Malern aus Tianjin mit der Unterschrift: »Das Lebenswerk dieser Maler wurde von der Kulturrevolution weggeschwemmt.«

Davor, auf dem riesigen Platz, auf dem einst die Massenversammlungen stattfanden, knistern und knattern Knallerbsen. Alle dahin führenden Straßen und der Platz selber gleichen heute einem Meer von freudlosen Menschen in grünen und blauen Jacken.

Im Gästehaus der Provinz, vor drei Jahren gebaut, sind die Zimmer schmutzig, die Badewannen vergilbt, die Klosetts zertrümmert, die Handtuchstangen herausgerissen. Das Personal räkelt sich vor dem Fernseher oder schläft in den Zimmern neben den unseren. Trotzdem sehen einige dieser Kadertöchter mit ihren langen Wangen und dem kleinen Mund aus, als kämen sie aus einem Gemälde der Tang-Dynastie.

Abends findet im Neonlicht des Speisesaals ein Festessen der Partei statt. Ihre jungen Sykophanten klatschen Beifall, schnellen auf und bieten den Älteren amerikanische Zigaretten an. Immer wieder trinken sie demjenigen zu, der sein Messer in einen Apfel gestochen hat, damit in der Luft herumfuchtelt und das große Wort führt.

23. Januar 1982

Hier in der Nähe liegt eine uralte Stadt, Zhengding. Es stehen noch Teile ihrer Stadtmauern, zwei schöne Pagoden und eines der fünf ältesten Klöster Chinas: das Long Xing Si, zu dem Kaiser gewallfahrtet sind.

Ein alter Soldat mit Pelzmütze, der in der Befreiungsarmee gedient hat, erwartet und führt uns. Die westlichen Höfe des Klosters, für übernachtende Kaiser gebaut, mußten einem Militärkrankenhaus Platz machen; auch die östlichen, wo Abt und Mönche wohnten, sind niedergerissen worden. Erhalten geblieben ist – einem Rückgrat gleich – nur die mittlere Reihe immer großartiger werdender Tempel. Gigantische Buddhas aus der Song-Zeit stehen in einem pyramidenförmigen Gebäude, umgeben von Fresken, deren Blau, Rot und Türkis verblassende Geschichten erzählen. Ein ekstatisch-unduldsames Lächeln beseelt die Statuen, die um die Bauchmitte ein paar geraffte Falten zieren. Im letzten Tempel gleitet unser Blick am jugendlichen Körper eines 22 Meter hohen Buddhas mit 42 Paar Armen hinauf. Großes altes China.

Die Tempel sind eigentlich nichts als meisterhaft gezimmerte hölzerne Gerüste, die die Dächer über diesen Göttern tragen. Die kolossalen Säulen zeugen von riesigen Bäumen und Wäldern, von einer ganz anderen chinesischen Landschaft, die im Laufe der letzten Jahrhunderte systematisch abgeholzt worden ist.

»Zum Vorteil der Touristen« hat man 1957 noch einen anderen

Tempel von seinem ursprünglichen Platz entfernt und dann hier wieder aufgebaut. Darin sitzt, von 1012 kleineren Buddhas umgeben, ein Buddha auf einer Lotusblume. Seine Vergoldung haben die Japaner während des Krieges mit einer besonderen Säure abgelöst.

China hat wüste Zeiten hinter sich. Die streitenden Parteien – Japaner, Kuomintang und Kommunisten – haben sich im Wald seiner Tempel und Pagoden versteckt und sie als Schild benutzt. Doch war die Zerstörungswut der Rotgardisten weit größer als die der Soldaten.

Von Shijiazhuang auf »harten Sitzen« nach Taiyuan, der Provinzhauptstadt von Süd-Shanxi. Mondlandschaft. Graugelbe Lößerde, die sich abwechselnd in Terrassen aufbaut und in tiefe Furchen und Schlünde abbröckelt, bis hinunter zu den ausgetrockneten Flußbetten. Keine Menschenseele ist in der Dämmerung zu sehen, wohl aber die Spuren fleißiger Arbeit. Die dunklen Löcher in den Lößwänden, manchmal mit Torbogen versehen, sind Eingänge zu Höhlenbehausungen. Drinnen, im Löß, leben die Bauern. Einmal ein einzelner Baum mit einem Nest in seinen kahlen Zweigen. Eine rote Laterne, die zum neuen Mondjahr leuchtet. Dies ist die Gelbe Erde der Alten Rasse, der Han-Söhne, die seit der Bronzezeit bewohnte Wiege der chinesischen Kultur.

Um uns Menschen, die durch die Nacht reisen, ihre aufgeputzten Kinder und Schachteln von Konfekt auf den Knien. Sie fahren ins »lao jia«, ins heimatliche Dorf zurück, um dort das neue Mondjahr zu beginnen. Ordnung und Stille. Jemand streckt sein Buch unter eine elektrische Birne und liest. Am Ende jedes Waggons ein Waschtisch mit Spiegel.

Im Speisewagen der Massen sitzen wir einem Blinden mit geschorenem Schädel gegenüber, der auf unsere Sprache lauscht.

»Italiener ... Mao hat einmal von den Italienern gesprochen«, sagt er erregt. »Aber ich kann mir wirklich nicht vorstellen, wie ihr ausseht!« Wir reden lange und trinken zusammen, und er lädt uns zu sich in sein Dorf ein. Er ist Bauer und schon als Kind erblindet.

Dieses Volk, das nie ein Stück Papier verbrannt hat, auf dem ein Schriftzeichen stand – so sehr war ihm die Kultur heilig –, hätte von sich aus niemals das eigene Land zerstört.

Taiyuan, 24. Januar, Sonntag

Mittag. Wir sitzen auf unseren ungemachten Betten und essen Äpfel. Der Speisesaal ist verriegelt, die Angestellten sind verschwunden.

An diesem Vorabend des neuen Mondjahres gehen draußen niedergeschlagene Menschen mit Kummen und Abfällen hin und her und schütten sie in die Gosse. Taiyuan, das bei der Befreiung 270000 Einwohner hatte, zählt heute über zwei Millionen. Die Menschen leben hier wie Kaninchen und verrichten ihre Notdurft, wie kein Tier es tun würde. Alle paar hundert Meter sind Höhlen in die Hausmauern geschlagen, über die Männer wie Frauen sich hocken oder in die sie ihre Nachttöpfe kippen, deren Inhalt dort vor aller Augen gefriert. Bauern kommen nachts und tragen den menschlichen Dünger in Eimern davon.

Ist das Taiyuan, die Hauptstadt des Kaiserreichs unter der Tang-Dynastie, das Tor zur Mongolei, durch das einst der Buddhismus nach China kam, die Stadt, die Gengis Khan widerstand? Kaiser und sogar einer der Acht Unsterblichen sind hier geboren worden. Die Stadt war bis zur Befreiung eines der wichtigsten Handels- und Bankzentren des Landes, hatte das erste Telephon, das erste Telegraphenamt, die erste Post, die erste ausländische Universität, die erste mit Linotype gedruckte Zeitung und den ersten Photographen; und hier fuhr das erste chinesische Fahrrad. In ihren Klöstern wurde Nacht für Nacht die Oper gesungen. Die mächtigen Stadtmauern standen bis 1950. Dann wurden sie abgerissen, denn dahinter – so erzählt man uns heute – hatte die Bevölkerung den Kommunisten zu hartnäckig widerstanden. Acht Monate lang hatte die Befreiungsarmee kämpfen müssen, um die in der Zwillingspagode verschanzten Soldaten der Kuomintang herauszuschießen.

Taiyuan, 25. Januar 1982

Erster Tag des neuen Mondjahres. Zum Abendessen gab es der Tradition gemäß chinesische Ravioli. Herr Wang, unser Führer, hat uns abgeraten, in der Stadt zu essen: Es sei zu gefährlich, die Eßlokale seien zu schmutzig.

Im Hotel sind wir die einzigen Gäste. Kellner und Kellnerinnen kampieren mit ihren Familien in den leeren Zimmern. In der dunklen, autolosen Nacht ist das Knattern der Knallerbsen um so lauter zu hören. Wir gehen hinaus und lassen die unseren los.

Irgendwann rattert Sicherheitspolizei vorbei, ein paar Frauen kommen mit Besen an und fangen an zu fegen. In einem Fleischerladen bereitet ein Mann im Schlafanzug sein Nachtlager vor. Ich sehe nichts als einsame Menschen und die Wölkchen der Knallerbsen. China ist ein Land ohne Feste geworden.

Die fast hundert Meter breite Prachtstraße vor dem Hotel wurde auf den Überresten der einstigen Stadtmauer angelegt. Gegenüber, wo das mit Glühbirnen umrahmte Mao-Porträt hängt, stand früher das Südtor, der Haupteingang zur Stadt. Die alten Steinhäuser und Geschäfte aus bemaltem Holz, wie wir sie heute morgen gesehen haben, der Glockenturm, die Residenz des ehemaligen Gouverneurs, die unter Fabriken und Baracken begrabenen Tempel: all das stand innerhalb der Mauern, und dort, unter den kleinen Trauerweiden, nicht auf der Prunkstraße, weilt auch heute noch die Bevölkerung am liebsten.

Vier neue Hotels, mit insgesamt 2000 Betten, stehen von Glühbirnen umrahmt, an der Prachtstraße neben dem unseren. Sie sind leer und ihre Eingänge zugemauert. Ein Planungsfehler – in einer Stadt, die nicht mal Kloaken hat.

Am Nachmittag im Jin Ci, einem der fünf ältesten Klöster Chinas, etwas außerhalb von Taiyuan. Der legendäre Kaiser Wu und seine Frau Yi Zhang, die vor Abrahams Zeiten regierten, wurden dort verehrt. Die kristallklare Quelle, die hier vorbeifloß und an der die Bauern um Regen beteten, ist versiegt, weil eine benachbarte Fabrik ihr das Wasser abzapft. Aber eine 3000 Jahre alte Zypresse lehnt sich noch an einen Tempel aus der Song-Dynastie. Nach der Verwüstung durch die Rotgardisten sind jetzt Restaurierungsarbeiten im Gang. Sie werden nicht von Handwerkern oder Experten durchgeführt, sondern von Anstreichern und Soldaten, die unter der Anweisung von Parteileuten den ganzen Bezirk neu gestalten.

Tempel der benachbarten Dörfer werden auf einen Platz neben dem Kloster transportiert, »um den Touristen ihre Besichtigung zu erleichtern«. Man versucht auch, den Dörfern Statuen und Stelen abzukaufen und die ausgeplünderten Tempel damit aufzufüllen.

Herr Wang, unser Begleiter, erzählt uns, warum das Wasser hier sprudelte, wie der Baum dort sproß, was die Kaiserin vor 3000 Jahren sagte. Er erzählt es mit der Hingebung und der Wehmut eines Mönchs, aber selbst Folco sagt: »Der Sinn ist nicht mehr da«, und Tiziano spricht von dieser Provinz, in der 78 Prozent der ältesten Tempel Chinas stehen, als von einem »Frankenstein der Kultur«.

»Was willst du hier? Du hängst dich wohl an die Ausländer, um in den Tempel zu schlüpfen, he?« brüllte heute morgen ein Mönch die junge Chinesin an, die uns den Weg zu dem einzigen restaurierten Kloster der Stadt gewiesen hatte. Das Kloster ist für die »Klosterkader« da, die dort herumsitzen, essen und schlafen und sich den Touristen als Mönche präsentieren. Gewiß ist es nicht für das Volk, das kein Regime so sehr wie dieses hier verachtet hat.

Trotzdem bleiben die Menschen des Shanxi »die große Rasse« Chinas, die Rasse, die Jahrtausende überdauert hat und immer noch, wie Konfuzius schon, von der Rückkehr jenes ersten Goldenen Zeitalters träumt, »als es Gold vom Himmel regnete«. Und auf diese Rückkehr bereiten sich die Menschen hier vor – wie die Juden auf den Messias.

Als wir abends von einem entmutigenden Tag in der Stadt zurückkehren, liegen in unserem Zimmer zwei Stadtkarten von Taiyuan und ein Brief »für den Journalisten«:

»Lieber Journalist«, steht darin, »ich war dabei, als Sie heute morgen vergeblich versuchten, sich in der Buchhandlung ›Neues China‹ einen Stadtplan zu besorgen. Ich bin Ihnen gefolgt und bin derjenige, der, als Sie nach dem Fluß suchten und zwei Mädchen Ihnen falsche Auskunft gaben, diese berichtigt hat. Erinnern Sie sich daran? Doch fürchte ich, daß Sie sich später trotzdem verlaufen haben. Nehmen Sie also diesen Stadtplan an, den ich mir 1975 gekauft hatte, und einen zweiten, den ich heute für Sie dazu erworben habe, mit dem Wunsch für einen glücklichen Aufenthalt.«

»Die Chinesen sollten Missionare nach Europa schicken, damit sie uns konfuzianische Werte lehren ...« hat Leibniz einmal gesagt.

26. Januar 1982

Erste Panne. Saskia wacht mit hohem Fieber auf. Folco und Tiziano fahren allein und ohne offizielle Erlaubnis in die noch »geschlossene« Stadt Pingyao.

Wieder kommt niemand, um die Betten zu machen oder zu fegen. Mittags esse ich allein mit Liu. Die Mahlzeiten im Hotel sind gespenstisch. In einer Kammer eingesperrt, sitzen wir um einen runden Tisch. Eine Neonbirne breitet ihr kaltes Licht über uns aus. Die Tür geht auf, und ein Kellner trägt die ewig gleichen öligen, schon unerträglichen Gerichte herein. Dann öffnet sie sich noch ein dutzendmal, und andere Angestellte stecken ihren Kopf in die Tür – halb neugierig, halb erschrocken über die vielen guten Dinge, die vor uns stehen.

Liu ist niedergeschlagen. Ein gestriges Interview mit dem »Kulturminister« der Provinz hat ihm zu denken gegeben. Jener Mann, ein alter Kämpfer der Revolution, hat ein paar hundert Halbtagsmaler der Provinz wie zur Zeit der revolutionären Basen in Yenan organisiert und läßt sie auch nach denselben Richtlinien malen.

»Ich glaube, unsere Führer sollten es wie die Ballettänzer machen und nach einem gewissen Alter abtreten«, sagt Liu, nach einer Form von Demokratie suchend, deren alte Regeln er nicht kennt. »Sonst ist es mit China vorbei.«

Er denkt plötzlich zurück an seine Kindheit in einem alten Städtchen in der Provinz Gansu, an die Stadtmauern, die am Ende jeder Straße zu sehen waren, an das Klingeln der Tempelglocken und an die Tempelfeste. Zum neuen Mondjahr zündete jede Familie ein Feuer vor ihrem Eingangstor an, und wer ins Haus wollte, mußte darüberspringen. Die Bauern liebten die Tempelmärkte, wo sie ihre Erzeugnisse verkauften und nach denen das Pflanzen und Säen wieder begann. Sie waren ihr Kalender. »Die Mönche hatten eine eigene Artillerie entwickelt, mit der sie in die Sommerwolken schossen, um die kalten Schauer zu verjagen. Sie züchteten schönes großes Obst, und die Bevölkerung achtete sie«, sagte er.

Abends. Folco ist mit hohem Fieber von Pingyao zurückgekommen. Auch ich habe dieselben Symptome: Schüttelfrost, Erbrechen.

Peking, 30. Januar 1982

Noch krank. Wir sind im Schlafwagen nach Peking zurückgereist, alle drei mit hohem Fieber, und haben unser gespenstisches Hotel im Dunkeln verschwinden sehen.

Wang – der alle unsere Taschen zum Zug geschleppt hat, während Tiziano Folco auf dem Rücken trug und Liu Saskia stützte –, Wang hat uns zu denken gegeben. Er hat uns seine Zweifel mitteilen wollen, fast wie eine Botschaft: »Wir mußten das Alte zerstören, um das Neue hervorzubringen – aber wir haben keine neue Welt hervorgebracht.«

Er, ein alter Rotgardist, informiert sich jetzt in einem alten »Nagel-Führer«, den ihm ein Tourist hinterlassen hat, über Chinas Vergangenheit und die seiner eigenen Stadt. In China, einem Land, in dem es noch im 18. Jahrhundert mehr Bücher als im Rest der Welt gegeben hat, gibt es jetzt keine mehr.

»Was zählt, ist überleben!«

9. Februar 1982
Man sagt, etwas Entscheidendes habe sich ereignet: Deng Xiaoping ist seit dem Frühlingsfest verschwunden. Weilt er auf der Insel Hainan, krank oder zur Erholung? Hat das Militär ihn mit einem Staatsstreich abgesetzt? Hat er sich zu wichtigen Sitzungen zurückgezogen, um den Parteiapparat zu restrukturieren?

Es heißt, alle Bürokraten über sechzig sollen bald pensioniert werden, alte Kader sollen jüngeren, besser ausgebildeten Platz machen, Wohnungen würden schon für alte Botschafter gebaut, die bald aus dem Dienst scheiden müssen ... Zwei betagte Vizeminister haben anscheinend eingewilligt, ihre einträglichen Machtpositionen aufzugeben, aber nur unter der Bedingung, daß sie ihr Gehalt, das Recht auf Dienstboten, Dienstwagen und den Zugang zu »internen« Informationen beibehalten.

Täglich mehr Gerüchte, mehr Anrufe.

10. Februar 1982
Der junge Geiger hat sich gemeldet, der mich flehend angesehen hatte, als ich mit einigen Konzertkarten in der Hand die Treppen des »Theaters der Hauptstadt« zu Fou Ts'ongs zweitem Konzert hinaufgegangen war – und dem ich eine davon gegeben hatte. Das war vor unserer Reise in die Provinz Shanxi.

Wir haben ihn abgeholt, ihm etwas zu essen gegeben, und er hat sich mit Heißhunger auf die zwei Eier, die vier Scheiben Brot, die Frikadellen und das Eis gestürzt – wie jemand, der tagelang nichts gegessen hat.

Eine Frage, die wir uns nie gestellt hatten, ist: Was ist aus den Kindern all derer geworden, die während der Kulturrevolution in Arbeitslagern und Gefängnissen verschwunden sind, die umgebracht wurden oder sich selbst das Leben nahmen? Wer hat sich um sie gekümmert?

Der Vater dieses Jungen, ein Ingenieur, kam zu Beginn der Kulturrevolution in einem Umerziehungslager um; auch seine Mutter verschwand, und die Wohnung wurde beschlagnahmt. Der Achtjährige blieb allein und mußte sich – wie ein Zigeuner, wie ein Bettelknabe oder ein herrenloses Hündchen – selber durchschlagen. Er übernachtete in Baracken oder Fabriken, ernährte sich von Abfällen, von dem, was er fand. Sechs Jahre später sammelte ihn ein Freund seiner Familie von der Straße halbtot auf und lehrte ihn das Geigespielen. Heute bringt er sich als Fiedler in einem Orchester des Nordostens durch. Nach Peking ist er gekommen, um sich die Wiedergutmachung geben zu lassen, die man ihm bei der Post-mortem-Rehabilitierung seines Vaters versprochen hatte, von der er aber nach drei Jahren noch keinen Yuan gesehen hat: Der Kader, der sie auszahlen muß, will geschmiert sein.

Von solchen Schicksalen gibt es in China Hunderttausende. Deng Xiaopings eigener Sohn wurde in der Kulturrevolution, als sein Vater Schweine hütete, von Rotgardisten aus dem Fenster geworfen und lebt heute gelähmt im Rollstuhl. Die Umgekommenen sind unendlich viele. Die Überlebenden bilden jene »verlorene Generation«, von der der Film »Die Kleine Straße« handelt. Der Staat hat sie abgeschrieben.

China geht hart mit seinen Opfern um und ist hart mit sich selbst. Es ist an schwere Schicksale gewöhnt, an Naturkatastrophen, an die plötzliche Ungnade des Kaisers, an das Auf und Ab des Geschicks. »Pech gehabt!« sagt ein alter Literat von seinem Sohn, der Handlanger geworden ist und mit fürstlichem Körper und verrohtem Gesicht zwischen seinen Büchern sitzt. Was der einen Generation fehlschlägt, wird der nächsten vielleicht gelingen. Was zählt, ist überleben.

Es gibt heute in Peking nach allem, was geschehen ist, mindestens fünf Hundertjährige; die Neunzigjährigen zählen sich nicht. Es gibt Hunderte von ausgedienten Bürgerlichen und Aristokraten, die mit dem Enkel an der einen Hand und dem Einkaufsnetz in der anderen durch die Stadt streichen, nach einer Ladung frischer Karotten ausspähen und die Geduld haben, davor Schlange zu stehen.

»Ich? Ich bin Arbeiter!« sagen sie, wie unser alter Playboyfreund in Tianjin, und lachen über ihr eigenes Schicksal. Pech gehabt! – aber man lebt noch.

12. Februar 1982

Freitag. Tiziano will spazierengehen. Er sucht nach Möbeln, Grillen, Abenteuern, Spuren der Tradition.

Jeden Morgen brodelt in der westlichen Stadt der Fußweg vor dem »Guan Yuan«, dem »Hof der Mandarine«, von alten Männern, die ihre Singvögel dort in die Sonne stellen. Dunkle Gardinen schützen die Bauer, und die Meise wartet im Käfig wie eine Dame in ihrer Sänfte, bis der erste Sonnenstrahl sie berührt, dann erst fängt sie an zu singen.

Heute stand ein Fahrrad an die Wand gelehnt mit einem reichverzierten Vogelbauer auf dem Gepäckträger und zwei anderen, die noch verdunkelt von der Lenkstange hingen. Die Lenkstange selbst war mit einer Lampe – eine sehr seltene Sache! – und zwei Klingeln versehen. In die Wahl der Bauer, ihrer Metallhaken, ihrer Vorhänge, der winzigen Porzellangefäße hat der Besitzer seine Liebe zum Leben, seinen Sinn für das Schöne gelegt.

»Xiao wan«, sagte er lächelnd zu uns und meinte: mein kleines Spiel, mein Zeitvertreib, mein kleines Vergnügen.

»Lao Deng«, flüstert ein Alter und faßt Tiziano am Arm. »Alter Terzani, der erste ›guo guor‹ ist da!«

Wir gehen quer über die Straße zum freien Markt im »Hof der Mandarine«. Der alte Zhao wartet da mit der ersten großen Grille der Saison. Sie ist wie aus hellgrüner, braun geäderter Jade und sitzt in einem alten, verzierten Kürbisbehälter mit ziseliertem Elfenbeindeckel: Tiziano macht das Geschäft.

Ein Jüngling zupft mich am Arm und zeigt mir ein Riechfläschchen. »Goldfische?« fragt ein anderer. Ich kaufe eine ausgemalte Porzellanschüssel von einem Alten, auf dessen Tisch der Jüngling auch sein Riechfläschchen stellt, sozusagen auf dessen Spiel setzend. Der Alte schließt das Geschäft ab und kriegt seine Prozente.

Tiziano wird an den Stand daneben gerufen: Da wäre ein »ban jer« zu haben, ein Ring, wie ihn sich die Mandschu-Bogenschützen auf den linken Daumen setzten und wie ihn später jeder Pekinger, »der gerade genug zu essen hatte«, zur Schau getragen hat. Der, den man uns zeigt, ist höchst raffiniert: grau, mit einem grünen Spritzer. Tiziano verspricht zurückzukommen.

Frauen sind fast keine hier. Dies ist die Welt der alten Pekinger und ihrer »Spiele«.

Danach ins Anonimat, in die östliche Peripherie, zur »Volkszeitung«, wo Tiziano ein Gespräch mit dem Karikaturisten Fang Cheng führen will. Fang, 64, erwartet uns in blauer Mao-Jacke am Eingang. Neben ihm ein Dolmetscher – ein Wachhund.

Das Gespräch ist »offiziell« und findet in einem nach Lysol riechenden Empfangssaal statt. Tiziano erwähnt vorsichtshalber unsere frühere Begegnung nicht und zieht erst einmal seine neue Grille hervor. »Herrlich!« ruft Fang. Seine Augen blitzen schalkhaft. Der junge Dolmetscher wird argwöhnisch. So ein Tier habe er noch nie gesehen, sagt er.

An Humor fehlt es den Chinesen im allgemeinen nicht. Mit Wortspielen, für die ihre Sprache wie gemacht ist, Tierfabeln und Metaphern begleiten sie jede Phase der menschlichen Tragikomödie. Die Karikatur dagegen, die beißende Satire und all die lästerlichen Bemerkungen über die Mächtigen, in denen Europa in seinen Witzen schwelgt, sind der konfuzianischen Tradition ebenso zuwider wie dem totalitären Regime. Offen lacht man in China nur über die Schwachen, über Feinde, über Besiegte und Verlierer. »Schlag den Hund, wenn er im Wasser ist«, heißt ein beliebtes chinesisches Sprichwort – nicht eines meiner liebsten. Schlag ihn, wenn er unbeholfen ist und sich nicht wehren kann.

Fang, der seine Kunst im Shanghai der dreißiger und vierziger Jahre lernte, als alles Neue in China aufgegriffen wurde, muß heute damit den Mächtigen zur Hand gehen. Er hat Mißstände lächerlich zu machen, denen Deng Xiaoping selbst den Krieg erklärt hat: Korruption, Überbesetzung der Arbeitsplätze, Apathie der Jugend; nur daß ihm dazu immer wieder neue Bilder einfallen, die er mit dem Pinselstrich eines Malers zeichnet: Ein Eimer Wasser wird von sechs Mönchen getragen; zehn Bauern fahren ein und denselben Wagen und schwingen dazu verschiedene Peitschen ... Eine andere durfte nicht veröffentlicht werden: Ein Mann sucht eine Anstellung in einem von Zwergen geführten Eßlokal. »Du kannst hier nicht angestellt werden«, erklärt ihm einer der Kellner. »Hier ist selbst der Direktor ein Zwerg!« – Eine Anspielung auf Deng Xiaoping und Hu Yaobangs zwergenhafte Statur, auf das allgemein niedrige Niveau, über das man sich nicht erheben darf?

»Gott bewahre!« ruft Fang mit clownhafter Entrüstung. »Das ist doch nur Gerede!«

15. Februar 1982

Jeden Morgen fährt ein Militärjeep mit Lautsprecher vorbei, und eine schrille weibliche Stimme erklärt den Pekingern die neuen Verkehrsregeln: erstens, zweitens, drittens. Doch die Pekinger gehen weiter mit verträumter Langsamkeit über die große Changan, ohne nach rechts oder links zu schauen, im Vertrauen auf die Bremsen der Autos.

»In drei Monaten«, wiederholt die schrille Stimme, »werdet ihr drei Yuan Strafe zahlen müssen, wenn ihr die Straße nicht auf den Zebrastreifen überquert!«

»Das sagen sie immer zuerst«, meint der junge Wei, »dann wird doch nichts daraus.«

Chen, unser Fahrer, studiert die neuen Verkehrsregeln. Abstraktionen eignen sich aber nicht für die chinesische Sprache und auch nicht für Chinesen.

»Wer hat in einer Kreuzung Vorfahrt?« fragt ihn Tiziano aus.

»Beide müssen vorsichtig sein«, antwortet Chen.

»Und wenn beide zugleich zur Kreuzung kommen?«

»Das kommt eigentlich nie vor ...«

»Laß uns ›Anna Karenina‹ sehen!« flehte Liwen mich gestern abend an.

Jeden Sonntagabend, seit neun Wochen schon, zeigt das Fernsehen eine Fortsetzung des schönen Films der BBC. Jeder Folge geht eine Predigt voran: »Paßt auf, Genossen und Genossinnen! Diese Frau ist ein schlechtes Element, sie ist eine Ehebrecherin, sie hat einen Liebhaber!« – und pünktlich wird auch diesmal der Film unterbrochen, und auf dem Schirm erscheint das häßliche Gesicht der Kommentatorin:

»Genossen und Genossinnen! Wenn eine Frau ihren Mann verläßt, dann ist sie für uns gestorben ...«

»Anna gefällt uns allen sehr«, sagt Liwen. »Nur unsern Vorgesetzten gefällt sie nicht ... Aber wenn du am Sonntagabend aus dem Fenster schaust, dann siehst du, daß die Straßen leer sind: Ganz Peking sitzt vor diesem Film.«

»Warum setzen sie den Film nicht einfach ab wie die ›Carmen‹?«

»Unmöglich!« sagt Liwen. »Es würde einen Volksaufstand geben.«

Im Kohlenrevier

Datong, 20. Februar 1982

Wir sind in Nord-Shanxi. Der Buddhismus hielt hier seinen Einzug in China und drückte ihm seinen großartigen Stempel auf. In seine Furchen haben sich die Menschen gebettet, wenig hinzufügend, immer instand haltend, 1500 Jahre lang. Gigantische Buddhas sitzen in Klöstern, Pagoden und Grotten und schauen mit ihrem wissenden Lächeln auf die kleine Welt der Menschen, die vor der Kraft ihrer straffen Körper, dem Rätsel ihrer geknickten Finger, der Entrückung ihrer gesenkten Lider niederknien.

Der Zug aus Peking fährt durch die Große Mauer und über eine lehmige Hochebene, deren ummauerte Dörfer sich kaum von den Erdschollen abheben. Wir reisen auf »harten Sitzen«. Es gibt keine Trennwände zwischen den Abteilen, aber Frieden. Die Passagiere lesen Bücher und Zeitschriften oder schlummern unter aufgehängten Handtüchern. Viele reisen nach Lanzhou, im fernsten Westen Chinas, in 36stündiger Fahrt. Einer fährt aus Peking, wo er wohnt, in die Wüste des Gansu, wo er arbeitet. Er sagt es uns in gutem Englisch. Immer hat Peking seine Verwalter in die entferntesten Provinzen geschickt. Aus ihrem Heimweh ist viel Dichtung entstanden. Keiner ißt. Sie trinken heißes Wasser, bleiben lange auf ihren Pritschen liegen und betrachten den Himmel. Das Radio schreit seine Schlager, eine Frauenstimme ihre Ermahnungen. Die Reise geht weiter. Das Leben vergeht.

Datong, Hauptstadt unter den nördlichen Wei im 4. Jahrhundert, als der Buddhismus aus Indien kam, hat als Garnisonstadt vor der Großen

Mauer eine mächtige Rolle gespielt. Ihr Name bedeutet »Große Harmonie«.

Ein Fräulein Liu läuft uns auf dem dunklen Bahnsteig entgegen und bringt uns ins Gästehaus der Partei, wo wir Ausländer kaum geduldet sind. Dreckige Zimmer, verstopfte Klosetts, zerfetzte Tapeten, unappetitliche Bettücher. Zum Glück haben wir gelernt, mit eigenen Kopfkissenbezügen zu reisen. Wir verschlingen in Eile eine ölige Abendmahlzeit, die man uns hinter einem Wandschirm vorsetzt, und machen uns auf den Weg.

Öffentliche Verkehrsmittel fahren nach sieben Uhr abends nicht mehr, Taxifahrer ruhen um diese Zeit. Tiziano geht also zu Fuß durch die dunkle Peripherie, von Liu und uns gefolgt, und hält einen Karren an. »Brrrr!« sagt der Bauer, und wir steigen auf. Die Peitsche knallt über unseren Köpfen, und wir fahren mit einem Gefolge von erstaunten Radfahrern in die Stadt.

Datong, 21. Februar 1982

Samstag. Wie in Peking und Taiyuan, liegt auch in Datong die Altstadt abseits der sozialistischen Hauptstraße und ist von dieser aus nicht sichtbar. Es ist, als triebe die Regierung die Herde der Bewohner in immer engere Quartiere, um Platz für die eigenen Repräsentationsgebäude zu schaffen. In den Straßen des alten Datong versinkt man im Morast, kein Haus hat Wasser, und die alten Häuser bersten unter ihren geschwungenen Majolikadächern, aber ihre Bewohner beharren auf ihren Sitten: Heiraten werden arrangiert, für eine Braut muß teuer bezahlt werden, und nur wer Macht und Mittel hat, hat Ansehen.

Die alte Religiosität hat sich in zwei Klöster zurückgezogen, die wie Zitadellen über der Stadt stehen. Ihre riesigen Buddhas sitzen, von lebensgroßen Anhängern aus Ton und Bronze umringt, auf den Altären.

In zwei grauen »Shanghai« fahren wir in die windige Lehmlandschaft nördlich von Datong, zu den Kohlegruben und den Yungang-Grotten mit ihren Göttern. Dampflokomotiven kommen von den Kohlenhalden, Pferdekarren ziehen mit ihrer schwarzen Fracht vorbei. Auf sie richten aus ihren Grotten so gigantische Buddhas ihren Blick, daß wir ihnen oft nur bis zum Knöchel reichen. Es umgibt sie eine

Menge musizierender, meditierender, tanzender himmlischer Wesen, die die Zeit und der Wind langsam davontragen.

Über den Grotten stehen die massiven Lehmmauern einer verschwundenen Stadt – ein leerer, sandiger Kubus, in dem eine Schafherde weidet. Wir setzen uns neben sie, essen unser Brot und merken plötzlich, daß von allen Seiten über die dünenhaften Hügel schwarzgekleidete Bauern mit Hockern ankommen und daß im kleinen Theater, das zur Unterhaltung der Buddhas vor den Grotten steht, Zimbeln, Pauken und die grellen Stimmen der chinesischen Oper ansetzen.

Abends hat die Dampflokomotivenfabrik von Datong – vielleicht die letzte der Welt – die fremden Gäste der Stadt ins eigene Theater eingeladen. Arbeiter-Schauspieler sollen singen, tanzen und Ziehharmonika spielen. Es ist ein enormes Theater aus Eisenbeton, und wir erfahren, daß diese Produktionsbrigade auch eine eigene Schule, einen Kindergarten, Häuser und ein Krankenhaus besitzt. Noch reicher, sagt man uns, sei die Brigade des Kohlenbergwerks, die zwei Theater, ein Stadion und ein Schwimmbassin besitzt. Produktionsbrigaden können heute zu hochentwickelten Lebenszentren werden, die isoliert existieren, mitten in einer Stadt, die verfällt.

Nach der fünften Nummer gehen wir. Fräulein Liu, unsere Begleiterin, bleibt. Sie sagt, durch die Musik fühle sie sich inspiriert.

Datong, 22. Februar 1982

Sonntag. Früh am Morgen fahren wir in einem Jeep durch das mit Reif bedeckte Land nach Norden. Keine Feudalherren und mächtigen Klöster herrschen mehr über diese Erde. Über jedem Lehmdorf schwebt noch das Dach eines Tempels, dessen Eingang zugemauert ist.

Weit wie die Wüste ist die monochrome Lößlandschaft, die sich in Wachttürme und Dörfer gliedert und in Schluchten abfällt. Mit Kohle beladene Eselskarren durchqueren sie unermüdlich. Der mit schwarzen Lumpen vermummte Bauer läuft nebenher. Hier hatte die erlösende Religion Sinn.

Der Heng Shan, einer der fünf heiligen Berge Chinas, erscheint am blauen Himmel. Hoch oben stand ein Kloster. Es wurde von den Rotgardisten zerstört, die letzten Mönche haben Selbstmord begangen.

An die Wand der Schlucht aber, hoch über einem schäumenden Sturzbach, klammert sich noch wie eine kleine rote Eidechse der »Fliegende Tempel«. Ein Mönch, der dort Touristenführer ist, geleitet uns auf eine Holzgalerie, die über dem Abgrund hängt, und wir schauen in Grotten voller großartiger Buddhas der Wei-Dynastie – um die dieser Tempel »fliegt«.

In der Ebene liegt Hunyao, eine kleine Stadt, die berühmt war für ihre schönen Frauen (sie wachsen in China im Schatten der Berge!), die auch den Offizieren von Chiang Kaishek gefielen. Sie wurde von Kaisern reich mit Tempeln und Pagoden geschmückt, um den Mongolen zu imponieren, deren Land hinter dem Heng Shan beginnt. Aber man will sie uns nicht zeigen. Also entschlüpfen wir heimlich aus dem Gästehaus, in dem man uns zum Mittagessen festhalten will, und gehen die Hauptstraße hinunter.

Der Himmel ist tiefblau, die krummen Straßen sind voller Sonne, über den Häusern schweben mit Drachen verzierte Dächer von Palästen und Pagoden: Doch ist alles Schutt und Staub. Schreckliches Elend lauert hinter jedem Patriziertor. In den Seitenstraßen versinken wir in Schlamm und Exkrementen; Schweine kommen aus den Häusern hervor; Männer, Frauen und immer mehr zerlumpte Kinder folgen uns. Jemand zeigt uns den Konfuzius-Tempel, dessen Eingang zugemauert ist. Als Tiziano die Kamera hebt, um ihn zu photographieren, packt ihn ein Mann am Arm. »Marsch, zurück! Das Essen steht auf dem Tisch!«

»Wer sind Sie? Ich kenne Sie nicht!« ruft Tiziano zornig vor versammeltem Volk, seine Füße im Schlamm versunken. »Ich bin ein freier Mann! Verstehen Sie? Und ich esse, wann ich will!«

»Ich bin ein freier Mann, ein freier Mann …« wiederholen die Kinder wie ein Echo. Die Prozession setzt sich wieder in Gang und folgt uns durch die krumme Hauptstraße. Bauern sitzen am Straßenrand und verkaufen Mäusefallen. Plötzlich streckt sich uns eine Hand aus einem verzierten Fenster entgegen und hält uns erst einen alten Pinselbehälter, dann einen Porzellanteller hin. Sie zieht sich zurück und kommt mit einem Bronzelöwen wieder hervor … Wir gehen weiter. Unser Begleiter zischt den Mann am Fenster an. Die Stadt Hunyao, der kein Kaiser mehr etwas stiftet, ist arm, bettelarm: Das ist es, was wir nicht wissen sollen.

Ein Leben wie im Zoo

Peking, 24. Februar 1982
Faschingsdienstag. Karnevalsfest in der westdeutschen Botschaft unter dem Motto: »Rund um die Große Mauer«.

Mit Papiermachéköpfen verkleiden wir uns als Figuren aus dem chinesischen Roman »Reise in den Westen«. Tiziano ist Xuan Zhang, der Mönch, der von Taiyuan auszog, um aus Indien die heiligen Schriften des Buddhismus zu holen; ich bin Sha Heshang, sein Verteidiger und Diener.

An die hundert Chinesen aus der Theater- und Filmwelt sitzen schon neben ausländischen Diplomaten an den Tischen, als wir unser Entree machen. Niemand erkennt uns, und wir amüsieren uns sehr. Würstchen, Linsensuppe, Gesellschaftsspiele und Tanz. Die Wanddekorationen wurden von den Bühnenbildnern des Volkstheaters gemalt. Unter Botschafter Schödel und seiner Frau ist die Botschaft der Bundesrepublik Deutschland wohl die vergnügteste in Peking.

Die Schauspieler des Volkstheaters – man kennt sie aus dem »Teehaus« – geben uns Proben ihrer sonst brachliegenden Talente: Zwei von ihnen führen ein komisches Zwiegespräch; einer mimt einen Betrunkenen; acht ahmen die alten Pekinger Straßenschreie nach, erst abwechselnd (wie: Warme Würstchen! Lumpen und Knochen! Frisches Wasser!), dann in kanonartigem, wunderschönem Einklang. Sehnsüchtige Erinnerungen werden in denen wach, die das Leben im alten Peking gekannt haben.

»Einen Straßenverkäufer gab es damals, der erst nach Mitternacht seine Runde machte«, erinnert sich der rundliche Dirigent Li Delun. »Man saß im Hofhaus im Warmen, draußen pfiff der Wind, ein Zweig schlug gegen die Scheiben – da ertönte sein Schrei. Schnell lief man hinaus, holte sich eine Suppe und las weiter.«

Der Bühnenbildner Wang Wenzhong, heute mit neuem Schal, erzählt, das »Teehaus« werde verfilmt, »damit den Jungen ein Beispiel bleibe«. Andere Pläne? Keine. All diese Menschen mit Gesichtern, Talenten, mit der Lust zu schaffen und zu experimentieren, sind zum Nichtstun verdammt.

Auch heute abend haben »politisch Verantwortliche« die Theaterleute begleitet und streichen wachsam zwischen ihnen umher. Punkt

Mitternacht geben sie das Zeichen zum Aufbruch. Ich bewundere die Gelassenheit, mit der jene großen Herrn der Bühne ihr Schulknabendasein bemänteln.

Deng Xiaoping ist wieder aufgetaucht. Er hat sich bei einem Essen in der Großen Halle des Volkes in Gesellschaft des Prinzen Sihanouk gezeigt und verkündet, China sei stabil, und die Lockerung seiner Bürokratie habe vor einem Monat mit dem vollen Einverständnis der Partei begonnen.

Was in den fünf Wochen seines Verschwindens vorgegangen ist, erfahren wir nicht und werden es wahrscheinlich auch nie erfahren.

26. Februar 1982

Wie die Pagoden, so restauriert man auch die Menschen. Aber auch ihnen gibt man ihre ursprüngliche Funktion nicht wieder.

Der letzte Restaurierte, der uns begegnet ist, war der Pianist Shi Dazhen, ein Studienfreund Fou Ts'ongs. Er hat etwas Freies, fast Westliches in seinem Wesen. Ob es unsere Musik ist, die auf seine Seele abfärbt? Eher ist es wohl seine Seele, die sich in der europäischen Musik wiedererkennt.

1968 wurde Shi Dazhen der Schandhut des »Rechtsabweichlers« aufgesetzt, einer der schlimmsten, und er kam in den »Kuhstall«, mußte in seiner Arbeitseinheit, der Musikakademie von Shanghai, leben und niedrige Dienste tun. Beide kleinen Finger wurden ihm gebrochen und alles, was er besaß, bis zu den Photos seiner Kindheit, zerstört. Ohne sein Klavier, seine Noten und Bücher, mit einem auf zwanzig Yuan hinuntergesetzten Monatsgehalt blieb ihm jedoch eine Arbeit: Er mußte Latrinen ausschaufeln. Von den hundert Musikern, die mit ihm eingesperrt waren, nahmen sich zwanzig das Leben.

Dazhens Vater war ein bekannter Regisseur im Shanghai der dreißiger und vierziger Jahre gewesen und hatte die Machtergreifung der Kommunisten mit Freude begrüßt. Sein Film »Helden und Heldinnen« hatte 1951 den Goldenen Gockel für Filmkunst bekommen. Dann wurde er in die Kampagne gegen den Schriftsteller Hu Feng verwickelt, dessen Freund er war, und nahm sich das Leben – einer der ersten Selbstmorde in der Kulturwelt.

Shi Dazhen hat jetzt einen kleinen Posten am Konservatorium von Peking bekommen, wo er einige Stunden zu geben und manchmal aus dem Englischen zu dolmetschen und zu übersetzen hat. Die übrige Zeit verbringt er mit Einholen, Waschen, Feuermachen und Lesen.

Er erzählt uns eine kleine Geschichte: Ein Überseechinese, der kürzlich aus Amerika zurückgekehrt ist, wurde von einem Verwandten in Peking gefragt, worin der Unterschied zwischen dem Leben in China und dem im Westen eigentlich bestehe. Der Amerikaner hat ein wenig nachgedacht und dann geantwortet: »In China ist das Leben wie im Zoo. Jedes Tier steht in seinem Käfig – hier der Pandabär, da die Giraffe, dort der Elefant – und wartet, daß der Wärter vorbeikommt und ihm zu fressen bringt. Im Westen ist das Leben wie im Dschungel. Die Tiere fressen, wann und was sie wollen, und tun sich zusammen, mit wem sie lustig sind. Es kann natürlich vorkommen, daß eines hungrig ausgeht oder daß das eine das andere verschlingt.«

»China braucht sichtbare Beweise für seine alte Kultur.«

Linfen, 1. März 1982

Wir sind auf unserer dritten Reise in die alten Provinzen Shanxi und Shaanxi. Lieber als Entdeckungen, lieber als der Erforschung von Grenzen und Meeren, lieber als der Erfindung, dem Experiment, dem abstrakten Denken oder den exakten Wissenschaften haben sich die Chinesen der Kunst hingegeben. Durch alle Jahrtausende hindurch haben sie Kunstgegenstände hervorgebracht und gesammelt – bis China überreich und übervoll davon war.

Und heute?

»Kulturtempel? Konfuzius-Tempel? Welche Stadtmauern meinen Sie?« Das junge Mädchen in Linfen, einer der ältesten Hauptstädte des Landes, wo der legendäre Kaiser Yao vor vier Jahrtausenden regierte, weiß von nichts. Es ist, als sagte sie: Kirchen? Museen? Was ist das?

Schwarze Zypressen in der gelben Lößlandschaft, feierlich, großartig. Auf einem Zypressenhügel eine grüngelbe Majolikapagode hinter rosa Mauern. Ihre Tempelhallen sind unversehrt. Zwischen Standarten und Altären reitet dort eine Göttin der Barmherzigkeit auf einem Löwen;

fett sitzt sie auf ihrer Lotusblume, der Löwe fletscht die Zähne. Eine zweite reitet auf einem Elefanten. Hier sehen wir zum ersten Mal einen Tempel, wie sie alle waren, mit all seinem Zubehör, seinen Glocken! Drei Mönche sind schon wieder da, und Gläubige pilgern zu den buddhistischen Feiertagen hierher.

»Ich habe das Recht zu bewahren, nicht das Recht zu zerstören!« hatte der Parteisekretär von Linfen bei einer Massenversammlung den Rotgardisten zugerufen, und sie hatten auf ihn gehört. Derselbe Mann regiert noch in Linfen, und obwohl die Stadt für Ausländer geschlossen ist und wir ohne Besichtigungserlaubnis dort ausgestiegen sind, haben uns ihre Verwalter mit einem Bankett empfangen.

In der Nähe von Linfen, im fruchtbaren Fental, lebten in mythischer Vergangenheit der Mann, der das erste Schriftzeichen erfand, und der, der die erste Seidenraupe züchtete.

Dann wieder Lößlandschaft, Lößterrassen und Höhlen, aber auch befestigte Dörfer mit Aussichtstürmen auf ihren Mauern, wo früher Landherren und reiche Kaufleute wohnten, die mit Seide und Arzneien handelten.

In Dingcun Häuser, die nach außen wie steinerne Burgen, nach innen wie ein Spitzenwerk aus geschnitztem Holz sind. Steinlöwen vor jedem Tor, private Opernbühnen in den Höfen, gemeißelte Geisterwände, Brunnen und Gärten aus der Zeit des Kaisers Qian Long. Nach der Befreiung sind Bauern dort eingezogen, und heute füllen Samen, Gemüse und Hühner die eleganten Hallen. Die ehemaligen Besitzer sind meist ermordet worden. Viermal hatte auch unser Begleiter sein Messer in einen dieser Landherren gestochen, und doch möchte er heute aus Dingcun lieber ein Museum machen, als es in den Händen der Bauern so verkommen zu sehen. Immer wieder begegnen wir ehemaligen Revolutionären, die heute nichts lieber möchten, als das alte China so wiederherzustellen, wie es war, denn sie liebten seine Schönheit.

Yuncheng, 4. März 1982

Weiter mit der Eisenbahn. Tiefer hinein in den Süden Shanxis, nach Yuncheng, und von dort, per Jeep, über erschreckend karge Berge in die lieblichere Ebene des Gelben Flusses. Dort, wo die alten Provinzen

Shanxi, Shaanxi und Henan sich berühren, hatte der Tempel des Yong Le Gong gestanden, mit seinen tausendjährigen taoistischen Fresken. 1958 ließ ihn Zhou Enlai nach Ruicheng transportieren, um einem Stausee Platz zu machen, und da steht er heute, einsam auf einem kahlen Feld.

In Ruicheng ist Esel- und Viehmarkt. Bauern in Schwarz, mit Gamaschen und weißen Tüchern um den Kopf, mit runden Brillen und silbernen Wasserpfeifen – wie aus dem Märchenbuch.

»Amerikaner?« fragt mich einer dieser alten Shanxi-Männer mit seinem breitesten Lächeln, als sähe er einen der Acht Unsterblichen vor sich, eines jener Fabelgeschöpfe aus der Welt der Oper und der Legende, wie sie jetzt wieder in den Behausungen der Bauern hängen. Ihr Durst nach Märchen und sagenhaften Vorbildern ist unendlich.

»Ein ausländisches Gespenst? O nein, das sind Sie nicht. Wir sind alle Menschen, alle gleich!« sagt er mit einer kindlichen Liebenswürdigkeit, die mich bezaubert, und steht auf, um mit uns zu reden. Er möchte wissen, was wir essen, ob wir Reis kennen und Nudeln?

Zwei Welten leben in China nebeneinander: die der Parteibürokraten, der zu faulen Politikern gewordenen Bauern, die über den Teller gebeugt mit schrecklichen Lauten essen, sich die besten Bissen zuschieben und vorsichtshalber nichts anderes sagen als: »Ruhen Sie sich aus! Setzen Sie sich! Trinken Sie Tee!«; und die dieser Alten, die wie schwarze Vögel mit feinen Elfenbeingesichtern zu zweit, zu dritt am Straßenrand hocken, in langsame Gespräche verstrickt. Das Recht auf eine Schale Reis ist nicht die fixe Idee ihrer Tage, sie stürzen sich nicht mit der Gier eines untätigen Bürokraten darauf. Sie kauen langsam wie alle die, die gearbeitet haben und für die essen auch Erholung, Zerstreuung, Abwechslung bedeutet.

Beim Salzsee in der grauen, weiten Ebene von Yuncheng sehen wir einen Tempel, der zu Ehren des Guan Gong, des »rotgesichtigen« getreuen Beamten aus dem »Roman der Drei Königreiche«, erbaut wurde. Tempelhallen, Trommelturm, Glockenturm, seine riesigen Räuchergefäße, hohen Bäume, sein alter Garten – alles scheint wie aus einem langen Schlaf zu erwachen. Der Tempel ist unversehrt. Eine Aufseherin hat ihn gerettet. Als 1966 der Befehl kam, alle Tempel des Landes zu schließen, als alle Wächter davonliefen oder sich aus Angst zu den Rotgardisten schlugen, hatte sie das schwere Tempeltor verriegelt und sich mit ihren Angestellten in den Tempelhöfen eingeschlossen. »Tausend Jahre lang standen die Tempeltore offen, und du schließt sie zu!« hatten die Rotgardisten draußen gebrüllt und sie »Kaiser-Beschützer-Faktion« geschimpft. Sie ließ sich nicht beirren, pflanzte Gemüse, staubte die alten Statuen ab und hielt den Tempel instand – viele Jahre lang. Als 1969 eine Mittelschule in die ersten Höfe einquartiert wurde, baute sie mit ihren Leuten eine hohe Backsteinwand um die Haupthalle herum, um die Statuen des Guan Gong und seiner zwei Diener dahinter zu schützen. Nun ist sie aufgestiegen in der Partei, öffentlich gelobt worden für ihren Mut und genießt großes Ansehen in der Provinz, als wünschte man, ihr Fall wäre nicht so einzigartig geblieben.

Im Halbdunkel einer Tempelhalle, zwischen verstaubten Seidenschirmen, Öllampen und Hellebarden, hockt in einer Sänfte noch das lebensgroße Ebenbild des Guan Gong: ein schauderhafter Götze, mit Haar und Bart und alten Kleidern angetan, der dort langsam vermodert. Jeden Frühling, zu Guan Gongs Geburtstag, hatte man ihn früher in seiner Sänfte durch die Straßen getragen, und das Volk war mit Hellebarden und Schirmen hinterhergelaufen und hatte Feuerwerke gemacht, um ihn zu erfreuen.

Mit dieser Götzenverehrung ist es endgültig vorbei. Die Bauern benutzen den Tempel nur noch, um sich in seinem Schatten auszuruhen. Die Frau hat einen neuen Plan. Sie läßt die siebzehn Leute ihrer Arbeitseinheit auf den Ländereien des Tempels Blumen züchten, und mit dem Erlös – sie haben zwischen Januar und Februar schon rund 13 000 RMB eingenommen – läßt sie sie selber den Tempel restaurieren und instand halten, »denn China braucht sichtbare Beweise für seine alte Kultur«, wie sie sagt.

Die Glöckchen klingeln, durch die alten Bäume weht der Wind, junge Leute arbeiten in den Treibhäusern. Die Frau schenkt uns eine kleine Pflanze, ein Veilchen.

Xian, 6. März 1982

Von Yuncheng nach Xian. Wir gehörten zu den schwarzen Schatten, die nachts um vier den Zug nach Xian stürmten. Auf dem Bahnhof von

Yuncheng hatten unsere Parteibegleiter eine Zimmertür aufgerissen, die Schlafenden hinausgejagt und uns hineingebeten. Sie hatten uns dem Zugführer empfohlen, damit er uns einen Liegeplatz verschaffe. Aber wir haben ihn abgelehnt.

Xian. Hier endete die Seidenstraße. Es war einmal, vor 1500 Jahren, eine der größten, der lebendigsten Städte der Welt gewesen, die Hauptstadt des Kaiserreichs zu Chinas größten Zeiten. Eine Stadt der verschiedensten Rassen und Religionen, wo arabische Händler ein eigenes Stadtviertel bewohnten.

Heute noch sind die Moslems hier zahlreich. Der »Islamische Tempel« beim Trommelturm mit seinen Blumen, Tauben, alten Möbeln wird restauriert und ist die größte Moschee Chinas. In der mittleren Halle, die wieder mit Teppichen ausgelegt ist, werfen sich in der Abenddämmerung Gläubige wie der Alte, der uns auf arabisch angesprochen hat, in Richtung Mekka zu Boden. Die orientalische Atmosphäre der geschnitzten, mit Koranversen verzierten Nischen erinnert mich an Malaysia, an etwas Sanftes, Einschläferndes, über das sich die Stimme des Muezzins erhebt, der von seinem Minarett, das wie ein chinesischer Pavillon aussieht, zum Gebet aufruft. In den kleinen Straßen zweistöckige, weißgekalkte Häuser mit schwarzen Holztüren. Hammel- und Nelkengeruch.

Hinter dem Glockenturm ist eine Straße mit Bratküchen, wo Muslime und Uighuren Hammelspieße, chinesische Nudeln, lackierte Äpfel, Süßkartoffeln essen. Ein junger Mann mit runder Brille, gelbem Gesicht und lebhaften, fast arabischen Augen steigt vom Fahrrad und begleitet mich zum Hotel zurück.

»Es ist ein großer Jammer«, sagt er, »nach der Kulturrevolution gibt es in Xian nicht eine einzige Straße mehr, die so aussieht wie früher. Aber das Schlimmste ist auf dem Land passiert. Auf unseren heiligen Bergen, dem Omei Shan, dem Hua Shan, hatten 2000 Jahre lang Klöster gestanden: In einer Nacht hat man sie niedergebrannt. Nun tut es allen leid. Ich kenne Rotgardisten, die sich wie Verbrecher fühlen, aber es sind unsere Führer, die die Verantwortung für ihre Handlungen tragen.«

Wo heute das Stadion ist hatten früher die alten Kaiserpaläste gestanden, da hatte die Regentin Cixi gewohnt, als sie 1900, nach dem mißglückten Boxeraufstand, mit ihrem Hof nach Xian geflohen war.

Neben dem Glockenturm wird ein modernes Hotel gebaut. Überall hat man Mühe, sich Xian, die Hauptstadt der Han und der Tang-Dynastien, von der noch zu Anfang des Jahrhunderts so Märchenhaftes erzählt wurde, vorzustellen.

Xian, 8. März 1982
In Xian sind Folco und Saskia zu uns gestoßen. Kreidebleich vor Angst torkelten sie nach einem unruhigen Flug über den Flugplatz.

Wir besichtigten die berühmten Tonarmeen des Qin-Kaisers – desselben, der die Große Mauer erbauen ließ –, die unter der Erde für ihn marschierten und jetzt unter einem Zeltdach vor den Augen der Touristen stehen.

Nun sitze ich in einem kleinen, kalten Zimmer in Huxian, wo Tiziano die zwei Funktionäre ausfragt, die seit 26 Jahren die Bauern-Maler der Stadt »anleiten«.

Es ist Huxians alte Tradition, daß seine Bauern die Bilder für Chinas Tempelmärkte und Kalender malen. Heute malen sie sie für die Partei. Die Themen werden ihnen von den beiden Bürokraten vorgegeben: Mierernten, lauschige Felder, Dauererfolge eines von der Partei inspirierten, ewig lächelnden Volkes.

Während wir da sitzen und reden und auch nach dem Preis der Bilder fragen, gehen Folco und Saskia unter den Malern herum, die wie Handwerker alle zusammen in einem Raum sitzen und pinseln, und einer erzählt ihnen schnell, daß neunzig Prozent des Erlöses ihrer Bilder die Partei selbst einsteckt.

Von »öffentlichen Tugenden« und Fernweh

12. März 1982
Der März wurde zum Monat der »öffentlichen Tugenden« ernannt.

In Peking sind Kampagnen für die Sauberkeit der Straßen, für Ordnung im Verkehr, für »Begrünung« der Stadt, für Höflichkeit des Umgangs und für Freundschaft unter den Völkern in vollem Gang: schöne, aber eitle Worte, so wie es eitel ist, die Straßen *vor* den großen Sandstürmen zu fegen.

In der Stadt tauchen die ersten hübschen Mädchen mit welligem Haar und hohen Absätzen auf. In Privatwohnungen wird jetzt wieder getanzt, und dazu macht man sich »wie in Hong Kong« zurecht. Eine Verkäuferin hat mich gebeten, ihr im Ausland einen trägerlosen Büstenhalter zu besorgen, sie wolle ihre Schultern entblößen. Die Moral sinkt, die Ehescheidungen mehren sich. In den Kaderkindern ist am eindeutigsten die Lust erwacht, sich für die aufgezwungene Sittsamkeit des letzten Jahrzehnts schadlos zu halten.

Heute wurde die Todesstrafe für den Schmuggel von Kulturgütern ins Ausland verhängt. Er ist offensichtlich nicht mehr aufzuhalten.

Alle Trödlergeschäfte in »Eigenverantwortung«, die schon einmal im November »wegen Inventur« geschlossen worden sind, haben von neuem zugemacht, diesmal ohne Begründung. Gegenstände aus Museen, Klöstern und sogar der Verbotenen Stadt verlassen heimlich das Land, ganz wie es in den letzten Jahren des Kaiserreichs geschah, als Eunuchen Schätze aus dem kaiserlichen Haushalt stahlen und sie an Ausländer verschacherten. Schon an Weihnachten hatte uns in Hong Kong ein Antiquar eine sehr seltene Elfenbeinfigur gezeigt, die der Direktor eines chinesischen Museums ihm mit der Begründung verkauft hatte, »sein Museum könne sie nicht mehr brauchen«.

30. März 1982

Chen, ein in Europa ansässiger Musiker aus Shanghai, ist angekommen, um China wiederzusehen. Als er es 1949 verließ, war er noch sehr jung.

Er zitiert alte Legenden, um unseren Pessimismus zu widerlegen. Er sagt, die Welt sei noch voller Chinesen, in denen die Vergangenheit weiterlebt. Er sagt, das Pferd, welches zusammen mit den Indios aus Amerika verschwunden war, sei dann bei den Arabern wieder aufgetaucht und von dort tausend Jahre später nach Amerika zurückgekehrt. Es genüge, den Samen einer Kultur zu erhalten.

»Wenn von 10000 Kerzen nur noch eine brennt, sehe ich die eine, die leuchtet. Zählt ihr die 9999 erloschenen!«

Chen glaubt ganz fest, daß der jetzige Zustand Chinas nur ein häßliches Intermezzo sei. Die unwiederbringliche Zerstörung des Landes erschreckt ihn nicht: »Und wenn Kublai Khan selbst Peking dem

Erdboden gleichgemacht hätte, es würde wieder auferstehen, denn hier lebt ein Spiritus loci. In Shanghai sind die Menschen wieder eleganter als anderswo. Warum? Wegen des Spiritus loci!«

»Was beeindruckt dich an China?«

»Es beeindrucken mich die Glocken, die man in einem 4000 Jahre alten Grab gefunden hat. Zwei Glockenreihen, technisch vollkommen, aufs schönste gestimmt, vor 2500 Jahren gegossen: Welcher Kopf hat sie erfunden? Das ist es, was mir Eindruck macht.«

Man muß wohl in China gelebt haben, wie Shi Dazhen oder wie der alte Professor Zhou (der sagt, in der Kulturrevolution habe er verstanden, wie Babylon unterging, wie eine Kultur vom Erdboden verschwindet), um nicht mehr an die Auferstehung der Vergangenheit zu glauben.

Chen will das Heute nicht sehen. Ihm verdanken wir die Poesie. Er war schon etwas angeheitert, als er kam. Er hatte mit Shi Dazhen im Peking-Hotel zu Abend gegessen, und mitten im Essen, während er dem Freund ein paar Verse von Li Bai aufsagte, hatte der Kellner sich vor sie gestellt und ihnen die Rechnung präsentiert. Sie hatten sich vor Lachen gebogen – also nahm ihnen der Kellner die Stäbchen weg.

»Er hatte keinen Respekt vor uns, weil wir Chinesen sind«, sagt Dazhen. »Er dachte, wir könnten uns keine Mahlzeit leisten!« Und wieder platzen sie vor Lachen.

Ich bin beschwipst. Bitte, geht davon!
Wenn ihr mögt, kommt morgen wieder
Und bringt mir auch die Laute...

rezitiert Chen die alten Verse von Li Bai. Er spricht sie in einem eigenartigen Singsang und sagt, noch schöner klängen sie, wenn man sie in den Dialekten von Hangzhou, Sichuan oder Kanton spräche – und tatsächlich haben sie dann noch mehr Rhythmus und Klang.

»Das Mandarin war die Sprache des Hofes, die weiche, schleimige Sprache der Höflinge. Welcher große Dichter kam schon aus Peking? Sie stammten alle aus der Mitte Chinas!«

Es sinkt der Mond
Die Raben fliegen auf...

deklamiert er weiter. Die Verse rollen wie Bilder vor uns ab. Es kommt die Nacht, der Dichter macht sich auf seinen Weg, geht aus dem Stadttor, sieht sich noch einmal um »und singt ein großes Lied«.

Das waren freie Menschen gewesen, die tranken und sich zum Mond gesellten. Kaiser verbannten sie als Beamte in wüste, entfernte Provinzen, und sie warfen sich nachts mit einem Freund in einen Kahn, schliefen über den Flaschen ein und ließen sich davontreiben – wie es in Su Dongpos Versen steht.

So geht der März zu Ende, der Monat der »öffentlichen Tugenden«, in dem vor zwanzig Jahren der Soldat Lei Feng gestorben ist. Um seiner zu gedenken, haben Lehrer und Schüler die Straßen gefegt, haben Beamte Bäume gepflanzt, Polizisten Fußgängern Geldstrafen auferlegt, wurden Autobusse mit Girlanden geschmückt (soweit das Publikum die Höflichkeit des Fahrers gerühmt hatte), haben Ärzte die Fenster der Krankenhäuser geputzt und die Verkäufer des Freundschaftsladens von Tianjin die Waren abgestaubt.

Im Rausch des öffentlichen Aufräumens ist der große Privatmarkt am Long Tan Hu, hinter dem Himmelstempel, geschlossen worden, auf dem Hunderte von Bauern und alten Pekingern mit Tauben, Meisen, Grillen, Vogelkäfigen und Vogelfutter handelten – und wo sie heimlich wohl auch mal ein Hündchen, zwei Katzen oder ein paar alte Porzellanschüsseln feilboten. Er ist geschlossen worden, »weil die Bevölkerung die Blumen zertrampelt«, wo doch im März die Erde noch hart ist.

6. April 1982

Es wird immer milder. Magnolien, Kirschbäume, Mimosen – alles blüht. Über meinen Morgenweg fegen die Trauerweiden, schneeweiße Kirschblüten wirbeln vor den grauen Botschaften. Im Park trainiert alles wieder mit frischer Kraft. Die Gruppen der Kriegskünste und des Schattenboxens haben jetzt auch junge Teilnehmer. »Lerne das Schattenboxen«, sagen die Chinesen, »und du wirst biegsam wie ein Kind, stark wie ein Holzfäller und gelassen wie ein Weiser sein.«

Der seltsame Mensch im Regenmantel, der Französisch spricht und mir bei einer »Kun Qu« (der ältesten der erhaltenen Opernformen) vorgestellt worden ist, hat sich gemeldet und uns zur Premiere einer von ihm geschriebenen Peking-Oper eingeladen.

Das Theater liegt außerhalb des Qianmen-Tors, in einer grauen krummen Straße des alten Kaufmannsviertels. Er erwartet uns im Dunkeln, sein unruhiges Gesicht wie eine Laterne über einem sonderbaren Körper, und führt uns in die ersten Reihen. Er heißt Shi Peipu.

Auf der Bühne steht der Affenkönig, der den Himmlischen Fächer raubt, um einen Brand auf der Erde damit zu löschen – eine beliebte Episode aus der »Reise in den Westen«. Die Schauspieler kommen angelaufen und stellen sich vor, die »Affen« geben eine Kostprobe ihrer außerordentlichen akrobatischen Fähigkeiten.

»C'est merveilleux«, flüstere ich Shi Peipu zu.

»Gefällt es Ihnen? Mir nicht!« flüstert er zurück. »Sie arme Ausländerin, wieviel haben Sie noch über China zu lernen! Sehen Sie, jeder Schriftsteller unserer Vereinigung muß im Jahr eine Arbeit vorlegen. Ich habe dieses Thema gewählt, denn wenn ich ein zeitgemäßeres behandelt hätte, gäbe es nur Kritik und Probleme... Verstehen Sie mich?«

Ich fühle, wie er mich mit seinen weit auseinanderstehenden Augen prüft. Dann nähert er sich wieder meinem Ohr und flüstert auf französisch weiter.

»Als ich jung war, beschützte mich Zhou Enlai, und Mao hatte gesagt: In der Oper folgt Shi! Dann kam die Kulturrevolution... und Sie können sich nicht vorstellen, was wurde!« Wieder sieht er besorgt um sich. »Ich bin immer vorsichtig und habe meine politischen Vorgesetzten gefragt, ob ich Sie einladen dürfe, habe also nichts zu fürchten... Ich hatte einen Freund in Frankreich, der mir helfen wollte«, fährt er fort. »Ich habe ihm zwei Briefe geschrieben, aber keine Antwort bekommen. Ob man sie abgefangen hat? Fragen Sie doch einmal den Botschafter...«

Dieses ununterbrochene, aufgeregte Reden... Wie kann er einer Ausländerin trauen, sich mir so anvertrauen?

»Ich hätte Sie nicht eingeladen, hätte Lehrer Wang mir nicht gesagt, daß Sie verläßlich sind«, sagte er, als hätte er in meinen Gedanken gelesen. »Armer Freund, er ist ein außergewöhnlicher Mensch, aber ich sorge mich um ihn, weil...« Im Lärm auf der Bühne geht der Rest unter.

In der Pause nimmt er uns alle mit, über Treppen und dunkle Korridore, bis zu einem Zimmer, wo vier Männer mit Schirmmützen sitzen, die uns Tee und Zigaretten anbieten. Mutter, die erst seit ein paar Tagen hier ist, sieht mich von ihrem Stuhl aus fragend an: »Wer sind diese grauen Figuren?«

Der mit dem gutmütigen Gesicht und der bis auf die Ohren gedrückten Schirmmütze ist Shi Peipus politischer Vorgesetzter, die mit den trüben Gesichtern und den von Zigaretten vergilbten Fingern sind seine Stellvertreter, die den vielseitigen Schauspieler und Dramaturgen zum Arbeiten anhalten und dessen Werke dann prüfen, kritisieren und nach Belieben verändern.

Tiziano, der neben Shi Peipu sitzt, preist die Oper.

»Ja, ja«, brummeln sie. »Die hat er gut geschrieben, der Shi. Sie kommt auch nach Amerika.«

»Fahrt ihr auch mit nach Amerika?«

»Ja«, sagt der, dessen Mütze auf den Ohren sitzt, »es wird mein drittes Mal sein.«

»Und Sie, Herr Shi«, fragt Tiziano zum Verfasser gewandt, »fahren auch Sie?«

»Nein, mir fehlen dazu die guten Verbindungen!« antwortet er mit unerwartetem Mut.

Später erklärt er uns, wieso. Sein Großvater war ein Mandarin am Hof des letzten Kaisers, seine Großmutter eine Hofdame der Cixi, der Kaiserin-Mutter, gewesen. In Yunnan geboren, wohin die Familie sich nach dem Sturz der Dynastie zurückgezogen hatte, wollte er eigentlich Dolmetscher werden, aber der berühmte Sänger Mei Lanfang sah ihn in einer Amateuroper, entdeckte in seinen Zügen eine Ähnlichkeit mit den eigenen und ließ ihn als Schauspieler der Peking-Oper ausbilden.

Tatsächlich stand er gestern, als wir noch einmal in das Theater zurückgekehrt sind, als Schauspieler neben einer bekannten »Kun Qu«-Sängerin auf der Bühne. Er, in violettem Kostüm mit türkisem Futter, der Magistrat; sie eine Frau vom Volk.

Es war – nach langen Jahren – ein erfolgreiches Comeback. Eine Menge bekannter Leute umringte ihn nach dem Einakter hinter der Bühne. In einem Anflug von Kühnheit ergriff er einen hohen Beamten aus dem Kulturministerium plötzlich beim Arm, rief: »Er ist mein Boß! Was er will, das geschieht!«, und ließ sich mit ihm photographieren. Später setzte er sich abgeschminkt wieder unter das Publikum, erwiderte unsere Blicke nicht mehr, war wieder Aschenbrödel geworden.

In seiner Partnerin, die in einer alten Hose aus dem Theater ging, habe ich die erkannt, die sich während der Kulturrevolution aus dem Fenster gestürzt hatte und »leider nicht gestorben war«.

19. April 1982
Drei Wochen ist Mutter nun schon hier. China gefällt ihr, zieht sie an. Je mehr sie davon sieht, um so mehr möchte sie noch sehen. Die Zerstörungen trüben ihre Freude an den Ming-Gräbern, der Verbotenen Stadt, der Großen Mauer kaum. Da sie nicht weiß, daß wir auf kaiserlichen Straßen fahren, findet sie die sozialistischen Kasernen erträglich und die Stadt, die mit Fabriken und Stacheldraht ins Land ausläuft, lebendig und aktiv.

»Was geschehen ist, ist geschehen«, sagt sie, »sehen wir nun, wie es weitergeht«, überzeugt, daß man von diesem Volk, dem es körperlich noch nie so gut gegangen ist, noch manches zu erwarten hat.

Die Verbotene Stadt verblüfft sie. Versailles erscheint ihr im Vergleich dazu wie das Schloß eines Kaisers auf Sommerfrische. Sie bewundert hier die Lösung eines architektonischen Problems, welches das Problem ganz Pekings ist: Gegeben ist eine Fläche, der Zwang, Hof an Hof zu reihen und in niedrigen, vom Zelt abstammenden Gebäuden zu bauen. Wie vermeidet man da Eintönigkeit? Indem man Tore und Pavillons auf gigantische Steinsockel stellt, die sie in den Himmel heben. Das Auf und Ab, das durch die Treppen, die zu ihnen führen, entsteht, zaubert Bewegung, Abwechslung, Hoch und Tief hervor.

Vor allem verblüfft sie der kaiserliche Verzicht auf Zierat, dieses Bestehen auf absoluter Schlichtheit. So konnte nur bauen, meint sie, wer sich auf uralte Traditionen stützte und sich der eigenen Majestät vollkommen sicher war.

Wie war noch das Andersen-Märchen vom chinesischen Kaiser, der nur Nachtigallen aß? Er wohnte hier.

Im Augenblick versiegen unsere chinesischen »Quellen«. Liwen flüstert ins Telephon, daß sie uns nicht sehen kann. Die anderen melden sich nicht.

Alle Antiquitätengeschäfte »in Eigenverantwortung« sind geschlossen worden. Es muß Sagenhaftes passiert sein. Ein Gemälde aus der

Verbotenen Stadt ist im Oboenkasten eines Musikers vom Pekinger Orchester kürzlich nach Hong Kong gereist. China hat es anscheinend für einen hohen Preis zurückgekauft. Die Kette der »Exporteure« wurde zurückverfolgt; nun sind sie alle verhaftet, inklusive des Sohns eines Ministers . . . Hohe Leute sind in die Sache verwickelt.

Im Gefängnis ist auch die Tochter eines Shanghaier Malers gelandet, die mit einem Koffer voller Bilder des Vaters nach Kong Kong reiste. Auch das gilt hier als Schmuggel, denn jeder Künstler ist ein Angestellter des Staates, dessen Produktion der Nation gehört.

Man versucht die Verwestlichung und Korruption der Jungen durch Propaganda einzudämmen. Der Film »Herdentreiber«, der gerade überall gezeigt wird, ist die offizielle Antwort auf Bai Huas »Bittere Liebe« und soll beweisen, daß Amerika die Menschen verdirbt, während China trotz aller politischen Verfolgungen und »Irrtümer« die menschlichen Werte pflegt.

Als zwei italienische Journalisten, Ginzburg und Scardocchia, bei der Briefmarken-Gesellschaft sich Marken vom Jahr des Hundes kaufen wollten, war die Antwort: »Ausverkauft!«

»Ausverkauft?«

»Wir dürfen sie Ihnen nicht verkaufen!« hat der Verkäufer gemurmelt. Später hat ein Jüngling sie ihnen auf der Straße für zwanzig Yuan angeboten. Während sie das Geld herauszogen, erhob sich eine Hand aus der Menge, packte den Jüngling und führte ihn ab. Die Leute haben gemurrt, sei es wegen der Geheimpolizei, sei es wegen der beiden Ausländer, die den Zwischenfall verschuldet hatten.

Auch einige junge Chinesen, die zu Hause zu »pornographischer Musik« tanzten, sind festgenommen worden. Als »pornographisch« gilt jetzt westliche Rock- und Diskomusik, wie sie bis vor kurzem noch überall zu hören war.

Ein junger Mann hat gestern die Geduld verloren und ist unter den erstaunten Augen der chinesischen Wachtsoldaten über das Eisengitter der amerikanischen Botschaft gesprungen, wo er um politisches Asyl gebeten hat. Auf der Straße hat sich die chinesische Sicherheitspolizei, in der Botschaft das amerikanische Personal versammelt. Die Verhandlungen haben sich über Stunden hingezogen. »Gibt es nichts zu essen?« hat der junge Mann mittags gefragt. Endlich hat ein amerikanischer Beamter ihn der Polizei übergeben.

Ich bin heute abend in der duftenden Frühlingsnacht mit Baoli an jenem Eisengitter entlanggegangen. Wie oft hatte er wohl hier gestanden, um seinen Plan zu schmieden? Gestern war der Entschluß gefaßt – und heute sitzt er im Zug, der ihn zur Umerziehung oder Zwangsarbeit davonfährt.

23. April 1982

Es hat geregnet. Nach sechs Monaten Trockenheit hat es drei Nächte lang auf die siebzehn Millionen Bäumchen geregnet, die im Monat der »öffentlichen Tugenden« gepflanzt worden sind. Gestern abend hat sich Folco mit einem Schirm auf den Balkon gesetzt, um im Regen zu sein und ihn fallen zu sehen.

Heute strahlt die Sonne schon wieder wie aus einer blauen Wüste.

Die Stadt erholt sich sichtbar. Auf den breiten Bürgersteigen stehen viele neue Läden, wie große, an die Hauswände gelehnte Zimmer. Junge Arbeitslose haben sie sich gezimmert. Die Leute mauern und bessern aus, helfen dem sozialistischen Slum mit einem neuen Anstrich ab. Auch das Altrosa der Verbotenen Stadt wird nachgemalt, leider mit violettem Anilin.

Liwen war hier. Sie ist von ihrer Einheit kritisiert worden, weil sie mit Ausländern umgeht.

»Warum sollt ihr eigentlich keine Ausländer sehen?« frage ich.

»Wenn die Partei sagt, ›dieses Ding ist rot!‹, und wir keine Vergleichsmöglichkeiten haben, dann denken wir: Sicher, es ist rot! Wenn wir aber andere Dinge gesehen haben, dann sagen wir: Rot ist es eigentlich nicht. Es hat einen Stich ins Bläuliche, ist eher violett!«

Je mehr Einblick die Chinesen in die Welt draußen haben, um so unzufriedener sind sie mit der eigenen. Mehr als 7000 Chinesen studieren in Amerika, ein paar tausend in Europa. Wie kann Deng Xiaoping den Umgang mit Amerikanern in China ganz verbieten, wo zwei seiner eigenen Söhne und die Söhne vieler hoher Partei- und Regierungsfunktionäre mit US-Stipendien im Eldorado sind?

»Amerika! Amerika!« ruft einer in Joseph Roths »Hotel Savoy«, immer wenn er sagen will: »Fabelhaft! Phantastisch!« Mit Freiheit gepaarter Reichtum – was kann's Besseres geben?

Wieder auf Reisen

29. April 1982

Wir waren mit Mutter wieder in Qufu, Konfuzius' Geburtsort, »dem schönsten Ort Chinas«, wie Folco sagt. Auch Saskia und Liu waren diesmal mit.

Als wir morgens um sechs in Yangzhou ankamen, umzingelten uns die Massen. Bauern, ihre Frauen oft noch mit gebundenen Füßen (ihren »Lilien«), verweichlichte Kader, manchmal ein Gebildeter, der am präziseren Blick, aber an nichts anderem zu erkennen war, betrachteten uns ausdruckslos, gedankenlos, mit aufgesperrtem Mund und vom Trachom benebelten Augen: Wir wirkten auf sie offenbar wie Marsmenschen, die im Morgengrauen auf der Erde gelandet waren.

Der Mann, der uns letztes Jahr von der kürzlichen Verwüstung des Grabes des Kaisers Shao Hao – eines Zeitgenossen des Odysseus – erzählt hatte, war wieder in der Menge, als wir es besichtigten, und hat uns in sein neues Haus geführt. Drei Zimmer um einen Hof, der sich mit Leuten füllte, die mein silbernes Armband und Mutters breite unechte Goldkette in fiebernder Aufregung betasteten.

Auch seine fünf Söhne haben sich jeder ein eigenes Haus gebaut, so daß die steinerne Schildkröte, die wie ein vorsintflutliches Tier in einem Baumwollfeld lag, jetzt zwischen Neubauten eingekeilt ist. Neubauten säumen die tausendjährige Thuja-Allee, die zum kaiserlichen Grab führt, Häuser fressen sich überall in die Felder. »Wir bauen uns ein Haus!« rufen die Bauern uns zu. Das Land ist in Hochstimmung.

Die alten Bauern erinnern sich der uralten Grabstätten, die jetzt zertrümmert im Gras liegen. Die Jungen wissen schon nicht mehr, was sie waren. Das Haus, das sie sich bauen und das keiner ihrer Ahnen besaß, wird sie für den Verlust von Riten und Festen entschädigen. Wenn es mit der Landwirtschaft klappt, sind die Götter bald vergessen.

Chen, unser Musikerfreund, der meint, das »Neue« aufhalten zu können, indem er ihm die Weisheit der alten Dichter entgegenstellt, ist unzeitgemäß, ist ein Träumer. China will sich erneuern.

Abends befinden wir uns auf einem freien Platz vor den Stadtmauern Qufus. Im Halbdunkel der Ruf der Eisverkäuferin, »mai bing guan!«, und viele Gestalten, die sich ohne Zweck und Freude umherbewegen. Die Wipfel der Zypressen ragen still und schwarz hinter den hohen Mauern des Konfuzius-Tempels hervor. Von hier unten hörte das Volk die uralten Klänge der Musik, die die Tänze im Tempel begleiteten ... Aber die Hitze ist zu drückend, und ich breche meine Phantasien ab, um weiter die Langeweile um mich her zu betrachten. Überall sind die Anzeichen von fehlgeschlagenen Restaurierungsversuchen zu sehen, und ich überzeuge mich, daß nichts im alten China, nicht einmal Qufu, einem »kalten Blick« standhalten kann.

Shanghai, 5. Mai 1982

Und nun spaziere ich mit Mutter unter den Platanen von Shanghai. Es regnet auf die alte französische Konzession. Wir haben uns einen Schirm gekauft, und es ist, als gingen wir durch eine europäische Stadt. Die Shanghaier sind zu Scharen unterwegs, aber man sieht wenig von ihrer vielgerühmten Eleganz. Aufgedunsen vor Müdigkeit und vielleicht auch hungrig, versuchen sie trotzdem, »the Shanghai way of life« aufrechtzuerhalten. Sie kaufen sich Gebäck, wie es die russischen Emigranten in den vierziger Jahren gebacken haben, halten vor den Cafés an, die einmal europäisch waren, und sind uns gegenüber von ausgesuchter Höflichkeit.

Unser Hotel, das Jinjiang, gehörte früher den Engländern; der Club gegenüber den Franzosen. Platanen beschatten die Straßen, die selbst in ihrem Verfall noch über eine fadenscheinige Eleganz verfügen. Shanghai ist weniger als Peking zerstört und neu aufgebaut worden, weil es kaum ein Symbol der »feudalistischen Vergangenheit« besitzt. Am Bund und in den früheren ausländischen Konzessionen stehen noch die westlichen Banken und Kaufhäuser, die Villen und Kirchen und das Hippodrom. Gespenster – aber in regnerischen Tagen bleibt die Kulisse die alte.

Wir essen im »Roten Haus« zu Abend, einem alten Restaurant aus französischen Zeiten mit fast ländlicher Atmosphäre. Platanenzweige schlagen gegen die kleinen Fenster unter dem Dach. Im ersten Stock sitzen zwei alte Paare, sehr vornehm in ihren Mao-Jacken, und essen Brot und Butter zum französischen Hauptgericht. Auch hier, wie in Tianjin, begegne ich manchmal einem Blick, der mich erforschen, ausfragen, fast aussaugen will: Wir sind die lebendige Erinnerung an eine verflossene Lebensweise.

Unseren Kaffee trinken wir im einstigen Französischen Club. Er wurde vor zwei Jahren für ausländische Touristen wiedereröffnet, seine koloniale Schönheit mit Billard, Schwimmbad, Spielautomaten und einer Bar ergänzt. Im alten Restaurant diniert man bei Kerzenlicht. Ein paar alte Musiker spielen Beethoven und Tangos. In den Ledersesseln unterhalten sich westliche Geschäftsleute über Tennis, Cocktailpartys in Hong Kong, Reisen, gemeinsame Freunde. Die Stadt wird für die Ausländer neu aufgezogen. Da, wo sie hübsch ist, dürfen die Chinesen nicht hin. Daß die letzten dreißig Jahre überhaupt nichts verändert haben?

The rich get richer
And the poor get . . . children!
In the meantime,
In between time . . .

schreibt Fitzgerald im »Great Gatsby«.

Abends sind die Straßen leer. Die Platanen, die hier »Französische Bäume« heißen, berühren einander und formen eine grüne Kuppel über der elektrischen Beleuchtung. Die Uhr auf dem Turm des alten Zollgebäudes schlägt die Stunde. Alle Geschäfte und Eßlokale sind zu. Alle Shanghaier sind in die Peripherie zurückgekehrt und schlafen. Es ist eine unendliche Peripherie, die sich den ganzen Huang-Po-Fluß entlang bis zu seiner Mündung in den Yangtsekiang erstreckt. Zwanzig Millionen Einwohner hat Shanghai, und jedem steht weniger Platz zur Verfügung, als in einem Sarg ist – aber keiner würde ihn mit irgendeinem anderen Platz in China tauschen.

Shanghai ist ein interessantes Phänomen. Es hat bewiesen und beweist noch, daß China gern modern und tätig wäre, daß es gern Handel, Industrie und ein Nachtleben hätte und die sozialistischen Errungenschaften am liebsten vergäße. Diese Stadt ist die Erfindung von Ausländern, aber sie gefällt den Shanghaiern so sehr, daß sie anderswo nicht leben möchten.

»Shanghai ist eine richtige Stadt«, sagte der Touristenführer vom Chinesischen Reisebüro zu uns, kaum daß wir ihm am Flughafen begegnet waren. »Dagegen ist Peking nichts als eine riesige Vorstadt.«

Als sich das Schiff, das uns auf dem Huang-Po-Fluß spazierenfährt, wieder der Stadt nähert, erscheint Shanghais Skyline vor uns ebenso aufregend, vielversprechend und imposant, wie sie den Europäern erschienen sein mag, die in den zwanziger und dreißiger Jahren hier ankamen.

Im »Peace Hotel«, dem alten »Cathay« an der Nanking Road, bekannt aus vielen Filmen und Romanen, spielt eine Jazzband von Männern, die in Arbeitslagern gealtert sind, Rock und Boogie, den auf andere Weise gealterte Amerikaner tanzen. Auch unsere Welt hat sich verändert. Die neuen Kunden der berühmten Hotels Asiens sind nicht mehr die verwegenen Kaufleute der Vergangenheit, die mit Seide, Tee oder Opium handelten, sondern die müden Vertreter von großen Unternehmen, die in Shanghai nur einen Abend tanzen und dann zu anderen Städten weiterreisen. In der kurzen Zeit, die jeder hierbleibt, können sich die Einverständnisse, Nachsichten und Loyalitäten nicht entwickeln, die früher dieser Stadt zu ihren Freuden und Sünden verholfen haben.

6. Mai 1982

Im Zug von Shanghai nach Hangzhou. Später Nachmittag. Die Ebene ist grün und bis zu den Eisenbahnschienen bebaut. Der Klee blüht in lila Flächen, die Rüben in gelben. Dunkle Maulbeerbäume mit Seidenraupen stehen in Wäldchen. Im stillen Spiegel der überschwemmten Reisfelder der Widerschein der sinkenden Sonne. Menschen gehen über Deiche.

Wie sanft das Licht eines südlichen Himmels ist! Der erste Reis keimt, das Korn steht schon hoch und grün. Baumstämme treiben einen Kanal hinunter. Ich denke an die Provinz Shanxi im Winter, an das Land der Kaiser und Mönche. Dies war das liebliche China der Dichter und Maler.

Hangzhou, 8. Mai 1982

Im Vollmond das Hotel am Westsee: Zauber.

Die Sehnsucht nach diesem See überwältigt jeden Chinesen im Exil. Zwei große Dichter, die Hangzhou im ersten Jahrtausend verwalteten, als es die Hauptstadt der Song-Kaiser war, haben die zwei Deiche gebaut, die den See heute noch durchqueren, und berühmte Verse auf ihn geschrieben. Der Musiker Chen, ein Lautenspieler in Taipei und meine Freundin Huang Jue in München wünschen, sie könnten sich noch einmal an diese Ufer setzen, über die ich heute nacht mit meiner Mutter gehe, »und sterben«. Chinas Vergangenheit ist die große Geliebte eines Chinesen. Eine Stele, ein Pavillon, ein Garten bewahren ihm ihren lebendigen Atem auf.

Die alte Stadt liegt am Nordufer des Sees. Dichte Platanen tauchen die Straßen in ein kühles, grünes Licht. Seide und Fächer werden in dunklen Läden verkauft. Der elegische See leidet unter seinen Wunden, unter der Zerstörung von Klöstern, Gärten und Palästen an seinen Ufern. Die Stadt, die, als Marco Polo sie besuchte, die größte und modernste Stadt der Welt war, ist immer noch vital.

Menschenmassen wandern am See entlang zu einem restaurierten Kloster. Abgesehen von ein paar alten Frauen, die vor den Altären niederknien, wären die meisten wohl glücklicher, wenn sie statt der drei Buddhas aus Papiermaché einen zoologischen Garten vorfänden. Auf dem Pfad, der auf halber Höhe an einer Felswand entlangführt, wo steinerne Buddhas in Grotten sitzen, schweben wir alle in Lebensgefahr, so groß ist das Gedränge. Die paar überlebenden Mönche haben die hochmütigen Züge derer, die Macht gekannt haben.

In sommerlich warmer Luft kommen wir von der mächtigen Pagode der Sechs Harmonien, die die Springfluten des Zhe-Jiang-Flusses beruhigte, über eine Teeplantage und verstümmelte Klöster zu den wunderschönen kaiserlichen Gärten, von denen man den See in immer wieder neuen Ausschnitten sieht.

Wie viele Gedichte sind über ihn geschrieben worden! »Drei Teiche und der Widerschein des Mondes« heißt die kleine Insel, zu der uns ein Bootsmann rudert; »Auf die Nachtigallen in den Weiden horchend« eine kleine Bucht; »Herbstmond über dem stillen See« eine andere. Jeder Stein, jede Grotte, jeder Baum ist durch ein Schriftzeichen geheiligt. Die Dichtung hält die Zeit an, heiligt die Natur. Für die Chinesen ist es noch so.

Shaoxing, 10. Mai 1982

Shaoxing, eine der schönsten Städte des Deltas. Im Auto kommen wir von Hangzhou in wenigen Stunden dort an. Das Gästehaus wurde in der von Platanen beschatteten ehemaligen Residenz eines Mandarins eingerichtet und hat einen echten, alten Duft.

»Wir Chinesen sind nicht reich, doch leben wir ein glückliches Leben!« ruft unser junger Reisebegleiter aus, als man ein vorzügliches Mahl vor uns hinsetzt. Sich älter und zivilisierter zu wissen als die meisten Völker, aber auch ärmer – es ist nicht leicht.

Die ganze Stadt ist weiß gekalkt und hat schwarze Dächer. Wie Venedig wird sie von Kanälen und kleinen Brücken durchquert, Shaoxing-Wein fährt in Fässern auf Lastkähnen vorbei.

»Drei Dinge findet man unter jedem Himmel: Bohnenpaste, Spatzen und Leute aus Shaoxing«, hieß es früher einmal. Shaoxing lieferte ganz China die besten Rechtsanwälte – heute braucht man sie nicht mehr. Auch die Shaoxing-Oper wird nicht gebraucht, sie wird nicht mehr gesungen.

Der Schriftsteller Lu Xun kam aus Shaoxing. Sein Elternhaus liegt in einem verwilderten Garten. In einem dunklen Schulzimmerchen auf der anderen Straßenseite unterrichtete ihn ein Privatlehrer in den chinesischen Klassikern. Weiter unten liegt die Schänke, wo die Gestalten aus der »Wahren Geschichte des Ah Q« einkehrten und wo wir unter ähnlichen Männern ein Glas Shaoxing-Wein trinken. Hier ist die Vergangenheit noch nah.

Im Zug nach Suzhou photographiert eine Reisegruppe von papageienhaft gekleideten Amerikanern die blau und weiß gekleideten Chinesen. Die Chinesen gehen durch die Gänge »und zeigen ihre Gefühle nicht«.

Suzhou, 12. Mai 1982

Suzhou ist die Stadt der konfuzianischen Gelehrten, der Dichter und Maler, der schönen Frauen und der Gärten.

Der »Garten« von Suzhou ist um eine Villa angelegt, so ähnlich wie die römische »Villa« einen Garten mit einbegreift. Zum Abschluß seines Lebens zog sich der Mandarin dorthin zurück, nach dem alten Prinzip: in der Stadt leben, in der Natur sterben. Diese Natur war so gestaltet, daß sie die konfuzianische Weltordnung widerspiegelte, über deren Vollkommenheit der gebildete Mann dann meditierte.

»Die Gärten von Suzhou sind wie verschämte Mädchen: Sie verbergen sich vor den Leuten«, erklärt uns unser Begleiter. Tatsächlich steht ihr Eingangstor meist in einer unscheinbaren Gasse, um sich dann aber auf Höfe, Teiche, Pflanzen und Miniaturfelsen zu öffnen, auf »Steine, die der Musik lauschen«, auf die »Sechsunddreißig Enten« oder die »Barriere der Wolken«. Jedes Element des Gartens bezieht sich wieder auf Dichtung – Kultur schichtet sich über Kultur. In diesen Gärten begegneten einander die Literaten wie vor einem Spiegel der Literatur, die sie in wiederum eigenen Versen besangen.

Suzhou liegt am Kaiser-Kanal. Bei Sonnenuntergang sehen wir ein mit Überseechinesen voll besetztes Schiff, das nach Hangzhou abfährt. Die Passagiere sitzen dichtgedrängt auf Bambusstühlen und essen aus ihren Näpfen. Die Stadt selbst ist von unzähligen kleinen Kanälen durchzogen, an denen die Menschen sich die Zähne putzen, ihre Wäsche und Gemüse waschen. Schwer beladene Schuten bewältigen den Verkehr.

Wie jede Stadt des Deltas zeugt auch diese von Aktivität. Kaufen, verkaufen, schwatzen, leben! Um den Tempel der Mysterien herum, in dem sich jetzt ein Bazar befindet, breitet sich ein riesiger freier Markt mit Bratküchen und Scherenschleifern aus. Schneider stehen da unter freiem Himmel und arbeiten wie am Fließband: Einer nimmt Maß, einer schneidet zu, einer rattert die Nähte auf der Maschine herunter, einer näht die Knöpfe an – und in einer halben Stunde ist die Hose fertig.

Pagoden, Tempel und Gärten von Suzhou wurden in der Kulturrevolution verwüstet. Fabriken sind in sie eingezogen. Fabriken wuchern in der wunderschönen Südstraße, von deren erstaunlicher Anzahl von Gärten nur der des »Fischernetzes« restauriert worden ist. Im Norden wurden der »Garten der Politik des einfachen Mannes«, der »Garten des Löwen« und die Pagode des Nordens wieder instand gesetzt.

Das Gästehaus von Suzhou – Hotel genannt, aber in Wirklichkeit Tummelplatz der Parteifunktionäre – hat sich einen der größten Gärten im südlichen Stadtviertel zugeeignet, ihn dem Erdboden gleichgemacht und sich mit neuen Hallen dort ausgebreitet. Vom Garten blieben eine künstliche Felswand, ein Teich mit schmutzigem Wasser und ein paar hohe Zedern übrig. Wie soll sich Suzhou so noch seiner alten Geschichte rühmen oder gar »Chinas Venedig« nennen?

Unser in Arbeitslagern frühzeitig gealterter Begleiter sagt melancholisch, er sei sich der begangenen »Irrtümer« der Partei bewußt. Seine eigene Jugend ist eines ihrer Opfer gewesen.

Die Geschichte von der gläsernen Kutsche

21. Mai 1982

In Peking ist jetzt Sommer. Auf der Changan gehen Tausende von Menschen auf und ab. Ohne ihre warme Unterwäsche und die wattierte Kleidung sind sie in ihren dunklen Hosen, weißen Hemden und Plastiksandalen oft von einer altmodischen Eleganz. Liebespaare verbergen ihre Verliebtheit nicht mehr.

Bei der großen Hitze sind unsere chinesischen Freunde sehr häufig bei uns zu Besuch. Sie kommen, so scheint es uns manchmal, wie wir in eine Sommerfrische gehen. Sie sehnen sich danach, auf bequemen Sesseln zu sitzen, an einem europäischen Tisch zu essen, Bücher und Wohlstand um sich zu haben und alles andere zu vergessen.

Viele haben in der letzten Woche angerufen. Tiziano holt sie dann am Eingang unseres »Ghettos« ab, während ich die Spaghetti ins Wasser werfe.

Eines Abends – die Hitze war erdrückend – hatten wir Shan Yun, seine Frau und eine Sängerin zu Tisch. Sie lagen förmlich auf dem Tisch, schlürften die Suppe mit ausgebreiteten Ellbogen vom Teller. »Und wieviel kostet dies?« »Und was hast du dafür bezahlt?« Und dann lauter Witze und Gelächter.

Einen anderen Abend sind der amerikanische Verleger André Schiffrin und die Schriftstellerin Annie Dillard vorbeigekommen. Fou Min und Shi Dazhen waren schon da und verhielten sich während der ganzen lebhaften Unterhaltung still und beobachtend.

Einmal war auch Lehrer Wang mit Frau und Tochter da. Zum ersten Mal haben sie Roastbeef und Tortellini und als Nachtisch Eis gegessen. Aber was für sie noch wichtiger war: Zum ersten Mal haben sie mit einem Hund gespielt.

Und dann ist Shi Peipu gekommen.

»Haben Sie von Ihrem Freund in Frankreich Antwort?« frage ich, als er mir in die Küche folgt.

»Nein. Aber mein zweiter Freund hat mir geschrieben. Er möchte mich in Paris haben. Meine Vorgesetzten wollen mir wohl, vielleicht lassen sie mich ziehen. Sie möchten, daß ich in Paris für sie eine Ausstellung organisiere. Sie trauen mir, sie wissen, daß ich schweige. Seit hundert Jahren schweigt meine Familie . . .«

Vor hundert Jahren begannen die ersten Revolten gegen die Mandschus, und Peipus Großvater, der selbst ein Mandschu und ein hoher kaiserlicher Beamter war, schwieg. Er schwieg beim Zusammenbruch des Kaiserreichs und wechselte den Namen, schwieg während der Republik, während des Bürgerkriegs und bei der Machtergreifung der Kommunisten. Er schwieg und gehorchte.

»Gehorchen ist für mich nicht schwer«, sagt Peipu. »Ich habe immer gehorcht. Als ich klein war, gehorchte ich meiner Großmutter, dann der Partei.« Er versteht den Gehorsam offenbar als eine raffinierte Kunst, deren Ziel es ist, zu überleben.

Tiziano hatte sich mit ihm vor dem Lama-Tempel verabredet. Die Straße war leer, und als er im Auto auf und ab gefahren war, hatte er wohl einen eleganten Überseechinesen gesehen, aber nicht Peipu. Schließlich hatte jener ihm ein Zeichen mit der Hand gegeben.

»Man hält Sie ja für einen Kapitalisten aus Hong Kong!« hatte Tiziano ausgerufen.

Und Peipu hatte geantwortet: »Ich bin nicht aus Zufall Schauspieler.«

In der Hitze trinkt man viel, ißt man viel und redet. Peipu erzählt aus seinem Leben. Sehr früh schon hatte er sich als Schauspieler der Peking-Oper durchgesetzt und war mit 25 Jahren als einziger Dramaturg in die Pekinger Vereinigung der Schriftsteller aufgenommen worden, nachdem er einen Sonderpreis für eine selbstverfaßte Peking-Oper gewonnen hatte. Zwischen 1960 und 1966 schrieb er eine Oper nach der anderen und machte sich einen Namen.

Dann brach die Kulturrevolution aus. Peipu zog sich in den »Windschatten« zurück, schrieb nicht mehr, redete nicht mehr und machte nicht mehr von sich reden. »Mein Name fiel nicht mehr. In politischen Versammlungen kritisierte und beschimpfte man diesen, jenen et cetera: Ich fiel unter et cetera und bin fortan et cetera geblieben.«

Er amüsiert sich einen Augenblick über die eigenen Spiele, blickt dann aber traurig zu Boden, und sein wie mit Bleistift umrandeter Mund verzieht sich verächtlich. »Mir ist nie etwas passiert, nie«, sagt er. »Als die anderen in Gefängnisse und Arbeitslager zogen, bin ich auf freiem Fuß geblieben.«

»Sie haben Glück gehabt.«

»Nein. Denn am Ende der Kulturrevolution ist meine Mutter gestorben.«

In der Dunkelheit fahren wir ihn nach Hause. Wir gehen auf Zehenspitzen die Treppe eines Mietshauses hinauf, folgen wie Diebe dem Lichtfleck seiner Taschenlampe und betreten zum ersten Mal in Peking eine Wohnung, aus der die Geschichte ihres Bewohners nicht vollkommen verschwunden ist. Alte Möbel stehen da, Teppiche hängen an den Wänden und liegen auf Betten, Lampenschirme dämpfen das Licht. Aus der Küche kommt sein Sohn – sein von seiner Mutter für ihn adoptierter Sohn – mit den ungelenken Bewegungen des Halbstarken und einer schwarzen Locke auf der Stirn. Er serviert uns Tee. Drei Katzen folgen ihm.

Weihrauch glimmt in Peipus Schlafzimmer vor dem eingerahmten Photo einer schönen Frau, seiner Mutter, der letzten Gattin eines alten Mandarins. Sie hat große, wehmütige Augen und muß von einer rätselhaften Intelligenz gewesen sein. An der Wand hängen Photos vom jungen, sehr hübschen Peipu: mit dem berühmten Sänger Mei Lanfang, mit Premierminister Zhou Enlai, mit seinem Lehrer ... Jetzt ist er Mitte Vierzig, aber sein Leben ist für ihn nur noch Erinnerung. Über seinen Niedergang nachsinnend sagt er: »Wir lebten im Kult Maos, unseres Buddhas, meine Mutter und ich ... Aber er hat alles kaputtgemacht. Alles.«

Die Bekanntschaft mit uns gehört zur letzten Schachpartie, die er mit China spielt. Jeder Zug will gut überlegt sein. Lächelnd reicht er uns zwei Briefe, damit wir sie ins Französische übersetzen. Der eine enthält seinen Lebenslauf, der andere den Entwurf zu Vorträgen über die Peking-Oper, die er in Paris halten möchte. Zum Abschied streckt er Tiziano die Hand hin und sagt: »Vielleicht werden Sie eines Tages mein dritter Freund. Ich hoffe und wünsche es.«

25. Mai 1982
Mutter ist abgereist. Tiziano ist in Hong Kong.

»Was gibt's Neues?« frage ich Liu, als er nachmittags vorbeikommt.

»In ›Newsweek‹ ist eine Besprechung der Bücher von Fox Butterfield und Richard Bernstein erschienen!« antwortet er vorwurfsvoll.

Diese beiden amerikanischen Journalisten – Liu kannte sie beide, sie sind eben erst abgereist – gehören zu den ersten, die über das Leben hinter den roten Fahnen berichtet haben. Zu ihren Einsichten sind sie gekommen, weil es die »Mauer der Demokratie« und den »Pekinger Frühling« gegeben hat, hauptsächlich aber weil sich die Chinesen zum ersten Mal in ihrer Geschichte nicht mehr mit dem eigenen Land identifizieren und vor Ausländern über ihr Leben klagen. Jemand wie Liu empfindet das als einen peinlichen Gesichtsverlust.

»Worüber empören Sie sich denn? Sie wissen doch, daß alles, was die beiden schreiben, wahr ist«, sage ich.

»Wenn Ihre Mutter eine Hure und Ihre Schwester eine Diebin ist, möchten Sie, daß das unter die Leute kommt?« fragt er.

»Ihr Chinesen dachtet, ihr könntet mit heiler Haut davonkommen«, sage ich. »Ihr dachtet, ihr braucht – anders als die Deutschen – über eure Menschenverfolgung keine Rechenschaft abzulegen. Fast wäre es euch gelungen ...«

Mao stirbt. Die Viererbande wird festgenommen, und die Parteipolitik schwenkt um. Man spricht summarisch von einer »Katastrophe«, von »zehnjährigem Chaos« und nicht weiter definierten Schandtaten, verbietet aber den Menschen, ihre persönlichen Schicksale zu verbreiten. Dann öffnet China seine Grenzen. Und fast wäre auch alles glatt gelaufen, fast wäre die Kulturrevolution als eine harte, aber notwendige Episode des chinesischen Kommunismus abgetan worden, hätten die Opfer nicht das natürliche Bedürfnis gehabt, von ihren Leiden zu berichten.

Was Liu vor allem fürchtet, ist, daß Bücher wie diese die neue Freundschaft zwischen China und den Vereinigten Staaten gefährden. »In dem Fall müßte sich China für seine Modernisierung wieder an die Sowjetunion wenden«, sagt er und schüttelt den Kopf beim Gedanken an einen kommunistischen Block. Die Verbindung mit dem Westen wäre soviel einfacher, denn sie wäre hauptsächlich wirtschaftlicher Natur, brächte keine politischen Verpflichtungen oder hegemonistischen Sorgen mit sich. Da die beiden Systeme sich widersprechen und nicht miteinander zu vereinbaren sind, würde es sich schlicht um eine Vernunftheirat handeln.

Auf diese Szenerie bereitet China sich vor. Die Glaskutsche, in der die amerikanische Braut durch die Lande fahren soll, ohne daß sie jemals auszusteigen braucht, ist fast fertig. Das Jianguo-Hotel in Peking, das Jinjiang-Hotel in Shanghai, die Bars mit ihren Tangos und Kellnern in Livree, das Billard, das importierte »Steak« – all das steht für die Braut bereit. Einigen von uns gefällt diese Kutsche nicht, aber im allgemeinen sind die Ausländer damit zufrieden. Und wie sie in der Bar des Jinjiang über Tennis und Badminton sprachen und wie sie Charleston tanzten im Peace-Hotel von Shanghai! »Daß du mir nie wieder ein Wort gegen das Jianguo-Hotel sagst!« hat mich die Frau eines amerikanischen Korrespondenten gewarnt. »Es ist der einzige Ort in Peking, in dem wir uns zu Hause fühlen.«

Wenige werden aus der Kutsche springen wollen, um zu Fuß zu gehen und mit den Menschen zu sprechen. Ungern werden die Chinesen es ihnen erlauben.

Abend. Tiziano hat aus Hong Kong angerufen: Am Pekinger Flugplatz haben die Zollbeamten seinen Koffer und ihn selbst von Kopf bis Fuß durchsucht. Sie wollten etwas Bestimmtes finden und haben schließlich vorlieb genommen mit einem Aufsatz über den »Traum der Roten Kammer«, den ein chinesischer Literat mit der Erlaubnis seiner Einheit durch ihn an eine pro-kommunistische Zeitschrift in Hong Kong schickte.

Tiziano wittert Unheil. »Sie sind hinter mir her. Sie wollen mich rausschmeißen und werden mir mit Frauen oder Antiquitäten eine Falle legen. Vielleicht wäre es gut, wenn ihr schon im Herbst nach Hong Kong zurück zöget«, sagt er.

29. Mai 1982

Samstagnachmittag. Koch und Ayi hantieren nicht mehr in der Küche. Saskia ist bei ihrer japanischen Freundin, Folco spielt Schach mit seinem Computer. Es klingelt. An der Tür stehen Bide und Yijie, zwei afrikanische Jungen, sowie der Philippiner Homer.

»Ist Folco da? In der Nigerianischen Botschaft gibt es eine Diskoparty. Er ist eingeladen.«

Folco kann seine lange Hose nicht finden, glaubt schon, nicht mitgehen zu können, als Bide ihm eine von sich anbietet. Sie ziehen los. Diese Jungen sind älter und größer als Folco, aber sie sind seine Freunde. Er hat sich Respekt verschafft. »Niemand in unserer Klasse strebt mehr eine rote Blume oder ein rotes Fähnchen an«, erzählt er mir. »Ich habe ihnen den Kopf zurechtgerückt.«

Folcos Klasse hat das jährliche Wettsingen wieder gewonnen, weil er mit solchem Schwung »Twinkle, twinkle, little star« angestimmt hat, daß auch Bide, mit seiner Louis-Armstrong-Stimme, Homer und sogar die Mädchen gewaltig losgelegt haben.

Alle anderen Klassen, Ausländer wie Chinesen, taten einem leid. Achtmal ist das »Höflichkeitslied« drangekommen: »Seid höflich mit dem Lehrer, schlagt eure Mitschüler nicht, sagt niemals böse Worte ...« Die kleinen Mädchen, mit rotgeschminkten Backen und Lippen und großen Schleifen im Haar, wiegten sich hin und her wie aufgezogene Puppen. Am meisten gelangweilt schienen mir die Lehrer.

Auch Saskia hat ihre ersten Freunde unter den Afrikanern gefunden.

»Ballettkleid?« hat Joseph, der Ugander, sie gestern gefragt, als sie mit einem neuen Röckchen aus dem »Freundschaftsladen« trat.

»Babykleid?« hat sie ihn gefragt, angesichts des Sommerhütchens, das er jetzt trägt.

3. Juni 1982

Peipus Sohn hat angerufen: »Mein Vater ist krank!«

Wir fahren zum Vorstadtkrankenhaus, wo er in einem kleinen Zimmer liegt: Herzinfarkt.

»Ich habe Pech gehabt, aber, wie es so oft ist, auch etwas Glück«, flüstert er mit seinem verwundeten Lächeln. »Eine hochstehende Persönlichkeit hat mich besucht, und danach wurde ich in dieses Einzelzimmer gelegt.«

Das Fenster öffnet sich auf einen verwilderten Garten, aus dem am Morgen der akrobatische »Affenkönig« seiner letzten Oper hereingesprungen war. Tiziano gibt ihm das kleine Kreuz, um das er ihn gebeten hatte.

»Wir haben im Kult um Mao gelebt«, sagt Peipu, die Spuren alter Gedanken verfolgend. »Er war unser Buddha. Aber dann hat er uns Böses angetan, und unser Geist ist zerbrochen. Das ist der Grund, weshalb viele von uns jetzt nach dem Kreuz verlangen... Ihr wißt nicht, ihr könnt euch nicht vorstellen, was sich in diesem Lande zugetragen hat: Darum gefallen uns auch die Bücher nicht, die ihr Ausländer über China schreibt. Ich habe euch noch viel zu sagen.«

Am selben Nachmittag, an dem er ins Krankenhaus eingeliefert wurde, hatte die Polizei ihn in seiner Einheit aufgesucht: Paß und Reiseerlaubnis nach Frankreich sind genehmigt worden. Er gibt die Hoffnung nicht auf, bittet uns, bald wiederzukommen, und macht das möglich, indem er uns seinen Ärzten als »die europäischen Verwandten seiner Frau« vorstellt.

11. Juni 1982

Zum dritten Mal umgezogen. Zwölf Männer haben unsere Sachen nach nebenan, in den Mitteleingang desselben Gebäudes getragen, in die Wohnung im dritten Stock, in der wir früher Lise und Alain Jacob von »Le Monde« besuchten.

Unser Schlafzimmer hat einen Balkon mit einem dünnen Eisengitter: den »Balcon à Pékin« von Alains Buch. Nachts sehe ich von meinem Bett aus den Asphalt der Changan zwischen dem Laub der Bäume und eine Straßenlaterne, die mir ihre Strahlen direkt in die Augen schickt. Der Wasserwagen fährt vorbei und spritzt die Straße ab, obwohl Pekings Brunnen wegen der anhaltenden Dürre bald leer sind. Düstere und elektrizitätsgeladene Wolken ballen sich fast täglich über den Häusern zusammen, aber ein böser Geist macht, daß sich jedesmal ein starker Wind erhebt und sie verweht.

Folco und Saskia kommen erschlafft aus der Schule zurück. Wenn das eintönige Summen des Lehrers einsetzt, der von kleinen Helden vorliest, die für das Neue China starben, dann lösen sich die hinter dem Rücken gefalteten Hände, die Köpfe nicken nach vorne, und die Kinder schlafen ein.

»Aufwachen! Aufpassen! Aufstehen! Turnen!« ruft der Lehrer, »eins-zwei, eins-zwei« strecken und biegen sie ihre Muskeln – und die Lektüre geht weiter.

»Ich weiß nicht, ob ich es aushalten kann«, sagt Saskia. »Es ist zu langweilig.«

Eine Rechenaufgabe ist wie die andere: 1979 produzierte die Kommune X 20 Tonnen Reis, 1980 35 Tonnen. Um wieviel ist die Produktion gestiegen? In der Malstunde wird immer noch die aufgehende Sonne gemalt (Mao) oder ein Mensch gezeichnet, der in sieben gleiche Teile aufgeteilt ist, wobei die Entfernung vom Mund zur Nase und von den Augen zu den Ohren festgesetzt ist.

Die, die sich von uns neue Inspirationen versprochen hatten, trauen sich jetzt nicht einmal mehr anzurufen. Nach den Büchern von Butterfield und Bernstein sind alle Kontakte zwischen Ausländern und Chinesen verboten oder durch die Verhaftung von Chinesen und sogar einer amerikanischen Studentin, die der Spionage angeklagt wird, drastisch abgebrochen worden.

Allein die Bauern scheinen einen wesentlichen Wechsel in der Politik zu verspüren. In der Zeitung steht, daß in einem Tal der entfernten Provinz Gansu ein Bauer die neue Landwirtschaftspolitik Deng Xiaopings für ein Zeichen des Verfalls der »Dynastie« gehalten und sich also selber zum Kaiser erklärt habe. Bei seiner »Krönung« weinte in der Menge ein kleines Kind. Er befahl ihm zu schweigen, aber es weinte noch lauter. Da hat er ihm den Kopf abgeschlagen und seinen Untertanen befohlen, kein Wort darüber verlauten zu lassen. Jemand hat den Vorfall trotzdem der Partei gemeldet – und der neue Kaiser ist wegen »konterrevolutionärer Umtriebe« erschossen worden.

14. Juni 1982

Wir sind wieder bei Peipu gewesen. Mehrere Tage waren seit dem letzten Mal vergangen, und im langsamen Verfließen der Stunden ist er auf bittere Gedanken gekommen.

»Setzt euch«, sagt er, als wir im späten Nachmittagslicht ins Zimmer treten. »Ich habe es bereut, ich hätte nicht hoffen sollen, daß ihr wirkliche Freunde seid ... Aber wenn ihr auch denkt, ich sei belanglos, so kann ich euch dennoch helfen.«

»Helfen Sie sich lieber, hier herauszukommen, ich kann mir selber helfen«, antwortet Tiziano, dem diese Spiele nicht gefallen. Peipu sinkt entmutigt auf seine Kissen zurück: Ohne Gegenseitigkeit bricht die Verbindung ab.

»Erzählen Sie uns also vom Los der Intellektuellen nach 1949«, sagt Tiziano.

»Bis 1966 ist es euch bekannt. Dann, als alle Schriftsteller aufs Land geschickt wurden, blieb ich mit einem anderen allein im Schriftstellerverband und weiß, wer wen verraten hat. Ich weiß, wer Lao She angezeigt und zum Selbstmord getrieben hat. Den Namen werde ich euch ein anderes Mal nennen«, sagt er, um uns an sich zu fesseln. »Wenn ich ihm an jenem Tag zur Seite gestanden hätte, würde er vielleicht noch leben. Er war ein wahrer Mann. Eines kann ich euch gleich sagen: Die Intellektuellen sind immer die schlimmsten gewesen.«

Diesen Verdacht hatte ich schon manchmal gehabt.

»Immer wenn sie Macht haben, dann wenden sie sie gegeneinander an. Aber ich werde euch auch wirklich gute Leute vorstellen. Einige Kommunisten des alten Schlages, die wie ich im Kult unseres Buddha gelebt haben.«

Unter seine Erzählungen mischen sich Bitten: daß ich an seine Freunde schreibe, daß meine Mutter ihn als Sohn adoptiere, daß wir seinen Sohn adoptieren ... Dann klettert er mit seinem »Scheinwerfer wieder auf sein Gerüst« und beleuchtet für uns die chinesische Bühne einmal von oben, einmal von unten, dann läßt er sie wieder im Dunkel oder wirft sein Licht bis hinter die Kulissen. Wir versuchen, ihm zu folgen.

»C'est trop compliqué«, sagt er schließlich. »Es ist zu schwer zu erklären.«

Beidahe

18. Juni 1982
Wir liegen an einem Strand am Gelben Meer. Der Himmel ist bewölkt, das Wasser bewegt und grau. Folco und Saskia tauchen in die Wellen. Ich höre ihre fernen Rufe und schlafe ein. Hinter uns erstreckt sich ein langer, altmodischer Küstenstrich mit europäischen Villen im Stil der Gründerzeit. Wir sind in Beidahe, am »Fluß der nördlichen Ruhe«, wo

Ausländer seit Anfang des Jahrhunderts ihre Sommermonate verbringen. Jenseits des Meeres liegt Korea.

Beidahe ist immer noch der einzige organisierte Badeort in China. Statt Ausländern der Legationen und chinesischen Kapitalisten gehören die Villen jetzt hohen Mitgliedern der Partei und Regierung, die hier ihre »Konferenzen« und geheimen Treffen abhalten. Auch die Verbände der Eisenbahner, der Schriftsteller, der Krankenhäuser schicken ihre verdienstvolleren oder ramponierteren Mitglieder hierher, wie wir unsere Kinder in Kinderheime schicken.

Für Ausländer gibt es eine neugebaute Dependance des Internationalen Clubs von Peking, der während der Sommermonate einen Teil seiner Köche, Kellner und Taxifahrer hierhin verfrachtet. Nur ein paar Botschaften stehen alte Villen zur Verfügung.

Das Meer ist trübe und ohne Felsen. Es weht ein dauernder Wind, und wir verschanzen uns im Sand. Jenseits des Maschendrahts, der uns wie in einem Käfig isoliert, sammeln chinesische »Arbeitseinheiten« Muscheln und Steinchen. Sie fischen mit kleinen Netzen, rauchen und bleiben lange stehen, um unsere nackten Kinder, unsere Frauen in Bikinis, unsere Sonnencreme zu betrachten. Dann setzen sie ihren langsamen Spaziergang der Küste entlang fort.

Am Spätnachmittag gehen wir durch die alte Hauptstraße hinunter in das noch europäisch anmutende Städtchen, kaufen auf dem freien Markt Krebse, lassen sie uns auf der Straße zubereiten und essen sie im Garten des einstigen Cafés »Kiessling & Baader« zu französischen Baguettes und australischem Wein, bis das Grau in Dunkelheit versinkt und der Tag endet.

19. Juni 1982

Über Beidahe hängt noch die Frage nach Marschall Lin Biaos Komplott gegen Maos Leben – einem der rätselhaftesten Ereignisse des chinesischen Kommunismus.

Die Ferienvilla des damaligen Verteidigungsministers, »engsten Waffenkameraden« und designierten Nachfolger Maos ist eine der vielen im Pinienwald, durch den wir radeln. Manche liegen verlassen in verwilderten Gärten, aus anderen treten schweigende Gruppen von Männern oder Frauen heraus, um mit Kollegen – aber nie mit ihren

Familien, mit einer Freundin, einer Geliebten oder auch allein (warum eigentlich nie allein?) – im lauen Sommerabend spazierenzugehen.

Am Ende eines zementierten Weges, hinter vielen Gittern, entdecken wir in einem verwahrlosten Wald endlich das verrammelte Haus des Marschalls. Es ist ganz aus grauem Stein, hat gelbe Fensterläden, einen riesigen Schornstein und einen Eingang zu einem Bunker. Ein einziger Soldat bewacht es.

Hier weilte Lin Biao mit Frau und Sohn und einer Anzahl hoher Militärs am 13. September 1971, als der geplante Coup aufgedeckt wurde. Aus diesem Park rasten in jener Nacht zwei Autos mit dem Marschall, seiner Familie und einigen Offizieren heraus und fuhren, von Zhou Enlais Männern verfolgt, in wildem Tempo zum nahegelegenen Flugplatz. Das stets startbereite Flugzeug des Marschalls stieg in die Luft und flog mit ihnen gen Norden davon. Erst acht Monate später meldete die Volksrepublik, das Flugzeug der Verräter sei wegen Treibstoffmangels über der Äußeren Mongolei abgestürzt. Zum Beweis dafür wurden der staunenden Welt Photos von unkenntlichen, verkohlten Leibern gezeigt.

In der Dämmerung ist der Pinienwald von einer finsteren Romantik. Wie vage Schatten bevölkern ferienmachende Einheiten die ehemaligen Salons von Kaufleuten und Bankiers. Neue Mauern durchschneiden die alten Gärten, um einmal diesen, einmal jenen »Sitz« hinter sich zu verbergen.

Die Villa, in der Mao weilte, liegt hinter hohen Mauern in einem Wald. Niemand wandelte mehr auf diesen Pfaden.

»Verzeihen Sie, wohnt hier das Gespenst des Großen Vorsitzenden?« fragt Folco den Soldaten, der hinter der Eisenpforte Wache steht.

»Ich weiß davon nichts«, erwidert der Soldat mißtrauisch. »Die Pforte ist verriegelt, und ich darf niemanden hineinlassen.«

Jiang Qing, Maos dritte Frau, hauste mit ihrem Gefolge von Liebhabern und Komplizen in einer schräg gegenüberliegenden ausländischen Villa. Nun sitzt sie im Gefängnis, Mao liegt tot im Mausoleum, und Lin Biao ist nur noch ein Häufchen Asche. Ihr Mythos ist verblaßt – wer hätte da noch Lust, in ihren Häusern zu wohnen? Nur selten, sagt man uns, kommt Deng Xiaoping vorbei und sieht nach ihnen. Mit ihren Zinnen und Erkern erinnern sie mich an ein anderes Walhalla und an den Sturz von anderen Göttern.

20. Juni 1982
Bei Shanhaiguan, etwas nördlicher entlang der Küste, kommt die Große Mauer von den Bergen herunter und schiebt sich in die Ebene hinein – wie ein imposantes Heer nach 5000 Kilometer Marsch. Sie erreicht das Städtchen, schließt sich an seine Mauern an und zieht dann durch die Kornfelder weiter bis zum Gelben Meer, wo sie sich über die Fluten neigt und verschwindet.

Trommelturm und Glockenturm von Shanhaiguan, der Tempel neben dem ersten Tor in der Großen Mauer, »dem größten unterm Himmel«, sowie einer, der der Literatur gewidmet war, stehen nicht mehr. Von den drei Tempeln, die dort errichtet worden waren, wo die Große Mauer am Meer ankam, ist nur noch einer da – und der ist verwüstet. Aber hier hat China noch Größe. Jenseits lag die Mandschurei.

Vom Elend der Intellektuellen

21. Juni 1982
Es hat eine Woche lang geregnet und ein wenig abgekühlt.

Peipu hält seinen Mittagsschlaf, als wir ihn besuchen. Er trägt das grobe Krankenhaushemd und ist nur mit einem Laken bedeckt, das täglich grauer wird. Peipus Haare sind länger geworden, die Wurzeln weiß nachgewachsen. Am Fußende kniet sein Sohn und schläft, den Oberkörper auf das Bett geworfen.

Nur der Bauer, den man zu Peipu ins Zimmer gelegt hat, ist wach. Mit seinem intelligenten Schädel sieht er nicht aus wie ein Bauer. Ein Bauernkader? Ein Bauernpolizist?

»Beim EKG«, sagt Peipu, sobald er die Augen aufschlägt und uns sieht, »wird die Nadel wahnsinnig und bedeckt das Papier mit Gekritzel. Es klappt mit allen, außer mit mir. Ob ein Abhörgerät unter meinem Bett angebracht worden ist?«

Argwohn, Verdacht: selbst auf dem Krankenbett!

Auf dem Rückweg halten wir beim Lama-Tempel, um den Krankenhauseindruck loszuwerden, wo – trotz der chaotischen Verhältnisse – ein paar Ärzte und Ärztinnen mit einer Hingabe tätig sind, die ans Martyrium grenzt. Ich denke an die Erzählung »Krise der mittleren Jahre« von Shen Rong.

22. Juni 1982
Die Partei verkündet eine neue Politik bezüglich der Intellektuellen. Die Zeitungen schreiben: »Die chinesischen Intellektuellen sind in die Arbeiterklasse aufgenommen worden und müssen fortan – wie Arbeiter und Bauern – als eine für den sozialistischen Aufbau des Landes unentbehrliche Kraft betrachtet werden.« Es soll ihnen in Zukunft besser gehen; politische Ungerechtigkeiten der Vergangenheit sollen wiedergutgemacht werden, und die Kinder von Intellektuellen sollen von jetzt an die gleichen Chancen haben wie die von Arbeitern und Bauern.

Gleichzeitig ist der vierzigste Jahrestag von Maos »Gesprächen in Yenan über Kunst und Literatur« (1942) groß gefeiert worden. In diesen »Gesprächen« hatte Mao die Richtlinien für das Schaffen von Schriftstellern und Künstlern in einer sozialistischen Gesellschaft festgelegt: worüber, für wen und wie sie zu schreiben und zu malen hätten. Ihre schöpferische Ader war infolgedessen vertrocknet.

Beim Schriftstellerkongreß wird dieser alte Katechismus anscheinend wieder aufgewärmt und die kürzlich gewonnene relative Bewegungsfreiheit wieder abgeschafft. Schriftsteller müssen, wie Arbeiter und Bauern, dem Sozialismus dienen und an den »vier unumstößlichen Prinzipien« – der Führung der KP, dem sozialistischen Weg, dem Marxismus-Leninismus und Mao-Zedong-Gedanken, der Diktatur des Proletariats – festhalten. Man spricht wieder von »gesunder Kunst«, verdammt den Individualismus und den »bürgerlichen Liberalismus«. Man erklärt die harmlosen Liebeslieder aus Hong Kong und Taiwan, die in den letzten Jahren hier überall zu hören waren, für »gelb«, das heißt pornographisch, und definiert auch, was »gelbe« Kunst und Literatur sei. (Alle Themen, die mit Liebe außerhalb der Ehe zu tun haben, wie Liebschaften, Ehebruch, Scheidungen, sind verboten ...) Wie oft noch? Jedesmal zieht sich wieder jemand zurück, gibt seine Kunst auf, schreibt nicht mehr, singt nicht mehr, malt nicht mehr.

»Ja, ich will abreisen«, sagte Peipu. »Meine Mutter wollte, daß ich hierbliebe und meine Opern für China schriebe. Wie kann ich heute noch revolutionäre Opern für die Massen schreiben? Vor zwanzig Jahren glaubte ich daran. Heute nicht mehr. Deshalb muß ich fort.«

Die Frau, die vor ein paar Monaten ihr Taxi wie wild über den

Tiananmen-Platz gefahren hatte, Tote und Verletzte verursachend, ist erschossen worden. Vorher hat sie aber geredet: Sie sei schwanger, aber nicht verheiratet. Ihre Vorgesetzten hätten ihr das Leben sauer gemacht... Ihre Rede scheint das Publikum gerührt zu haben. Man hat sie verstanden.

Auf die Frage eines Journalisten: »Warum habt ihr eine schwangere Frau erschossen?«, war die Antwort: »Weil sie nicht verheiratet war.«

25. Juni 1982
Er ist gekommen, der beißende Angriff gegen die Ausländer, gegen ihre »Konspiration zur Verseuchung Chinas«. Er ist in einer von der »Volkszeitung« herausgegebenen Wochenzeitschrift erschienen.

Wir sind »das giftige Gewächs«, das China infiltriert und die jungen Chinesen infiziert. Sogar einige Kader sind von uns korrumpiert worden und bourgeois geworden. Zu viele Kaderkinder stehen mit Ausländern in zu engem Kontakt...

Es klingt wie die Sprache der Viererbande und ist die Antwort der Linken auf die Bücher von Butterfield und Bernstein, die auf Kontakte mit Chinesen zurückgehen; es ist aber auch eine Reaktion auf die steigende Korruption und Permissivität der Chinesen. Das beste Mittel dagegen wäre, das Land wieder zu versiegeln, heißt es in dem Artikel, »aber aus strategischen Gründen müssen wir unsere Handelsbeziehungen und den Industrieaustausch mit dem Ausland aufrechterhalten.«

Beim Schriftstellerkongreß ist dauernder, schrecklicher Zank. Zhou Yang, der Kulturboß, hält neue Reden auf den Humanismus, als sei dieses seine letzte Chance.

»Warum sind die chinesischen Intellektuellen so schlecht gegeneinander?« fragt sich Ling. »Warum greifen und zeigen sie sich gegenseitig an? Nein, sie tun es nicht aus Angst, sondern weil sie niederträchtig sind.«

»Die Intellektuellen sind die schlimmsten«, sagt Peipu, wie immer. Es geht ihm besser. Er hat sich seine Haare neu gefärbt.

»Ich fürchte den Sturm«, sagt er, auf die Wolken schauend, die tief über dem Garten und den Bänken voller Kranken hängen. »Frühmorgens werden die alten Lieder wieder gesungen. Die Situation ist ähnlich wie vor der Kulturrevolution, nur viel komplizierter ... Ich fürchte den Sturm! Sagt das meinen französischen Freunden. Sie werden verstehen, daß sie sich beeilen müssen.«

30. Juni 1982

In den Bergen im Südwesten von Peking liegen uralte buddhistische und taoistische Klöster, zu denen Chinesen wie Ausländer früher auf ihren Maultieren ritten, wenn sie sich eine Zeitlang von der Welt zurückziehen wollten. 1949 wurden sie von Einheiten der Befreiungsarmee beschlagnahmt und waren seitdem »out of bounds for foreigners«. So hatte ich mich daran gewöhnt, jene Berge wie unerreichbare Verzierungen des Himmels zu betrachten.

Gestern, zum Geburtstag von Angelika, sind wir bei Sonnenuntergang in einer kleinen Kolonne zu einem »Peking-Picknick« zu ihnen hinaufgefahren. Viele Pfade sind uns Ausländern noch von Schildern auf chinesisch, russisch und englisch versperrt, aber der verbreiterte und asphaltierte alte Maultierweg der Mönche führt steil hinauf bis zu der rosa Bastion eines uralten Klosters, dem Jie Tai Si, das wie ein hohes Nest auf die ferne Ebene von Peking hinabblickt. Auf seiner breiten Terrasse wurden in bestimmten Mondnächten zum dumpfen Schlag von Trommeln und Gongs Hunderte von jungen Novizen in den Buddhismus eingeweiht.

Das Tor in der Umfassungsmauer steht offen: Tempel und Pavillons werden in den Höfen restauriert. Marmorstelen und -tiere liegen zertrümmert zwischen den Baumaterialien umher, unter uralten, riesigen Pinien. »Das Kloster wird wiederhergestellt«, sagen uns einige junge Leute und lassen uns nicht hinein.

Ein Pfad führt zwischen Brennesseln und Brombeeren zu einer Lichtung. Die Schirme der Pinien fallen dort schwer vom violetten Himmel. Vor uns, in der Ebene, liegt Peking wie ein flimmerndes Lichtermeer. Wir setzen uns neben ein offenes Grab, auf die Marmorreste einer Stupa.

»Die Rotgardisten haben hier alles zerstört«, erzählen uns Bauern.

Folco und Remo Ruffini beugen sich über eine tiefe Grube, leuchten mit einer Taschenlampe in sie hinein und merken, daß sie einen doppelten Boden hat. Folco denkt an Pyramiden und versteckte Schätze

– aber die Knochen des Toten und die Fetzen seiner Safranrobe sind alles, was da verstreut liegt.

In der sinkenden Nacht wiegen sich unsere Laternen gelb vor dem Himmel.

»Vielleicht brauchen die Chinesen einen neuen Stern«, meint Remo, der Physiker ist. »Erst war es der Kaiser. Dann Mao. Heute könnten es die Naturwissenschaften werden... Was haltet ihr davon?«

Immer wieder im Laufe des ländlichen Abends, während wir reden, trinken und singen, kommen Burschen aus den Büschen hervor und sagen, es sei spät, das Kloster sei noch nicht eröffnet, es sei gefährlich hier... Mit ein paar Zigaretten werden wir sie immer wieder los. Gegen elf Uhr aber kommt plötzlich eine ganze Prozession von Lichtern den Berghang herauf, auf uns zu, und diesmal sind auch ein paar Polizisten dabei. Wir sammeln unsere Sachen ein und gehen zu unseren Autos, die vor dem Kloster stehen. Da vertreten sie uns den Weg.

»Warten!« sagt einer.

»Worauf warten?«

»Warten!«

Ohne auf den Befehl zu achten, gibt Tiziano Gas und fährt los. Aber die andern sind umzingelt. Das Hin und Her, die sinnlosen Fragen, die Langeweile, Witze, Zornausbrüche ziehen sich über eine Stunde hin. Schließlich, nach etlichen Zwischenfällen – ein Diplomat hat sich auf die Erde gelegt und ist eingeschlafen, eine der Damen hat panikartigen Schrecken verbreitet, indem sie plötzlich den Motor anstellte – gaben die Männer, wie man uns später erzählte, den Weg frei und ließen die Gesellschaft ziehen – gegen Hinterlassung einer Visitenkarte.

Das war wohl ein neues Spiel.

4. Juli 1982

Morgens und abends der Lärm von heiseren, schlechtfunktionierenden Lautsprechern, die predigen, wie Peking zu »verschönern« sei: indem man in gerader Linie radelt, nicht auf die Erde spuckt, den Müll nicht auf die Straße leert, Bäume pflanzt und sie begießt... Die Jeeps, auf die die Lautsprecher montiert sind, ziehen langsam durch die Changan.

Peipu ist aus dem Krankenhaus entlassen worden. Er ruft uns mit schwacher, aber froher Stimme an: Er hat aus Paris eine offizielle Einladung zu einer Reihe von Vorträgen über die Peking-Oper für den Herbst dieses Jahres erhalten.

Als wir ihn bei Dunkelheit besuchen, wirkt er geschwächt und mager. Er stellt uns seinen Cousin vor, der unverheiratet ist »wie fast alle Mitglieder unserer Familie, denn wir wissen, daß wir keine Zukunft haben«. Der Cousin hat es übernommen, die drei Katzen zu füttern, einzukaufen und über Peipu zu wachen, und er tut es mit dem Gesicht eines großen Herrn.

Peipu sitzt unter einer Lampe auf seinem gewohnten Diwan, als hielte er in der einzig erleuchteten Ecke eines alten Schlosses Hof. Andere Teppiche hängen zu seinem Empfang von der Wand und auch eine schöne Kalligraphie, die seine Mutter während der Kulturrevolution auf Mao geschrieben hat. In seinem Schwächezustand läßt Peipu alles Spielerische weg und ergibt sich seiner natürlichen Melancholie. Unsere Abreise macht ihm Sorgen. Wir sind seine einzige Verbindung zum Ausland. Vielleicht denkt er auch, daß wir uns nicht mehr wiedersehen werden.

»Ich erzähle euch jetzt den Tod von Lao She«, sagt er plötzlich. »Erzählt ihn eines Tages der Welt, damit sich ähnliches nie mehr wiederholt.«

1966. Versammlung des Schriftstellerverbands. Die Rotgardisten sind angerückt und wollen die Bibliothek niederbrennen. Unter den Manuskripten sind sehr alte, seltene Seiten, sogar aus dem »Traum der Roten Kammer« in der Handschrift ihres Autors.

Lao She ergreift das Wort, fleht sie an: »Zerstört keine Bücher. Das Schriftzeichen ist das einzige Band, das die verschiedenen Provinzen Chinas zusammenhält, die einzige Möglichkeit, uns unter Chinesen zu verständigen. Ich bin alt und denke nicht an mich, sondern an euch: Dies ist euer Land, eure Kultur, zerstört sie nicht. Nehmt die Bücher mit, wenn ihr sie haben wollt, aber verbrennt sie nicht!«

Die jungen Leute hören ihn an und beruhigen sich. Aber eine Frau erhebt sich, selber Schriftstellerin und Übersetzerin: »Hört ihn an, den bourgeoisen Rechtsabweichler! Er selber ist der wahre Verräter unserer Revolution, der wahre Konterrevolutionär! Reißt ihn nieder!« ruft sie, um ihren eigenen revolutionären Eifer kundzutun. Die Rotgardisten geraten wieder in Rage.

Wieder ergreift Lao She das Wort: »Verbrennt nicht, was euch selbst gehört!«

»Erschlagt ihn!« schreit die Frau.

»Nein, erschlagt ihn nicht«, wirft einer der Wächter ein, um ihn zu retten. »Haltet ihn am Leben und zeigt ihn den Massen als ein lebendiges Beispiel eines Konterrevolutionärs!«

Die Rotgardisten hören auf ihn. Bücher und Lao She werden auf einen Lastwagen gepackt und in den Konfuzius-Tempel gefahren, auf dessen breiter Marmorterrasse das »Alte« täglich verbrannt wird. Ein neuer Scheiterhaufen wird mit den Büchern gebaut und angezündet. Wie wahnsinnig vor Kummer wirft Lao She sich in die Flammen und versucht sie auszutreten. Die Rotgardisten ziehen ihn wieder heraus und prügeln ihn, solange die Bücher brennen. Dann lassen sie ihn ziehen. Er aber geht zum nahen See von Shishahai und ertränkt sich.

»Heute erzähle ich euch dies«, sagt Peipu traurig, »aber damals habe ich selber nichts dagegen gesagt. Manchmal schäme ich mich vor mir selbst . . .«

6. Juli 1982

Vollmond. Viele Menschen erholen sich nach dem heißen Tag im Dunkel der Straßen, trinken Tee, putzen sich über der Gosse die Zähne, lesen im Licht der Straßenlampen oder spielen Schach. Ein Mann flickt seine Hose.

Ein Baum ragt wie eine große, schwarze Blume aus einem Innenhof auf. Ich stelle mir das Leben derer vor, die – als diese Höfe noch nicht »sozialistisch« waren – da saßen und die Sterne über das Firmament ziehen sahen.

Tiziano ist in Thailand, und ich habe Peipu allein besucht. Er hat wieder angefangen, seine Übungen für die Bühne zu machen. Im Seidengewand mit den langen Wasserärmeln und auf seinen hohen Keilschuhen wiederholt er hundertmal dieselben Gesten, dieselben Schritte vor dem Spiegel. Er singt auch wieder. Wie wird er sich in Paris fühlen, ohne seine Katzen, die über die Möbel springen, ohne seinen Cousin im Nebenzimmer?

»Ich will nackt abreisen. Alles hier lassen. Wieder von vorn anfangen ...« sagt er.

Ein junger Mann ist da. Er berichtet, daß der Pekinger Schriftstellerverband ab heute tagt – auch Peipu müßte daran teilnehmen, wäre er gesund –, um die »neue Linie« zu erfahren, die vom nationalen Schriftstellerkongreß verabschiedet worden ist.

»Ich weiß, wie diese Dinge laufen«, sagt Peipu. »Einer der Kulturbosse, zum Beispiel Zhou Yang, trägt die neuen Richtlinien vor, und danach ergreifen die Schriftsteller nacheinander das Wort: Ach, wie richtig ist, was der Genosse da gesagt hat! Wie gut hat er sich ausgedrückt! Wie kommt es nur, daß ich nicht selber darauf gekommen bin? Ich muß schön dumm sein ... Es folgt eine leichte Selbstkritik, dann eine scharfe Kritik der anderen. Ich selber schweige immer. Wenn es an mir ist, sage ich nur: Ich denke wie der, der vor mir gesprochen hat ... Wer redet, wer angreift oder sich verteidigt, der wird eines Tages deswegen kritisiert.«

Ich spreche mit dem jungen Besucher. Er sagt, die Lage der Intellektuellen habe sich verschlechtert. Nach Deng Xiaopings Kritik an Bai Hua und dem vierzigsten Jahrestag von Maos »Gesprächen in Yenan« haben sich ihre Ausdrucksmöglichkeiten wieder verringert. Er selber vergöttert Sartre, wie so viele junge Chinesen heute. »Ich kenne nur Teile seiner Werke – wir dürfen ihn nicht lesen –, aber er gefällt uns, weil er pessimistisch ist. Wir lieben traurige Erzählungen, weil sie wie unser Leben sind. Statt dessen sollen wir wieder optimistisch schreiben, positive Modelle schaffen ...«

Ich frage ihn nach Bai Hua. Er lebt jetzt auf dem Land, unter Bauern und Soldaten, muß »von den Massen lernen«.

»Er ist kein großer Schriftsteller«, sagt der junge Mann, »aber er hat etwas Richtiges erkannt: Wir Chinesen lieben unser Land, aber unser Land liebt uns nicht. Dieses Ausspruchs wegen bewundern wir ihn. Wissen Sie übrigens, wer ihn zuerst angegriffen hat? Eine Schriftstellerin: Ding Ling.«

Ferien

12. Juli 1982
Italien hat die Fußballweltmeisterschaft gewonnen: Goldpokal für die »Azzurri« (die Blauen) und Goldener Stiefel für Mario Rossi. Das chinesische Fernsehen hat das Endspiel in Direktübertragung gebracht. Die Chinesen sind mitten in der Nacht aufgestanden und haben sich endlich einmal im Einklang mit der übrigen Welt gefühlt. Folco hat mich um fünf geweckt, um es mir zu sagen.

»Es muß schön sein, Italiener zu sein!« hat unser Koch, der junge Wei gesagt, als er gekommen ist. »Argentinien und Brasilien zu schlagen ...!«

Den ganzen Tag bekomme ich formelle Glückwünsche, als sei dieses der Sieg nach einem Krieg.

In der Schule, wo ich die Zeugnisse abholen muß (Folco hat sein Abschlußexamen der Volksschule mit 89/100 bestanden), drücken die Lehrer mir die Hand: »Wir gratulieren, wir gratulieren zu Lo-Xi (Rossi), eurem Weltmeister!«

Zu Hause ruft Peipu an: »Je me félicite, Madame!«

Der Park war heute morgen leer, die alten Männer saßen alle vor den Fernsehern.

»Wir Chinesen werden niemals so gut spielen«, sagen die alten Schneider vom Freundschaftsladen zu mir, als ich mich zu ihnen setze und auf meine nicht zu findende Hose warte. Auch sie sind seit der frühen Dämmerung auf den Beinen.

»Italien spielt seit Jahrzehnten«, antworte ich. »Noch ein paar Jahre, und auch China spielt gut.«

»Niemals so gut wie Italien.«

In der Wäscherei sehen die Ladenmädchen auf der Quittung, daß ich Italienerin bin. »Die Italiener haben schön gespielt – und waren auch schön anzusehen!« sagen sie kokett.

Die Glückwünsche der Chinesen sind ohne Ironie, und ich muß mich hüten, nicht selber zu lachen. »Danke, danke! Wir sind sehr froh!« antworte ich den ganzen Tag.

»Lo-Xi« steht jetzt für den Westen, für die persönliche Leistung des Individuums – und seinen Triumph.

Der Kommentar des italienischen Ministerpräsidenten Spadolini zum Spiel der italienischen Blauen wurde von der »China Daily« groß abgedruckt: »Ihr Sieg ist die Folge des persönlichen Einsatzes und der freien Marktwirtschaft.«

14. Juli 1982

Ich sitze mit Folco im Flugzeug nach London – wo Saskia und Tiziano uns schon erwarten.

Vor unserer Abreise bin ich noch einmal zu manchen Freunden und auch zu Peipu gefahren. Er saß wie jeden Abend mit Cousin und Sohn vor dem Fernseher und nahm mich mit in sein Zimmer, wo das Photo seiner Mutter im grünen Licht einer Lampe vor Lebendigkeit bebte. Peipus Gesicht war von Zweifeln verzerrt.

»Wenn ihr hier seid, mache ich mir Mut. Wenn ich allein bin, meine ich, es wäre besser zu sterben. Aber ich muß bald fahren. Es gibt bald wieder Sturm. Vor jedem Sturm erhebt sich ein Wind: Der Wind war der Kongreß der Schriftsteller, die verschlechterte Lage der Intellektuellen.«

Trotzdem will er mit seiner Abreise bis zu unserer Rückkehr warten. Mit tragischer Schauspielermiene behauptet er, er habe seine Selbständigkeit verloren. »Wenn wir Schriftsteller reisen, wird alles für uns von unserer Einheit organisiert, und wir zuckeln hinter unserem Parteisekretär her wie Küken hinter einer Henne...«

Dann macht er die Wohnung dunkel, um mich hinauszulassen, und wir gehen im Lichtschein seiner Taschenlampe, der von Stufe zu Stufe tanzt, wie zwei Diebe die Treppe hinunter. Er wird, wenn er eines Tages »nackt« abreist, eine Welt voller Schatten und Gespenster, voller Laster und Intrigen, voller Verbündeter und Verräter hinter sich lassen – aber welch eine Welt!

»Der Sturm wird nicht kommen.«

Neue Dimensionen

Peking, 12. September 1982
Vor drei Tagen aus Europa zurückgekommen. Folco besucht jetzt die kleine »International School of Beijing«. Saskia geht weiterhin in die chinesische »Schule des Duftenden Grases«, aber nicht mehr mit all ihren afrikanischen Kameraden zusammen, sondern als einzige Westliche unter 42 Kindern in die rein chinesische Parallelklasse.

13. September 1982
Das erste Plenum des XII. Parteikongresses geht zu Ende. Der erste war 1921 gewesen: Die Partei wird alt.

Bei der Abschlußfeier haben sich die 210 Mitglieder des Zentralkomitees erhoben und die Internationale gesungen. Auch Deng Xiaoping, Hu Yaobang, Zhao Ziyang, Ye Jiannin und Li Xiannian vom Politbüro standen da und sangen alle die alte Hymne. Aber, obwohl sie sich ganz in der Nähe, in der Großen Halle des Volkes, befanden und obwohl wir sie in farbiger Direktübertragung am Fernsehen sahen, wirkte das Bild auf uns wie eine im Laufe der Jahre verblaßte Photographie. Alle schienen sie mir alt, selbst die Jüngeren, die durch die Mühe, bis dorthin vorzudringen, gealtert waren.

Nur Deng Xiaoping wirkt jung. Es ist sein Kongreß, sein Triumph gewesen. Es ist ihm endlich gelungen, Hua Guofeng aus dem Politbüro zu stoßen und die zweiten und dritten Reihen des Zentralkomitees mit den eigenen Leuten aufzufrischen.

Von Mao wird nicht mehr gesprochen, er wird den Massen nicht mehr als Beispiel vorgehalten. Das Amt des Parteivorsitzenden, das er beansprucht hatte, ist abgeschafft worden. Generalsekretär der Partei ist Hu Yaobang, Premierminister ist Zhao Ziyang; beide sind Dengs Protegés.

Für sich selbst hat Deng Xiaoping, der Urheber der neuen politischen Linie und Chinas wirklicher Chef, nur das Amt des Vorsitzenden der Militärkommission des ZK beansprucht, um das Militär, das traditionsgemäß zu Mao hält, auf diese Weise unter Kontrolle zu haben.

Damit ist der Erbfolgekrieg beendet, und es kann regiert werden. Die neue Parole heißt: Arbeit, Modernisierung, Gehorsam gegenüber der Partei!

China geht stabilen, eintönigen Zeiten entgegen, ohne persönliche Freiheiten, ohne Mauer der Demokratie – gewiß nicht! – oder Bai Hua. Mehr und mehr Ausländer werden kommen, um Fabriken zu bauen und den Chinesen neue Techniken zu lehren, mehr und mehr Hotels werden für sie errichtet und Tempel in grellen Farben restauriert werden. Es wird mehr Häuser, mehr Bäume, mehr Sauberkeit geben, mehr trübe Tage am Fließband, mehr farbige Kleider, mehr Musicals nach amerikanischer Art – weniger Blicke zurück in die Vergangenheit, weniger revolutionäre Hoffnungen, weniger Gedichte.

»Der Sturm wird nicht kommen«, sagt Peipu. »Wir wissen nicht, weshalb, aber Deng hat es leichter gehabt als erwartet.«

Es scheint, daß es Deng, der ja im vergangenen Winter lange verschwunden war und den einige damals für tot, andere für von den Militärs verwundet ausgegeben hatten, erst im Laufe des Sommers gelungen ist, seine Linie durchzusetzen.

Der »Wind« des Schriftstellerkongresses ist also nicht etwa das Vorspiel zum »Sturm« einer neuen Kulturrevolution gewesen, sondern zur Einreihung der Intellektuellen in die Gesellschaft als mit den Arbeitern und Bauern Ebenbürtigen: Das hatte Peipu mißverstanden, mißdeutet, denn es ist eine neue Entwicklung im kommunistischen China.

Als wir gestern wieder durch Peking radelten, um nach dem Sommer seinen Puls zu fühlen, konnte ich meine alten Hutongs um die Verbotene Stadt und den Trommelturm herum kaum noch erkennen. Überall wird die schlängelnde Harmonie der Mauern und Tore durch graue Kuben geradegezogen. Und doch liegt über Peking noch ein goldener

Schimmer, der nicht nur herbstlich ist. Es ist, als sei diese Stadt auf der nördlichen Ebene, bis zu den Bergen im Norden und den Westlichen Hügeln hin, von einer geheimnisvollen Atmosphäre umgeben, die auch den, der keine Erinnerungen besitzt, daran gemahnt, daß dies einmal eine der schönsten, verzaubertsten Städte der Welt gewesen ist. Spuren davon sind noch sichtbar, aber ich suche sie jetzt nicht mehr auf. Sie scheinen mir entfernt, nicht mehr auffindbar, nicht wieder begehbar und dazu bestimmt, in einigen Jahren ganz zu verschwinden. Es genügt mir der Himmel mit seinem Gold.

15. September 1982

»Wie erscheint dir Peking nach dreißig Jahren?« fragen wir Sidney Liu, den alten Journalisten aus Shanghai, der einst Chinas jüngster Zeitungsdirektor war und, nach Hong Kong geflüchtet, dort der gesuchteste China-Experte wurde, der witzige, feine Mandarin, der westlichen Journalisten und Diplomaten die Rätsel seines Landes erklärte. Er schrieb für »Newsweek«, die amerikanische Wochenzeitschrift, die ihm, als er zu trinken anfing, gekündigt hat.

Nun ist er zum ersten Mal nach der Befreiung wieder in seinem Land. Wir treffen ihn im Minzu-Hotel, an einem Tisch mit irgendwelchen Touristen sitzend. Er ist barfuß, seine Schuhe stehen unter dem Tisch, das Hemd ist völlig aufgeknöpft, eine Whiskyflasche steht halb leer neben ihm, und seine Augen sind tieftraurig. Als er uns sieht, steht er auf und küßt uns.

»Wie ist Peking nach dreißig Jahren?«

»Wunderschön. Ich habe nur eines auszusetzen: Das Wort ›Wettbewerb‹ kennt man hier nicht. Keiner arbeitet, keiner hat Lust zu arbeiten, keiner weiß zu arbeiten ...«

»Hast du noch Freunde hier?«

Er wird ernst. »Nur einen: Deng Xiaoping! Ein fabelhafter Mann. Ich werde mich am Sonntag mit ihm treffen ...«

Es ist vorbei mit ihm. Das Leben im Ausland, unter Ausländern, die ihn benützt, aber nicht verstanden – oder noch schlimmer: die China nicht verstanden – haben, hat ihn zerstört. Nun kommt er verwahrlost und konfus zurück und denkt sich Treffen mit Deng Xiaoping aus, seinem einzigen Freund. Sidneys Gedächtnis ist makellos, es entgeht ihm keine Schattierung, er versteht die Welt in ihrem Grunde und enthüllt sie so, wie er sie sieht. Deshalb sagen wir: Sidney ist verrückt geworden.

Wir ziehen ihm seine Schuhe wieder an, geben ihm seine Whiskyflasche in die Hand und setzen ihn in ein Taxi, das ihn durch Peking fahren soll: eine Stadt, die er gar nicht sieht und doch »wunderschön« findet.

25. September 1982
Margaret Thatcher ist in Peking, um über die Zukunft Hong Kongs zu reden. 1997 läuft der Vertrag über die New Territories ab, und China will dann auch die Souveränität über die gesamte Kolonie zurückgewinnen. Zugleich möchte es aber – mit Hilfe der Engländer – Hong Kongs »Stabilität und Prosperität« sicherstellen.

In Hong Kong herrscht Verzweiflung. Die Börse fällt und fällt. Folco und Saskia weinen beim Gedanken, daß in der Stadt ihrer Kindheit bald Zustände wie in Peking herrschen werden!

Ich sorge mich nicht um die Millionäre, die kommen immer davon. Was aber soll aus all den Leuten werden, die ihr Leben riskiert haben, um aus China zu fliehen, aus all denen, die sich dort durch schnelle, fleißige Arbeit im Lauf der Jahre ein kleines Geschäft, eine eigene Karre, eine kleine Wohnung zugelegt haben? Was aus den Tausenden von Läden und Restaurants? Sollen wir nochmals dem Niedergang eines Shanghai beiwohnen?

Soviel Geschichte wird an diesen Strand geschwemmt, Flaschen, alte Schuhe, Blechbüchsen, Ballast ...

Tiziano sagt: »Mir ist, als laufe ich immer vor einem fahrenden Zug her. Saigon, Vientiane, Phnom Penh – damals konnte man noch an die Notwendigkeit einer ›Befreiung‹ glauben. Aber bei Hong Kong und Taiwan, wie soll man da noch denken, daß sie von Glück sei?«

Sidney Liu hat uns besucht, wie ein Gespenst aus der Vergangenheit. In einem cremefarbenen Seidenpyjama, mit Fächer, strauchelte er, auf einen schwarzen Lackstock gestützt, durch die Straßen – mit der makellosen Eleganz eines altmodischen, alten Chinesen. Schneidend in seinen Urteilen und seinen Erinnerungen.

»Ermüdet dich diese Reise nicht?« habe ich ihn gefragt.

»Nur meine Landsleute ermüden mich«, hat er in plötzlicher, totaler Traurigkeit geantwortet. »Sie sprechen nur in Slogans. Sie wissen nicht mehr, wahre Worte zu benutzen.«

Vielleicht wird auch Peipu, wie Sidney, einmal wiederkommen und sich in die Arme des alten China werfen, das niemand von uns je verstehen wird, denn es behandelt seine Kinder hart – und doch können sie ohne es nicht leben.

27. September 1982

Gestern waren wir, von Peipu geführt, wieder im Fa Yuan Si, dem buddhistischen Kloster der »Quelle des Gesetzes«.

Die Novizen – es sind wieder an die vierzig, aber wie ihre »Rekrutierung« vor sich geht, bleibt unklar – saßen vor einer Fernsehübertragung aus dem Pekinger Stadion. Alle Höfe waren verlassen. Die Septembersonne warf Schatten von Silberpinien und Ginkgobäumen auf das Pflaster. Ein Mönch hockte vor einem Tempel und flickte sein Gewand. Zweige im blauen Himmel. Ein großartiger, harmonischer Komplex.

Peipu kennt hier einen uralten Abt, der vor Jahren mit seiner Großmutter befreundet war. Er lebt im letzten Hof und kommt uns humpelnd und fast kindlich lächelnd entgegen. In seinem dunklen Pavillon bietet er uns Tee und Gebäck an und beantwortet manche Fragen. 1966 wurden die über hundert Mönche dieses Klosters zusammengetrommelt, »etwas, aber nicht zu sehr geschlagen« und in ein Arbeitslager verschickt, aus dem sie erst 1980 zurückgekehrt sind. Dort mußten sie den »Marxismus-Leninismus« und »Mao-Zedong-Gedanken« studieren – aber nur letzteren hat er verstanden, sagt er.

Das Kloster, welches wir 1980 als erstes hier besuchten und das damals wie ausgebrannt war, hat jetzt kleine Museen in seinen größeren Tempeln: Dinge, die aus abgerissenen Tempeln und Klöstern hierhergeschafft worden sind. Die große Sammlung buddhistischer Schriften wurde in der Kulturrevolution den Flammen übergeben. Der Brand dauerte Tage und raffte auch zwei Pagoden mit hinweg. Die Bibliothek füllen jetzt aus Lhasa entführte tibetanische Bücher, die kein Chinese lesen kann.

»Es ist alles wie im Kino«, hat ein Mönch zu Peipu gesagt – aber zu uns sagen sie das nicht. Doch erscheinen plötzlich zwei junge Mädchen als »Touristenführerinnen«, gehen immer neben uns her und zeigen uns die Zelle eines Mönches: Da gibt es kein einziges religiöses Abbild, und das Buch, das auf seinem Tisch liegt, handelt vom Sozialismus. Unbeirrt malt der Mönch auf kleine, fächerartige Blätter des Ginkgobaumes Gebete und den Namen des Buddhas A-Mi-To-Fuo und gibt sie uns. Morgens und nachts, sagt er, kommen die Mönche zur Meditation zusammen. Alles sei besser als das Leben, wie es in der Kulturrevolution war.

Peipu kauft Inze nd betet vor einem Altar für einen verstorbenen Freund. Die wenigen Freunde, die er gehabt hat, sind für ihn wie wertvolle Reliquien aus einem wahren Leben.

»Ihr seid reich, ihr wißt nicht, was es bedeutet, Hunger zu haben – Hunger auch nach Freunden«, sagt er.

28. September 1982

Zwei Schafe und eine Ziege waren in diesen Tagen an eine Pinie unseres Hofes gebunden. Pakistanische Kinder und ihre in Kaftane gekleideten Eltern bewachten sie. Baoli hat sie von unserem Balkon aus lange angebellt und sich dann auf sie gestürzt, als wir ihn ausführten. Die ganze Nacht haben die Tiere geblökt, wohl weil sie in Anbetracht der heutigen Tötung ausgehungert waren.

Im Morgengrauen hat Tiziano ihrer Abschlachtung beigewohnt. Ein Moslem mit langem Messer hat den Ritus abgehalten und ihre Köpfe nach Mekka gewandt. Danach hingen blutige Häute und Schlingen von einem Baum. Heute abend gehen festlich gekleidete pakistanische Familien aus, um den Ramadan zu feiern. Bald ist es an uns, mit unseren Weihnachtsbäumen.

2. Oktober 1982

Die Franzosen haben Peipu und Sohn ein Visum gegeben. In einer Woche werden sie fliegen. Wir haben sie heute, am Vorabend des Mondfestes, besucht. Alle drei – Peipu, sein Sohn wie sein Vetter – trugen sie Wollwesten, die Mütter oder Schwestern ihnen einst gestrickt hatten. Auf dem Tisch standen Mondbrote und Melonensamen, die Katzen blickten friedlich in die bunten Lämpchen, mit denen der Sohn das dunkle Zimmer dekoriert hatte.

Peipu kann es noch nicht glauben, daß der Traum bald wahr werden soll. »Ich bin nicht gewohnt, über mein Leben selbst zu entscheiden. Zuerst hat meine Großmutter für mich entschieden, dann die Partei. Dieses ist meine erste eigene Entscheidung. Es verwundert mich, daß sie wahr geworden ist.«

Er saß wieder in seiner Ecke auf dem Diwan und sprach den ganzen Abend. Ich sah ihn im Spiegel, vor dem er tagsüber seine Schritte übt. Selten habe ich soviel Verwirrung und Qual in menschlichen Gesichtern gesehen wie in chinesischen, wenn sie die Maske abnehmen.

3. Oktober 1982

»Fahrt mich in die Duftenden Hügel, zum Kloster des Liegenden Buddha!« hat uns im Guan-Hua-Si-Kloster der alte Abt, der allen chinesischen Buddhisten vorsteht, gebeten. Auch das des Liegenden Buddha untersteht ihm, aber niemand hat ihn dorthin begleitet, seitdem es vor zwei Jahren wiedereröffnet wurde.

So sind wir im Auto losgefahren: Tiziano am Steuer, neben ihm der alte Bonze mit geschorenem Kopf und grauer Kutte, hinten Peipu, sein Cousin, sein Sohn und ich.

Es war ein schöner Sonntagnachmittag. Tausende wanderten zu den Duftenden Hügeln, gingen zwischen den Steinlöwen in das Kloster, über die Höfe mit ihren Blumenbeeten bis zur großen Halle, wo der Buddha ausgestreckt liegt und seinen traumlosen Schlaf hält. Der Oberste der Buddhisten ging unter ihnen, wurde aber von niemandem erkannt, bis er vor dem fünf Meter langen Buddha die Fäuste vereinte und den Kopf im Gebet senkte.

»Ein Mönch!« kam eine Stimme aus dem Volk, das sich wie im Zoo amüsierte.

Der Alte blieb heiter und ging majestätisch, sein Körper ruhig wie ein Felsen, um jene buddhistische Mitte herum, die im Bauch des Menschen liegt, von Hof zu Hof.

»Es ist ein Spielplatz geworden«, hat er gemurmelt und nach dem Weg gesucht, der um den Berg herumführt: ein kleiner Pfad, der so lang war wie ein Gebet, das man beim Gehen aufsagte. Nun ist er breit, zementiert, nicht mehr zur Meditation, sondern zum Bummeln gedacht. Da ist der Abt zornig geworden: »Warum hat man ihn so verunstaltet?« Über nichts anderes hat er sich beklagt.

Der Cousin, der ihm wie ein Schatten in unsichtbarer Fürsorge folgte, bot uns allen bei einem Stand Tee an. Da saßen wir mit unseren Teebechern zwischen all den Spaziergängern, als ein Junge sich zum Bonzen wandte, der ihn offensichtlich an einen in China mit viel Erfolg gezeigten Hong-Kong-Film über die Taoisten und ihre Zauberkünste erinnerte: »Bist du einer von denen, die fliegen und sich unsichtbar machen können?«

»Nein«, lachte der Bonze so kräftig, wie nur Weise oder Kinder lachen. »Und du, kannst du in den Himmel fliegen? Kannst du unter die Erde kriechen?«

»Ja«, hat der Junge geantwortet. »Um in den Himmel zu fliegen, steige ich ins Flugzeug, und unter der Erde war ich, als ich geholfen habe, ein Kaisergrab aufzubrechen.«

Der Buddhismus ist in den letzten dreißig Jahren offenbar vom Erdboden verschwunden. Der Bonze ist 75, hat zehn Jahre in Einzelhaft verbracht, im selben Kerker, in dem jetzt Jiang Qing, Maos Witwe, sitzt. Er geht heiter mit uns durch den Wald und durch die Klosterhöfe, die so bunt wie Papageien und voll lärmender Jugend sind, bis zum Auto zurück.

6. Oktober 1982

Peipus Leben in Peking geht zu Ende. Er hat hier mehr als zwanzig Jahre verbracht, aber die Zahl derer, denen er Lebewohl sagen muß, ist erschreckend klein. Eine Reise in die Provinz zu der Schwester, ein Essen in der Einheit, ein paar Besuche bei den Nachbarn – das ist schon alles. Der Cousin, der älteste Freund, sitzt schweigsam auf seinem Stuhl.

»Bis vor zehn Jahren war ich immer traurig«, sagt Peipu. »Dann habe ich mir gesagt: nein! Du mußt mitspielen, dein Leben selbst in die Hand nehmen, die Dummheit der Menschen dir zum Nutzen machen. Ich habe auf des Messers Schneide getanzt. Nun muß ich davongehen, bevor ich stürze.«

Gegen zehn Uhr abends klopft es.

»Straßenkomitee?« fragt Tiziano.

Peipu meint nein. Es ist sein Chef, sein politischer Vorgesetzter, der gekommen ist, um sich nach seiner Gesundheit zu erkundigen. Sofort fängt Peipu an, ihm zu schmeicheln: »Seht mal, was für einen guten Chef ich habe! Er sieht nach mir, er ermuntert mich, er mag mich leiden!«

Der andere schmunzelt: »Ja, ja, man muß sich kümmern um die Schriftsteller!«

Wir sind entsetzt über dieses demütigende Verhältnis und sagen es ihm, als der andere weggegangen ist, aber Peipu sieht uns verständnislos an: »Wir mögen uns gern, sage ich euch. Wir kennen uns seit zwanzig Jahren, ich habe ihn liebgewonnen. Wir müssen unsere Vorgesetzten in Schutz nehmen, sie haben es nötig, vielleicht mehr als wir ...«

Auch sie gehören zur Komödie, spielen ihre Rollen im großen Spiel, sind unumgänglich. Sollte das Leben tatsächlich mehr Spaß machen, wenn man es auf der Bühne aufführt?

9. Oktober 1982

Auch das Abschiedsessen bei uns ist vorbei. Peipus Chef und zwei hohe Verantwortliche seiner Einheit, ein französischer Diplomat und ein französischer Journalist waren dabei. Der Cousin hat zum ersten Mal seit langer Zeit seinen Fuß wieder in eine Wohnung gesetzt, die ähnlich ist wie die, die er aus den Familienphotos wegschneiden mußte, um seinen Ursprung nicht zu verraten. Er ist in jedes Zimmer gegangen, hat sich unsre Bücher angesehen und sich im übrigen in das Schweigen eines Bildes gehüllt, das an der Wand sein Eigendasein führt.

»Ihr Leben muß sich in den letzten dreißig Jahren sehr verändert haben, es muß hart gewesen sein«, wende ich mich an ihn.

»Ja«, sagt er. »Aber es ist mir zur Gewohnheit geworden.« Arbeit, Armut, Einsamkeit, das alles macht ihm nichts aus. Nur an eines kann er sich nicht gewöhnen: Er mag nicht über sein Privatleben Rechenschaft ablegen, deshalb vermeidet er es, eines zu haben. Also werden wir uns auch nicht wiedersehen, wenn Peipu fort ist.

Peipu selber muß es ungemütlich gewesen sein, seine drei Vorgesetzten auf unserem Sofa sitzen zu sehen, denn er ist immer wieder verschwunden. Einmal habe ich ihn in der Küche wiedergefunden, wo er mit dem Koch sprach: »Die ganz einfachen Leute sind mir die liebsten«, hat er mir erklärt. Mir scheint immer, daß, wenn die Chinesen zu uns kommen, sie die Härte des eigenen Lebens grausam trifft.

»In ein paar Tagen bist du frei«, sagt Tiziano zu ihm, als wir ihn zum letzten Mal nach Hause begleiten und unter den Photos seiner glücklicheren Jahre auf dem Bett mit ihm sitzen.

»Frei!« antwortet er mit einer wegwerfenden Handbewegung. »Ich weiß nicht, was das heißt. Frei ist für mich nur ein Wort.«

Zwei Tage darauf die Abfahrt. Eine schnelle, fast eilige Abfahrt ohne Gefühlsausbrüche, ohne Emotionen.

Sein Chef und sein zweiter Vorgesetzter haben ihn zum Flugplatz begleitet, dann waren da noch eine befreundete Familie, zwei alte Schulkameraden, der Cousin und wir – das war alles. Schnell ein Gruppenbild, die Zollformalitäten, die schicksalsträchtige Paßkontrolle – unsere Gruppe sah schweigend zu, jeder in die eigenen Gedanken versunken – und dann ... die Freiheit?

Von Bürokraten und Rassisten

18. Oktober 1982

Liwen war mehrere Male »durch die Hintertür gegangen«, um sich ein Bett im Krankenhaus der Hauptstadt zu erobern, das mit Schwerkranken, die sogar aus der Provinz hierherkommen, hoffnungslos überbelegt ist. Zwei Wochen nachdem der Arzt festgestellt hatte, daß sie einen Tumor hat, war sie angenommen worden, hat aber noch weitere zwei Wochen warten müssen, bis sie operiert wurde. Sie mußte die Zeit im Krankenhaus verbringen, denn wäre sie ausgegangen, hätte eine andere Kranke ihr Bett besetzt.

Wir haben sie in ihrem Elternhaus zum Mondfest besucht, in das sie auf ein paar Stunden gekommen war. Mit ihren zwei Zöpfen, einer modischen Franse und verschiedenen Kleidungsstücken war sie sehr hübsch zurechtgemacht.

»Es geht mir ausgezeichnet. Ich bin stark und habe Hunger!« sagte sie.

Draußen im Hof hantierten die Zwangsmieter vor ihren Hütten. Langsam und freudlos. Aber Liwen strahlte. Dann kam die Operation, und gestern habe ich sie besucht: »Komm, es geht mir gut«, hatte sie am Telephon gesagt.

Sie saß auf ihrem Bett in einem mit männlichen und weiblichen Kranken gefüllten Saal und weinte. Die Familie stand um sie herum, still und blaß. Sobald sie mich sah, hat sie sich zusammengenommen; mit großer Willenskraft versuchte sie, ihre Sorgen nicht zu zeigen. Nachts kann sie nicht schlafen. Die Kranken stöhnen. Was denkt sie wohl?

»Ich bin ein Pechvogel«, hat sie nur einmal geseufzt.

Die Ärzte sind gut, aber zu wenige und zu alt. Die Kulturrevolution hat keine neuen hervorgebracht, zehn Jahre lang.

»Bring mir ein Sandwich mit«, war ihr Wunsch: etwas Ausländisches, etwas aus jener Welt, in die sie sich hinretten wollte.

22. Oktober 1982

Die Absichten des letzten Parteikongresses werden immer klarer, und auch der Widerstand dagegen kristallisiert sich heraus.

Jetzt, nachdem die Intellektuellen in den Stand der Bauern und Arbeiter gehoben worden sind, versucht die Partei auf jede Weise, sie wieder in Chinas Leben einzubeziehen, ihnen einen ehrenhaften Platz in der Gesellschaft einzuräumen, in der sie zum »stinkenden neunten« herabgesunken waren. Sie versucht, den Intellektuellen bei den Kadern wieder Respekt zu verschaffen, denn man braucht sie zur Modernisierung Chinas. Besonders wird die »lebenswichtige Rolle der Wissenschaftler« herausgehoben: »Ihre geistige Arbeit gilt nicht mehr als geringfügiger als körperliche Arbeit.«

Die Zeitungen beklagen, daß trotzdem »Leute in Machtpositionen noch sehr selten Freundschaft mit einem Intellektuellen schließen, sondern ihn sich fernhalten«. Sie beteuern, die Partei befürworte jetzt Vertraulichkeit zwischen Intellektuellen und ihren politischen Vorgesetzten; das Gefühl der Freundschaft – etwas, das in der Vergangenheit als »bürgerliche Verweichlichung« verpönt war – gelte wieder als wertvoll. Als Beispiele von Freundschaften in der Geschichte werden die zwischen Li Bai und Du Fu sowie die zwischen Marx und Engels genannt.

Aber die Masse der Parteibürokraten mag die Intellektuellen nicht leiden, sieht die Notwendigkeit ihrer Mitarbeit nicht ein – eine natürliche Folge von dreißig Jahren Anti-Intellektuellen-Politik.

»Man kann Intellektuelle anstellen, aber man kann ihnen nicht vertrauen«, sagen die Kader. »Man kann ihnen keine Verantwortung überlassen.« Und: »Ohne Intellektuelle geht die Produktion trotzdem weiter.«

Im ganzen Land, auch in den Schulen, wird versucht, das patriotische Feuer wieder anzufachen. In Saskias Klasse – mit ihrer japanischen Freundin ist sie dort die einzige Ausländerin – wird die Anwesenheit dieser kleinen Japanerin dazu benutzt, ein »Feindbild« zu züchten. Es wird erzählt, wie die Japaner im Krieg immer zehn chinesische Kinder in eine Reihe gestellt und sie mit einer einzigen Kugel durchschossen hätten.

Saskias Lehrerin sagt: »Ihr müßt mich mehr liebhaben als eure eigene Mutter, denn ihr werdet viel mehr mit mir zusammensein als mit ihr.«

27. Oktober 1982

Tiziano ist eben von einem kleinen Abendessen bei einem europäischen Diplomaten zurückgekommen. Er hat beobachtet, wie sich ein Geschäftsmann (vielleicht ein Waffenhändler), als die Gäste gegangen waren, einen Packen Playboy-Hefte für hohe chinesische Generäle geben ließ: »Es ist das einzige, was noch hilft«, meinte er.

Der Diplomat erzählte, daß kürzlich bei einem Abend für hohe Militärs ein pornographischer, aber sehr ästhetischer japanischer Film gezeigt worden sei; beim Weggehen hätten die Generäle gesagt: »Der Film war nichts Besonderes. Eine andere Botschaft hat uns ›Deep Throat‹ (härteste Pornographie) gezeigt – der war gut!«

1. November 1982
Ich erhole mich von einer Erkältung und bedauere, nicht öfter draußen sein zu können. Strahlendes Wetter, leuchtender Himmel, milde Luft.

Habe gestern, Sonntag, ein paar Stunden mit einem Biologen im alten Sommerpalast verbracht. Die Blätter der Pappeln waren gelb, das Wäldchen voller junger Maler, die sie malten: in Öl, auf westliche, impressionistische Art. Liebespaare gingen über die von Pflanzen überwucherten Ruinen um die kaiserlichen Teiche, in denen eine Bauernkommune Lotuswurzeln züchtet, durch kaiserliche Gärten, die zu Reisfeldern geworden sind. Der Biologe ist ein Mann, der sich über vieles Gedanken gemacht hat. Die neue Rolle der Intellektuellen beurteilt er nicht sehr optimistisch, obwohl er im Bereich der Naturwissenschaften arbeitet, dem einzigen, in dem sie geduldet sind.

»Die Mißachtung der Intellektuellen dauert nun dreißig Jahre, und es wird nicht leicht sein, die feindliche Einstellung der Mehrheit uns gegenüber zu verändern«, sagt er.

Er selber verdient 65 RMB im Monat, weniger als ein Arbeiter, weniger als unser Fahrer; er hat keine eigene Wohnung und kriegt auch keine, denn ein gleichaltriger Arbeiter wird ihm immer zuvorkommen. In Shanghai, sagt er, wo in Fabriken Arbeit zu finden ist, verzichten viele junge Leute auf das Studium. Wozu auch studieren, wenn man hinterher bestenfalls in die entferntesten und primitivsten Provinzen Chinas verschickt wird – es sei denn, man habe einen »guten Vater«, einen einflußreichen Beschützer.

Auch die Folgen der katastrophalen Bevölkerungspolitik der letzten Jahre machen ihm Sorge: In drei Jahrzehnten haben sich die Chinesen um 500 Millionen vermehrt. Die neuen scharfen Maßnahmen zur Geburtenkontrolle sind notwendig, werden aber noch mehr traditionelle Spuren verwischen: Wenn ein Mann ein einziges Kind haben darf, dann hat das keine Geschwister, also werden seine Kinder weder Onkel noch Tanten, weder Vettern noch Cousinen haben. Also wird auch die »ausgedehnte« oder »große« Familie verschwinden, um die das chinesische Leben sich immer gedreht hat. Im Zentrum wird statt dessen das Einzelkind stehen, von Mutter und Vater, zwei Großmüttern und zwei Großvätern verhätschelt, das sich weder mit Geschwistern noch Vettern und Cousinen ihre Liebe zu teilen braucht.

In einem Kindergarten von Shanghai hat man eine Studie über diese

Einzelkinder gemacht: Ihr Verhalten ist asozial, egoistisch, verwöhnt, sie sind unfähig, mit anderen Kindern zurechtzukommen.

Bis jetzt wird China noch von der harten Yenan-Generation regiert. Wie wird es werden, wenn diese verwöhnten Einzelkinder die Verantwortung übernehmen?

»China wird sich verändern«, hatte Peipu gesagt. »Die junge Generation wird nicht die Kraft haben, es zusammenzuhalten. Den Alten war es gelungen, China von der Sowjetunion loszulösen, ihm seine vollständige Unabhängigkeit zu verschaffen. Wenn die Jungen an die Macht kommen, dann werden hier wieder Chaos und Verwirrung herrschen.«

Das war ihm von allen die schlimmste Vorstellung.

3. November 1982

Auf einer Party bei Gabriella Giubilei von der italienischen Botschaft habe ich einen intelligenten spanischen Diplomaten kennengelernt. Er scheint einer der ganz wenigen zu sein, der sich über die schlimmen Folgen der chinesischen Politik der jüngsten Vergangenheit Gedanken macht.

»Wie muß sich ein Mensch fühlen, zu dem man sagt, daß alles, was er denkt und tut, falsch ist? Daß Freundschaft und Vertrauen falsch sind, daß die Liebe zum Schönen falsch ist, daß es falsch ist, seine Toten zu begraben und zu beten? Daß nur Gehorchen, Essen und Arbeiten richtig ist? Viele tausend Jahre Kultur, um ein so primitives Wesen hervorzubringen ...?«

Die schlimmsten Wunden habe die Kulturrevolution geschlagen: »Seitdem haben die Chinesen ihre Selbstachtung verloren, denn sie verzeihen sich nicht, daß sie sich gegenseitig umgebracht haben.« Er sagt es als Spanier, der einen Bürgerkrieg hinter sich hat, meint aber, was in China angerichtet worden ist, sei noch viel schlimmer. Denn, während Franco (wie Hitler, wie Mussolini) die Werte der »eigenen Rasse« gegenüber den »anderen« hervorgehoben und exaltiert habe, »hat Mao jeden einzelnen Aspekt der eigenen Rasse angegriffen, jede historische Erinnerung zermalmt, jeden Träger der Tradition niedergemacht: Dies ist für das Selbstbewußtsein eines Volkes ein Schaden, wie ihn kein Führer, Kaiser oder Despot bisher angerichtet hat.«

8. November 1982
Ein paar chinesische Freunde haben sich wieder gemeldet, und wir haben die Last ihres Lebens gefühlt.

Fang war froh. Sein Onkel aus Hong Kong hat ihn besucht und versprochen, ihm zu einer Reise nach Amerika zu seinen Verwandten zu verhelfen. 25 Familien wohnen heute in seinem Elternhaus, in dem ihnen ein einziges Zimmer und eine Toilette geblieben sind, in der seine Schwester schläft. Sein Cousin hat ihn aus Amerika bei uns angerufen: »Biao ge! Biao ge!« (Älterer Cousin) rief Fang ins Telephon, und es war, als gäbe ihm diese Anrede, die den Grad der Verwandtschaft ausdrückt, das Recht darauf, den Cousin um Hilfe zu bitten.

Liwen ist aus dem Krankenhaus zurück. Sie beginnt jetzt mit den Übungen, die die chinesischen Ärzte nach Operationen verschreiben. Jeden Morgen, noch vor Sonnenaufgang, versammeln sich die Genesenden in den Parks und üben sich unter Anleitung im »Qi Gong«, dem tiefen, langsamen Atmen buddhistischen Ursprungs, welches das Gleichgewicht des Körpers wie auch des Geistes wiederherstellt.

»Ich werde zu Gott beten. Amen! Amen!« hatte sie im Krankenhaus fast hysterisch vor Verzweiflung ausgerufen. Ihre politische Vorgesetzte, die sie gerade besuchte, brachte sie zum Schweigen, und Liwen sagte mit veränderter Stimme: »Wir sind ein großes, sozialistisches Land. Diese Frau ist wie eine Mutter zu mir. Es lebe Mao und der Sozialismus...«

Heute abend war sie ruhig. Sie will es noch einmal versuchen.

11. November 1982
Ich warte im Krankenhaus der Hauptstadt auf einen Augenarzt, denn wir alle leiden neuerdings an »sandigen Augen«, am Trachom, der ältesten Krankheit der Welt, die mit Armut und Schmutz zu tun hat. Sie ist in China endemisch; und wir haben sie uns wahrscheinlich auf unseren Reisen geholt. Ein afrikanischer Diplomat wartet neben mir auf der Bank. Er kommt gerade aus Afrika zurück, wohin er einen verrückt gewordenen Studenten zurückbegleitet hat.

Unter den Afrikanern, die in China studieren, ist Wahnsinn nicht selten, sagt er. Die Schwarzen sind hier vollkommen isoliert. Die Weißen, sagt der Diplomat, der selber politische Wissenschaften an der

Sorbonne studiert hat, versuchten wenigstens, nicht rassistisch zu sein, während sich die Chinesen immer noch wie die einzig zivilisierten Wesen dieser Erde vorkommen.

»Der Chinese ist, im Vergleich zu anderen Rassen, ein Wilder«, sagt er abschließend.

Das Verhältnis zwischen Afrikanern und Chinesen scheint mir besonders rauh zu sein. Sie können sich gegenseitig nicht leiden und machen das auch immer wieder klar.

Kürzlich war ich beim Fleischer im Freundschaftsladen. Vor mir stand ein Afrikaner in seinem Kaftan. Der chinesische Metzger legte ihm ein gefrorenes Stück Fleisch in die Hand.

»Wickle es ein!« sagte der Afrikaner.

»Wir haben kein Papier mehr«, antwortete der Chinese kaltschnäuzig.

»Dann verschafft es euch!«

»Ich sage, wir haben keines mehr!«

»Ihr Chinesen werdet es nie zu etwas bringen!« schimpfte daraufhin der Afrikaner und ging mit dem Stück Fleisch in der Hand, aber offensichtlich erleichterten Herzens davon.

Letzte Herbsttage. Es ist, als hätte jemand eine Handvoll Gold auf die Straßen und in die kahlen Bäume geworfen.

Breschnew ist gestorben.

Morgen fahre ich nach Kanton, Macao und Hong Kong.

Wo Sozialismus und Kapitalismus aneinander grenzen

Macao, 14. November 1982

Von der Terrasse des Hotels Belavista wieder der altbekannte Blick auf das Grau des Meeres, der Inseln und des Himmels. Ein rosiges Licht legt sich abends über die Bucht. Das Meer, das so viele Schiffe von Eroberern, Kaufleuten und Jesuiten den Anker hat werfen und lichten sehen, bewegt sich müde. Wieder die mit den Banyan-Bäumen gesäumte Praya Grande, die rosa Residenz des Gouverneurs am Hügel – und dieses Hotel.

Gestern, spätabends, sind wir angekommen. Wir haben die Brücke, die Macao mit China verbindet, zu Fuß überschritten und die Stadt durch die Porta do Cerco betreten, vor der einst entscheidende Schlachten zwischen Portugiesen und Chinesen geschlagen wurden und wo 1588 Amaral fiel.

Zuvor ein langer Tag mit Tiziano in Kanton. Die Stadt kaum wiederzuerkennen, als hätte sie nach dreißig Jahren den Faden des Lebens wiedergefunden, als sei sie aus dem Schlaf erwacht, zu dem Mao sie verdammt hatte, als sähe sie sich um und merkte, daß sich in all der Zeit nicht viel in ihr verändert hat. Die Einwohner haben sich verfünffacht, die Häuser sind zusammengefallen – aber man weiß noch zu handeln und zu markten und fängt wieder damit an. Karren und Bratküchen, Bauern, die ihr Obst feilbieten, Uhrenschmuggler aus Taiwan und Bettler hocken wieder am Ufer des Perlenflusses, gegenüber der Insel von Shamien, wo früher die Ausländer wohnten.

Seltene Petroleumlampen erhellten die Nacht, und all die Schatten, die unruhig und flüsternd um uns waren, kamen mir vor wie Seelen im Fegefeuer: verdammt, in ewiger Unzufriedenheit nur wenige Schritte von Hong Kongs Paradies entfernt zu leben.

An Kanton hat man einen traurigen Beweis für das Scheitern des Kommunismus. Aber in Shenzhen, der ersten zwischen Kanton und Hong Kong gelegenen »Neuen Wirtschaftszone«, experimentiert China bereits mit den von Hong Kong abgeguckten Prinzipien des Kapitalismus und hat auf jenen wenigen Quadratkilometern der freien Marktwirtschaft – Prostitution und Glücksspiel inklusive – freien Lauf gelassen.

Mit einem gemieteten Auto haben wir das Delta des Perlenflusses durchquert, der bei Macao ins Meer mündet. Wie ein Deich zieht sich die Straße, auf der Matteo Ricci und die anderen Jesuiten ihren Einzug in China gehalten haben, durch die unter Wasser stehenden Reisfelder hin. Wasserbüffel steigen aus dem Schlamm. Pappeln und Eukalyptusbäume stehen vor dem weiten grauen Himmel. Das Leben hier scheint erstaunlich üppig, blühend. In Dalian, der reichsten kleinen Stadt der ganzen Provinz, sind die Häuser aus Stein, die Straßen gepflastert. Im Halbdunkel alter Banken und Kontore sitzen die Angestellten vor Teeglas und Abakus wie überall in Südostasien.

Die Provinz Kanton ist die Wiege vieler Revolutionen gewesen, deren Feuer erlosch, sobald sie den kalten Norden erreichten. Weit von der kaiserlichen Hauptstadt entfernt, standen die Kaufleute des Südens seit Jahrhunderten in enger Verbindung mit dem Ausland und brüteten rebellische und revolutionäre Gedanken aus. Sun Yatsen, der Gründer der chinesischen Republik, Chiang Kaishek und die Militärakademie von Whampoa, wo die Kuomintang und dann die Befreiungsarmee ihre Offiziere ausgebildet haben, stammen aus dieser Provinz. Dieser Drang nach auswärts, zu den südostasiatischen Staaten hin, wo so viele Überseechinesen leben, mit denen man so viel besser zurechtkommt als mit dem starren, bürokratischen Norden, scheint heute stärker denn je zu sein.

Während wir auf eine Fähre warteten, um über einen Wasserarm zu setzen, sahen wir einen blinden Bettler, der am Ufer kniete und mit zum Himmel gewandten Gesicht einen alten Kehrreim sang:

Heut früh am Morgen
Gabt ihr mir ein Kupferstück.
Ich muß euch danken,
Ich muß euch danken!
Heut früh am Morgen ...

Er singt es wohl hundertmal am Tag, bis ihm die Stimme fast versagt.

Ein aufgewecktes kleines Mädchen und sein Bruder bettelten uns an. Ein Mann – sie sagte, er sei ihr Vater –, hatte sie auf uns gehetzt und behielt sie scharf im Auge. Die alten Übel kehren wieder.

Dann ein breites Tal, wo die Kokospalmen sich der untergehenden Sonne zuneigen. Eine zweite »Neue Wirtschaftszone«, Zhu Hai, wird hinter den Hügeln eröffnet, ein Ferienparadies für Überseechinesen. Hier haben wir die Grenze passiert und sind in der Dunkelheit mit unserem Gepäck über einen langen Deich bis zur Porta do Cerco gegangen. Lässig wiesen uns zwei portugiesische Polizisten zu den Taxis, die im freien Durcheinander der alten portugiesischen Kolonie unablässig kreisen.

Hong Kong, 17. November 1982

Das Ende dieser Stadt hat angefangen. China will sie zurückhaben. Die aus dem Norden wollen sie haben, um sie ihrem System einzuverleiben. In Taxis, Geschäften, Restaurants und Hotels sagen es die Chinesen: »Wir haben keinen Ausweg mehr.« Für viel Geld kann man sich eine neue Staatsangehörigkeit kaufen, aber abgesehen von den 1500 Milliardären, deren Geld ohnehin schon im Ausland liegt, und von ein paar Berufstätigen wird die Bevölkerung wohl hierbleiben müssen.

Da war ein junger Taxifahrer, der sagte, dieses Jahr sei das Mondfest auf den Tag der Gründung der Volksrepublik gefallen. Kurz darauf sei Margaret Thatcher nach Peking gefahren. Da habe man in Hong Kong verstanden: Es sei kein guter Mond gewesen, die Katastrophe habe angefangen.

»Es geht schlecht«, sagte er. »Ich werde auswandern müssen, nach Amerika, nach Kanada oder nach Santo Domingo – doch da gibt es zuviel Bananen!«

Wohl die Hälfte der sechs Millionen Einwohner von Hong Kong ist aus China geflohen: Für die Kommunisten sind dies politisch unzuverlässige Elemente.

»Es war ein bitteres Leben«, sagt ein Herr Li. »Wir haben hart gearbeitet, zwölf Stunden täglich, und wenn wir nicht arbeiteten, dann dachten wir an die Arbeit. China meint, der Himmel hätte uns Hong Kong in den Schoß gelegt.«

Jetzt schon sind in Hong Kong 80000 Wohnungen unvermietet. Der Bodenpreis sinkt. Große Neubauten haben die Arbeit eingestellt. Geschäfte schließen. Nur die Erneuerung der Stadtmitte geht weiter. Das »Landmark«, das »World Wide Center« werden Hong Kong noch rechtzeitig das avantgardistischste, hypermodernste, hyperfunktionellste, einzigartigste Gesicht der Welt geben. Und wenn diese Gebäude eingeweiht sind mit ihren Boutiquen von Gucci, Versace und Dior, dann haben sich die schönen Frauen schon in anderen Kontinenten angesiedelt, und der Vorhang fällt: Ende des Hong Kong der 1500 Milliardäre, Anfang des Hong Kong der Parteifunktionäre.

»Urteilt selbst«, werden sie sagen. »Ihr seid sechs Millionen und wollt die Unabhängigkeit. Wir sind eine Milliarde und wollen Hong Kong. Wer soll da siegen?«

». . . er wird sehen, was sich machen läßt.«

21. November 1982

Ich bin zurück. Peking ist ganz in Grau. Die Bäume sind völlig kahl. Ein Eindruck von Müdigkeit, Apathie, Stillstand befällt einen schon am Flughafen, besonders wenn man abends ankommt und es kalt ist. Dieses System, das dem Menschen und seinen Fähigkeiten argwöhnisch gegenübersteht, lastet wie ein Fluch auf dem Leben.

22. November 1982

Als wir vor ein paar Sonntagen auf der großen Umgehungsstraße neben einem schwarzen Regierungsauto herfuhren, haben wir die Köpfe gereckt, um zu sehen, wer drin saß: Es war der Generalsekretär der Partei selbst, Hu Yaobang, der aus dem Fenster guckte. Spontan haben wir ihm zugewinkt, und beim Anblick des Autos voller blonder Kinder und unseres weißen Hundes hat auch er zu uns herübergeschaut, ehe er sich erschrocken hinter die Gardine zurückzog.

Als er ihn so ohne Polizeibegleitung, nur von einem Auto mit Radioantenne gefolgt, friedlich aus dem Fenster guckend reisen sah, ist er Tiziano aufgeschlossener, zugänglicher als die üblichen »Kaiser« erschienen, von denen Mao der letzte war – und ihm ist ein Gedanke gekommen. Am Tag darauf hat er ihm auf chinesisch einen Brief geschrieben, ihn an die Begegnung auf der Straße erinnert und um ein Gespräch, ein freies, natürliches Gespräch gebeten. Diesen Brief wollte er ihm aber nicht über den üblichen bürokratischen Weg des Außenministeriums zukommen lassen. Statt dessen hat er sich auf sein Rad geschwungen und ist zu der kleinen, unscheinbaren Hutong in die Weststadt gefahren, in der der Generalsekretär wohnt. Die Adresse hatte ihm einmal jemand zugeflüstert.

Die Hutong war leer. Nur ein Alter hockte auf der Straße vor einem größeren Haustor. Tiziano hat ihn als einen Polizisten mit Radio erkannt und ist zu ihm hingegangen: »Gib ihm diesen Brief«, hat er gesagt. »Ich bin der Korrespondent des ›Spiegel‹.«

»Nein!« hat der nach kurzer Sprachlosigkeit geantwortet. »Gib ihn in Zhong Nan Hai ab!« (Dem offiziellen Sitz der Regierenden, in der neuen Verbotenen Stadt.)

Tiziano hat gemerkt, daß die Gasse sich bevölkerte, daß aus allen Toren Männer herauskamen, die schnell auf ihn zugingen. Daraufhin ist er wieder auf sein Rad gestiegen – und sie haben ihre Schritte verlangsamt, als sei nichts gewesen.

»Ich habe etwas angerichtet«, stellte er fest, als er wieder zu Hause war. »Nun wird man um seine Sicherheit fürchten. Seine Adresse ist ein Staatsgeheimnis. Man wird in Aufruhr sein. Wenn ich die Adresse weitersagte, dann müßte er womöglich umziehen . . .«

Was tun? Tiziano beschloß, den Brief sofort beim Außenministerium abzugeben und in einem weiteren Schreiben die schlichte Wahrheit zu bekennen: »Heute morgen habe ich versucht, diesen Brief selber abzuliefern, aber . . .«

Danach: wochenlanges Schweigen. »Mein Brief ist im Papierkorb gelandet«, meinte Tiziano. Dann, gestern, ein Anruf vom Ministerium: »Generalsekretär Hu Yaobang hat Ihren Brief bekommen, hat ihn gelesen und dankt Ihnen. Im Augenblick ist es ihm nicht möglich, Sie zu empfangen, aber er wird sehen, was sich machen läßt . . .«

Hu Yaobang hat mitgespielt. Er hat sich amüsiert. Vielleicht ist er ein Mann mit ein bißchen Phantasie.

1. Dezember 1982

Wir kommen zurück von einem Abend bei Wu Zuguan, einem der »führenden Intellektuellen«.

Wie ein Deus ex machina ist auch Bai Hua nach dem Abendessen dort aufgetaucht. Schwarzer Rollkragenpullover, graues Haar, schalkhaftes Gesicht. Gebrochen ist er nicht, aber auf einen Kompromiß hat er sich eingelassen: Er ist soeben aus Wuhan zurückgekehrt, wohin er verbannt worden war. Jetzt soll er sein neues Theaterstück – über einen Kaiser der fernsten Vergangenheit! – in Peking inszenieren. Man hat offensichtlich gewollt, daß wir und Liu, der Photograph der Presseagentur AP, ihn in dieser seiner neuen Form wiedersehen und photographieren.

Die Wohnung von Wu Zuguan ist sehr groß, alle Möbel sind neu. In einer Glasvitrine steht der Kitsch, den sich jeder gebildete Chinese heute kauft: Eiffelturm, Venus von Milo, Walt Disneys Mickymaus, Tänzerinnen der »ethnischen Minderheiten« . . . Auf Tischen und Regalen aber auch viele Bücher und an der Wand eine von Qi Bashi gemalte Glyzinie.

Bei Tisch Gespräche über Essen – wo man es kauft, wie man es zubereitet, wozu und wann man es ißt. Ein Bauernmädchen aus der Provinz Anhui trägt die Gerichte auf. Tiziano findet sie vorzüglich, und Wu Zuguans Frau, die Opernsängerin Xin Fengxia, befiehlt ihr ironisch: »Der Onkel lobt dich, sag: Danke, Onkel!«

Xin Fengxia, die seit der Kulturrevolution gelähmt im Rollstuhl sitzt, hat jetzt ihre »Erinnerungen« an die schlimmen Zeiten vor der Befreiung veröffentlicht – Erinnerungen an die Zeiten danach sind nicht erlaubt – und ist dafür in den nationalen Schriftstellerverband aufgenommen worden. Auch läuft in der Stadt das Theaterstück, mit dem Wu Zuguan in den dreißiger Jahren debütierte: Trostpreise für vergangene Leiden, aber keine Ermunterung zu etwas Neuem.

Mit uns am Tisch sitzt auch der Vizepräsident des chinesischen Photographenverbandes und zeigt uns seine veröffentlichten Werke: photographische Fassungen der Traumlandschaften, in denen sich Chinas Maler seit Jahrtausenden üben. Von keinem dieser Schriftsteller und Künstler ein Wort, ein Bild, das sich auf die heutige Zeit bezöge.

Als Bai Hua dazukommt, umarmt er uns und erinnert uns an unsere vergangenen Treffen. Er lacht über sich selbst, läßt sich aber nicht von uns nach Hause fahren und will auch keine neue Verabredung mit uns treffen. Alle bitten uns dagegen, ihre Werke in unsere Sprachen zu übersetzen, in der Hoffnung vielleicht, daß sie sie eines Tages ins Ausland begleiten dürfen.

Oft bleiben wir lieber zu Hause. In einer Ecke unseres Zimmers steht jetzt ein alter Haustempel aus geschnitztem Holz, wie ihn viele chinesische Familien früher besaßen, um ihre Ahnentafeln darin aufzuhängen. Vor dem vergoldeten Buddha in seinem Inneren raucht der Weihrauch. Die Chrysanthemen lassen ihre weißen oder lila Köpfe vor den Fenstern hängen. Der Hund schläft. Die Fische schimmern im Aquarium. Das Vögelchen sieht sich im Zimmer um. Später, wenn es still ist und wir lesen, fangen die Grillen mit ihren trillernden Atemzügen an. Wenn dann der Schnee dazu in Flocken auf den Hof fiele, wäre der einst so beliebte Gegensatz zwischen der abgestorbenen Natur und dem warmen, belebten Zimmer wiederhergestellt.

Wo Drachen und Götter tanzen

Chengde, 3. Dezember 1982
Wir sind in Chengde, dem alten Jehol, in den Bergen hinter der Großen Mauer, wo in den Sommern des 18. Jahrhunderts zwei große Mandschu-Kaiser jagten und regierten.

Fünf Stunden Bummelzug durch das graue Wellenmeer der abgeholzten Berge, und man kommt zu diesem hohen Tal. Auf unseren Fahrrädern bahnen wir uns unseren Weg durch die vermummte Menschenmasse, die vom Bahnhof zum Städtchen trabt. Die Luft ist eisig, aber wir sind warm verpackt, und die Sonne scheint.

Das Gästehaus, der kaiserlichen Residenz gegenüber, ist der übliche graue, ungastliche Kubus. Ein in Zigarettenrauch gehüllter Mann schlurft durch die Korridore, scheucht gelangweilte Angestellte aus drei Zimmern auf und weist sie uns zu. Wir stellen unsere Taschen hinein, steigen wieder auf unsere Räder und begeben uns auf Entdeckungsfahrt durch die Täler, bevor die Sonne untergeht.

In Jehol, wie Chengde früher hieß, führten die Kaiser Kan Xi und Qian Long einen Teil ihrer Außenpolitik, denn hier kamen im Sommer ihre mongolischen und tibetanischen Vasallen an, die in anderen Jahreszeiten die weiten Wüsten nicht durchqueren konnten, und entrichteten dem Kaiser von China ihren Tribut. Diesen Vasallen zu Ehren hatten Kan Xi und Qian Long große Klöster um ihre Residenz herum gebaut: fünf im Tal der Löwen, drei im Tal des Jehol-Flusses und eines, mit dem größten Buddha der Welt, da, wo sich die beiden Täler treffen.

In Jehol hat 1793 der alte Qian Long zum ersten Mal einen Gesandten seines »entfernten britannischen Untertans«, Lord Macartey, empfangen. Er war der erste Botschafter, der einem chinesischen Kaiser ins Gesicht sehen durfte, und der erste Mensch, der es verweigert hat, sich vor ihm auf die Erde zu werfen. Die Begegnung, die stattfand, als China auf dem Höhepunkt seiner Macht stand, war der Auftakt zum Einzug der Ausländer in China, der zur Schwächung des Kaiserreiches und zu seinem Ende führte.

Nördlich der kaiserlichen Residenz, in den kahlen Bergen des Tals der Löwen, liegen zwei große tibetanische Klöster wie zwei kubische, weinrote Festungen, die sich der Welt verschließen. Das eine ist der

»Kleine Potala«, das andere der »Reisepalast«, wo der tibetische Dalai Lama bei seinen Reisen nach Jehol residierte. Zehn Reihen von Fenstern weist die Fassade des Potala auf – aber sie sind blind. Zwei steinerne Elefanten in natürlicher Größe halten vor ihm Wache – aber ein Eingangstor gibt es nicht. Eine steile Außentreppe steigt an der Fassade hoch und von oben wieder hinunter in einen eisigen Innenhof.

Diese tibetanischen Klöster sind wie Hüllen um eine Leere herum, in die ein Schrein gesenkt ist, der – nur den Vögeln in den Lüften sichtbar – unenthüllbare Geheimnisse enthält. Im Potala ist dieser Schrein ein »Goldpavillon«, eines der Weltwunder, von dem für die Weltausstellung in Chicago 1933 eine Kopie verfertigt wurde. Hoch oben, auf den vier Ecken der Hülle, stehen vier Pagoden, die von dort aber nicht über einen Schloßherrn, sondern über ein Geheimnis wachen, das sie vor der menschlichen Neugier beschützen.

Die Zellen, die diese Fassade von innen ausgefüllt haben, sind eingestürzt, Teppiche, Buddha-Statuen und tibetanische Schriften sind verschwunden, aber im Halbdunkel einer kleinen Stupa im Hof reitet noch eine gewaltige bronzene Kridevi, die Beschützerin Lhasas und Tibets. Sie reitet auf einem Esel, von einem Ungeheuer geschoben und von einem anderen gezogen, und lacht, ihr Haupt von Totenköpfen gekrönt.

Der »Reisepalast« umschließt einen Pavillon, auf dem vergoldete Drachen tanzen. Einige Glöckchen klingeln noch an den Ecken des Daches. Sonst ist alles leer, nackt und großartig.

Die Soldaten der Befreiungsarmee, die in diesen Klöstern hausten, sind zum Teil in eine neue Kaserne umgezogen, zum Teil noch hier. Während wir wieder davonradeln, ruft ein Lautsprecher dringlich »den Soldaten Liu! den Soldaten Liu ans Telephon!« und spielt dann seine sozialistischen Lieder weiter, die uns durchs Tal verfolgen.

Um sechs Uhr wird es dunkel und kalt, aber es entzündet sich keine Lampe. Wir radeln zwischen offenen Abzugsgräben und Röhren, zwischen Fahrrädern und Karren, frierenden und eiligen Schatten zurück zum Gästehaus.

Aus einer Gruppe Chinesen, die da im Gang reden, tritt ein älterer, staubiger Bauer mit Pelzkapuze und wendet sich an die Kinder.

»Woher kommt ihr?« fragt er sie auf chinesisch.

»Aus Italien.« Dann, der ewig gleichen Fragen und Antworten müde, fragen sie ihn zum Spaß: »Kennen Sie Italien?«

»Ja, ich kenne es«, antwortet der Mann in schönem Italienisch. »Vor vierzig Jahren lebte ich da, als ich im Vatikan studierte.«

Die Kinder sind sprachlos. Der Mann ist ein Geistlicher, vielleicht ein Bischof. Er hat dreizehn Jahre Zwangsarbeit hinter sich und ist jetzt in Chengde, um sich mit anderen Christen zu treffen und seine Gemeinde wiederaufzubauen. Nicht in Chengde, sagt er, aber in der Umgebung gibt es noch viele Christen.

Sie waren während der Christenverfolgungen unter Kaiser Jia Qing (1796–1821) hinter die Große Mauer, in diese Berge geflüchtet. Missionare hatten sie wieder zusammengebracht und von hier aus die Mission von Peking geleitet. Von hier hatte sich 1844 auch Pater Huc auf seine bekannte »Reise durch die Tatarei und Tibet« (»Voyage de la Tatarie et du Tibet«) begeben.

»Diese Begegnung war die ganze Reise wert!« ruft Folco, als ihm klar wird, daß durch dieses Tal, durch das jahrhundertelang die Verbindung zwischen China und Zentralasien gegangen war, nicht nur Bären- und Tigerjäger, nicht nur Pferdezüchter und Kameltreiber gelaufen waren, sondern auch Männer, die kamen, um China zu erobern, oder solche, die aus ihm flüchteten.

Auf unserer Suche nach einem Eßlokal landen wir in einer alten muslimischen Kaschemme mit krummen Holzwänden und zerbrochenen Fensterscheiben, die, von der Zeit vergessen, an der neuen Hauptstraße liegt. Wie die Mongolen auf ihrem Weg erwärmen wir uns an dem »heißen Topf«, der in der Mitte eines jeden Tisches steht. Ein alter arabisch aussehender Mann schiebt uns zu einem Tisch hin, den wir uns mit zwei Lastwagenfahrern teilen. Wir werfen dünne Fleischscheiben ins Wasser, das im Topf kocht, tun Kohlblätter und Reisnudeln dazu, und tauchen das, was wir mit unseren Stäbchen herausfischen, in eine dicke schwarze Sauce. Tiziano gießt Maotai, den chinesischen Aquavit, in die Gläser unserer Tischgenossen, und die trinken, zeigen uns den Boden ihrer geleerten Gläser und wenden sich ratlos an Liu: »Es sind die ersten Ausländer, denen wir begegnen. Sie scheinen anständig zu sein. Was können wir für sie tun? Sollen wir sie morgen auf unseren Lastwagen spazierenfahren?«

4. Dezember 1982
In der Nacht kommt Nordwind auf, und wir frieren in unseren Betten. Heute morgen trübt nichts mehr die gläserne Klarheit des Blaus, aus der die Sonnenstrahlen wie goldene Pfeile schießen.

Wir schieben unsere Räder die grauen, nackten Hügel längs des Jehol-Tals hinauf bis zu den Klöstern in halber Höhe. Der Wind schneidet, er fährt durch uns hindurch; es zieht uns in den Windschutz der Tempel, aber Tiziano treibt uns hoch und immer höher, bis zum »Hammerschaft«, einem Felsen, der wie ein erhobener Finger in den Himmel ragt. Der Blick geht bis ins Unendliche, und Folco zeichnet, in dicke Schals gehüllt, die gelben Kuppeln, die in alle vier Himmelsrichtungen davonrollen.

Vor dem weiten Panorama zu unseren Füßen fällt uns plötzlich etwas Seltsames auf: Jeder Tempel, den wir bis jetzt besichtigt haben, ist die Kopie eines anderen, der anderswo steht. Der Potala ist die Kopie des Potala von Lhasa, die kleine Pagode hinter dem »Reisepalast« ist die Kopie der Pagode in den Duftenden Hügeln, das Kloster zu unseren Füßen enthält einen Tempel, der wie der Himmelstempel aussieht.

Wie war Jehol gedacht? Als Anthologie? Als Museum? Als Akademie? Wer war Kaiser Qian Long?

Der Mann fasziniert mich. Er war ein Mandschu, mit dem Blut von Kriegern und Nomaden, und stand wie vom Blitz getroffen vor der Kultur des Landes, über das er regierte. Chinas Größe hat er erkannt, wie es vielleicht nur ein von außen Kommender, ein Ausländer, vermag, und er hat die siebzig Jahre seiner Regierung dazu benutzt, um es zum letzten Mal groß und ruhmreich zu machen.

Qian Long war wohl der erste moderne Chinese. Er war der erste, der China mit der Neugier und der Bewußtheit eines Sammlers durchreist hat. Es gibt keine Stadt, kein Kloster und keinen heiligen Berg, wo Qian Long nicht gewesen wäre, wo er nicht eine riesige steinerne Schildkröte mit einer Stele hinterlassen hätte, die an seinen Besuch, sein Staunen und an die Großzügigkeit erinnert, mit der er den Ort wiederherstellen ließ.

Er stellte die größte Bibliothek der Welt zusammen. Das meiste ist verschwunden, aber wenigstens sind uns die Listen, die Annalen, die Kataloge, die in seinem Reich angelegt wurden, geblieben. Andererseits war er der erste, der die chinesischen Literaten grausam verfolgte, denn er fürchtete die umstürzlerische Macht des geschriebenen Wortes und wußte, wie die Han die Mandschu haßten.

Von den Frauen und Männern, in die er sich verliebte, war es Ho Shen, ein Han-Junge aus dem Volk, der zu großer Macht aufstieg und Laster und Korruption in den Hof der Mandschu einführte, an denen das Kaiserreich schnell zugrunde ging.

Auf abenteuerlichen Pfaden fahren wir auf unseren Rädern den Berg wieder hinunter durch das trockene Flußbett des Jehol und weiter bis zum Tempel des Großen Buddha.

Dort sitzen in drei Pavillons 196 Lohan-Statuen in natürlicher Größe. Sie sitzen in verschiedenen Stellungen an den Mauern entlang, meditieren, grinsen oder unterhalten sich untereinander mit einer unerwarteten, ansteckenden Lebhaftigkeit. Einer versucht offenbar, sich aufrecht zu halten, ein anderer scheint trunken zu sein und torkelt, einer spielt fieberhaft auf der Mandoline: 508 davon standen früher in einem Tempel am Ende des Tals der Löwen, der inzwischen abgebrannt ist.

Der Schatten über dem Hof wird grau und lang, und der riesengroße Buddha mit seinen langen Ohren und den 42 Paar Armen, welche die 42 Geschenke für die Menschheit tragen, verliert sich in der Dunkelheit. Fröstelnde Männer scharen sich um Tiziano, der das Buch »Jehol« des schwedischen Entdeckers Sven Hedin konsultiert. Sie haben die Lohans ohne Vorbilder, nur auf Grund der Erinnerungen einiger Alter restauriert und merken jetzt vor den Photos Sven Hedins, daß sie manche Bewegungen und Winkel der Finger falsch gemacht haben. Wir versprechen ihnen eine Photokopie des Buches, und sie erlauben uns, auf einer Holztreppe bis zum Dachfirst hinaufzusteigen, um den riesigen Kopf des Buddhas aus der Nähe zu besehen.

5. Dezember 1982

Hohe Pinien werfen einen dunklen Schatten auf die Flucht der kaiserlichen Höfe. Die Gemächer wurden während der letzten Jahrzehnte ausgeraubt. Auf den Seen im Park laufen die Leute von Chengde Schlittschuh. Ein einziger bemalter Pavillon spiegelt sich noch im Eis. Von den »72 Lustorten«, die Kan Xi und Qian Long erbauen ließen, ist kaum noch etwas da. Der Park ist verwildert, Soldaten durchstreifen ihn in Gruppen.

Unter den welken Blättern entdeckt Tiziano das Pflaster der alten kaiserlichen Straße. Auf ihr schieben wir unsere Räder ächzend bis oben auf den Nordhügel hinauf. Ein Alter öffnet uns das Portal in der Einfriedungsmauer. Wir werfen unsere Räder ins Gras. Noch zwei Schritte – und vor uns liegt die riesenhafte Weite dieser einst kaiserlichen Welt.

Die Abfahrt ins Tal der Löwen ist halsbrecherisch. Es ist schwer, die Fahrräder zu bremsen, schwer, das Flußbett zu durchqueren, das nur teilweise vereist ist. Unten die Reste anderer Klöster. Im Dämmerlicht ihrer verriegelten Pavillons reiten Göttinnen auf Löwen, sitzen Buddhas wie abwartend im Staub, rollen riesige Torwächter die Augen. Gelächter der einen, Geschrei der anderen, Schweigen und Majestät der Götter …

Um zwei Uhr sitzen wir wieder auf »harten Sitzen« im Zug und schaukeln in Pekings Ebene zurück. Graues, kaltes Licht. In der Dunkelheit Lius Stimme: »Darf ich dich fragen, Tiziano, warum du dich so sehr für Chinas Kultur interessierst?«

»Aus Enttäuschung über den Sozialismus. Ich hatte gedacht, in China einige Antworten auf die großen Probleme der Menschheit zu finden. Es ist eine Täuschung eurer Propaganda gewesen. Also habe ich sie statt in der Gegenwart in der Vergangenheit gesucht, und dort, in der Kunst und in der Geschichte, habe ich ein wahrhaft großartiges China entdeckt.«

»Als ich Student war«, fährt Liu fort, »dachte ich, China hätte keine Kunst, denn die Bilder, die man uns zeigte, die Bücher, die wir lesen mußten, alles kam aus dem Westen. Chinesisch waren nur der Feudalismus, der Aberglaube und die Schande. Erst jetzt, durch diese Reisen, fange ich an, unser Land und seine Größe zu verstehen.«

»Wenn China von diesem Kurs nicht abgekommen wäre, wäre es untergegangen.«

Mehr als nur ein neues Jahr

3. Januar 1983

Weihnachten stand unter dem Zeichen von Fou Ts'ong und seiner Familie, seinen Konzerten und denen von Patsy Toh, seiner Gefährtin. In letzter Zeit sprechen wir mit ihm nicht mehr über China. Wir sprechen über das Hofhaus, das er sich kaufen und Tiziano von ihm mieten möchte. Wir stellen uns vor, wie es einzurichten wäre, wie Tiziano dort, im Schatten der Verbotenen Stadt, abends nach Hause käme und endlich in Peking als Chinese und nicht mehr als Fremder lebte.

Für mich geht die Zeit hier zu Ende. Nächsten September müssen Folco und Saskia wieder in Hong Kong in die Schule gehen. Wenn alles gut geht, werden einige unserer chinesischen Freunde schon vorher abgereist sein. Im Augenblick werden Ausreisevisa vergeben.

Silvesterempfang in der amerikanischen Botschaft: Wir alle aus dem Diplomatenghetto waren da. Habe Mike Morrow wiedergesehen, mit dem wir in Vietnam viel zusammen waren. Es ist ihm gelungen, einen Pavillon der Verbotenen Stadt zu mieten, um dort Gerät für Erdölbohrungen auszustellen. Er beurteilt Chinas Zukunft optimistisch: »China kann keine Demokratie verkraften, es würde daran zugrunde gehen. Hier muß die Freiheit dem Grad der wirtschaftlichen Entwicklung angepaßt sein.«

»Es ist das traurigste Land, das ich kenne«, sagt ein junger amerikanischer Psychiater, der seit zwei Jahren hier an einem Krankenhaus arbeitet und neben uns steht. »Jeder hat eine traurige Geschichte zu erzählen. Niemand mag sein Leben. Alle wollen fort. Die, die hierbleiben, sind um so trauriger, weil sie uns kennengelernt haben.«

Ein japanischer Diplomat, auch er früher in Vietnam, schlägt mir zur Begrüßung auf die Schulter: »Wer Saigon vor der Befreiung kannte, der kannte etwas, von dem andere nichts wissen«, sagt er. »Keinem von uns ist es gelungen, dies zu vermitteln. Heute verstehen die Vietnamesen nicht, warum die Welt sie nicht mehr liebt ... Das Fleisch ist am besten, bevor es verfault, die Kerze brennt am hellsten, bevor sie erlischt«, fügt er geheimnisvoll hinzu.

Nach Mitternacht verlasse ich das große Fest bei Vicky Graham, die all ihre Teppiche ausgebreitet hat, damit hundert Gäste darauf trampeln, und wo Botschafter, Journalisten und sogar Saskia tanzen. Ich gehe nach Hause – nach nebenan –, wo Folco allein mit seinem Computer Schach spielt und Baoli ihm zu Füßen sitzt, hole mir den Hund und laufe mit ihm durch die leeren Straßen der Stadt, die dieses Fest nicht feiert. Afrikaner, die auch nicht feiern, aber große Lust dazu hätten, kommen uns entgegen und bändeln mit Baoli an. Die Botschaften liegen dunkel in ihren Gärten. Der Mond ist beinahe voll. Plötzlich der Lärm von jungen Chinesen, die aus einer Gasse in die Changan einbiegen: »Cao ni ma bi, lao tor! Wo bu pa ni!« (Rutsch mir den Buckel runter, alter Mao! Ich hab' keine Angst vor dir!)

5. Januar 1983

Ganze Abende mit unseren Buchern. Ihre Gesellschaft gehört zu den besten und fasziniert uns immer mehr. Die Ausländer, die in der ersten Hälfte dieses Jahrhunderts nach China kamen, wußten, daß sie das letzte große Geheimnis der Erde aufdeckten. Ihre Verwunderung muß ungeheuer gewesen sein.

Sven Hedin erforschte auf dem Pferd die Mongolei; Legge, Arthur Waley und Marcel Granet interessierten sich für die mythischen präkonfuzianischen Zeiten der Balladen und Lieder; Segalen kam als Schiffsarzt und entdeckte die Plastiken alter Kaisergräber; Pelliot und Lecocq arbeiteten sich von Turkestan aus durch die Wüste Gobi voran bis zu den buddhistischen Grotten von Dunhuang. In Peking gründeten die Jesuiten, die als einzige seit Matteo Ricci eine Tradition in chinesischen Studien besaßen, die Academia Serica. Andere, einfache Reisende, Missionare, Diplomaten und Händler, notierten in ihren Tagebüchern Einzelheiten über das tägliche Leben, taten das, was wir aus dem

Westen immer tun: Sie machten vor dem geöffneten Grab ein genaues Verzeichnis seines Inhalts, bevor er in der frischen Luft zerfiel und verflog.

In der Zeit seines Verfalls war China kaum noch begehbar. Banden von hungrigen Bauern, von verabschiedeten Soldaten, von erbosten Mönchen und rauflustigen Bettlern durchstreiften es. Es gab kein Gesetz, keine Ordnung mehr. Kriegsherren herrschten mit Gewalt.

In Chengde traf Sven Hedin auf Mönche, die, seit kein Kaiser sie mehr beschützte, von Tempelbesuchern Almosen erpreßten. Verbrecher, die die Kutte angelegt hatten, um dem Gesetz zu entwischen, hatten sich unter sie gemischt, und auch Bauern wurden in schweren Zeiten zu Banditen.

Der schwedische Kunstsammler Karlbeck durchquerte Mittelchina auf der Suche nach einer uralten Stadt, die er endlich zur Hälfte bewohnt, zur Hälfte unter Wüstensand begraben fand. Vom Wind getragener Sand, den kein Baum mehr aufhielt, hatte sich über ganze Provinzen gelegt. Gespenstische Karawanen von Bauern zogen an ihm vorbei – wohin, konnte er nicht sagen, denn ganz Mittelchina sah ähnlich aus.

In den dreißiger Jahren begannen die ersten Nester des Widerstands gegen die Japaner, in den vierziger Jahren der Bürgerkrieg zwischen Kommunisten und Kuomintang. Die westlichen Forscher fuhren fort zu reisen, zu messen, zu photographieren, zu katalogisieren, zu klassifizieren und standen erst am Anfang einer riesigen Arbeit, als Mao sie 1949 hinauswarf und das Land für sie verschloß.

Nach Maos Tod hat sich China der Welt wieder geöffnet. Auf ihrer Bühne stehen nun Arbeiter, Partei und Kommunismus. Die neuen westlichen Forscher interessieren sich also dafür. Vom alten China ist fast nichts mehr da, die Kommunisten haben es ausgemerzt, sie haben China von allem Alten »gesäubert«. Ohne die Arbeit jener ersten Reisenden und Gelehrten wären uns also nicht einmal mehr seine Spuren geblieben; ohne ihre Photographien würden uns die Bilder fehlen; ohne ihre Beschreibungen die Worte, die Klänge, die Gerüche von vielen Dingen.

10. Januar 1983
Mir kommen Zweifel: Wie, wenn China in seiner unermeßlichen, unmoralischen Weisheit eine entgegengesetzte Richtung einschlüge als die, die es vorgibt? Wenn es sein System veränderte unter dem Vorwand, es beizubehalten?

Man spürt überall eine seltsame Gärung, die auch in den Zeitungen zutage tritt, in denen von nichts als Neuerungen und neuen Initiativen die Rede ist, als wollten sie sagen: Los, rührt euch! Gebraucht eure Muskeln! Helft euch selbst!

Arbeitslose junge Leute – in China gibt es Millionen davon – traben durch die Stadt, kaufen hier, verkaufen da, handeln mit abgelegten Wintermänteln, Schuhen, Brillen, Handtaschen und liefern ihre Bündel an Sammelstellen ab. Andere, »mit akademischem Titel«, züchten zu Hause Hühner, verkaufen Eier und werden von diesem kleinen Privathandel viel wohlhabender, versichern die Zeitungen, als durch Arbeiten der »Eisernen Reisschüssel«. Auch die Vogelmärkte, die wieder einmal mit großen Schildern verboten worden waren, haben am Sonntag wieder aufgemacht.

Deng Xiaopings neues Schlagwort: »Überwindet die Bürokratie!«, wird begierig zur Kenntnis genommen. Wenn trotzdem das meiste noch im stillen vor sich geht, so ist das, weil sich in diesem Lande des »bian hua«, des Umschwenkens, ein jeder fragt: »Und in Zukunft? Werden die, die sich heute selbst beschäftigen, später nicht wieder angegriffen werden? Wird die Parteipolitik nicht noch einmal umschwenken?«

»Unserer neuen Verfassung gemäß«, lautet die offizielle Antwort, »ist die Selbstbeschäftigung eine korrekte Produktionsweise.«

Diese Verfassung ist im Dezember verabschiedet worden und hat Dengs Politik zum Gesetz gemacht. Vierhundert Läden in Pekings Geschäftszentrum und sogar der Freundschaftsladen sollen sich vom »Großen-Pott-System« auf »Eigenverantwortung« umstellen.

»Unser Hauptziel ist es, den ›Großen Pott‹ zu zerstören, uns von der Zwangsvorstellung der ›Eisernen Reisschüssel‹ zu lösen, die aus jeder Anstellung eine lebenslängliche gemacht hat, unabhängig von der individuellen Leistung.« Chinas katastrophale wirtschaftliche Lage, heißt es, entstamme einem »Mangel an Vitalität, den veraltete, egalitaristische Verfahren verschuldet haben«.

Dies sind revolutionäre (oder reaktionäre) Worte, denn die »Eiserne Reisschüssel« – eben auch »Großer Pott« genannt, weil in jeder Einheit alle gleich viel daraus entnahmen – galt bis jetzt als eine der wichtigsten Errungenschaften des Maoismus. So könnte Deng Xiaoping als der Politiker in die Geschichte eingehen, der China von Maos Experimenten befreite.

Ohne sich ins Rampenlicht zu stellen, ohne einen Vorrangposten für sich selber zu beanspruchen, ohne seine Kritik am marxistischen System auszusprechen – es im Gegenteil immer wieder bejahend –, ist er imstande, die Organisation der Partei (die einzig brauchbare Erbschaft, die Mao ihm hinterlassen hat) zur Liberalisierung der chinesischen Wirtschaft zu benutzen.

Dieselben Leute könnten an der Macht bleiben, aber an einer anderen Sorte Macht. Derselbe Parteiapparat könnte im Mittelpunkt der Gesellschaftsordnung bleiben, aber mit neuen Funktionen. Hinter dem Schild des Marxismus eine kapitalistische Wirtschaftsform im Land einführen zu wollen, das wäre ein Plan, der eines alten Chinesen würdig wäre. In diesem Rahmen brauchten Hong Kong und Taiwan auch nicht verschluckt, bestraft, »shanghaiisiert« zu werden, sondern könnten China als Vorbild dienen und es schließlich wie eine Lokomotive in das Zeitalter der Technik ziehen.

Während es vor einem Jahr noch so schien, als bestünde nach den zu vielen Fehlern keine wahre Hoffnung mehr für China, so gibt es diese Hoffnung jetzt, und China setzt sich wieder in Bewegung.

»Peking ist noch gar nichts!« sagt Tiziano. »Du solltest den Süden sehen!«

27. Januar 1983
Wir haben einen von denen kennengelernt, die beschlossen haben, sich selbst zu helfen. Im Augenblick malt er Saskias Porträt. Jeden Abend holt ihn einer von uns am »Ghetto«-Tor ab, bringt ihn in die Wohnung und begleitet ihn, wenn die Sitzung beendet ist, wieder hinaus – unter den immer mißtrauischeren Augen der Soldaten. Saskia sitzt ihm im Nachthemd, mit offenem Haar, Modell und spielt im Schein zweier Kerzen Klavier. Warum so? Weil es ihn an sein Elternhaus erinnert, wie es vor der Kulturrevolution war.

Er ist ein »neuer« junger Mann aus alter Familie. Sein Großvater wurde von den Rotgardisten vor seinen Augen umgebracht, weil er sich den Eindringlingen mit Waffen aus der eigenen Sammlung entgegenstellte. Von angeborener Eleganz und mit einem Hang zum guten Leben, beherrscht er die verschiedensten Fertigkeiten und lebt davon, daß er anderen zur Hand geht. Sein Traum ist, sich mit eigener Hand ein kleines Haus zu bauen, auf einem Feld, das ihm ein Bauer verpachten will. Er will sich auch ein Pferd kaufen. In der Mongolei, sagt er, sind Pferde billig, und wenn er kräftig reitet, könnte er in zehn Tagen zurück in Peking sein.

Sein Geld verdient er sich, indem er Motorräder für Kadersöhne repariert. Autofahren kann er auch – für gewöhnlich können das nur Soldaten, aber wer weiß, was er in seinem Leben schon alles mitgemacht hat; er leiht sich hin und wieder eines von einer Arbeitseinheit aus, um einen Bauern damit zur Hochzeit zu fahren. Die Bauern haben jetzt Geld und stellen junge Städter zu solchen Diensten an. Letzten Sonntag hat er eine Bauernbraut zum Haus ihres Bräutigams gefahren. Sie hat ihm leid getan, denn sie hat die ganze Zeit geweint. Das Haus, vor dem er sie abgesetzt hat, war auch wirklich eine finstere Höhle, sagt er, während das, aus dem sie kam, recht anständig aussah.

In seiner Freizeit malt er, liest Gedichte und verkehrt mit Ausländern; eine ungewöhnliche Art zu leben. Keiner unserer chinesischen Freunde kann sich erlauben, als freier Mann zu existieren, das heißt, ohne einer Arbeitseinheit anzugehören. Sie stehen ihm deshalb argwöhnisch gegenüber. Doch wird es wohl auch hier Originale, Exzentriker geben, Leute, die keine Lust mehr haben, niemals etwas zu riskieren, immer nur Angst zu haben.

Ausflug auf die Philippinen

17. Februar 1983

Wir kommen aus einer bunten Welt zurück, wo Palmen über dem Verkehr von »Jeepneys« wedeln und die Bevölkerung morgens in T-Shirt und Bluejeans aus den Baracken kriecht, um sich ihr Leben zum Klang von Liebesliedern zu verdienen.

Im Manila-Hotel, das die Amerikaner in den Tagen ihres Kolonialismus bauten, besprechen sich Geschäftsleute auf ins Schwimmbassin versenkten Hockern, während auf der anderen Straßenseite, in den schummrigen Bars von Ermita, Mädchen aus der Provinz sich aus Hunger verkaufen.

Die Menschen auf den Philippinen sind arm, geprägt von malaiischen, chinesischen und arabischen Seefahrern und dreihundert Jahren spanischer Herrschaft. Sie leiden unter ihrer Bürokratie, ihrem Katholizismus und achtzig Jahren amerikanischen schlechten Geschmacks. Sie reden in Dialekten, die in ungrammatikalisches Englisch übergehen, haben von den Spaniern die »Grandezza«, von den Malaien das heiße Blut geerbt – aber sie sind frei, so frei, wie es in China niemand mehr ist.

Wir sind in gleißender Sonne über das blaue Meer und grüne Inseln geflogen, auf dem Dach eines Jeep-Busses, zwischen Hühnern und Gepäckstücken sitzend, durch den hellen Schatten tropischer Bäume gefahren, vorbei an luftigen Holzhäusern, Bougainvillea und Topfpflanzen und haben überall einen Sinn für Ordnung, für Schönheit, für das Private entdeckt, wie es ihn in China nirgends mehr gibt.

Ein Motorboot fährt uns zu einer Insel, deren alte Häuser und Forts aus den Zeiten der spanischen Seefahrer stammen. Wir wohnen in der Villa des Bischofs. Frühstück am Marmortisch des Refektoriums, Mittagessen auf der Loggia, Abendessen vor der weißen Säulenbalustrade der Terrasse – vor uns die Mangroven und das klare blaue Meer.

Die Sonnenuntergänge sind mangofarben – wie ich sie noch nie gesehen habe. Im schweren Gold der Atmosphäre erscheint Venus und kehren die Katamarane mit ihren Segeln wie schwarze Vögel vom Meer zurück. Dann färbt sich der Himmel lila, dunkelblau und schwarz, und durch die Fächer der Palmen werden allmählich die Sterne sichtbar, in den gewohnten, aber auf den Kopf gestellten Bildern.

Vom Bischof angestellte Brüder und Schwestern leiten das Haus, pflanzen und bewässern nach seinen Anweisungen und berichten ihm von den Teufeln, die die Insel heimsuchen, weil sie zu lange ohne Pfarrer geblieben war. In der Dunkelheit bringt sein motorisiertes Dreirad uns in das Städtchen, zu Susan's Bar.

Die Marktfrauen sitzen nachmittags schläfrig hinter ihren aufgetürmten Waren. Gefangene schauen aus den Gitterfenstern des kleinen Gefängnisses auf die alte spanische Kathedrale. Wenn die Männer vom

Meer oder von den Marmorbrüchen zurückkommen, tauchen sie in das Dämmerlicht des Marktes und betrinken sich mit »yuga«.

Jeden Morgen wartet ein Teil der Bevölkerung auf der Mole, daß einer der Reichen des Dorfes sie für eine Stunde oder einen Tag anstelle. Das Leben des Städtchens liegt in den Händen von sicherlich korrupten, aber geschickten Würdenträgern. Der Priester, der Arzt, der Notar, der Bürgermeister und Herr Tan, der chinesische Kapitalist, sie alle spielen ihre Rolle. Hier sind es noch die Verwandten, die Freunde, die Bekannten, die einem im Leben weiterhelfen; hier tut noch einer dem anderen einen Gefallen, den ihm dieser dann schuldig ist.

Dann kommt der Sonntag, die Messe und der Hahnenkampf in der Arena. Gestreichelt von ihren Besitzern, die sie gemästet, abgerichtet und spazierengetragen haben, starren sich die Hähne gegenseitig an, die scharfe Klinge am Bein. Auf den Rängen des kleinen Kolosseums schnellen die Männer empor, schreien ihre Wetten, und der Kampf beginnt – und endet mit einem zerfetzten Hähnchen. Schon krähen die nächsten im Arm ihrer Besitzer. Riesige Summen werden in wenigen Sekunden verspielt.

»Ich habe gehört, der Italiener hat hoch gewettet und auch gewonnen«, sagt Susan, als wir uns abends in ihrer Bar von ihr verabschieden – und fügt auf philippinische Art hinzu: »Es ist leicht, hallo! zu sagen – aber schwer, sich zu verabschieden.«

Wir haben überall hineingeschaut, mit allen geredet. Wir sind in jedem Laden gewesen und von dort oft in den ersten Stock gekommen, in das schattige, luftige Familienzimmer. Der Gedanke, daß kein Sicherheitsbeamter, kein Parteikader nun bei den Leuten vorbeigehen und sie fragen wird: »Was hat der Fremde zu dir gesagt? Was wollte er von dir? Was hat er dir gegeben?«, dieser Gedanke ist für uns, die wir aus China kommen, erstaunlich.

Die Philippinen sind arm und ohne soziale Gerechtigkeit, aber der Mensch ist frei, sich selbst zu helfen. Das Schiff, das einmal in der Woche auf seiner Fahrt nach Manila abends an dieser Insel anlegt, wird von Frauen erwartet, die mit marmornen Christus-Statuen, Mangos, Getränken und Halsketten auf der Mole hocken. Mitleidlos drücken die Passagiere ihre Preise, als sei es ein amüsantes Spiel. Auf ein Zeichen des Kapitäns stürzen sich die am Ufer wartenden Männer in den

Kielraum und kommen mit schreienden Schweinen, Marmorfrachten oder Bananenkisten auf dem Nacken wieder hervor, um vielleicht den einzigen Verdienst der Woche zu machen.

Endlich dampft das Schiff wieder ab, mit Glücksjägern beladen, die sich unter den Sternen zum Schlafen legen, während die Lichter auf der Mole erlöschen. Mit dem Rosenkranz in der Hand, dem Kreuz am Hals und ihren abgelegten Gelübden ziehen sie davon, um ihr Heil in der Hauptstadt zu versuchen.

China verändert sich

28. Februar 1983

Wir waren bei einer chinesischen Familie und haben getanzt. Schon im Treppenhaus tönte uns Schallplattenmusik entgegen. Ein halbdunkles Zimmerchen, total ausgeräumt, war mit Papierketten geschmückt und mit bunten Lampions erleuchtet. Musik aus Hong Kong. Herzlicher Empfang, summarische Vorstellung, von Schweigen gefolgt. In China fragt man nicht, und wenn man fragt, dann sind die Antworten meist unbefriedigend.

Die vier Paare waren alle um die dreißig, verheiratet, schon ein bißchen verblüht. Die Frauen trugen das »qi pao«, das eng anliegende, oft rote oder geblümte seidene Kleid, am Hals hoch geschlossen, aber mit einem Schlitz bis zur Mitte des Schenkels, wie man es in Filmen aus dem alten Shanghai sieht. Dieses »qi pao« verlangt nach hohen Absätzen und lässigem, schmachtendem Gehabe, wohlfrisiertem Haar, geschminktem Gesicht und roten Fingernägeln: Alles war an diesen Frauen vollkommen.

»Zu Hause können sie sich so zurechtmachen«, sagt die Mutter. »Aber wehe, wenn einer von ihrer Einheit sie so sieht!«

Auch die Männer sahen aus wie in Filmen der vierziger Jahre: weite Hose mit strammgezogenem Gürtel, am Hals offenstehendes weißes Hemd, längeres schwarzes Haar – wie gelackt. Mir fiel es schwer zu glauben, daß sie, wie sie sagten, alle Arbeiter und Arbeiterinnen seien, und schließlich gaben sie zu, die Kinder von in Ungnade gefallenen Intellektuellen zu sein, die 1958 mit ihren Familien in Arbeitslager geschickt worden waren und erst kürzlich zurückgekommen sind.

Heute sind sie Arbeiter, das stimmt, es bleibt ihnen nichts anderes übrig. Aber wenigstens nachts führen sie zuweilen das Leben, das sie sich wünschen.

Man tanzt. Man tanzt Jazz und Rock, man tanzt die alten Walzer und Tangos – man tanzt Wange an Wange. Einer der jungen Männer drückt mich fest an sich.

»Darf ich?« fragt er. »Wir sind uns mit euch Ausländern nicht so sicher. Wir kennen eure Gewohnheiten nicht.«

Im Halbdunkel mischen sich die Paare wie ein Kartenspiel. »Sex is in«, hatte der Photograph Liu gesagt. Die Ehen, die in den Arbeitslagern geschlossen wurden, sind nicht von Dauer oder bleiben nur aus praktischen Gründen bestehen, während jeder versucht, sich auf eigene Weise für »das Leiden« und die verlorenen Spiele schadlos zu halten – ehe es zu spät ist. Zwischendurch spielt man auch mal Mah-Jongg um wenige Pfennige, aber um Geld, und trinkt etwas. Dann geht man zurück ins verdunkelte Zimmer. Am Ende tanzen alle, auch Frauen mit Frauen, und ich drehe den letzten Tanz mit der Mutter – einer ehemaligen Filmschauspielerin aus Hangzhou.

8. März 1983

Jeden Tag sehe ich in die Zeitung und denke: Alles wird anders, China verändert sich. Maos egalitäre Errungenschaften werden nacheinander wieder abgeschafft. Eingeführt wird das Prinzip der Konkurrenz, die Verteilung von Arbeitsplätzen nach Angebot und Nachfrage, die Belohnung der Tüchtigsten und der Besten. Es soll wieder individuelle Arbeitsverträge und sogar Steuern geben. Das Staatliche Institut für Wissenschaften und Technologie in Hefei in der Provinz Anhui erforscht neue Verwaltungssysteme.

Zugleich ist im ganzen Land eine große Kampagne im Gang, um die Politik des »Einzelkindes« durchzusetzen, da die wachsende Bevölkerung allen Gewinn wieder zu verzehren droht. Sie ist die einzige Wolke, die über dem Glück der Bauern hängt.

Die Bauern haben sich das Land und die Werkzeuge der Volkskommunen geteilt und bearbeiten ihr Stück Erde jetzt in »Selbstverantwortung«. Sie feiern ihre Feste wieder, begraben manchmal sogar ihre Toten wieder, laufen zu Wahrsagern – erzählt uns ein Chinese, der von einer Reise zurückgekommen ist –, und sie bereichern sich durch die »Archäologie«. Jeder baut sich sein Haus (die vielen Häuser bedecken immer mehr Ackerland), kauft sich eine Frau (sie kostet um 200 RMB, so viel, daß gar nicht alle sie sich leisten können) – und das Ganze für ein einziges Kind?

Darin liegt ein gefährlicher Widerspruch, aber die Bestimmungen werden rigoros gehandhabt. In der Provinz Anhui werden Frauen in der zweiten Schwangerschaft zu Zwangsabtreibungen abgeschleppt. Denen, die sich verstecken, wird das Kind gleich nach der Geburt weggenommen und mit einer Spritze getötet. Tröge stehen in den Krankenhäusern für die kleinen Leichname bereit. Wenn es also nur ein Kind sein soll, denken sich die Bauern, dann soll es wenigstens ein Sohn sein – dann bringen sie die Töchter eben selbst um, sobald sie zur Welt gekommen sind.

Die Zeitungen sind voll von Geschichten über Mord und Blutrache, erzählen von mißhandelten Bauersfrauen, die in Angst und Schrecken leben, zu Mönchen laufen oder sich Scharlatanen ausliefern, um einen Sohn zu gebären. Die Partei warnt vor all diesen Rückfällen in mittelalterliche Sitten.

Aber was sind den Bauern schon Gesetze? In ihren alten Schafspelzen und wattierten Lumpen wissen sie, daß ihre Zeit gekommen ist. Was tut es da schon, ein kleines Mädchen umzubringen? Sie haben Jahrhunderte von Angst und Hunger aufzuwiegen und brauchen jetzt einen Sohn, auf daß die Familie, die endlich genug zu essen hat, sich durch die Generationen fortpflanzen kann.

10. März 1983

In der ersten schüchternen Frühlingssonne füllen sich Pekings Straßen mit den Verkaufsständen derer, die »auf Arbeit warten«. Bauern kommen mit großen Körben auf ihren Fahrrädern und hocken sich an den Straßenrand. Man sieht eine neue Mode: Hosenanzug und hohe Absätze. Im Sommer sollen es weite Röcke und noch höhere Absätze sein.

Heute hat sich in der Wangfujin ein junger Mann zu mir gesellt: »Sprichst du Chinesisch?« hat er leise gefragt.

»Ein wenig. Und du, sprichst du Englisch?«

»Nein. Aber ich habe einen Freund, der es kann. Soll ich ihn dir vorstellen?« Und dann, leise murmelnd: »Können wir beide Freunde werden?«

Politik gilt nichts mehr. In diesem Monat März, dem »Höflichkeitsmonat«, schallen aus den Lautsprechern nur noch Verkehrsregeln, Aufforderungen zur Hygiene und zum guten Benehmen. Zu den »Fünf traditionellen Werten« (Anstand, Höflichkeit, Volksgesundheit, Disziplin und Moral) sind die »Vier Schönheitspunkte« hinzugekommen (von Geist, Sprache, Benehmen und Umgebung) und die »Drei Lieben« (zu Vaterland, Partei und Sozialismus).

»Zu Automobil, Malerei und Frauen«, korrigiert der junge Mann, der Saskias Porträt gemalt hat.

22. März 1983

Gestern war Frühlingsanfang – ein besonders düsterer Tag. Seit September fällt kein Tropfen Regen und keine Schneeflocke mehr. Unsere Kehlen sind rauh, unsere Lippen aufgesprungen, unsere Haare störrisch und ausgedörrt. Die Erde wird immer grauer, und ich frage mich, wo die Bäume ihren Saft hernehmen sollen, um ihre Zweige zu begrünen.

Zwei italienische Journalisten und ein elegantes Mädchen, auch sie aus Mailand, sind auf ihrer Chinareise zufällig vorbeigekommen, als wir mit Charles-Antoine und unserem Freund aus Hong Kong abends bei Tisch saßen. Die Grillen zirpten, der Hund bellte, Folco war in seinem alten Schlafrock, es war kein Aschenbecher zu finden – und plötzlich habe ich uns mit ihren Augen gesehen: So sind sie also, die, die ihre Heimat verlassen haben und jetzt in der Fremde leben, mit ihren Stoffschuhen, ihren wattierten Jacken, ihren schlechtgeschnittenen Hosen und ihren Hemden aus chinesischer Seide. Arme Auswanderer, arme extravagante Vagabunden!

»Habt ihr Vögel in diesem Zimmer?« fragt das Mädchen.

»Nein, es sind Grillen.«

»Grillen? Wo?«

»In jenen Kürbisgefäßen mit dem Elfenbeindeckel.«

»Und was fressen sie?«

»Würmer.«

Dann ist ein dritter gekommen und hat unsere Gäste zum Essen abgeholt.

»Wie waren sie elegant!« hat Tiziano geseufzt. »Gebt zu, die Italiener verstehen sich zu kleiden.«

Charles-Antoine schaute auf das Loch in seinem Socken.

»Ich habe einen Mangel entdeckt«, hat Folco in seinem alten Schlafrock nach einer Weile gesagt. »Die Streifen im Hemd des Schwarzhaarigen waren zu breit und standen zu weit auseinander.«

24. März 1983

Unser Freund aus Hong Kong, der vor einem und besonders vor zwei Jahren seine chinesischen Freunde gern zu uns mitbrachte, erhält jetzt immer dieselbe Antwort: »Wir würden sehr gerne kommen. Aber es wäre besser, nicht. Wir sollen den Bezirk der Ausländer nicht betreten und besonders nicht das Haus eines Journalisten.« Obwohl diese Bestimmungen auch vor zwei Jahren galten, war ihre Handhabung bis vor kurzem noch so lax, daß manche sie nicht allzu ernst nahmen. Inzwischen wurden die Richtlinien wieder klar definiert: Die Kontrolle des Individuums, seiner Gedanken und seiner Handlungen bleibt und verschärft sich. Jeder Kontakt, der nicht rein kommerzieller Natur ist, fällt unter »Spionage«.

Uns ist ein Motorrad gefolgt, als wir einen chinesischen Freund nach Hause brachten. »Sie sind hinter uns her«, hat der Freund geflüstert. Tiziano ist in eine kleine Straße eingebogen und hat plötzlich angehalten. Das Motorrad mußte, um nicht in uns hineinzufahren, heftig bremsen und auf den Bürgersteig hinauffahren.

Auch ins Büro ist jemand eingedrungen. Die Nachbarin hat um Mitternacht Geräusche gehört und später zwei Chinesen herauskommen sehen. Am Morgen waren Papiere in Unordnung.

Michael Weißkopf von der »Washington Post« erzählte, sein Dolmetscher sei ohnmächtig geworden, so stark stehe er offensichtlich unter Druck. Er stöbere in allen Schubladen, im Mülleimer und sogar in seinen Schuhen. Wenn er irgend etwas vor ihm geheimhalten wolle, dann müsse er es bei sich tragen und mit ins Bett nehmen.

28. März 1983
Seltsame Unterhaltung mit dem Sohn eines hohen Kaders. Wir saßen in einem Restaurant nebeneinander.

»Er lernt Deutsch«, erklärte mir ein gemeinsamer Bekannter, »weil er ausreisen will.«

Der junge Mann erschrak, und wir ließen dieses Thema fallen. Im Laufe unseres Gesprächs hatte ich wieder den Eindruck, daß die junge Generation einem Zynismus, fast Nihilismus anhängt, dem sich der gute Wille der Älteren so tragisch entgegenstellt. Ich habe gemerkt, daß diese jungen Leute verzweifelt nach einem Vorbild suchen, nach einem Film, einer Erzählung, einer wahren oder literarischen Figur, mit der sie sich identifizieren können, daß sie aber um sich herum nur Opportunismus und Lüge entdecken – weshalb sie die Gesellschaft verachten.

Der einzige Film, den mein Gesprächspartner ernst nimmt, ist »Die Kleine Straße«, und der ist mittlerweile zwei Jahre alt.

»Es ist ein aufrichtiger Film, er könnte sich mit ausländischen Filmen messen«, sagte er. »Aber man wird ihn nicht zu den internationalen Filmfestspielen schicken, denn er deckt die düsteren Seiten unseres Lebens auf.«

Ich fragte ihn, ob er gern tanze. Er zuckte zusammen.

»Nein. Ich tanze nicht«, beeilte er sich zu sagen. »Wir Chinesen haben keine Gelegenheit dazu.«

»Wieso? Ich kenne viele, die tanzen...«

»Ich mag nicht tanzen. Ich mag lieber lesen und studieren.«

Ich schämte mich, so frivol gefragt zu haben, und wir sprachen weiter von Literatur, über die er seine persönliche und bestimmte Meinung hatte. Von der Erzählung der Schriftstellerin Zhang Jie »Die Liebe soll nicht vergessen sein« sagte er wegwerfend, die Erzählung habe nichts mit Liebe zu tun, sei einfach dumm. Auf eine Papierserviette schrieb er mir dagegen den Titel einer Erzählung von Wang Meng aus der Gruppe der »Literatur der Verwundeten«, die ihm gefiel, weil er sie als aufrichtig empfand – so aufrichtig wie den Film »Die Kleine Straße«. Das Adjektiv »aufrichtig« nahm überhaupt einen wichtigen Platz in seinem Wortschatz ein – und sicherlich wandte er es nicht auf Bai Hua an, von dessen letzter »historischer« Oper er, sein Gesicht verziehend, sagte: »Seltsam. Einige Schriftsteller wechseln dauernd ihre Meinung. Vielleicht brauchen sie Geld.« Die Jungen verzeihen ihm, der ihr Idol gewesen ist, seine Kompromisse nicht.

Der Verstand meines Gesprächspartners war scharf, seine Urteile waren schneidend, aber ein seltsam verdorbener, enttäuschter, zweideutiger Ausdruck widersprach in seinem Gesicht der Sittsamkeit, die er für sein Privatleben in Anspruch nahm – und das machte mich stutzig.

»Ist er ein Homosexueller?« habe ich tags darauf unseren gemeinsamen Bekannten gefragt.

»Was?« ruft der. »Seht mal, was er mir gerade gebracht hat!«

Was er uns nun zeigt, ist Hong Kongs auf die Spitze getriebenste Pornographie, in einer Ausgabe, die selbst im Ausland nur in versiegelter Aufmachung verkauft werden kann.

»So sind sie alle, die Kaderkinder«, sagt er.

Im Land der Gelben Erde

Gongxian, Provinz Henan, 6. April 1983

Mitternacht. Ich sitze im Bahnhof von Gongxian, in Mittelchina. Folco liegt erkältet und fiebrig neben mir. Unser Zug nach Peking hat acht Stunden Verspätung.

Zwei junge Bahnbeamtinnen haben deshalb zwei Bänke in das Zimmer des Stationsvorstehers geschoben, haben uns mit ihren eigenen Wintermänteln und einer Steppdecke zugedeckt, sogar ein kleines Kopfkissen haben sie aufgetrieben. Und damit wir ruhen können, haben sie das Licht ausgedreht. Wütend auf die chinesische Eisenbahn, verzweifelt, erschöpft ist Folco eingeschlafen.

Zuversichtlich, daß wir im Schlafwagen liegen und morgen früh in Peking ankommen werden, sind die anderen vor ein paar Stunden im Jeep des Sicherheitsbeamten ins Gästehaus zurückgefahren, um morgen per Fahrrad die 80 Kilometer von Gongxian bis Luoyang zurückzulegen.

Wir sind seit einer Woche unterwegs. Nikolas und Daniel, die Zwillinge, Folcos beste Freunde aus Hong Kong, sind gekommen, und wir wollten die Osterferien dazu benützen, um mit ihnen und Liu die

Provinz Henan – das Land »südlich des Gelben Flusses« – das klassische China, wo uralte Hauptstädte und Kaisergräber liegen, von wo der Zen-Buddhismus und der Kungfu-Kampfsport stammen, per Zug und Fahrrad zu bereisen.

Nach einer kalten Nacht in der Eisenbahn, wo Folco sich offenbar erkältet hat, war die erste Etappe Kaifeng, Hauptstadt Chinas unter den Song-Kaisern und später ein wichtiges Zentrum der chinesischen Juden. Es war eine klassische Stadt gewesen, mit Tempeln in den vier Ecken ihrer Stadtmauern und einem großen Konfuzius-Tempel in der Mitte. Sie ist zerstört, verwahrlost, aber etwas Märchenhaftes ist noch an den kleinen Fabriken und Werkstätten, die kitschiges Kunstgewerbe herstellen, am düsteren Markt, wo Bettler und Blinde zusammen Geschichten singen.

In Kaifeng haben wir gesehen, daß es den »Kuli« in China noch gibt, den Menschen, der von der eigenen »bitteren Kraft« lebt, die er verdingt. Karawanen von Kulis durchquerten die Stadt mit ihren Handkarren, auf denen sie – vom Güterbahnhof kommend – Backsteine, Zementplatten, Lichtpfeiler, Kohle oder riesige Baumwollballen mit übermenschlicher Anstrengung zogen, ihr nackter Oberkörper trotz der Kälte schweißtriefend, einer hinter dem anderen, wie Maultiere oder Kamele.

Die Fahrräder kamen wieder auf den Zug – und weiter. Wir reisen auf »harten Sitzen«, unter Bauern, die zusammenrücken, um uns Platz zu machen und die uns mit einer ganz anderen Sorte Neugier ausfragen als die Kader.

Zhengzhou, die früheste Hauptstadt Chinas. Wieder eine graue Ansammlung von Mietskasernen, die man von einem Gästehaus betrachtet, von dessen Angestellten unser Begleiter sagt: »Sie können es nicht führen, aber sie sind bereit, von euch zu lernen.« Wieder ein uraltes Stück Geschichte, von dem nicht einmal mehr ein Hauch zu spüren ist. Im Museum stehen ein paar Bronzen wie in einem leeren Klassenzimmer. Wenn die Archäologie Chinas letzte Chance ist, um wieder zu Kunstschätzen zu kommen, wieso ist dann in dieser an Gräbern reichsten Provinz das Museum so leer? Wohin verschwinden die Dinge? Bei wem?

Und das Elend draußen auf den Straßen! Diese unbeschreibliche Armut der Leute! Das ist nicht mehr Armut, das ist Verfall, Verderben,

Verlust alles dessen, was einmal gewesen ist. Hier in Zhengzhou unterrichtete der Amerikaner, der in China sein Lebensende hatte verbringen wollen, es aber vor einem Jahr endgültig wieder verließ und den Artikel »China Stinks« schrieb.

Unser Begleiter – ein Bauernsohn wie die meisten Begleiter des Chinesischen Reisebüros – spielt die chinesische Fiedel, kennt die chinesische Geschichte und kennt die Menschen. Eines Abends, als wir als einzige Gäste in einem Eßlokal saßen und auf die Misere auf der Straße schauten, erhob er sich mit seinem Glas »berühmten Weins« und bezauberte uns während des ganzen Essens mit Geschichten und chinesischen Legenden, mit dem Respekt hauptsächlich, den er vor der Vergangenheit hatte und über dem er alles andere vergaß.

Henan ist das Land der »Alten Rasse«, der Han-Söhne – wie Shandong und Shanxi auch. Es ist die Gelbe Erde, die einmal fruchtbar war. Heute macht dieser Löß einen erschreckend ungesunden, kranken Eindruck. Seine Oberfläche fällt in sich zusammen, fällt in die eigenen tiefen Furchen hinein. Auf den kleinen Flächen, die wie Inseln übrigbleiben, steht das grüne Korn. Die Bauern leben in Höhlen, die sie in die Lößflanken bohren – das Korn ist sozusagen ihr Dach. Von oben gesehen, wenn man bis oben hingelangt, besteht die Welt aus einem Mosaik von grünen und braunen Flächen. Kein Baum, kein Haus.

Die ganze Mitte Chinas ist so zernagt, so baumlos. Wo es einen Berg gibt, wurde er heiliggesprochen. Die Schatten, denen wir in unserem Jeep durch wirbelnden Staub entgegenfuhren, waren der Song Shan, eines der fünf heiligen Gebirge Chinas. Eben weil es heilig war, ist es noch voller Spuren von Zeiten, als Kaiser hier weilten: Spuren des Klosters des »Ersten Urahnen«, einer Pagode der Tang, der Kunstakademie der Wei, der Sternwarte der Yuan, der Militärakademie der Qing und – in einer Falte des Berges verborgen – das uralte Shaolin-Kloster, das Kloster des Jungen Waldes – jung war er im 5. Jahrhundert, als Buddha Darma sich ansiedelte, als er mit dem Zen-Buddhismus aus Indien ankam. Derselbe Buddha Darma war es auch, der im Shaolin-Kloster den Kungfu-Kampfsport erfand, damit sich die Mönche nach den Meditationen ihre Beine vertreten konnten.

Man sieht sie noch, jene Mönche, in einem Fresko des Klosters, wie sie in den Klosterhöfen paarweise kämpfen, springen, über Mauern fliegen, wie sie sich ohne Waffen oder mit achtzehn verschiedenen

Waffensorten schlagen. Nach den Zerstörungen der Kulturrevolution hat ein Hong-Kong-Film den Shaolin-Mythos wieder aufgefrischt, und nun kommen Kinder aus ganz China zu Hunderten nach Shaolin, um sich in den Kriegskünsten zu üben – um eines Tages im Film aufzutreten. Ein erstaunlicher Handel wird mit diesen Illusionen getrieben.

Der ausgezehrte uralte Abt, der letzte Shaolin-Mönch, lag krank in seiner Zelle. Er ist noch einer von denen, die springen konnten, die fliegen konnten, die mit Tigern kämpften und schneller liefen als ein Automobil ... Als er Folco so bleich und kränklich vor sich sah, rief er aus: »Schreib mir deinen Namen auf, damit ich dich in mein Gebet einschließen kann!«

7. April 1983

3.00 Uhr. Ich wollte gerade etwas schlafen, aber ein furchtbares Geschrei hat mich aufgeschreckt, das aus einem eingetroffenen Zug kam. Dann schleppte jemand einen hysterisch schluchzenden Mann in das Zimmer nebenan und stieß ihn immer wieder gegen die Wand. Der Schluchzende entwischte ihm und warf sich auf die Tür, die zu unserem Zimmerchen führt. Ich fürchtete, sie würde nachgeben. Er flehte und weinte.

»Benimm dich! Wieviel Geld hast du ...?« Ein Dieb also. Ein armseliger Taschendieb. Inzwischen muß man ihm ein Tuch um den Mund gebunden haben, denn er wimmert nur noch. Vielleicht hat man ihn auch gefesselt. »Morgen nachmittag ...« höre ich sagen.

Wir sind vorgestern hier in Gongxian angekommen. Den Weg auf dem Fahrrad vom Bahnhof bis zum Gästehaus hat Folco kaum noch geschafft.

Das neue Gongxian schien unsagbar verkommen, planlos, gedankenlos, kreuz und quer hingebaut.

»Warum ist jede chinesische Stadt so hoffnungslos?« fragt Nick.

Aber die Gräber der Song-Kaiser auf den Feldern – vielleicht bezahlt ein Land für zuviel Liebe zur Kunst. Diese Gräber von sieben Song-Kaisern, die in Kaifeng regiert haben, stehen seit tausend Jahren in der Landschaft. Steinerne Prozessionen von überlebensgroßen Tieren und Ministern bewegen sich vor dem leeren Himmel auf einen Grabhügel zu, auf sieben verschiedenen Feldern, als wären sie ein Teil der Natur.

Bauern pflügen zwischen den großen Tatzen der Löwen, den Füßen der Elefanten, ruhen sich auf den Hufen der Pferde, der Widder oder Tiger aus, die teils umgefallen, teils halb begraben sanft und hochmütig vor ihren Herren wachen.

Einer der pflügenden Bauern hat sich mit seiner »Nebenproduktion« einen Esel gekauft, und so gefällt ihm das Leben wieder. »Jetzt bin ich wieder Herr im eigenen Haus«, sagt er. »Jetzt bestimme ich wieder, was gepflanzt wird und wann, nicht der Parteisekretär.«

Wie eine böse Festung, wie ein Adlernest, sitzt bei Gongxian das Haus des ehemaligen Landherrn Can über den Lehmhütten der Bauern, die ihm zu seiner Zeit gehörten. Neunzig Opiumpfeifen hat man bei der Befreiung in seiner ummauerten Burg gefunden. Die Felder müssen weiß vor Mohnblumen gewesen sein, die Dörfer totenstill – denn alle, auch die Kinder, waren in diesen Provinzen dem Opium verfallen.

Man versteht hier den Kommunismus, die Revolutionäre, den radikalen Strich, den sie unter all das gesetzt haben. Heute gehört auch die Revolution zur Vergangenheit. Kader zeigen uns stolz Cans Anwesen als »Beispiel des Hauses eines chinesischen Herrn« und versuchen, um es in seinem ursprünglichen Zustand wiederherzustellen, den Bauern das Porzellan, die Bilderrollen, die Kunstgegenstände wieder abzukaufen, die nach der Befreiung unter sie verteilt worden sind. Aber die Bauern tragen sie lieber auf den freien Markt . . .

5.30 Uhr. Es dämmert. Ich habe auf der Bank, die den Bahnbeamtinnen gehört, etwas geschlafen. Sie saßen draußen, auf dem Bahnsteig. »Wir müssen arbeiten, nicht schlafen«, sagen sie immer wieder, um mich zu beruhigen. Tiziano hatte zwei Polaroidphotos von ihnen gemacht und sie ihnen gegeben – aber das erklärt so viel Freundlichkeit nicht.

Züge fahren vorbei, schnauben, stöhnen, stoßen riesige Dampfwolken aus, schleppen Waren von einem Teil Chinas zum andern, die ganze Nacht. Unser Zug hat jetzt weit über zehn Stunden Verspätung, sagt man mir. Eine Brücke sei während einer Überschwemmung in Südchina eingestürzt. Man rät mir, ins Hotel zurückzukehren. Aber wie? Taxis gibt es nicht. So habe ich den Bahnhofsvorsteher gebeten, für mich im Gästehaus anzurufen, damit man uns mit dem Jeep abholt, bevor die anderen sich auf den Weg nach Luoyang machen; aber im Hotel hebt niemand ab.

6 Uhr: Der Bahnhofsvorsteher hat nochmals für mich am uralten Telephon gedreht, hat einer Frauenstimme die Situation erklärt und sie gebeten, den Ausländer zu wecken. Sie hat den Hörer zur Seite gelegt – und ist nicht zurückgekommen.

6.30 Uhr: Dasselbe. Nun werde ich unruhig, denn bald machen die anderen sich auf den Weg. Was dann? Ich bitte um ein Fahrrad. Statt dessen schickt man einen Boten auf seinem Fahrrad zum Gästehaus. Alles aus Menschenfreundlichkeit.

8.00 Uhr: Als der Junge wiederkam, fuhr ein Jeep hinter ihm her, und wir haben unseren Freunden am Bahnhof auf Wiedersehen gesagt. Im Gästehaus sind wir direkt zum Speisesaal gegangen – und unsere Familie ist erblaßt, hat uns entgeistert angestarrt, als seien wir Gespenster. Keine der Botschaften hatte sie erreicht. Keiner der Parteileute hatte sich die Mühe gemacht – oder die Verantwortung auf sich genommen –, dem Ausländer Bescheid zu sagen.

Auch Folco und ich werden nun nach Luoyang fahren, aber nicht auf dem Fahrrad, sondern in einer »Shanghai«. Weitere zwei Stunden verstreichen, bevor die Fahrt organisiert ist. Während wir vor dem Gästehaus stehen und warten, fährt ein Bus voller unrasierter, verknüllter Provinzkader vor, die sich hier »zum Studium der neuen politischen Linie« versammeln müssen. Zwei Jahre geben ihnen die Reformen Deng Xiaopings, damit sie sich in den Parteischulen einige Fachkenntnisse zulegen. Wenn sie das Schlußexamen nicht bestehen – und das wird bei den meisten der Fall sein –, dann müssen sie ihr verantwortungsvolles Amt niederlegen und »gewöhnliche Arbeit« leisten. Jüngere, besser vorbereitete Männer werden sie ersetzen. Ihre Unlust ist verständlich.

Endlich hat sich unser Fahrer vom Bett erhoben und der Sicherheitsbeamte des Hotels sein Kreuzverhör beendet. »Sie sollten schon weg sein!« »Was machen Sie noch hier?« »Ihre Frau wollte nach Peking reisen.« »Warum will sie jetzt nach Luoyang?« So ging es die längste Weile. Aber dann dürfen wir fahren. Wir überholen die anderen, die stehend bergauf radeln, sehen von weitem die feierlichen Steintiere wieder, die reglos in den Feldern Wache halten, und bleiben schließlich im größten freien Markt, den ich jemals gesehen habe, stecken; neben einem Handwagen, auf dem eine schwangere Frau unter einer Decke liegt, zwischen Bauern mit Körben und Säcken voller Zuckerrohr, Erdnüssen, Knoblauch, Zwiebeln, zwischen Kühen und Schweinen, Ziegen und Schafen, zwischen Fahrrädern und Körben und Kindern stehen wir mindestens eine Stunde lang. Keiner will den eroberten Platz preisgeben, keiner rührt sich von der Stelle: Alle sind wir miteinander verflochten, in einem unbeweglichen Gespinst.

Hundert dunkle Augen drücken sich an unsere Wagenfenster: »Fahrt ihr nach Luoyang? Dann seht ihr die Päonien blühen!« ruft einer. Folco schläft, halb erstickt vom Blütenstaub, der durch die Luft wirbelt.

Endlich geht es weiter, geht es nach Luoyang, der Hauptstadt Chinas unter den Han, den nördlichen Wei, den Tang und drei anderen Dynastien. Gigantische Buddhas schauen an der Straße aus ihren Grotten auf die Stadt, schauen auf dampfende Fabriken, auf Lastwagen und Bauern, die ihre »Nebenproduktion« zu Luoyangs freien Märkten tragen.

Spätabends erst kommen auch die anderen im Freundschaftshotel an. Sie sitzen mit ihren Fahrrädern auf einem Lastwagen, der sie bei Dunkelheit durch die Mäander der Vorstadt gefahren hat. Sie haben jeder acht harte Eier gegessen, gekochtes Wasser getrunken ... Staub und Abenteuer.

Luoyang, 8. April 1983

Das Kloster des »Weißen Pferdes« streitet sich mit der Regierung über den Erlös der Eintrittskarten. Jetzt, wo der Staat merkt, daß Klöster etwas einbringen, will er von ihnen Besitz ergreifen. Aber die Mönche sind unbeugsam: Das Kloster gehört ihnen, und wenn der Staat die Eintrittsgelder kassiert, dann schließen sie es eben.

Im 5. Jahrhundert war ein mit buddhistischen Schriften beladenes weißes Pferd nach Luoyang gekommen. Wo es sie abwarf, da wurde das Kloster erbaut. In der Kulturrevolution mußten die Bauern ihre Maultiere an seine alten Statuen binden und sie niederreißen. Es wurde zerschlagen und ausgeplündert. Später ließ es Zhou Enlai restaurieren und, so gut es ging, mit Buddha-Statuen aus Pekings Verbotener Stadt neu ausstaffieren. »Aber es ist nicht mehr, was es war«, sagt unsere Begleiterin.

So gibt es in jeder Stadt – auf dem Papier – die ältesten Klöster, die schönsten Kunstwerke, die seltensten Speisen, und dann sieht jede Stadt doch wie die andere aus, weil eben für alle die Geschichte der letzten Jahrzehnte die gleiche gewesen ist.

»Seid ihr wegen der Päonienblüte gekommen?« fragen uns die Angestellten im Hotel.

Nein. Wir kommen wegen der Geschichte, wegen der Buddhas, höchstens wegen einer Fabrik. Nicht wegen der Päonien.

Das verwundert sie. Warum nicht wegen der Päonien? Sie selbst gehen, sooft sie frei sind, in den Garten und betrachten das Wachstum der Knospen. Sie beugen sich über jede Pflanze, lockern die Erde und fegen rundherum.

»Bleibt doch noch eine Woche, und ihr werdet sehen, wie schön die Päonien blühn!« wiederholt ein Angestellter nochmals, als ich mit Folco unser Gepäck ins Taxi lade.

Zu spät. Die anderen sind auf ihren Fahrrädern bereits zum Bahnhof abgefahren.

Widersprüche

26. April 1983

Liwen hat mir ein neues Restaurant gezeigt, das in einem der Luftschutztunnel unter dem Stadtviertel von Xidan eröffnet worden ist. Da unten, in den Eingeweiden der Erde, in feuchten, schlecht gelüfteten Räumen, ißt man auf westliche Art: Brot, Marmelade und russischen Salat. Kellnerinnen in verfleckten Schürzen, aber mit einem Wiener Häubchen auf dem Kopf, à la »Hotel Sacher«, bedienen. Es ist immer voll.

»Die Jugend will sich westlich kleiden, westlich essen und in christlichen Kirchen beten«, erklärt mir Liwen – und plötzlich erinnert sie sich mit Schrecken des Lebens in der Kulturrevolution.

Jeden Morgen mußte sich die chinesische Familie vor ihren kleinen Hausaltar mit der Mao-Büste, den Mao-Abzeichen und den vielen Roten Büchlein stellen, eines davon an die Brust drücken und laut rufen, damit die Nachbarn sie auch hörten: »Wir wünschen unserem Großen Vorsitzenden ein langes Leben, langes Leben, langes Leben!

Wir wünschen unserem stellvertretenden Vorsitzenden, Marschall Lin Biao, ewiges Heil, ewiges Heil, ewiges Heil!« Dann wurden einige Zitate des Großen Vorsitzenden verlesen, die jedem die »Richtlinien für den Tag« angaben, und zum Abschluß sang man im Chor: »Der Osten ist rot . . .«

Dasselbe Ritual wiederholte sich beim Antritt in der Arbeitseinheit, in der Schule, vor jeder Versammlung und auch beim Vorbeifahren vor Zhong Nan Hai, wo Mao und die anderen Führer wohnten: Der Bus verlangsamte seine Fahrt, die Fahrgäste erhoben sich, die Schaffnerin sagte den Spruch auf, und zusammen stimmten sie »Der Osten ist rot« an. Ein müder Gesichtsausdruck genügte, und es war um einen geschehen. Liwen erinnert sich einer asthmatischen Frau, die in ein Arbeitslager abgeführt wurde, weil sie nicht jedes Wort mitgesungen hatte.

Jeden Abend die Angst, wenn einer sich verspätete. Die Frage: »Wie ist es euch ergangen?« Der erleichterte Seufzer, wenn der Tag normal abgelaufen war.

Vor dem Zubettgehen versammelte sich die Familie nochmals vor dem Altar und »erstattete dem Großen Vorsitzenden Bericht« über die eigenen Sünden oder guten Taten und formulierte die eigenen Vorsätze für den nächsten Tag. Zum Abschluß sang man im Chor: »Auf dem Meer vertrauen wir unserem Großen Steuermann.«

Nachts fuhren die Rotgardisten auf ihren Lastwagen vorbei. Man erstarrte im Bett und fragte sich: »Bin ich dran?« Wer es nicht mehr aushalten konnte, nahm sich das Leben.

»Wenn China von diesem Kurs nicht abgekommen wäre, dann wäre es untergegangen«, sagt Liwen voll Trauer. »Deng Xiaoping hat das verstanden, er hat uns gerettet.«

28. April 1983

Dr. Lo ist wieder da! Ich radele sofort zu ihm, und wir sitzen am gewohnten Tisch bei der Säule im Hotel für Überseechinesen. Tiziano ist in der Provinz Anhui.

Ein Alter in Arbeiterjacke, Stoffpantoffeln und Mao-Mütze kommt vorbei. Lo winkt ihm und bittet ihn an unseren Tisch: So habe ich mit dem Kalligraphen Qi Gong, einem Urenkel eines chinesischen Kaisers gegessen.

Lo erkundigt sich bei ihm über seinen Cousin Pu Jie, den jüngeren Bruder des verstorbenen letzten Kaisers, der mit einer japanischen Prinzessin verheiratet ist, und nach anderen kaiserlichen Brüdern, unter denen namhafte Kalligraphen und Maler sind. Er erkundigt sich auch nach Einzelheiten im Leben von Reginald Johnston, dem Engländer, der zu Beginn des Jahrhunderts in Peking lebte und der Englischlehrer des jungen Kaisers war.

Qi Gong antwortet sehr natürlich und locker, nach Art der nordchinesischen Literaten, die das Understatement kennzeichnet, im Vergleich zu den »protzigen und aufgeblasenen Küstenleuten von Tianjin und Shanghai«. Er spricht ein wunderschönes, stark rhythmisches Chinesisch, als rede er in Versen, in Reimen.

»Natürlich ist er gebildet«, sagt Liwen, der ich davon erzähle. »Die kaiserliche Familie hat Zeit genug gehabt, sich zu bilden.«

Kürzlich hat sie auch Gelegenheit gehabt, das zu bereuen. Liwen sagt aber, Pu Jie sei rehabilitiert und lebe wieder in einem schönen Hofhaus hinter dem Beihai-Park.

Mit einem jungen Neffen des letzten Kaisers Puyi bin ich vor kurzem bei einer Diplomatenparty ins Gespräch gekommen, zu der er als Diener angeheuert war. Von einer Kalligraphie an der Wand ausgehend, die er betrachtete, haben wir uns über die paar guten Filme und Kurzgeschichten der letzten Jahre unterhalten und waren uns in allem einig.

»Du hast da einen gebildeten Diener«, habe ich später zu unserem Gastgeber gesagt.

»Gewiß«, hat er geantwortet. »Er ist der Neffe des letzten Kaisers.«

Man sieht, wie sich zur Zeit das Rad des Glücks in China dreht. Nur in diesem Land habe ich so oft den Eindruck gehabt, daß Kellner wissen, wer Chopin ist, daß Möbelträger sich für Buddhismus interessieren, daß Elektriker am liebsten Bücher lesen.

9. Mai 1983

Wir haben wieder eine Reihe von Abendessen mit Chinesen hinter uns, von denen jedes ähnlich gespenstisch war wie das erste, als es Krebse gab. Nur, daß wir jetzt besser wissen, woran wir sind.

Jeder Chinese, der zu uns kommt, fühlt sich von unsichtbaren Fesseln an Händen und Füßen gebunden. Er fühlt sich von den anderen chinesischen Gästen beobachtet und fürchtet versteckte Mikrophone. Der Verleger, der Kalligraph, der Historiker, der Literat – sie alle erhoben ihr Glas und tranken einander zu, aber auf rätselhafte Weise schien mir jeder wieder nur der Schatten seiner selbst zu sein. Eine Frau war dabei, die ein Parteikader ist, und wahrscheinlich trauten ihr selbst ihre besten Freunde nicht ganz – und bestimmt traute ihr der Literat nicht, der nicht einmal ein Parteimitglied ist.

Die anderen sind es jetzt fast alle geworden, vielleicht dem Beispiel des Schriftstellers Mao Dun folgend, der auf dem Sterbebett in die Partei getreten ist – und dafür gefeiert wurde. Das bedeutet aber, daß man den »Brüdern« seines Ordens gegenüber verpflichtet ist, Bericht zu erstatten über das, was man gehört und gesehen hat, denn die erste Treuepflicht gilt der Partei, nicht dem Freund oder der Familie. Also saß jeder da, aß, hörte zu, sagte aber selber wenig.

Nach dreißig Jahren Verfolgung hat die Partei es nicht schwer, die gealterten Intellektuellen davon zu überzeugen, daß sie – wenn sie eine Wohnung brauchen, eine Reise machen wollen und ein paar Privilegien suchen – am besten ihre Seele verkaufen oder aber ihr Leben in grauer Anonymität beenden. Wenige sind es, die lieber arm, aber in Frieden mit sich selbst leben.

Einer davon ist Shen Congwen, der Autor von »Grenzstadt« und anderen Kurzgeschichten, die zu den besten modernen gehören, der aber seine Feder im Augenblick der Befreiung niedergelegt und sie nicht wieder in die Hand genommen hat.

»Alle anderen«, hat eine scharfe Zunge gesagt, »betreiben hohe Politik in bezug auf Wohnungen.«

Deng Xiaopings Spiel ist äußerst geschickt, auf jeder Ebene. Schriftsteller und Künstler zu besitzen und sie uns vorzustellen – das ist doch viel eleganter, als sie zu demütigen und zu bestrafen und dann zugeben zu müssen, daß China keine Intellektuellen mehr hat.

»Wer Deng Xiaoping kritisiert, wie die Studenten es an der Mauer der Demokratie taten, der spielt der Viererbande in die Hand!« hat einer dieser alten rehabilitierten Schriftsteller zu uns gesagt. Niemals sei es ihnen so gut ergangen. Er reise mit seiner Frau nach Amerika,

sein Sohn studiere dort, seine Werke würden alle wieder verlegt...
»Was will man mehr?«

Freiheit! Freiheit zu denken, zu schreiben, Freiheit zu dichten...

»Ohne Freiheit keine Literatur!« hatte Bai Hua 1979 gesagt. Und so wird es kommen: keine Literatur.

20. Mai 1983

Tiziano wäscht einen Teppich, den er im Theaterladen gekauft hat. Er kratzt mit Bürste und Seife den Dreck ab, der eine poetische Landschaft von Rehen, Bäumen und Fledermäusen verdeckt. »Ich lerne mehr über China, wenn ich diesen Teppich wasche, als wenn ich die Volkszeitung lese«, sagt er, über die Badewanne gebeugt.

Dabei haben wir Ausländer China nie in seiner Vollkommenheit gesehen. In der ersten Hälfte des Jahrhunderts, als sich die Dinge noch an Ort und Stelle befanden, war es unmöglich zu reisen, denn Räuber und Soldatenbanden durchstreiften das Land. Heute, wo Reisen sicher ist, sind die Dinge nicht mehr da.

Der Schmuggel von Antiquitäten nach Hong Kong und Macao, der vor einigen Jahren eingesetzt hat, greift um sich, verwickelt immer mehr Menschen in sein riesiges Netz, ist nicht mehr aufzuhalten. In der Provinz Henan zeigen Soldaten mit Minendetektoren den Bauern, wo die alten Gräber liegen; Polizisten, Zollbeamte, Bootsleute, Schiffskapitäne, Stadt- und Landbewohner und Funktionäre sind mit im Spiel.

So kommt es auch, daß sich an zwei Nachmittagen der Woche Ausländer mit Taschen, Körben und schlotternden Knien zum Amt für die Kontrolle der Antiquitäten in den Freundschaftsladen begeben müssen, um dort ihre auf legitime Weise erstandene Habe vorzulegen. Mit meinen zwei Vasen fühle ich mich wie eine Diebin, wie eine Bittstellerin, als der weißhaarige Herr sich seine Brille aufsetzt und sie betrachtet.

»Diese dürfen Sie ausführen, die andere lassen Sie in China«, lautet der Urteilsspruch.

»Warum?«

»Sie ist aus der Zeit vor...« (irgendeinem der letzten Kaiser). Die erste bekommt ein rotes Siegel, die zweite nicht. Jedes Siegel kostet 1 RMB.

Draußen, unter einem eigens dafür angefertigten Kunststoffdach, das über den Hof gespannt ist, warten Ausländer mit ganzen Umzügen, die gemustert werden müssen, bevor sie das Land verlassen dürfen. Geflissentlich laufen sie hin und her, um zu beweisen, daß das eine Stück in Hong Kong gekauft wurde, obwohl die Quittung verlorenging, daß das andere aus Vietnam stammt, der Teppich ein Erbstück ist...

»Beweisen Sie das!«

»Wie soll ich?«

»Dann lassen Sie ihn hier.«

Ein älterer Herr, dem das rote Siegel für ein Tellerchen verweigert wurde, hat es auf die Erde geschmettert.

»Schade«, soll der Beamte gesagt haben. »Man hätte darüber reden können.«

Und wieder Abschied

28. Mai 1983

Gestern das erste einer Serie von Abschiedsfesten.

Vor dem Sommerpalast lichtete bei Sonnenuntergang ein kleines Vergnügungsboot den Anker und fuhr, mit Gästen und Speisen beladen, langsam auf dem See hin und her. Das Wasser war weich und dunkel, die Luft von einer schwachen Brise bewegt. Am Ufer die Pavillons und die dicke Pagode der Regentin Cixi, im See die kleine Insel, auf der sie ihren Sohn, den Kaiser, gefangenhielt. Unser Gastgeber war ein spanischer Diplomat, der selbst im Aufbruch ist.

Die meisten Journalisten sind nach Kashgar gefahren, die westlichste Stadt Chinas, die märchenhafte Oase am Rande der Wüste Gobi, durch die die Seidenstraße führte.

Ich unterhielt mich mit Mary Sun. Sie leitet einen Englischkurs für Chinesen und erzählte, während wir essend und trinkend über das Wasser glitten, daß die Hälfte ihrer Studenten – Leute in ihren mittleren Jahren – einen wiederkehrenden Alptraum hätten: Sie träumten, sie würden von wilden Tieren oder Hunden angegriffen und zerfleischt. Die Angst sitzt ihnen noch in den Knochen.

Um 23.00 Uhr sind wir ans Land zurückgekehrt. Unter den Gästen war auch der hiesige Krupp-Vertreter, der sich als Wohnung den

Pavillon gemietet hat, in dem Mao zu lustwandeln pflegte, wenn es ihn zum Sommerpalast zog. Er lud uns alle dorthin ein. Wir gingen am See entlang und dann in einen von Bäumen verdunkelten Hof. Während uns da unter den Sternen der Kaffee gereicht wurde, versicherte mir der Deutsche, daß Chinas Lage längst nicht so tragisch sei, wie Tiziano denke.

Die Lebenden und die Toten, gestern und heute – alles ist hier so nebeneinander, so durcheinander, so schön und so schlimm.

31. Mai 1983

Wir werden abreisen, und Folcos Gesundheit, die in den letzten Jahren sehr labil gewesen ist, wird wiederhergestellt sein: Keine Bronchitis, kein Asthma mehr, dank der traditionellen chinesischen Medizin.

Das Krankenhaus für Traditionelle Chinesische Medizin befindet sich in einem einst fürstlichen Hofhaus in der Westlichen Stadt. Hunderte von Kranken lehnten an abgeblätterten roten Lacksäulen, saßen auf den Stufen der Pavillons, hockten auf dem Pflaster der vielen Höfe in der Hoffnung, einen Arzt, einen »Yi Sheng«, sprechen zu können.

Als Ausländer wurden wir sogleich in ein kleines Zimmer gebeten, und ein Arzt mittleren Alters mit weißer Kappe trat ein – so gelassen wie ein Mönch nach der Meditation. Er setzte sich aufs Sofa neben Folco, fragte ihn nicht nach seinen Symptomen, nicht nach seinem Alter oder seiner Krankengeschichte, sondern nahm erst seinen einen, dann seinen anderen Arm und fühlte mit den Fingern seine »27 verschiedenen Pulse«. Dabei ließ er sich seine Zunge zeigen, betrachtete seine Gesichtsfarbe, roch an seinem Atem – und wußte, wo seine Schwäche lag: Seine Lungen wären zu kalt.

Eine schwarze, dickflüssige Pflanzenmedizin hat die akute Bronchitis binnen dreier Tage geheilt. Fast ein halbes Pfund seltsamster getrockneter Pflanzen-, Tier-, Schlangen- oder Baumteile mußte in wenigen Schalen Wasser gekocht werden, und dieser übelschmeckende Saft mußte morgens und abends getrunken werden. Danach wurde mit der »Stärkung« begonnen, mit der »Wiederherstellung des verlorenen Gleichgewichts zwischen Lunge und Leber«. Wieder ist es ein ähnliches Gebräu, das Folco jetzt täglich, später zweimal die Woche, sechs Monate hintereinander, einnehmen soll. Da in seinem Körper die Kälte vorwiege, soll er nicht in kaltem Wasser schwimmen oder Eis essen. Das ist die Kur. Fast zwei Monate sind inzwischen vergangen, und Folco ist aufgeblüht.

Aus ganz China und selbst aus Singapur und Hong Kong kommen Eltern mit ihren Kindern zu diesem Arzt. Er gibt zu, daß es hier, weit mehr als in unserer Medizin, auf die Intuition ankomme, mit der der Arzt den Patienten in seiner Gesamtheit erfaßt.

»Die westliche Medizin behandelt die Symptome, die chinesische stellt die Harmonie des Körpers wieder her«, sagt er. Das Studium dauert neun Jahre.

1. Juni 1983

»Gasse des Sonnenuntergangs«, ein Film über das Leben in Pekings Hutongs, wird kritisiert, weil er nicht »Gasse des Sonnenaufgangs« heißt. Er handelt vom Umschwung in Deng Xiaopings China, weshalb ich ihn zuerst optimistisch fand. Seitdem ich aber mit Ling darüber gesprochen habe, verstehe ich ihn anders. Ling sagt, die Leute gingen alle hin, weil sich in ihm die Trübsal ihres eigenen Lebens widerspiegelt.

Mehrere Familien, verwundet und zerzaust von der Kulturrevolution, hausen in engsten Verhältnissen zusammen in einem alten Pekinger Hofhaus. Die Alten sind gebrochen aus ihren Gefängnissen zurückgekehrt, die Jungen kommen von der Landarbeit wieder, haben nichts gelernt und finden keine Anstellung. Da organisiert ein Koch die jungen Burschen und macht mit ihnen eine Bratküche auf.

»Ist das so optimistisch?« fragt Ling, der oft etwas sehnsüchtig an Maos radikalere, neuartigere Lösungen zurückdenkt. »Es war nicht falsch, junge Arbeitslose in rückständige Provinzen zu verschicken, damit sie da etwas aufbauten. Der Versuch ist gescheitert – aber der Gedanke war nicht falsch.«

Im Film organisiert sich das Leben neu. Die Burschen verdienen Geld mit ihrer Bude, die kranke Radiologin heiratet den ungebildeten Arbeiter, der Schieber wird festgenommen, die Opfer versöhnen sich mit den Verfolgern (im Sinne der neuen Politik), und das wunderschöne, geheimnisvolle, verwinkelte, von einem großen Baum beschattete, aber ganz und gar verkommene Hofhaus in der alten Hutong wird abgerissen. Diesmal ist es der verfolgte Lehrer, der Intellektuelle, der als erster eine Neubauwohnung bekommt. Aus der Küche tritt er auf den Balkon, und vor ihm liegt das neue Peking: ein Konglomerat von Mietskasernen, so weit das Auge reicht – der Alptraum meiner ersten Zeit.

»Ist das so optimistisch?« fragt Ling zu Recht.

8. Juni 1983

Hochsommer. Menschen radeln gemächlich die Changan hinunter. Mädchen mit Nylonhüten und weißen Handschuhen, Männer im weißen Hemd. Der Himmel ist von verstaubtem Blau. Auch die Pappeln haben das frische, blitzende Grün verloren, das sie nach den Frühlingsgüssen annehmen, und sind ergraut.

Ich biege in die Straße der Papierblumen ein. Irgend etwas an diesen Sommertagen erinnert mich an Florenz, an das Florenz der ersten Nachkriegszeit. Wäsche hängt in der Sonne. Ein Mann fischt mit seinem Rohr im Stadtgraben, der so faulig wie der Arno ist. Hier sieht man, was man bei uns nicht mehr sieht: die Vertrautheit unter Nachbarn, jemanden, der den Kopf aus dem Fenster steckt und einen Freund oder Bekannten begrüßt, jemanden, der vor die Tür tritt und einen Bund Zwiebeln kauft. Die Ordnung um einige Haustüren herum: begossene Blumentöpfe, Kletterpflanzen an Bambusrohre gebunden, damit sie ein Fenster beschatten. Die Freude am Sommer, die in all diesem liegt!

Nach rechts und nach links schlängeln sich die Hutongs davon, mit ihren grauen Steinhäusern auf dem Buckel. Ich radle bis zum östlichen Rand des alten Peking, und als ich zum Stadtgraben komme, wo früher die Stadtmauer endete, steht vor mir das mächtige Dong Bian Men, das Stadttor der Östlichen Nützlichkeit, an dem wir bei unserer Ankunft vorbeigefahren sind.

Zu denken, daß meine chinesischen Jahre zu Ende gehen!

Am meisten werden mir meine chinesischen Freunde fehlen. Liwen, der Sänger Yang, der Student Ling, der Schauspieler Shan Yun, der junge Fang, Fou Min, der Maler, und viele andere; die einfachen, nicht die bekannten Chinesen sind hier meine besten Gefährten gewesen. An sie habe ich gedacht, von ihnen habe ich geschrieben und jedes Wort angehört, um sie und um China zu verstehen.

Was wird aus ihnen werden? Fast alle haben sie die Hoffnung aufgegeben, ihre besten Jahre voll nützen zu können, und sind darauf gefaßt, »ein bitteres Leben zu leben«. Es ist eines der Verbrechen der Kommunisten gewesen, daß sie zu den Menschen gesagt haben: »Rühr dich nicht. Nimm dein Leben nicht in die eigene Hand. Um dein Leben kümmern wir uns. Was du damit machst, ist falsch.« Darin vergeht sich dieses System an der menschlichen Natur.

An was sonst noch werde ich mich erinnern? An unsere Reisen als Familie, an unsere Diplomaten- und Journalistenfreunde, an die Radfahrten mit Angelika und an die, die ich allein machte.

Im Sommer ruhen sich die Armen in Peking – wie im Florenz der Nachkriegszeit – im Schatten eines Baumes aus. Wie damals in Florenz sitzen sie abends auf ihren Stühlen vor der Haustür und spielen Karten. Die Ordentlichkeit, das Auf-sich-Achten, dieses »Ich muß versuchen, mich im besten Licht zu zeigen«, die Kraft, die sie in sich haben, und ihr Zuhausesein in einer Stadt, von der sie wissen, daß sie in der Welt einzigartig ist: das wird mir lieb und vertraut bleiben an den beiden Völkern, die nicht die meinen sind.

18. Juni 1983

Die erste Sitzung des VI. Volkskongresses ist heute abgeschlossen worden.

Die erste, an die ich mich erinnere, war im August 1980, gleich nach unserer Ankunft, als Hua Guofeng sein Amt als Vorsitzender niederlegte und Deng Xiaoping sich ihm zur Seite stellte. Vieles hat sich inzwischen verändert.

In seiner Eröffnungsrede hat Zhao Ziyang eines festgestellt: den allmählichen, gemächlichen wirtschaftlichen Fortschritt. Und er hat die Gründung eines neuen Ministeriums angekündigt: des Ministeriums für Staatssicherheit, das nach dem Modell des sowjetischen KGB gebildet werden und zusammen mit dem Amt für Öffentliche Sicherheit über Bürger, Ausländer und »Spione« wachen soll.

Ling meint, auch für die neue Rolle der Intellektuellen stehe die Sowjetunion Modell. Dort, wie in Nordkorea, werden Intellektuelle, besonders Akademiker und Forscher, nicht einfach als Kategorie beiseite geschoben, sondern für das Vaterland eingespannt: mit hohen Gehältern und etlichen Privilegien. China wird es jetzt ebenso machen, nachdem es entdeckt hat, daß es sie braucht.

Zum Trost für ihr vergeudetes Leben sind Hunderte von Intellektuellen – auch manche unserer Freunde – als Abgeordnete ins Volksparlament aufgenommen worden. Sogar ein paar ausländische »Freunde Chinas« mit chinesischer Staatsangehörigkeit sind dabei, wie Ruth Weiss, Israel Epstein und der Arzt Ma Haide (George Hatam).

»Was hältst du vom Volkskongreß?«

»Sie sollen machen, was sie wollen«, sagt Liwen. »Politik interessiert uns nicht mehr. Uns reicht es, wenn wir Geld, Wohnung, Waschmaschine und Fernseher bekommen – der Rest ist uns gleichgültig. Wir kümmern uns nicht mehr darum.«

Freiheit?

»Die verringert sich. Alle werden gerufen, gewarnt. Wir haben wieder Angst.«

19. Juni 1983

Abschiedsessen im »Bambusgarten« mit Shi Dazheng, Fang, seiner Schwester Feifei, Fou Min und einem Schiffskapitän, der Abgeordneter beim Volkskongreß geworden ist.

Wir sind alle in unserem Auto zum Restaurant hinter dem Trommelturm gefahren, das früher die Residenz von Kang Sheng, dem Chef von Maos Geheimpolizei, gewesen war, und dort, unter uralten Bäumen haben wir im Freien gegessen. Der Mond hing in den Trauerweiden, eine Gruppe von amerikanischen Musikstudenten sang Lieder aus dem Far West ins Mikrophon; chinesische Sänger, Schüler des italienischen Tenors Gino Bechi, antworteten mit »O sole mio!«.

Es war ein ländliches Fest, wie in alten französischen Filmen, und das Essen war gut. Einige Kellner hockten auf dem falschen Felsen, der den Eingang zu einem Geheimtunnel verdeckt, und lauschten dem Gesang. Fang und Feifei kletterten zu ihnen. Ich habe mit dem Kapitän geredet, der auch ein »Modellarbeiter« ist – der erste, der mir begegnet ist. In Shanghai gibt es an die 180, und in ganz China nicht mehr als zweitausend.

»Ich bin ein Seemann«, sagt er unbehaglich. »Ich passe nicht zu Festlandorganisationen.« Er hat Freunde in Hamburg, London, in italienischen Häfen, aber er darf sie nur in Begleitung der politischen Kommissare des Schiffs besuchen: »Sie kennen unser System...«

Diese politischen Kader, sagt er, von denen er mehrere Dutzend mit an Bord nehmen muß, sind keine Seeleute, sie sind Ballast, und auf seinem Schiff stört ihn das. »Aber vielleicht muß es so sein, weil wir so viele Arbeitslose haben.«

Fang ist krank. Seine Körperkraft und seine Phantasie, mit denen er sich während der Kulturrevolution über Wasser gehalten hat, sind angegriffen. Er hat seine Reisepläne aufgegeben. »Mich werdet ihr hier immer wieder antreffen«, sagt er.

»Auch mich«, sagt Min.

Und doch sind diese Abende, in denen alle plötzlich im Auto fahren und reichlich essen, schön. Man läßt sich gehen, spricht nicht von Nachrichten oder Zahlen, wie wir es tun, wenn wir unter »westlichen Beobachtern« sind; man plaudert über Kleinigkeiten – und man ruht sich aus.

Nachher, im Auto, kommt der Augenblick des Abschiednehmens. Fang zieht ein aufgerolltes Bild hervor und gibt es uns. Felsen, Märchenbäume und drei Kinder der letzten Kaiserzeit, die mit ihren Netzen Grillen fangen, sind darauf. Unsere Namen sind in die Landschaft hineingeschrieben. Es ist das, was man unter einem richtigen Bild versteht. Er hat es bei einem namhaften Maler bestellt, zu Ehren von Tizianos »kleiner Leidenschaft«.

Als wir die Changan hinunterfahren, bricht ein fürchterliches Gewitter los. Es blitzt über den ganzen Himmel wie ein schaurig-schönes Feuerwerk. Der Donner rollt. Das glänzend grüne, triefende Laub der Bäume erscheint und verschwindet. Unter der Unterführung der Changan drängen sich die Radfahrer zusammen. Baoli bellt erschrokken vom Balkon. Die großen Sommerregen haben angefangen.

23. Juni 1983

Der letzte Tag. Niemand weiß, was das ist: der letzte Tag. Abfahren ist leicht, doch unmöglich ist es zu denken, daß man nicht wiederkehrt. Drei Jahre waren mehr als drei Jahre, es waren viele.

Folco und Saskia sind schon fort. »Auf Wiedersehen!« hat Saskia zum Koch, zur Ayi und auch zu Baoli gesagt und ist aus dem Haus gegangen, als ob sie morgen wiederkäme. Als es an Folco war, sind dem jungen Wei die Tränen gekommen. »Ich werde Deng Fu nicht mehr wiedersehen!« Es war ihm klargeworden, daß unser gemeinsames Leben zu Ende geht.

Die Packer sind gekommen, haben Tag und Nacht gearbeitet, bis die Kisten aufgestapelt um unser Bett und die wenigen Möbelstücke, die hierbleiben, standen. Der junge Wei hat weiter gekocht. Schließlich ist auch Baoli abgefahren, um seine Quarantäne in Hong Kong zu beginnen. Eines Morgens hat Tiziano ihn zum Flugplatz gefahren, und als der junge Wei und die Ayi erschienen sind, haben sie ihn vergeblich gesucht.

»Baoli ist abgereist, und wir haben uns nicht mal von ihm verabschieden können!«

Nur Herr Liu hat die Fassung bewahrt, denn das Büro und Tiziano bleiben hier.

Der letzte Abend. Bei Dunkelheit gehen wir aus. Wir haben noch Pflanzen an hiesige Freunde zu verteilen. Tiziano balanciert eine kleine Zypresse auf dem Gepäckträger seines Fahrrads, meines ist beladen mit Zwergbäumchen. Nach den letzten Regengüssen ist der Hof von »Ming-Möbel«-Wang wie ein Teich, den man durchwaten muß. Sein Zimmer ist dunkel, das Fernsehen flimmert grünlich, aber er ist eingeschlafen. Wir stellen die Zypresse vor seine Haustür und radeln weiter, klopfen an andere Türen, und als alle Blumentöpfe verteilt sind, steigen wir aufs Dach des Peking-Hotels.

Die alte Terrasse ist nun für ausländische Touristen und Studenten wieder geöffnet worden. Sie sitzen da an kleinen Tischen und essen Eis. Die Jukebox spielt einen Tango.

Wenn man sich an die Brüstung lehnt, sieht man Peking unter sich liegen: das alte Qianmen-Tor, die theatralisch beleuchtete Fassade der Großen Halle des Volkes, die kleinen Hofhäuser, die breite Changan und fern, in der Nacht, die Westlichen Hügel. Die Verbotene Stadt schläft dunkel und still unter ihren schweren schwarzen Dächern, wie ein Zeltlager des Menschen im Unendlichen. Niemals hatte ich es so gesehen, das »Da Nei«, das Große Innere.

Uns kommt Segalen in den Sinn, sein »René Leys«, der uns in Peking begleitet, ja verfolgt hat. Denn wenn auch seit den letzten Wochen des Kaiserreichs alles, wirklich alles verändert ist, wenn es auch keine Kaiserin mehr gibt, deren Liebhaber man werden kann, keine Palastwachen, die auf ihren Pferden durch die sandigen Straßen jagen, wenn auch keine adligen Mandschus mehr in den Teehäusern ihre Komplotte schmieden und keine Ausländer mehr in den Hutongs wohnen: Das Geheimnis ist trotzdem geblieben. Es ist eine Verbotene Stadt geblieben, hier im Herzen Chinas, über die man nur rätseln kann: Was spricht, was denkt, was plant man hinter jenen Mauern? Heute wie damals, unter Mao wie unter der Kaiserin Cixi, sind es diese Fragen, welche die Phantasie von uns Westlichen entzünden. Die purpurroten Mauern umfassen ein Geheimnis, welches vielleicht niemals entschleiert werden kann: das Geheimnis dessen, was wahr, dessen, was wirklich ist in China.

Um es herum machen sich die Chinesen zu schaffen – die des Kaiserreichs wie die der Kommunistischen Partei – um es zu verkleiden und umzukleiden, um es zu tarnen, um ihm bald dieses, bald jenes Gesicht zu geben und dann noch mal ein anderes . . . Heute wie damals betrachten wir Westlichen die Sänften oder die Automobile, die Laufboten oder die Zeitungen, die aus jenen Toren herauskommen, und fragen uns: wie? warum? zu welchem Zweck? – immer wieder fasziniert von der andersartigen Beziehung der Chinesen zur Wirklichkeit.

Epilog

Seitdem leben wir wieder in Hong Kong, in einem alten Haus am südchinesischen Meer. Von unseren chinesischen Freunden erreichen uns spärliche Nachrichten, die aber für die unlösbare chinesische Tragödie und ihren nur selten glücklichen Ausgang aufschlußreich sind.

Zehn Monate nach seiner Abfahrt aus Peking wurde Shi Peipu in Paris als chinesischer Spion verhaftet. Er wurde beschuldigt, vor der Kulturrevolution für Pekings Abwehrdienst gearbeitet und einen französischen Diplomaten in das Netz gezogen zu haben. Er hat sich für unschuldig erklärt. Jetzt, wieder frei, wartet er auf einen Prozeß. Seine Vorträge über die Peking-Oper, mit denen er die Pariser Gesellschaft bezaubert hatte, die Kostüme, die wir ihm noch aus Peking für seine vielen Engagements hinschicken mußten, es hat alles zu wenig geführt. Seine Gesundheit hat dem neuen Schrecken nicht standgehalten, mehrere Herzinfarkte und jener Verdacht überschatten sein neues Leben.

Der Musiker Shi Dazhen hat China bald nach mir verlassen und lebt in London, wo er sich mühsam sein Brot verdient. Wenn er nachts nach Hause geht, tröstet er sich mit der Musik, die er durch den Kopfhörer seines neugekauften »Walkman« hört.

Andere sind noch in Peking, suchen eine Wohnung, bekommen sie manchmal in Mietskasernen, die weit von der Stadt entfernt liegen, helfen sich durch Handel, kaufen hier, verkaufen da, vergessen ihre Ambitionen.

Wang Shixiang – »Ming-Möbel«-Wang – hat sein Buch beendet. Er ist einer von denen, die jahrzehntelange Umerziehungslager nicht haben brechen können. Sein Werk über den Möbelstil der Ming-Dynastie ist das erste erschöpfende, das ein Chinese über dieses Thema verfaßt hat, und er darf es jetzt ins Ausland begleiten, um es Kennern vorzustellen.

Im Februar 1984, zum chinesischen Neujahr, als wir anderen schon seit sechs Monaten wieder in Hong Kong lebten, ist Tiziano auf Besuch gekommen und zwei Tage später wieder abgeflogen. Als ich abends und dann nachts versuchte, ihn in Peking zu erreichen, bekam ich keine Antwort. Erst am nächsten Morgen sagte mir die Ayi, er sei nicht in der Wohnung gewesen. Ich versuchte auf jede Weise, ihm auf die Spur zu kommen, aber niemand, weder die chinesische Fluglinie noch das Außenministerium oder die Botschaften wußten, wo er war, und da in China kein Ausländer spurlos verschwindet, habe ich schließlich gefürchtet, er sei am Flugplatz von Hong Kong gekidnapped worden.

Endlich erfuhr ich von der italienischen Botschaft, daß er bei seiner Ankunft am Pekinger Flughafen festgenommen worden war. Mitten in der Nacht, als alle Nachbarn schliefen, hatte die Polizei die Wohnung gründlich durchsucht, um Beweise für kriminelle Handlungen zu finden. Nach stundenlangem, bedrohlichem Verhör wurde Tiziano formell angeklagt, konterrevolutionäre Verbrechen begangen zu haben – Beweise: ein Mao-Poster, an dessen Brusttasche ein kleines Kreuz steckte, ein von den Kindern gemaltes Aquarell, das Tiziano als chinesischen Kaiser zeigte und die Inschrift trug: »Lang lebe die Kommunistische Partei!«, eine Postkarte der Mona Lisa mit Mao-Mütze) – und im Besitz von Nationalschätzen zu stehen – Beweis: eine Reihe von kleinen Antiquitäten (darunter die gedruckte Reproduktion einer tibetanischen Malerei).

Als sich nach einem Monat an seiner Situation nichts verändert hatte und er wieder und wieder Selbstkritiken verfassen mußte, unter der Androhung, daß, wenn irgend etwas von dieser Geschichte an die Öffentlichkeit käme, »es ihm schlimm ergehen würde«, riet mir ein den Kommunisten nahestehender Freund in Hong Kong, eine hohe italienische Persönlichkeit um Hilfe zu bitten. Das habe ich getan, und innerhalb von zwei Tagen wurde Tiziano aus China ausgewiesen.

Niemand hat verstanden, wie die Affäre gelaufen ist. Manche meinen, Tiziano sei das letzte Opfer von Deng Liqun gewesen, dem damaligen Propagandachef, der in jenem Winter eine verspätete Kampagne gegen »geistige Verseuchung« eingeleitet hatte und danach abgesetzt wurde. Andere meinen, sein Artikel über die Zerstörung des alten Peking habe manchem mißfallen, womöglich Peng Zhen selbst, der in den Jahren der Zerstörung Bürgermeister von Peking gewesen war und jetzt im Politbüro für die Polizei verantwortlich ist. Jedenfalls wurde die Aktion vom neuen, im Sommer 1983 gegründeten Ministerium für Staatssicherheit durchgeführt, dem chinesischen KGB.

In Hong Kong bläst einem China in den Nacken. Immer mehr kommunistische Kader aus Peking infiltrieren die Kolonie. Ständig hört man neue Geschichten über Deng Xiaopings China: Geschichten, die man in den Zeitungen liest, und andere, die sich die Leute erzählen. Es ist immer das gleiche Lied.

Nach zwei Jahren packen wir also unsere Koffer wieder und ziehen nach Japan.

»Ihr kennt den Vater, nun müßt ihr auch den Sohn kennenlernen«, hat ein alter florentinischer Dominikanerpater zu uns gesagt, der sein Leben in Japan verbracht hat.

Hong Kong, im Herbst 1985

ANHANG

Zur Transkription

Zur Wiedergabe der chinesischen Namen und Wörter wurde das »Pinyin«, die chinesische Standard-Romanisierung, benutzt. Nachteil dieser Romanisierung ist, daß sie keiner westlichen Sprache gerecht wird. Der Vorteil: Sie verhindert, daß jedes Land die chinesischen Laute auf eigene Weise transkribiert. Das »Pinyin« erhebt das romanisierte Chinesisch sozusagen zu einer neuen Schriftsprache, die gelernt werden will.

Für die Lektüre dieses Buches genügt es zu wissen, daß alle einzelnen Vokale ausgesprochen werden wie im Deutschen. Dasselbe gilt für die Konsonanten, mit Ausnahme der folgenden:

q	vor i und u	= tsch
ch	vor a, e, o	
j	vor i und u	= dsch
zh	vor a, e, o	
x	= hs	
c	= tz	
y	= j	
sh	= sch	

Die im Deutschen übliche Schreibweise wurde nur in den folgenden Fällen beibehalten: Peking (Beijing); Mandschurei (Dongbei); Kanton (Guangdong); Yenan (Yan'an); Yangtse (Changjiang); Gelber Fluß (Huanghe); Kuomintang und Sun Yatsen.

Zeittafel

Wichtige Epochen der chinesischen Geschichte

Shang-Dynastie (16. bis 11. Jahrhundert v. Chr.)
Zeitalter der Zhu (11. Jahrhundert bis 221 v. Chr.), davon
Zeitalter der Kämpfenden Königreiche (475–221 v. Chr.)
Han-Dynastie (206 v. Chr.–220 n. Chr.)
Zeitalter der Drei Königreiche und der Sechs Dynastien (221–581 n. Chr.)
Sui-Dynastie (581–618)
Tang-Dynastie (618–907)
Zeitalter der Fünf Dynastien (907–960)
Song-Dynastie (960–1279)
Yuan-Dynastie (1280–1367)
Ming-Dynastie (1368–1643)
Qing-Dynastie (1644–1911)
Republikanische Kräfte unter der Führung von Sun Yatsen schaffen das Kaiserreich ab (1911). Gründung der Kuomintang (1912). Gründung der KPCh (1921). Jahrzehnte der Unruhen unter Chiang Kaisheks Kuomintang-Regierung.
Langer Marsch der Kommunisten (1935)
Antijapanischer Krieg (1937–1945)
Bürgerkrieg (1945–1949) zwischen KMT und KPCh
Die Kommunisten gründen die Volksrepublik (1949)

Daten zur Volksrepublik China

1. 10. 1949 – Mao Zedong proklamiert die Volksrepublik China

1956/57 – Bewegung der »Hundert Blumen«: Intellektuelle werden aufgefordert, ihre Kritik an der Partei frei zu äußern. Darauf folgt die »Anti-rechts-Kampagne« gegen dieselben Intellektuellen. Hunderttausende werden verhaftet und in Arbeitslager verschickt.

1958–1960 – »Großer Sprung nach vorn«: Kampagne zur raschen Industrialisierung Chinas. Einrichtung der Volkskommunen auf dem Land. Endet im wirtschaftlichen Zusammenbruch.

1966 – Beginn der Kulturrevolution

13. 9. 1971 – Marschall Lin Biao kommt nach einem angeblichen Putschversuch gegen Mao ums Leben.

8. 1. 1976 – Ministerpräsident Zhou Enlai stirbt.

9. 9. 1976 – Vorsitzender Mao Zedong stirbt. Hua Guofeng wird Vorsitzender der Partei und Ministerpräsident.

Okt. 1976 – Verhaftung von Maos Witwe und ihrer Anhänger, der »Viererbande«.

Dez. 1978 – Mit dem Dritten (»historischen«) Plenum des XI. ZK der KPCh beginnt Deng Xiaopings Aufstieg. Die »Vier Modernisierungen« (Industrie; Landwirtschaft; Wissenschaft und Forschung; Verteidigung) und die allgemeine wirtschaftliche Entwicklung ersetzen den bisherigen Revolutions- und Klassenkampfkurs.

1979/80 – »Pekinger Frühling«. Deng Xiaoping benutzt die Bewegung für Demokratische Freiheiten und ihre an der »Mauer der Demokratie« angebrachten Wandzeitungen, um seine linken Widersacher anzugreifen und selbst Popularität zu gewinnen.

Apr. 1979 – Die Partei stellt die »Vier Prinzipien« wieder auf: Festhalten an der Führung der KPCh; am sozialistischen Weg; am Marxismus und Mao-Gedanken; an der Diktatur des Proletariats.

Sept. 1979 – IV. Plenum des ZK. Beginn einer »Readjustierungspolitik«, die das Programm der »Vier Modernisierungen« verlangsamt.

Jan. 1980 – Mauer der Demokratie wird verboten. Die Notwendigkeit von Gehorsam und Disziplin wird wieder unterstrichen.

Sept. 1980 – 3. Sitzung des V. Volkskongresses: Hua Guofeng muß auf das Amt des Ministerpräsidenten verzichten. Sein Nachfolger ist Zhao Ziyang, ein Schützling von Deng Xiaoping.

Nov. 1980/Jan. 1981 – Prozeß und Verurteilung der »Viererbande« und der Komplizen des Marschalls Lin Biao.

Juni 1981 – VI. Plenum des XI. ZK. Triumph von Deng Xiaoping in seinem Machtkampf gegen Hua Guofeng. Hua Guofeng gibt sein Amt als Vorsitzender der Partei auf. Wahl von Hu Yaobang, einem engen Mitarbeiter von Deng.

Sept. 1982 – I. Plenum des XII. ZK. Hua Guofeng scheidet aus dem Politbüro aus. Deng wird Vorsitzender der Militärkommission des ZK.

Dez. 1982 – Der V. Volkskongreß verabschiedet eine neue Verfassung, die Deng Xiaopings neue Politik zum Gesetz erhebt.

Juni 1983 – Der VI. Volkskongreß ernennt Li Xiannian zum neuen Staatspräsidenten.

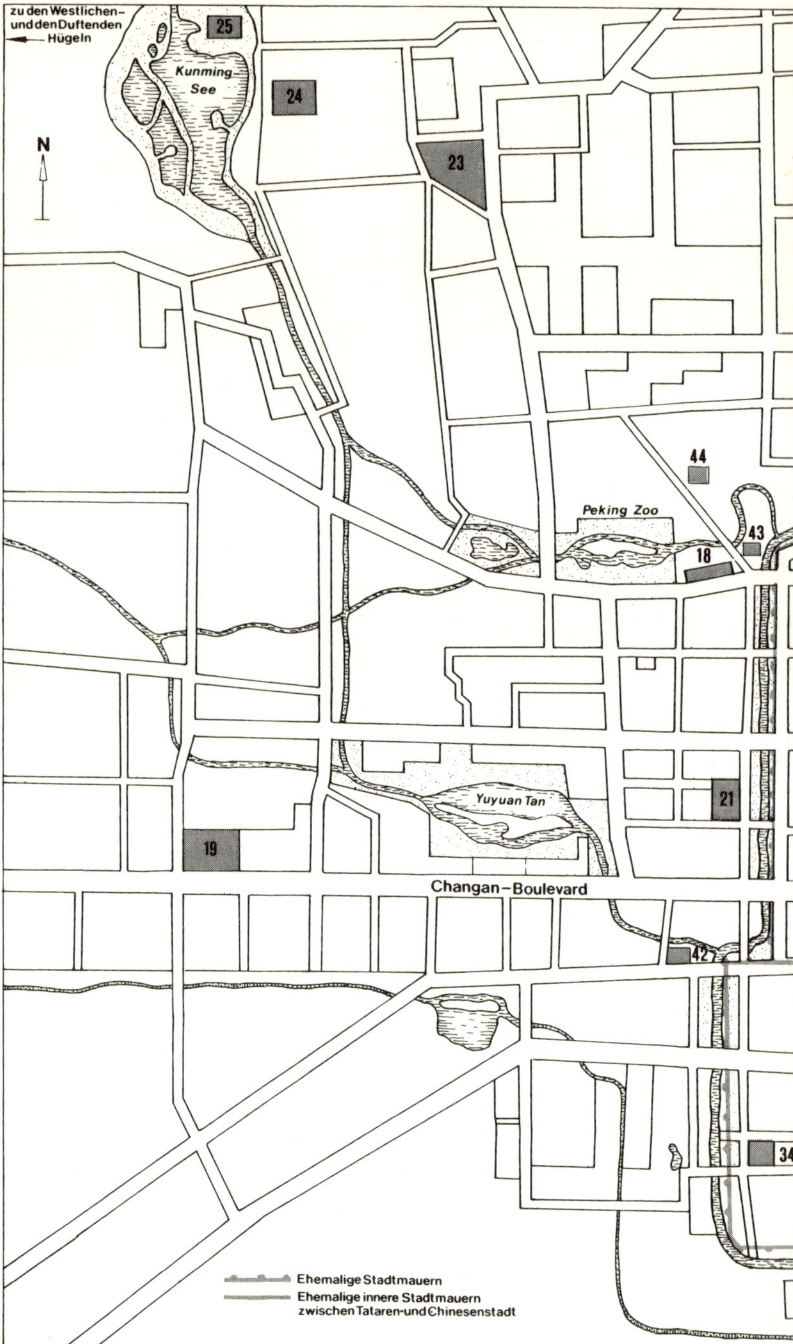
zu den Westlichen- und den Duftenden Hügeln
25
Kunming-See
24
N
23
44
Peking Zoo
43
18
21
Yuyuan Tan
19
Changan-Boulevard
42
34
Ehemalige Stadtmauern
Ehemalige innere Stadtmauern zwischen Tataren- und Chinesenstadt

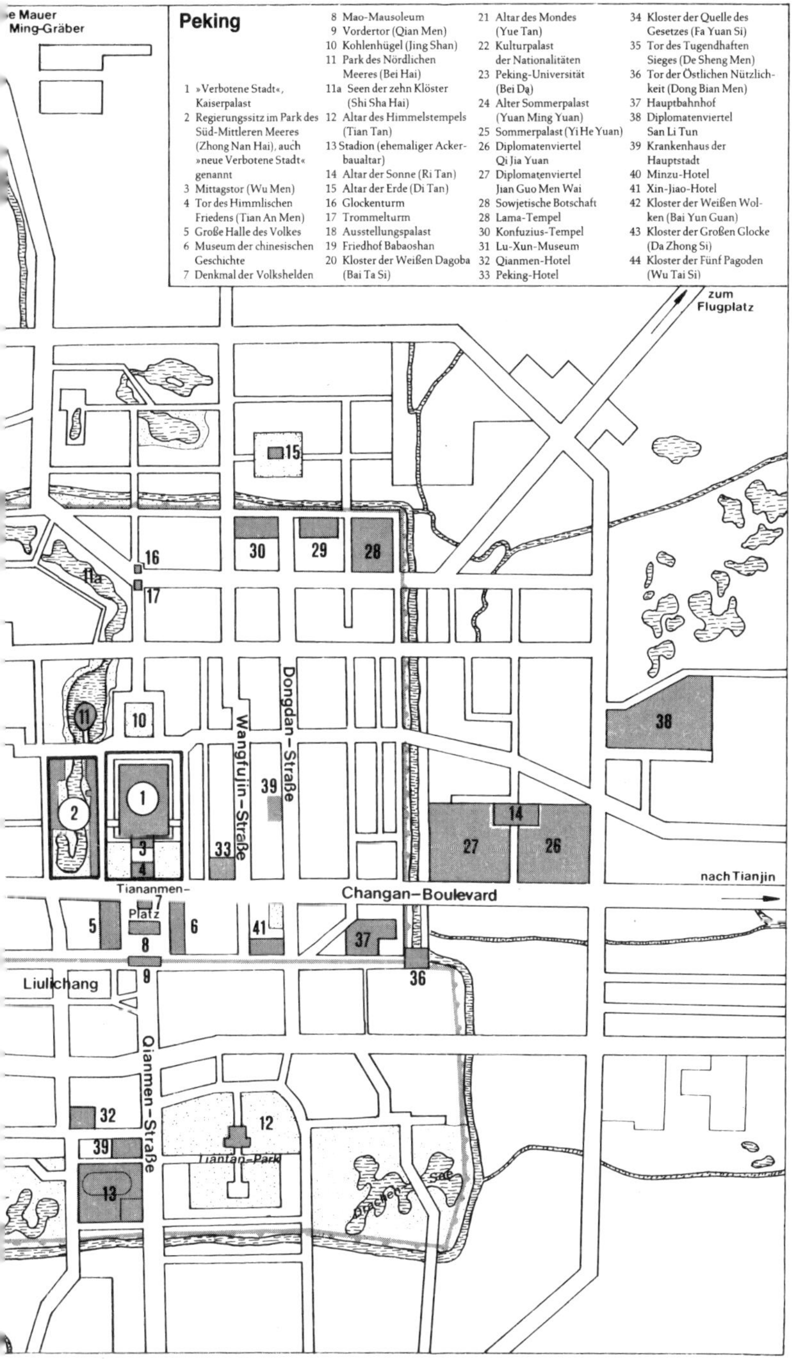
Peking
1 »Verbotene Stadt«, Kaiserpalast
2 Regierungssitz im Park des Süd-Mittleren Meeres (Zhong Nan Hai), auch »neue Verbotene Stadt« genannt
3 Mittagstor (Wu Men)
4 Tor des Himmlischen Friedens (Tian An Men)
5 Große Halle des Volkes
6 Museum der chinesischen Geschichte
7 Denkmal der Volkshelden
8 Mao-Mausoleum
9 Vordertor (Qian Men)
10 Kohlenhügel (Jing Shan)
11 Park des Nördlichen Meeres (Bei Hai)
11a Seen der zehn Klöster (Shi Sha Hai)
12 Altar des Himmelstempels (Tian Tan)
13 Stadion (ehemaliger Ackerbaualtar)
14 Altar der Sonne (Ri Tan)
15 Altar der Erde (Di Tan)
16 Glockenturm
17 Trommelturm
18 Ausstellungspalast
19 Friedhof Babaoshan
20 Kloster der Weißen Dagoba (Bai Ta Si)
21 Altar des Mondes (Yue Tan)
22 Kulturpalast der Nationalitäten
23 Peking-Universität (Bei Da)
24 Alter Sommerpalast (Yuan Ming Yuan)
25 Sommerpalast (Yi He Yuan)
26 Diplomatenviertel Qi Jia Yuan
27 Diplomatenviertel Jian Guo Men Wai
28 Sowjetische Botschaft
28 Lama-Tempel
30 Konfuzius-Tempel
31 Lu-Xun-Museum
32 Qianmen-Hotel
33 Peking-Hotel
34 Kloster der Quelle des Gesetzes (Fa Yuan Si)
35 Tor des Tugendhaften Sieges (De Sheng Men)
36 Tor der Östlichen Nützlichkeit (Dong Bian Men)
37 Hauptbahnhof
38 Diplomatenviertel San Li Tun
39 Krankenhaus der Hauptstadt
40 Minzu-Hotel
41 Xin-Jiao-Hotel
42 Kloster der Weißen Wolken (Bai Yun Guan)
43 Kloster der Großen Glocke (Da Zhong Si)
44 Kloster der Fünf Pagoden (Wu Tai Si)
e Mauer
Ming-Gräber
zum Flugplatz
nach Tianjin
Changan–Boulevard
Tiananmen-Platz
Liulichang
Wangfujin–Straße
Dongdan–Straße
Qianmen–Straße
Tiantan-Park
Drachen See

Eisenbahnlinie Hong Kong – Kanton – Peking
Große Mauer
SOWJETUNIO
MONGOLI
Urumchi
(Wulumuqi)
Turpan
SINKIANG
(XINJIANG)
GANSU
WÜ
QINGHAI
Xining
TIBET
(XIZANG)
CHI
Delhi
NEPAL
Lhasa
SICHUA
Kathmandu
SIK-KIM
BHUTAN
Gangtok
Thimbu
Cheng
INDIEN
INDIEN
BANGLADESH
Dacca
Kalkutta
Kunmi
YUNNA
Mandalay
Golf von
Bengalen
BIRMA
LAOS
THAI-LAND
Vientiane
0 100 300 500 km